权威·前沿·原创

皮书系列为
"十二五""十三五"国家重点图书出版规划项目

本蓝皮书得到了河仁慈善基金会的支持,特此致谢!

中国企业全球化报告
（2016）

REPORT ON CHINESE ENTERPRISES GLOBALIZATION
(2016)

主　编／王辉耀　苗　绿

社会科学文献出版社
SOCIAL SCIENCES ACADEMIC PRESS (CHINA)

图书在版编目(CIP)数据

中国企业全球化报告.2016/王辉耀,苗绿主编.--北京:社会科学文献出版社,2016.11
(企业国际化蓝皮书)
ISBN 978-7-5097-7516-5

Ⅰ.①中… Ⅱ.①王… ②苗… Ⅲ.①企业发展-研究报告-中国-2016 Ⅳ.①F279.2

中国版本图书馆 CIP 数据核字(2016)第 275819 号

企业国际化蓝皮书
中国企业全球化报告(2016)

主　　编／王辉耀　苗　绿

出 版 人／谢寿光
项目统筹／邓泳红　陈晴钰
责任编辑／陈晴钰

出　　版／社会科学文献出版社·皮书出版分社（010）59367127
　　　　　地址：北京市北三环中路甲29号院华龙大厦　邮编：100029
　　　　　网址：www.ssap.com.cn

发　　行／市场营销中心（010）59367081　59367018
印　　装／北京季蜂印刷有限公司

规　　格／开本：787mm×1092mm　1/16
　　　　　印　张：27　字　数：409千字
版　　次／2016年11月第1版　2016年11月第1次印刷
书　　号／ISBN 978-7-5097-7516-5
定　　价／89.00元

皮书序列号／B-2014-396

本书如有印装质量问题，请与读者服务中心（010-59367028）联系

▲ 版权所有 翻印必究

中国与全球化智库（CCG）咨询委员会

主　　　席　龙永图　陈启宗

资深副主席（按姓氏音序排序）
　　　　　　曹德旺　陈　峰　李彦宏　刘永好　沈南鹏
　　　　　　王广发　王　石　徐小平　俞敏洪　张　磊
　　　　　　张懿宸

副　主　席（按姓氏音序排序）
　　　　　　方　方　关　新　莫天全　唐修国　田溯宁
　　　　　　汪潮涌　王俊峰　王琳达　游忠惠　张红力
　　　　　　周华龙　宗庆后

理　事　长　王辉耀

常　务　理　事（按姓氏音序排序）
　　　　　　白　宁　陈耿彬　陈　宁　陈剖建　陈　爽
　　　　　　陈新华　戴志康　高　凤　高燕定　高　毅
　　　　　　高振东　郭　盛　郝作成　何　梅　洪明基
　　　　　　洪为民　花醒鸿　黄　辉　黄锦辉　焦　涌
　　　　　　李　铭　李　平　李　文　李　曦　李　一
　　　　　　梁志祥　林　耀　刘　星　陆侨治　陆兴东
　　　　　　路　东　吕　威　毛大庆　潘　军　秦洪涛

盛司潼　苏德中　孙立哲　陶景洲　腾绍骏
王柏年　王伯庆　王　君　王　强　王伟东
王伟峰　吴云前　徐　涛　徐文庆　严望佳
杨保成　杨　宁　姚力军　叶雪泥　易　珉
袁锦程　张宏江　张剑炜　张黎刚　张亚勤
赵柏松　赵　斌　赵生捷　郑群怡　钟小平
周成刚　朱　敏　宗馥莉　邹亨瑞

企业国际化蓝皮书编委会

主　　　编 王辉耀

副 主 编 苗　绿

专家及撰稿人（按姓氏音序排序）

　　　　　　　曹佳洁　常亚南　程晓青　崔明谟　方　挺
　　　　　　　巩　凯　何伟文　柯银斌　李志强　刘　群
　　　　　　　卢进勇　苗　绿　欧　龙　任月园　王辉耀
　　　　　　　吴嵩博　徐洪才　徐一览　余承志　赵婧如

CCG 智库蓝皮书系列

《中国留学发展报告（2015）No.4》，社会科学文献出版社，2015
《中国国际移民报告（2015）No.3》，社会科学文献出版社，2015
《中国企业全球化报告（2015）》，社会科学文献出版社，2015
《中国企业国际化报告（2014）》，社会科学文献出版社，2014
《海外华侨华人专业人士报告（2014）》，社会科学文献出版社，2014
《中国留学发展报告（2014）No.3》，社会科学文献出版社，2014
《中国国际移民报告（2014）No.2》，社会科学文献出版社，2014
《中国海归发展报告（2013）No.2》，社会科学文献出版社，2013
《中国留学发展报告（2013）No.2》，社会科学文献出版社，2013
《中国区域人才竞争力报告No.1》，社会科学文献出版社，2013
《中国国际移民报告（2012）No.1》，社会科学文献出版社，2012
《中国海归发展报告（2012）No.1》，社会科学文献出版社，2012
《中国留学发展报告（2012）No.1》，社会科学文献出版社，2012

主要编撰者简介

王辉耀 博士，教授，博士生导师，中国与全球化智库（CCG）理事长兼主任，西南财经大学发展研究院院长，中国国际人才专业委员会会长，中国人才研究会副会长，欧美同学会/中国留学人员联谊会副会长，商务部中国国际经济合作学会副会长，九三学社中央经济委员会副主任，中国华侨历史学会副会长，中华海外联谊会常务理事，国务院侨办专家咨询委员会专家。担任过中央人才工作协调小组国际人才战略专题研究组组长，主持过国家多个部委课题研究。还担任北京市政府专家咨询委员会专家以及多家地方政府顾问，向中央和国家有关部委以及地方政府提交多项专题研究和政策性报告。此外，目前还担任国际移民组织（IOM）国际顾问理事会理事，德国劳动力研究所（IZA）研究员、国际猎头协会（AESC）顾问、国际大都会组织（Metropolis）执委，美国耶鲁大学亚洲发展顾问委员会理事和加拿大西安大略大学毅伟商学院亚洲董事会董事等。

留学欧美，获得加拿大温莎大学工商管理硕士学位，在加拿大西安大略大学和英国曼切斯特大学攻读博士研究生，获得国际管理博士（Ph.D）学位，并在美国哈佛大学肯尼迪政府学院担任高级研究员和在布鲁金斯学会担任访问研究员。曾先后兼任北京大学、西南财经大学、中国政法大学、中国农业大学、西安交通大学、广东外语外贸大学、哈尔滨工业大学、首都经济贸易大学、中国人事科学研究院和加拿大西安大略大学等多所大学及研究机构的兼职教授或博士生导师。

在企业国际化、人才战略、海归与留学生、华侨华人、国际移民以及智库发展等领域有大量著作和学术研究，在国内外出版相关中英文著作50多部，包括《中国企业全球化报告》《中国海归发展报告》《中国留学发展报告》《中国国际移民报告》《海外华侨华人专业人士报告》《中国区域人才竞争力报告》等蓝皮书系列,以及《出海潮》《国际人才竞争战略》《国际人才战略文集》《国家战略》《海归时代》《当代中国海归》《人才战争》《移民潮》《哈佛肯尼迪政府学院精英课》《海归百年创新中国》《那三届》《大国智库》和《国际猎头与人才战争》等一批有影响力的著作。

苗 绿 博士,中国与全球化智库(CCG)联合创始人兼执行秘书长,中国欧美同学会建言献策委员会副秘书长,北京师范大学国际写作中心总干事。获得北京师范大学当代中国研究博士学位,曾在美国纽约大学(New York University)和哈佛大学(Harvard University)担任访问学者。曾参与多项国家部委和社科基金研究课题,发表学术论文和专业文章多篇及多部学术研究著作,合著有《中国留学发展报告》《大国智库》《中国海归发展报告》《中国企业全球化报告》《海外华侨华人专业人士报告》《中国国际移民报告》《国际猎头与人才战争》等。经常活跃于国内外各大政经、文化论坛,担任主持和发言嘉宾,是京城不少当代文学文化活动的组织者,曾组织和策划过多项有影响力的文化和文学活动及海归论坛。研究领域广泛,包括当代中国与全球化、中国智库建设、中国海归与留学发展、国际移民、当代中国文化研究等。

机构简介

中国与全球化智库（CCG）

中国与全球化智库（Center for China & Globalization），简称CCG，是由国家民政部门注册，由中国国际人才专业委员会、全球化人才发展基金会、南方国际人才研究院、北方国际人才研究院和中国与全球化研究中心所组成的智库型研究机构。CCG总部位于北京，在国内外有近10个分支机构或海外代表处，致力于中国的全球化战略、人才国际化和企业国际化等领域的研究，目前拥有全职智库研究和专业人员近百人。CCG同时还是中央人才工作协调小组办公室人才理论研究基地，中联部"一带一路"智库联盟理事单位，并被国家授予博士后科研工作站资质。在全球最具影响力的美国宾夕法尼亚大学《全球智库报告2015》中，CCG位列全球智库综合排名第110位，并入选全球最值得关注智库百强；在中国顶级智库排行榜中名列第七，居中国社会智库首位。

CCG邀请了一批在政界、企业界、智库和学术界等领域具有广泛影响力的海内外知名人士担任顾问、理事和学术指导，业已形成全球化、创新性的研究网络。CCG同全国人大、全国政协、中组部、人社部、统战部、国务院参事室、国务院侨办、科技部、教育部、商务部、发改委、中国侨联、国务院发展研究中心和中国国际经济交流中心及欧美同学会等国家有关部委和机构保持密切联系，向政府部门积极建言献策，承担其相关政策研究课题，提供独立专业的政策咨询和决策参考报告；同时也多次为北京、上海、天津、广东、江苏、浙江、四川、湖南、山东、广州、深圳、大连、无锡、苏州、东莞等地方政府提供政策咨询研究与服务。

　　CCG每年出版10余部研究著作,包括与社科文献出版社合作出版发布的《中国企业全球化报告》《中国留学发展报告》《中国海归发展报告》《中国国际移民报告》《海外华侨华人专业人士报告》《中国区域人才竞争力报告》等具有国内外影响力的蓝皮书;CCG还承担国家多个部委的课题和举办多个论坛及智库研讨会。成立以来,CCG向中国政府有关部委提交过百余份建言献策报告,影响和推动政府的相关政策制定。

摘　要

《中国企业全球化报告（2016）》多维度分析、总结了中国企业全球化发展的成功经验，深入分析企业当前所处环境、面临的问题和风险，并提出相应的政策与对策建议。

全书由总报告、榜单篇、调查篇、专题篇、对策篇和案例篇、附录七个部分构成。

总报告，总结了2015年全球对外投资与中国企业对外投资的现状与特点。中国企业全球化研究课题组收集整理了2000年至今的近3000个中国企业"走出去"案例，在系统研究分析的基础上，归纳总结出中国企业全球化的现状与特点。另外，我们针对中国企业"走出去"的困难与瓶颈，即国际标准参与度不高、企业人才国际化水平低、与INGO协调欠佳、与工会对话机制亟待解决、企业品牌国际化战略遇阻和东道国政治风险应对能力不足提出了解决建议。

榜单篇，我们以跟踪收集的300家跨国经营的中国企业数据为基础，运用构建的中国企业全球化评价体系，通过对企业全球化发展的量和质开展全面考察，推介出2016年中国企业全球化50强榜单。此外，我们也推介了2016年中国企业全球化新锐50强榜单、2016年中国企业跨国并购十强榜单、2016年中国企业海外研发十强榜单和2016年"一带一路"十大先锋企业榜单。

专题篇，我们深入探讨了中国在转型升级时期，中非产能合作方面的问题、中国投资"一带一路"沿线国家的战略布局问题、中国投资美国问题等，多角度为中国企业全球化发展提供研究参考。

对策篇，我们邀请协助中国企业进行海外投资的专业律师，深入探讨中

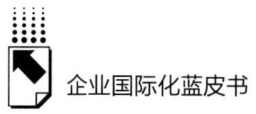

国企业"走出去"如何迈过海外风险,从投资前、中、后期分阶段论述中国企业在风险防范方面所需要做的工作,为中国企业海外发展提供法律护航。另外,精选中国与全球化智库(CCG)内部发言,建言献策,提出政策建议。

案例篇,我们提供了中国化工、福耀玻璃和宁波市四家企业在企业全球化发展方面的案例,为已经"走出去"及将要"走出去"的中国企业提供借鉴参考。

最后,附录部分是 CCG 收集统计的 2015~2016 年对外投资事件,为读者了解中国企业国际化发展提供帮助。我们希望本报告对推动中国企业高水平地进行全球化发展发挥一定的理论和实践作用。

Abstract

The CCG's *Report on Chinese Enterprises Globalization* (*2016*) offers systematically and comprehensively successful experiences of the Chinese business enterprise globalization from 2015 to 2016. By deeply summarize and analyze circumstances for Chinese business enterprises, this report provides practical policy suggestions to address common problems and risks faced by Chinese companies in foreign markets.

This report consists of seven chapters for discussion around the topics, including *The General Report*, *the Evaluation System and Rankings*, *the Investigation Reports*, *the Specific Topic Reports*, *the Strategy and Recommendation*, as well as *the Chinese Enterprises Cases Study and Appendixes*.

The first Chapter, the *General Report* systematically reviews the current characteristics and trends of foreign investment globally as well as from China. Based on case studies of Chinese enterprises from 2000, this chapter aims to provide a general picture of characteristics of the current Chinese investment overseas. The chapter then further summarizes and discusses even difficulties encountered by Chinese enterprises investing overseas; namely, low participation in existing international standard establishments, lack of professional managers with international experiences, miscommunication between Chinese enterprises and International Non-governmental Organizations, misunderstanding of foreign trade unions, difficulties in promoting Chinese brands internationally, and low ability in facing legal and political risks for Chinese enterprises investing abroad.

The Second Chapter, the *Evaluation Mechanism and Rankings*, is to establish a theoretical analysis mechanism for evaluating global performance of Chinese enterprises abroad, namely the Chinese Enterprises Globalization Evaluation Mechanism. This mechanism is built on the basis of data collection of more than 300 Chinese transnational corporations. Through comprehensive investigations of

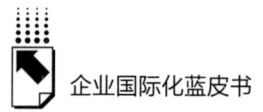

the development of Chinese multinational corporations, this chapter ranks the top 50 Chinese enterprises of globalization development, followed by the top 50 newly-developing companies, the top 10 Chinese enterprises of cross-border M&A (mergers and acquisitions), the top 10 Chinese enterprises of overseas R&D (research and development), and the top 10 Chinese enterprises in "Belt and Road" Initiative.

The third chapter, *the Report of Specific Topic* further discusses specific issues occurred under the period of Chinese social and economic transformation, offering a multi-angle reference to the Chinese enterprises globalization from special perspectives. .

Chapter Four, *The Report of Strategy and Recommendation*, offers strategies and instructions for each step of Chinese investments abroad, through the lens of potential legal risks. Further, by combining with research conducted by CCG previously, this chapter is offering in-depth discussion on topics.

Drawing from classic cases of the top Chinese globalized corporations, including China Chemical, FUYAO Glass group and four globalized companies in Ningbo City, Chapter five the *Chinese Enterprises Cases Study* provides case studies with experiences for Chinese companies moving forward in the progress of business globalization.

Finally, the Appendixes holds a collection of key events regarding Chinese outbound investment activities from 2015 to 2016. By assisting readers in understanding the development process of Chinese enterprises globalization, this report is providing advices on the globalization process of Chinese corporations both theoretically and practically.

序一　中国企业全球化发展的新趋势

2015年中国对外直接投资流量创下1456.7亿美元的历史新高,同比增长达18.3%。截至2015年末,中国对外直接投资存量首次突破万亿美元大关。2016年上半年则涌现出几桩重磅交易——包括海航集团旗下天津天海60亿美元收购美国英迈、美的集团拟40亿欧元控股德国工业机器人企业库卡①,以及中国化工集团拟430亿美元收购瑞士先正达等②。在过去十年间,我们看到中国对外直接投资规模扩大了近10倍,赴海外的投资主体、投资领域和投资目的地愈发多元化,种种迹象表明中国企业在全球化发展进程中迈入了一个新阶段。

"全球化"是企业或其他组织提升国际影响或开始在全球范围运作的过程③,也是因世界观、产品、概念及其他文化元素的交换,所带来国际性整合的过程。18世纪中期英国工业革命以来,新式交通工具的发明、通信技术突飞猛进的发展、教育水平的普遍提高、国际贸易的便利化、各个领域国际协定的签署等使全球化从涓涓细流成为不可阻挡的滚滚洪流。

西方学界普遍认为1492年哥伦布的"地理大发现"是全球化的起源,然而,如果把目光投向更深远的历史,不难发现,中国曾是全球化的主要参与者与推动者——早在西汉时期,张骞通西域,开辟了通往欧洲的"丝绸之路";唐朝的都城长安,是一座国际化的大都市,鼎盛时期城中150万人中1/3是外国人口;唐宋之后"海上丝绸之路"逐渐兴起,不但连通了中国与60多个国家的直接商贸往来,还在沿线多个国家及欧洲各地掀起了

---

① 截至2016年10月,此交易已获得欧盟委员会批准。
② 截至2016年8月,此交易已获得美国外国投资委员会(CFIUS)批准,但此后欧盟对此交易计划进行详细审查,将于2017年3月15日之前做出审查结论。
③ Oxford Dictionary.

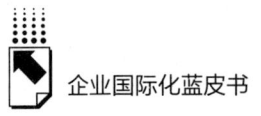

"中国热"。在经历明清末期漫长的闭关锁国之后,新中国成立了,借着改革开放的东风,中国再次回到全球化的舞台。1979年8月,国务院颁布的15项经济改革措施中,明确规定允许出国办企业。1979年11月,京和股份有限公司成立,这是改革开放后我国在海外开办的第一家合资经营公司。

全球化大势,顺之者昌,逆之者衰。中国是全球化的重要受益者:改革开放政策允许外资"走进来",通过"三来一补"发展了大量劳动密集型加工业。2001年加入世界贸易组织是我国更深入地融入经济全球化进程的必然选择,开启了对外开放的新时代,全球化下的大多数中国企业不仅没有被冲垮,反而越来越多地走出国门,走向国际市场。入世后的中国经济发展也引人瞩目:2010年跃升为世界第二大经济体,2013年成为第一大贸易国,2015年人均GDP增长近7倍。

但是我们也看到,2008年全球金融海啸之后,全球化进程有所减慢。据世界贸易组织统计,2014年全球贸易总量较上一年仅增加2.8%,四十年来首次低于全球GDP增速。G20国家出台的贸易保护主义措施从2010年末的381项增加到2015年末的1441项。2016年6月英国去留欧洲公投中,支持脱离的投票者以过半数的优势胜出;同年美国大选中,共和党、民主党候选人更是反对被认为是促进亚太地区贸易自由化的跨太平洋伙伴关系协定(TPP)。

笔者认为,这些看似令人担忧的事件是伴随经济周期波动的暂时现象,并不代表全球化发展的未来趋势。全球化有三个重要的组成要素,第一是科学技术的迅猛发展,这是全球化的动力;第二是跨国公司的全球投资和贸易,这是全球化得以实现的载体;第三是全球范围内的产业结构调整和产业转移,这是全球化的实质和目的。三大要素的基础并没有动摇,因此全球化的进程还将持续下去。

企业是经济全球化最有活力的主体,中国企业目前正处在西方跨国企业曾经走过的全球化历程中。关于中国企业全球化,时不时能听到批评的声音,例如自主创新能力不强、核心技术受制于人、利润率偏低等。作为中国企业"走出去"的见证者和孜孜不倦的倡导者,笔者认为中国企业正处于全球化发展初期，虽有种种不足，但大势不可阻挡，并将呈现以下趋势。

第一，中国企业"走出去"规模还会快速增长，预计到"十三五"期末，我国年对外直接投资流量会在现有基础上实现翻番，达到2500亿~3000亿美元，"十三五"期间累计对外直接投资额将达1.1万亿美元。过去十年，中国非金融类对外直接投资已从2005年的122.6亿美元增至2015年的1214.2亿美元，扩大了近10倍。2016年1~9月，中国非金融类对外直接投资额达到1342.2亿美元，比去年同期增长了53.7%。

支撑这一高速增长的因素包括三个方面：首先，当前商业环境要求中国企业具备全球视野——"走出去"，在全球范围内进行资源配置和市场开拓；其次，国家相关部门持续推进境外投资便利化，实行以备案为主的管理模式，积极搭建对外投资平台，加大投融资支持力度，加强对企业开展对外投资合作的国别环境指导；再次，"一带一路"建设为企业"走出去"打造了新的载体，配合企业产能转移的需求，中国在帮助沿线欠发达国家跨越经济发展鸿沟的同时，实现了生产要素成本的降低。

第二，中国企业全球化发展将推动我国产业转型升级，从"制造大国"向"制造强国"发展。加入世界贸易组织以来，我国在提升出口商品技术含量和附加值方面下了很大功夫。2001~2016年间，我国货物出口贸易额中，高技术产品的占比从17.5%提高到近30%，其中技术含量较高的机电产品所占比重则由44.6%提高到近60%。

2016年5月，美的向德国机器人公司库卡（Kuka）[①] 发出收购要约，计划通过库卡在工业机器人和自动化生产领域的技术优势，提升生产效率并推动制造升级；2013年万向集团收购美国电池生产商A123，获得了锂电池生产的核心技术，推动了其在新能源领域的发展。这些例子说明，中国企业正在通过全球化发展获取高端制造业的专利和核心技术，这将有利于推动我国向"制造强国"迈进。

---

① 库卡公司是德国"工业4.0"宏伟计划的核心企业之一，以生产制造汽车、飞机等产品的大型工业机器人闻名。

第三，中国企业全球化布局将愈发多元化，稳步地向"全球企业"迈进。在过去一二十年的"走出去"探索中，中国企业通常追随市场、资金和资源，前往一些较"热门"的投资目的地，目前它们中的先行者已经完成了对成熟目的地的布局，正进入相对陌生的前沿市场，呈现全球布局愈发多元化的景象。

例如，华为在1997年走出国门，目前已在160多个国家设立分公司或代表处，并在世界各地构建了16个研究所，28个创新中心，45个产品服务中心；雇佣的15万名员工中有4万多人为外籍，超过一半的销售收入来自海外市场，已经成为一家名副其实的"全球企业"。又如，海航集团旗下已囊括分布在5个大洲14个国家的30多家境外企业，截至2015年，集团15%的资产、24%的收入来自其海外公司。未来，中国还将有更多这类全球性的公司诞生。

第四，中国企业将通过全球化发展向价值链上游迈进，整合技术与品牌优势，获取更高的附加值。宏碁集团创始人施振荣先生曾提出著名的"微笑曲线"理论——由技术、制造、品牌等环节组成的"微笑曲线"表示全球价值链的分工，其中曲线两端的"专利、技术"及"品牌、服务"环节往往包含了较高的附加值，而位于曲线中段的"组装、制造"环节则附加值较低。在上一次全球产业分工转移中，我国很多企业正是凭借劳动力、土地等生产要素的成本优势，成功进入全球价值链中的制造环节。但近年来，我国企业在制造环节的传统优势正逐渐减弱，劳动生产率增速放缓而工资水平的快速提高压缩了企业的利润空间。许多中国企业选择通过"走出去"实现"引进来"，提升技术与品牌，向"微笑曲线"两端转移，以获取更高的附加值。

2012年三一重工对德国普茨迈斯特（Putzmeister）的收购，将核心技术和品牌收入囊中，一举改变全球行业竞争格局。2008~2013年，深圳迈瑞公司完成了对美国Datascope公司监护业务、ZONARE集团的并购，获得了监护仪、医学影像领域两大著名品牌与相关知识产权，加速了高端市场产品的研发，并以此服务于国内和国际市场。

第五，中国企业"走出去"的本土化经营水平将持续改进，企业社会责任承担将做得越来越好。在早期"走出去"过程中，许多中国企业忽视了投资目的地的文化差异、经营环境等本地化因素，付出了昂贵的"学费"。例如，上汽集团2004年入主韩国双龙汽车后，始终无法消除与工会的隔阂，终因劳资矛盾激化而宣告失败。这些教训对后来者很有价值，现在我们看到，越来越多的中国企业在海外并购或绿地投资中提高了对本土化经营和企业社会责任的重视。

联想集团、万达集团、福耀集团在并购海外企业后，均采取了本土化的人力资源策略。其中，福耀集团2014年收购美国芒山工厂之后，基于尊重美国制造业工会文化的考虑，保留了工厂工会，尽管并购协议允许关闭工会。2015年，福耀集团投资美国俄亥俄州代顿地区后，向当地大学捐赠了700万美元支持研究，这就不难理解为何当地政府要将一条公路命名为"福耀大道"。东莞的华坚集团在进入埃塞俄比亚伊始便以东道国的本土企业定位，2012年建厂之初就确定了依靠本地人才发展的计划——工厂开工之前派出200多名埃塞大学生前往东莞工厂培训，如今工厂规模已扩大至5000多名雇员，但其中只有140多人是中国籍雇员。这样做不仅创造了大量就业机会，也带动当地制造业的提高，受到东道国政府和当地人的肯定与欢迎。

总体而言，笔者对中国企业全球化发展持乐观态度，但从"走出去"到"走进去""走上去"将是一个艰苦漫长的过程。全球化的大势不会逆转，对于众多期待跨出国门的企业来说，了解不同领域、不同行业企业在海外投资、经营以及与利益相关者互动的经验十分重要。希望中国与全球化智库（CCG）在研究分析大量中国企业国际化案例的基础上编撰的这本《中国企业全球化报告（2016）》，能对已"走出去"和拟"走出去"的中国企业提供一些参考与帮助。

中国与全球化智库主席

龙永图

2016年10月

序二　拓视野、恒为贵、人为本、守自谦

——中国企业如何真正"走出去"实现海外经营

2016年是"十三五"规划开局之年，工业和信息化部发布《促进中小企业发展规划（2016－2020年）》，鼓励民营企业积极对外投资，拓展海外市场。随着中国企业"全球化"整体意识继续加深，我国民营企业"走出去"也早已跃跃满志，海外并购再掀高潮。与此同时，在海外拓展的过程中，中国企业的国际化也经历了一个漫长的摸索，企业在"走出去"的进程中经受了挫折与磨砺，也面临着困难和质疑。由此，越来越多的中国企业发现，"走出去"并不仅仅是一个新的开始，更是一个转变经营方式、管理模式以及重塑企业文化的契机。

道虽迩，不行不至；事虽小，不为不成。回顾福耀风风雨雨近30载，从一家生产水表玻璃的乡镇小厂起步，到1987年办汽车玻璃厂，1995年开始在美国投资，再到现在市面上一半的汽车安装的就是福耀生产的挡风玻璃，成为业内中国第一、世界领先的知名民族品牌企业。一直以来，福耀秉承为"汽车玻璃专业供应商树立典范"的愿景，始终将企业"国际化"意识融入企业运作基本理念之中。当然，在取得骄人成绩的同时，福耀也经历了诸多风雨，接受了诸多考验。由此，在中国企业"全球化"的新浪潮的大背景下，对"我国企业如何真正'走出去'实现海外经营"一题，笔者有如下几点思考与体会。

一　国际标准，本土经营

中国企业"走出去"的基本问题，首先是产品资质问题。企业若想把

产品销往世界,首先要向国际标准看齐。20世纪90年代初,福耀第一次进军加拿大,但因玻璃质量问题遇到困难。当时笔者便意识到,福耀要想真正实现"走出去",就必须占领国际汽车玻璃制造技术的制高点。后来我们通过引进透明的治理结构,聘请国际专业的审计师,取得了国际惯例标准认证。奥迪汽车玻璃在减轻风阻等方面要求非常高,是同行中公认的世界最高标准,很多美国玻璃制造公司都难以达标。我们不断提高研发强度,在保持低成本的基础上很快达到了与国际同行并肩的技术水平。仅仅用了一年时间福耀就与奥迪汽车签署了玻璃配套项目合作协议,也由此开始,福耀生产的前挡风玻璃将配套全球的奥迪汽车。

当然,只有产品质量国际化是不够的,企业的思想和行为也需要本土化。福耀在美国投资设厂,在人员设置上除了必要的干部组织之外,企业财务总监、人力资源总监、总经理都由美国人担任,只设立了董事长助理派驻美国做社区关系总监,负责与工会、政府、学校和社团沟通。如果公司需要媒体宣传或者记者采访,由美籍总经理出面,用美国人作为窗口回应美国媒体,用美国人的方式经营公司。中国企业"走出去"要懂得融入不同国家的不同的地缘、政治、人文和商业文化,要学会用本土化的方式在当地站稳脚跟。

二 百炼成钢,贵在坚持

的确,企业"走出去"的道路不会一帆风顺、一马平川,会遇到很多困难,产生很多痛点。2001年2月28日晚上,销售部黄中胜报告说以PPG为首的几家美国玻璃企业向商务部起诉中国的玻璃倾销。基于当时我们的产品在国内供不应求的状态,如果放弃打官司,产品完全可以转向国内销售。可是如果不应诉,那么就等于承认了反倾销的事实,以后福耀在国际市场上就会背负这个骂名。回想当初,笔者只因一次偶然的机会与玻璃结缘,便为此坚持了近30年。还记得在建厂伊始,笔者就承诺要"为中国人做一片属于自己的玻璃",这片玻璃不仅够满足中国汽车行业的需要,还要能在整个国际市场上销售。要打入国际汽车玻璃市场，真正做大做强，就需要坚持。

的确，放弃诉讼对福耀来说不会是死路，但是，一旦做出放弃的决定，退出国际市场，那么必将意味着最终也要退出中国市场；一旦做出放弃的决定，丢掉的不仅仅是国际市场的销路，更是企业所代表的国家的形象和国徽的尊严。为此，福耀"国际化"的路必须走下去，我们做出了应诉决定：成立反倾销领导小组，聘请美国最好的反倾销律师，哪怕为此负担高达数百万美元的律师费也在所不惜，将以PPG为首的几家美国玻璃企业诉至美国国际贸易法院。2004年10月15日，美国商务部公布了福耀汽车挡风玻璃终裁倾销率0.13%，视同为零倾销率。福耀反倾销案胜诉。千锤百炼，方能成钢。中国企业，特别是民营企业，想要在海外扎稳脚跟、在异邦打天下就需要一种不服输的韧劲儿，贵在懂得持之以恒的道理。

三 人本主义，做好配角

企业是人做的，每个员工的背后，也都是一个家庭，中国企业进入异域市场要学会热爱本土文化，尊重本土人民。2014年，福耀兼并美国玻璃巨头PPG伊利诺伊州Mt. Zion工厂，面对PPG拖欠工会一笔增加时薪的"旧账"。按照合同，福耀本可以解雇原有的工人重新招募。但考虑到在福耀来之前，这个工厂属于在这里工作数十年的工人，笔者也同当地工人一样是从打工者开始的，没有家族财富，也没有政府背景，是彻彻底底的白手起家，福耀应对工人充满尊重。老板和员工是利益共同体，不是对立的，不能搞对立，应积极和当地工会沟通。最终福耀履行了5年前PPG对工会做出的加薪承诺，保障了本土员工的权益。中国企业在"国际化"的浪潮中要学会给自己找准定位，我们企业走到当地去，只是补充，不能喧宾夺主。敬胜怠，义胜欲，知其雄，守其雌。我们来到新的国家，应该谦虚一点，学会做好"配角"，特别是在劳工问题上，更应该褪去一些"民族主义"，多一些尊敬和包容。

以上几点，是笔者结合自身与福耀发展经验，思考"中国企业如何

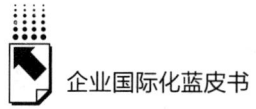

‘走出去’拓展海外经营"这一议题，希望与各位分享的一点薄见。面向未来，也期待更多的中国企业在"走出去"的过程中，能够拓视野、恒为贵、人为本、守自谦。只有把经济效益和本土文化相融合，将人本主义和谦虚谨慎的经营理念和态度秉承下去，才能最终走上一条长期稳定、健康和谐的企业可持续发展的国际化道路。

福耀玻璃工业集团股份有限公司董事长

河仁慈善基金会创办人、捐赠人

曹德旺

2016 年 10 月

目 录

Ⅰ 总报告

B.1 中国企业全球化发展现状与趋势 …………… 王辉耀 苗 绿 / 001
  一 概述 ……………………………………………………… / 002
  二 2015~2016年全球对外直接投资的现状与特点 ………… / 004
  三 2015~2016年中国企业对外直接投资的现状与特点 …… / 012
  四 中国企业"走出去"的困难与解决建议 ………………… / 025
  五 结语 ……………………………………………………… / 049

Ⅱ 榜单篇

B.2 中国与全球化智库2016年企业全球化推荐榜
  ………………………………… CCG企业全球化研究课题组 / 051
B.3 中国企业全球化评价体系 …………………… 王辉耀 曹佳洁 / 086

Ⅲ 调查篇

B.4 中国企业对外投资调查分析报告
  ………………………………… CCG企业全球化研究课题组 / 094

B.5 中国企业"走出去"的机遇、挑战、风险与策略调查
　　　　　　　　　　　　　　　　CCG企业全球化研究课题组 / 119

Ⅳ 专题篇

B.6 国外关于中国对外直接投资理论研究述评
　　　　　　　　　　　　　　吴嵩博　卢进勇　程晓青 / 132

B.7 宁可慢些，但要好些
　　——对中国企业海外并购井喷现象的探讨
　　　　　　　　　　　　　　　　　　　　　　　何伟文 / 145

B.8 中国企业投资美国研究分析　　　　　王辉耀　苗　绿 / 156

B.9 中非产能合作的特点与建议　　　　　　　　崔明谟 / 171

B.10 对"一带一路"战略意义的再认识　　　　　何伟文 / 178

B.11 共建"一带一路"：中国融入全球化的战略选择
　　　　　　　　　　　　　　　　　　　徐洪才　徐一览 / 189

B.12 中国企业在"一带一路"市场上的商业模式初探
　　　　　　　　　　　　　　　　　　　王辉耀　曹佳洁 / 196

Ⅴ 对策篇

B.13 关于推进"一带一路"发展路径的六点建议
　　　　　　　　　　　　　　　　　　　王辉耀　苗　绿 / 204

B.14 中国企业"走出去"之风险防范探析
　　　　　　　　　　　　　　　　　　　李志强　欧　龙 / 211

B.15 "一带一路"面临的安全风险及其应对　　　　刘　群 / 218

B.16 建立政治保险机制，分散"一带一路"政治风险
　　　　　　　　　　　　　　　　　　　王辉耀　苗　绿 / 235

B.17 跨境并购中法律尽职调查的核心关注项目　　余承志 / 239

Ⅵ 案例篇

B.18 福耀集团全球化发展案例研究 ············· 赵婧如 / 248

B.19 中国化工集团公司跨国并购的9条经验 ············· 柯银斌 / 256

B.20 宁波市的四家企业全球化案例分析

············· 宁波市商委对外投资合作管理处 / 273

Ⅶ 附录

B.21 中国对外直接投资事件

（2015年7月~2016年6月） ············· / 288

B.22 后记 ············· / 396

CONTENTS

I General Report

B.1　The Current Characteristics and Trends of Chinese Enterprises

　　　Globalization　　　　　　　　　　　　　　*Wang Huiyao, Miao Lv* / 001

　　　　1. General Situation　　　　　　　　　　　　　　　　　　　　/ 002

　　　　2. Situation and Characteristics of Global Foreign Direct

　　　　　 Investment 2015-2016　　　　　　　　　　　　　　　　　　/ 004

　　　　3. Situation and Characteristics of Chinese Enterprises Going

　　　　　 Global 2015-2016　　　　　　　　　　　　　　　　　　　 / 012

　　　　4. Problems Faced by Chinese Enterprises Going Global and Suggestions　　/ 025

　　　　5. Conclusion　　　　　　　　　　　　　　　　　　　　　　　/ 049

II Evaluation Mechanism and Rankings

B.2　The Evaluation of Chinese Enterprises Globalization 2016

　　　　　　　　　　　　CCG Research Group on Enterprises Globalization / 051

B.3　The Evaluation Mechanism of Chinese Enterprises

　　　Globalization　　　　　　　　　　　　　*Wang Huiyao, Cao Jiajie* / 086

CONTENTS

III Investigation Reports

B.4 Investigating and Analyzing Cross-border Investment by
Chinese Enterprises *CCG Research Group on Enterprises Globalization* / 094

B.5 Investigating Opportunities, Challenges, Risks and Strategies on
Chinese Enterprises "Going Global"
CCG Research Group on Enterprises Globalization / 119

IV Special Reports

B.6 Theoretical Review of Foreign Research Regarding Chinese
Overseas Investment *Wu Songbo, Lu Jinyong and Cheng Xiaoqing* / 132

B.7 Slowly Better than Worsen: Discussion on the
Boom of Chinese Outbound Investment *He Weiwen* / 145

B.8 Analysis on Chinese Investment in the U.S *Wang Huiyao, Miao Lv* / 156

B.9 Characteristics and Suggestions Regarding China-Africa
Industrial Cooperation *Cui Mingmo* / 171

B.10 A Re-understanding of Chinese "Belt and Road" *He Weiwen* / 178

B.11 Co-building the "Belt and Road": Strategic Options
on the Chinese Enterprises Going Global
Xu Hongcai, Xu Yilan / 189

B.12 Research on Chinese Business Model in the"Belt
and Road" Market *Wang Huiyao, Cao Jiajie* / 196

V Reports on Strategy Recommendation

B.13 Six Suggestions for Promoting the "Belt and Road"
Wang Huiyao, Miao Lv / 204

005

B.14 Exploring and Analyzing the Risks Prevention of
 Chinese Enterprise Outbound Investment
 Li Zhiqiang, Ou Long / 211

B.15 Possible Solutions for Security Risks Faced by the
 "Belt and Road" Initiative *Liu Qun* / 218

B.16 Establishing the Political Insurance Mechanism for
 Limiting Political Risks *Wang Huiyao, Miao Lv* / 235

B.17 Core Areas in Legal Due Diligence of Chinese
 Cross-border M & A *Yu Chengzhi* / 239

Ⅵ Enterprise Reports

B.18 A Case Study of the Fuyao Group "Going Global" *Zhao Jingru* / 248

B.19 9 Lessons of Cross-border M&A from CHEM China *Ke Yinbing* / 256

B.20 A Case Study of Four Enterprises' Globalization in Ningbo
 Ningbo Municipal Commission of Commerce / 273

Ⅶ Appendixes

B.21 Key Events of China Outbound Investment (July, 2015~June, 2016) / 288

B.22 Postscript / 396

总 报 告
General Report

B.1
中国企业全球化发展现状与趋势

王辉耀 苗 绿*

摘 要：本报告总结了世界及中国对外投资的现状和特点。2015年世界经济增长缓慢。但是，全球对外投资流量强劲复苏，主要投向欧美等发达国家及经济体；投资行业集中在服务业；全球跨国并购呈井喷式增长；国际整体投资政策趋向自由化与便利化。2015年，中国对外投资迈上新台阶，流量首次位列全球第二。在投资主体方面，民企、国企齐头并进；主要投资到亚、欧及北美地区；并购与绿地投资都呈显著增长；制造业投资较多，投资行业整体呈多元化发展。另外，在报告中，我们针对中国企业"走出去"的七个困难与瓶颈，提出了相应的解决方案。期待通过本研究，能为中国企业展示全球对外投资的概况，为中国企业"走出去"海外经营提供参考。

---

* 王辉耀，中国与全球化智库（CCG）主任，教授、博导；苗绿，博士，CCG研究员、执行秘书长。CCG副主任柯银斌、CCG研究员曹佳洁和CCG研究助理赵婧如对本报告亦有贡献。

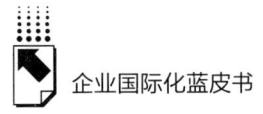

关键词: 中国企业 全球化发展 对外直接投资

一 概述

2015年,世界经济整体复苏乏力,增长缓慢,金融市场动荡加剧,能源交易继续走低,工业生产低速发展。在全球货币市场中,新兴市场货币指数下跌15.6%,其中阿根廷、哈萨克斯坦等国家因汇率政策调整,本币对美元汇率贬值幅度均超过30%[①];在发达经济体中,日元、英镑也出现了不同程度的贬值,受希腊危机、巴黎恐怖袭击、英国脱欧等影响,欧元兑美元汇率走低。在全球能源市场中,国际油价交易从上半年的60~70美元/桶下降到下半年的40~50美元/桶;在工业金属市场中,铁矿石领跌基础金属;在农产品市场中,大部分农产品都出现了高库存压力。[②] 受能源价格低迷的影响,大宗商品价格同样呈现大幅下跌。

然而,在全球经济走低的背景下,2015年全球对外直接投资流入量(Foreign Direct Investment,FDI)出现了强劲增长,其主要驱动力是大规模的公司内部重组。根据联合国贸易和发展会议(United Nations Conference on Trade and Development,UNCTAD,以下简称贸发会议)发布的《2016年世界投资报告》,2015年全球FDI同比增长38%,总额达1.76万亿美元。从投资区域看,欧美再度受到了国际资本青睐,特别是美国的FDI流量比2014年增长了近2倍;从投资行业看,受大宗商品价格下跌的影响,全球对第一产业的投资下降,投资集中在服务业(占总投资的60%以上),从投资方式看,跨国并购增长强劲,绿地投资小幅上扬。

在国际环境的大背景下,2015年,中国在"十二五"收官之年经济发展呈现下行压力,GDP虽达到67.67万亿元,较2014年增长了6.9%,但

---

① 国家外汇管理局:《2015年中国国际收支报告》,2016年3月31日。
② 中国银行研究课题组:《探寻新动力:世界经济在深度调整中曲折复苏——2016年全球经济金融展望》。

增速为 1990 年以来的新低。但同年中国企业的海外投资却未受到经济"新常态"的影响,对外直接投资存量首次突破万亿美元大关。①

2015 年,中国对外直接投资流量为 1456.7 亿美元,同比增长 18.3%,位列全球第二。其中,非金融类为 1214.2 亿美元,同比增长 13.3%;金融类为 242.5 亿美元,同比增长 52.3%。同期,中国实际使用外资金额 1356 亿美元。对外投资首超吸引外资,中国开始步入资本净输出阶段。②

对外承包工程方面,2015 年我国完成营业额约 1540.7 亿美元,同比增长 8.2%;新签合同额约 2100.7 亿美元,同比增长 9.5%;带动设备材料出口约 161.3 亿美元。2015 年新签合同额在 5000 万美元以上的项目达到 721 个,比 2014 年增加了 59 个,合计约 1758.5 亿美元,占新签合同总额的 83.7%。其中,上亿美元的项目 434 个,比 2014 年增加 69 个。③

对外劳务合作方面,2015 年我国派出各类劳务人员约 53 万人,与 2014 年相比减少了 3.2 万人,同比下降 5.7%。其中,承包工程项下派出约 25.3 万人,劳务合作项下派出约 27.7 万人。截至 2015 年末,我国在外各类劳务人员 102.7 万人,比 2014 年同期增加 2.1 万人。④

2015 年我国对外投资中"一带一路"沿线国家成为重要目的地。我国企业在"一带一路"相关 60 个国家新签对外承包工程项目合同 3987 份,新签合同额达到 926.4 亿美元,占同期我国对外承包工程新签合同额的 44.1%,同比增长 7.4%;完成营业额 692.6 亿美元,占同期总额的 45%,同比增长 7.6%。⑤

综上所述,在"十二五"期间,我国企业"走出去"不断发展、突破,对外直接投资规模达到"十一五"的 2.3 倍,企业海外发展已经成为我国与世界合作共赢的方式之一。在接下来的"十三五"期间,我国企业更要在全球化发展的浪潮中逐步加强对海外优质资产的配置。

---

① 中国国家统计局,http://www.stats.gov.cn/。
② 中国商务部,http://mofcom.gov.cn/。
③ 中国商务部,http://mofcom.gov.cn/。
④ 中国商务部,http://mofcom.gov.cn/。
⑤ 中国商务部:《2015 年与"一带一路"相关国家经贸合作情况》,2016 年 1 月。

当然，在日新月异的国际市场中，中国企业全球化发展是一个长期而复杂的过程，进行海外拓展的中国企业也面临着更多的考验与挑战。因此，研究全球对外投资的新发展和趋势，中国企业全球化发展的现状与特点，对外投资的趋势，以及中国企业在全球化扩张中面临的困难，对更多中国企业更好地实现全球化发展有着重要的借鉴意义。

二 2015~2016年全球对外直接投资的现状与特点

贸发会议最新发布的《2016年世界投资报告》显示，全球对外投资主要呈现如下特点。

（一）全球对外直接投资流入量强劲复苏

2015年全球对外直接投资流入量出现强劲复苏，同比增长38%，达到1.76万亿美元，是继2008年金融危机爆发以来的最高水平（见图1）。其中跨国并购金额从2014年的4320亿美元增至7210亿美元，增长率为67%，成为复苏反弹的主要牵动力。

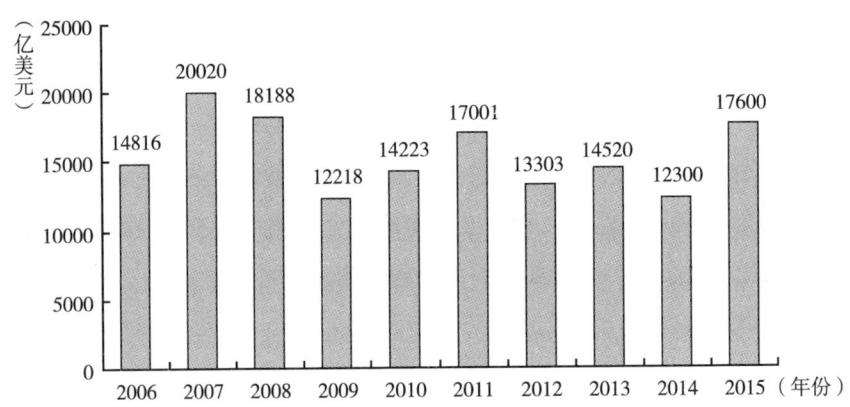

图1　2006~2015年全球对外直接投资流入量（FDI）

资料来源：贸发会议（UNCTAD）《2016年世界投资报告》。

（二）全球对发达经济体的投资显著回升，亚、欧和北美是最受欢迎的投资目的地

2015年全球对发达经济体的对外投资流入量明显增加（见图2）。与2014年相比增长84%，达到9625亿美元，占全球对外直接投资流入量的55%。发展中经济体在2010年之后吸引的外国直接投资流入量呈现波动状态，2010年为近年最低点6253亿美元，2015年攀升至7647亿美元，达到历史新高。转型经济体的外资流入量一直较低，2015年仅有350亿美元。

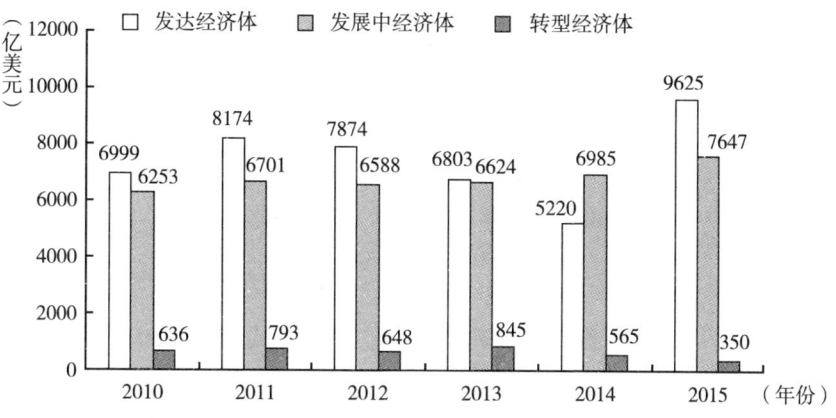

图2 2010~2015年全球对外直接投资流入量对比

资料来源：贸发会议（UNCTAD）《2016年世界投资报告》。

2015年亚洲地区吸引的全球外国直接投资流入量最大，占总投资额的32%，多国企业对基础设施的跨境投资成为加强区域连通的主要力量；其次是欧洲（占30%）、北美（占25%）、拉丁美洲和加勒比海地区（占10%）以及非洲（占3%）（见图3）。

亚洲、北美和欧洲的外国直接投资流入量在2015年显著提升，其中投资流入亚洲5407亿美元，比2014年增长16%；北美地区止跌反弹较大，外国直接投资流入量比2014年增长160%，达到4285亿美元；欧洲地区在历经连续三年下滑之后首次回升，外国直接投资流入量比2014年增长65%，达到5036亿美元；非洲自2010年以来吸引的外国直接投资流入量稳定在

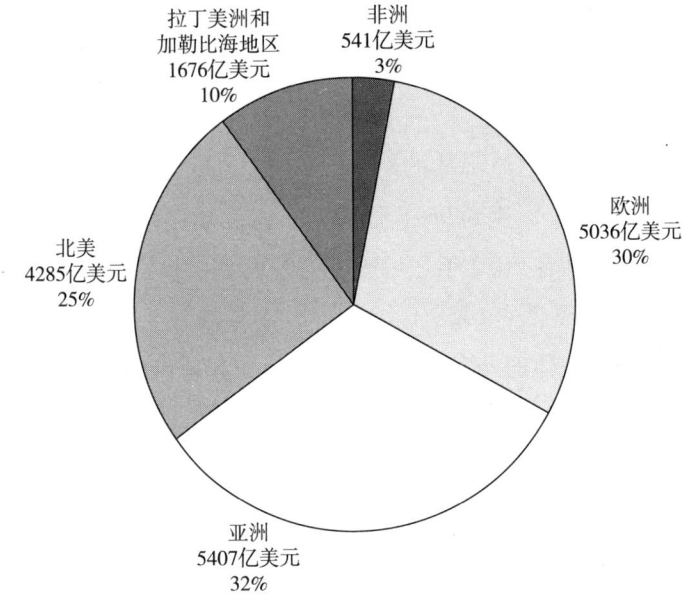

图3 2015年全球对外直接投资流入量区域分布

资料来源：贸发会议（UNCTAD）《2016年世界投资报告》。

540亿美元上下，拉丁美洲和加勒比地区的外国直接投资流入量近几年则持续下降（见图4）。

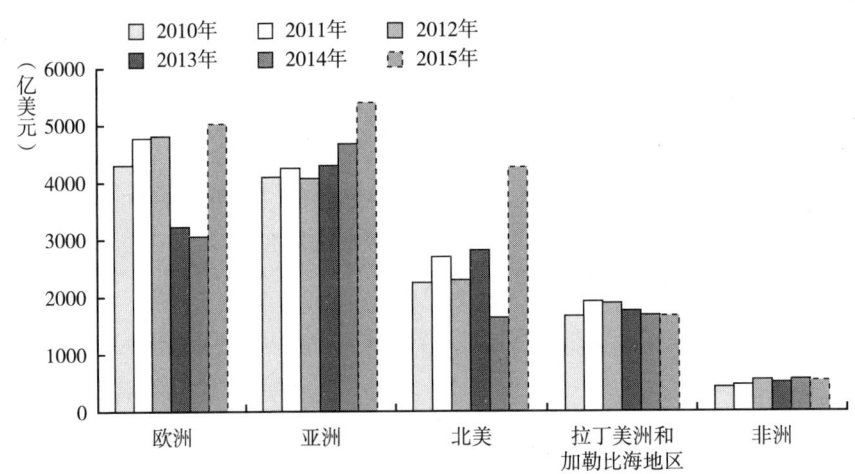

图4 2010~2015年全球对外直接投资流入区域

资料来源：贸发会议（UNCTAD）《2016年世界投资报告》。

(三)美国仍是全球最大对外投资来源国(地区),中国吸引外资排名从第一降到第三

2015年美国的对外直接投资流量虽比2014年有所下滑,但仍居全球第一,达到3000亿美元;日本取代中国香港,以1290亿美元的对外直接投资流量位居全球第二;中国依然位居全球第三[①](见图5)。

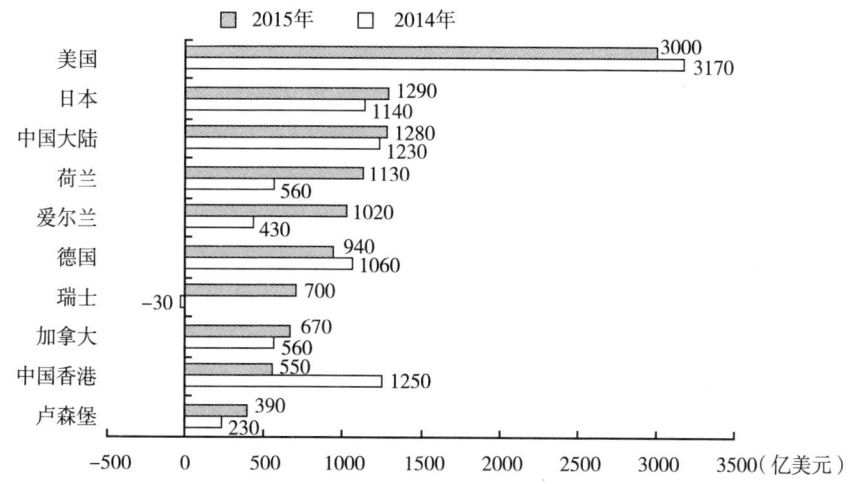

图5 2014~2015年全球对外投资前十大来源国(地区)

资料来源:贸发会议(UNCTAD)《2016年世界投资报告》。

从对外投资目的国(地区)来看,2015年中国利用外资小幅增长达到1360亿美元[②],但排名从全球最受欢迎的投资目的国(地区)的第一位降到了第三位,居于美国和中国香港之后。美国则从第三位上升到第一位,吸引外资流量达到3800亿美元,比2014年增长了255%。全球外资流入中国香港稳步增长,2015年流量达到1750亿美元,比2014年增长了54%。另

---

① 贸发会议的数据1280亿美元与中国商务部公布的1456.7亿美元相差176.7亿美元,如果以后者为准,则中国2015年对外直接投资流量超越日本,位居全球第二。
② 中国商务部公布的实际利用外商直接投资金额为1356亿美元,与贸发会议的数据相差4亿美元。

外，全球对爱尔兰的投资增长了226%，达到1010亿美元；对荷兰的投资增长了1304%，达到730亿美元；对瑞士的投资增长了886%，达到690亿美元；对新加坡的投资增长了856%，达到650亿美元；对印度的投资增长了26%，达到440亿美元。2015年全球对外投资流入巴西和加拿大的金额分别为650亿美元和490亿美元，分别下降了11%和17%（见图6）。

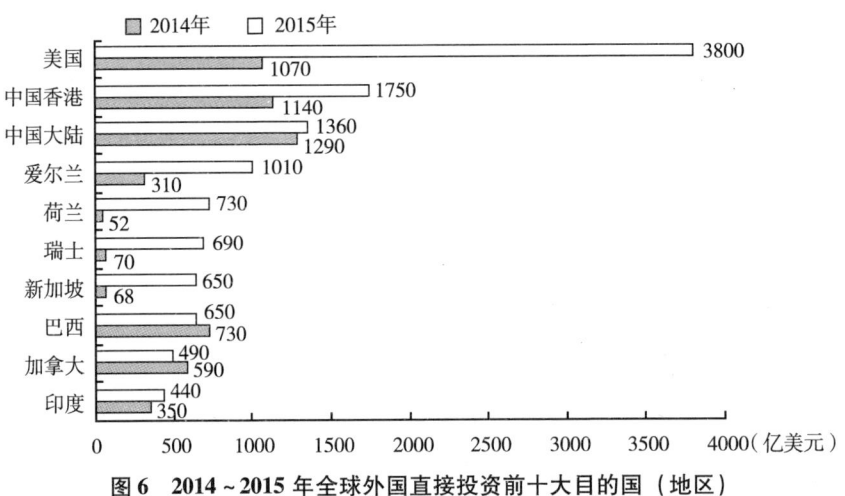

图6　2014~2015年全球外国直接投资前十大目的国（地区）

资料来源：贸发会议（UNCTAD）《2016年世界投资报告》。

（四）全球对外直接投资集中在服务业，制造业有所上升

2015年全球对外直接投资流入的行业结构变化显著：64%的全球对外直接投资流量流向了服务业，带动产业效率的大幅提高，有利于深化国际分工，加剧行业竞争来促进资源的优化配置；27%流向了制造业，这是由于制药等行业出现一些大规模交易①，占当年全球跨国并购总金额的比重在50%以上，促使制造业投资流入量上升；7%流入了第一产业，受到2014年以来初级商品价格大幅下跌的影响，原材料、能源行业的跨国企业大幅削减资本开支，海外再投资缩紧，导致全球对第一产业的投资流入量下滑（见图7）。

---

① 案例：全球第三大仿制药商瑞士的阿特维斯（Actavis）以705亿美元成功并购爱尔兰的肉毒杆菌制造商艾尔健（Allergan）。

中国企业全球化发展现状与趋势

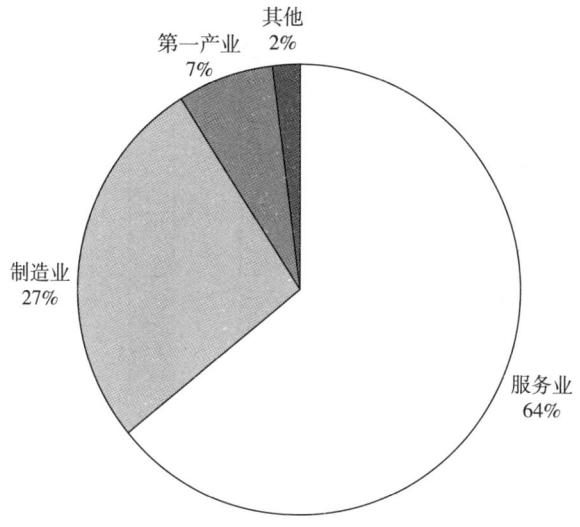

图7　2015年全球对外直接投资流入量行业分布

资料来源：贸发会议（UNCTAD）《2016年世界投资报告》。

2015年发达经济体与发展中经济体的外资流入产业结构无明显差异，主要集中在服务业和制造业，对第一产业的投资占比较少；非洲、拉丁美洲和加勒比海地区吸引的外国直接投资流向第一产业和制造业的均较多，这与两地的工业化发展水平相对落后、农业发展潜力大较为相关；亚洲发展中地区和转型经济体吸引的外国直接投资70%流入服务业（见图8）。

由此可见，全球对外投资主要流向服务业，其中流入发达经济体与发展中经济体服务业和制造业的比例较高，对第一产业的投资主要集中在非洲和拉丁美洲。

（五）全球跨国并购大幅增长，绿地投资小幅上升

2015年全球对外直接投资表现活跃，其中全球跨国并购大幅回暖，创下7210亿美元的交易纪录，比2014年增长了67%，为金融危机以来的新高（见图9）。究其原因，我们认为，在全球流动性较充裕的国际大背景下，

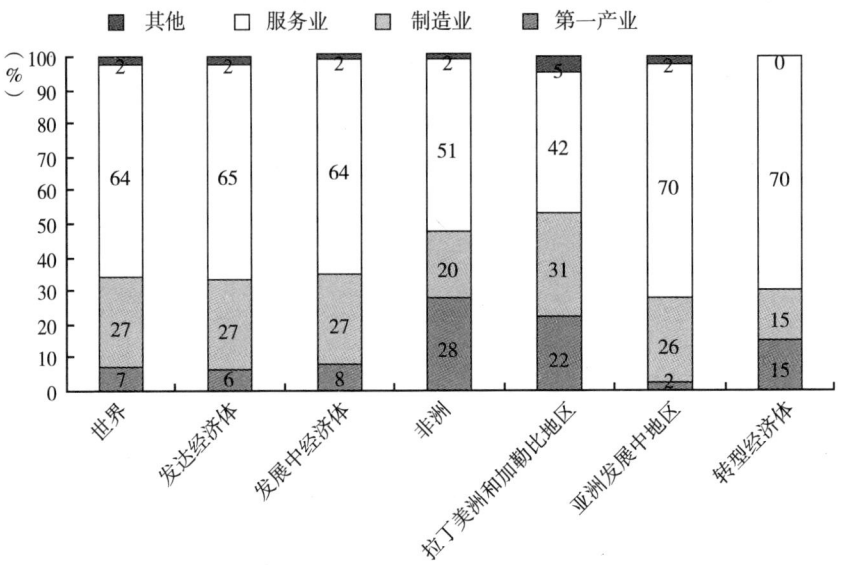

图8 2015年全球对外直接投资流入行业分布

资料来源：贸发会议（UNCTAD）《2016年世界投资报告》。

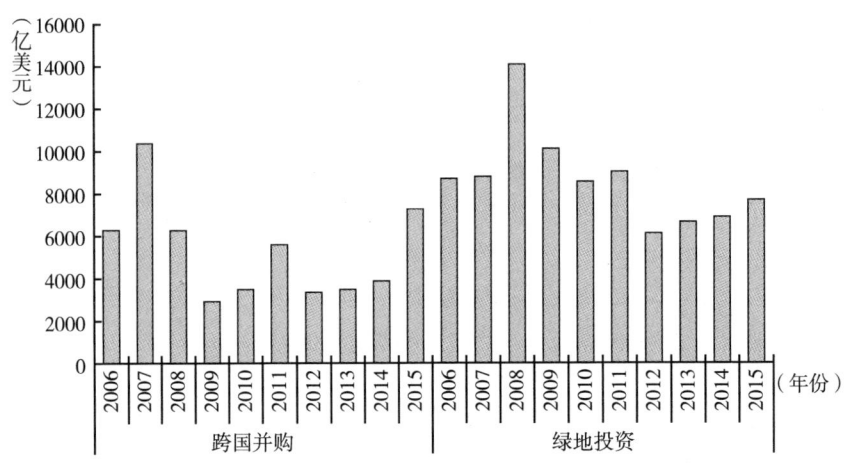

图9 2006~2015年全球对外直接投资流入行业分布

资料来源：贸发会议（UNCTAD）《2016年世界投资报告》。

跨国公司通过并购重组的方式扩大营收并获取成本规模效益。从行业分布看，此类并购主要发生在制造业，2015年该行业跨国并购额达3390亿美元,同比增长132%,医药、机械设备、非金属产品、电子零配件等行业并购较多。服务行业中,金融服务并购有所放缓,交通服务与房地产并购增长较快。冶炼行业、天然气与原油行业并购额下降较多,分别减少了51%和68%。

与并购活动大幅增加相反,2015年公布的绿地投资总额为7660亿美元,比上年仅增长8%。发达经济体和转型经济体的绿地投资额在2015年均略有增长,发展中经济体的绿地投资额则出现下滑趋势。

2016年1~4月,中国首次超过美国成为全球最大绿地投资来源国。这对中国企业"走出去"来说是一大突破。2016年前4个月,中国企业在境外的绿地投资项目数量为126个,投资总额约294.3亿美元。同期,美国企业虽然推出661个绿地项目,但投资总额仅228.1亿美元。虽然在项目数量上中国位居全球第六,但投资额居全球榜首。[①]

(六)国际投资政策向自由化与便利化方向发展

2006~2015年,各国出台对外投资的政策,在数量上逐步增加。2015年共有46个国家出台了96项涉及外商投资政策方面的法律法规:自由化与便利化政策数量71项,相比2014年增长了51%;13项政策涉及对外资加强限制或监管,比2014年增加了4项,但低于在2006~2013年期间出台的限制政策数量的总和;12项为中性政策。可以看出,出台的85%的政策措施旨在扩大开放,促进投资,比例高于过去十年间的平均水平(见表1)。

表1 2006~2015年全球投资政策数量变化

单位:项

政策数量	2006年	2007年	2008年	2009年	2010年	2011年	2012年	2013年	2014年	2015年
出台政策的国家数量	71	50	41	47	55	49	54	59	37	46
法律法规变化的总数	126	79	68	88	121	80	86	87	63	96

---

① FDI Markets 数据。

续表

政策数量	2006年	2007年	2008年	2009年	2010年	2011年	2012年	2013年	2014年	2015年
自由化与便利化政策数量	104	58	51	61	80	59	61	61	47	71
限制性政策数量	22	19	15	23	37	20	20	23	9	13
中性政策数量	0	2	2	4	4	1	5	3	7	12

资料来源：贸发会议（UNCTAD）《2016年世界投资报告》。

亚洲新兴经济体在推动自由化与便利化方面表现尤为突出。譬如，印度总理莫迪上台后开放了外商对民用航空事业100%的直接投资，并降低国际航线航空公司进入印度的准入门槛；另外还允许外资企业在无须政府事先批准的情况下持有成熟医药项目至74%的份额，并允许外商对新建制药企业100%持股。这些政策的出台，大大提升了印度吸引外资的魅力。

三 2015~2016年中国企业对外直接投资的现状与特点

2015年，中国推进又一轮高水平的对外开放。政策上，全力推进"一带一路"合作进程，吸引其他国家在技术与资金等方面全方位地参与其中；对外合作上，中国政府积极推进自贸区建设，签署多个双边、多边高质量的自贸区协定，进而逐渐参与和主导制定国际规则。此外，中国的对外开放不断深化，产业结构不断转型升级，促进了中国企业从"微笑曲线"的底部上升至两端的高附加值区域。

国际市场对中国的对外开放成绩表示肯定。2015年，国际货币基金组织（International Monetary Fund，IMF）决定将人民币纳入SDR（Special Drawing Right，SDR），这是人民币国际化迈向世界舞台的新起点。这有助于中国企业在海外投资时，使用人民币计价的便利化，将提高企业"走出去"的金融安全。

中国与全球化智库（CCG）根据公开资料，收集了相关研究机构、企业官网等信息,整理出中国企业 2000~2016 年上半年的对外投资案例 2858 起,并对这些投资数据进行统计分析,并基于该统计结果总结出中国企业海外投资的现状与特点。

(一)中国企业对外投资迎来"黄金期",民营企业"走出去"踌躇满志

自 2005 年以来,中国对外直接投资流量连续 10 年持续增长,2015 年达到了 1456.7 亿美元,是 2005 年的近 12 倍(见图 10)。2016 年是"十三五"规划开局之年,1~6 月我国对外非金融类直接投资达到 888.6 亿美元,同比增长 58.7%。中国企业对外投资迎来"黄金期"。

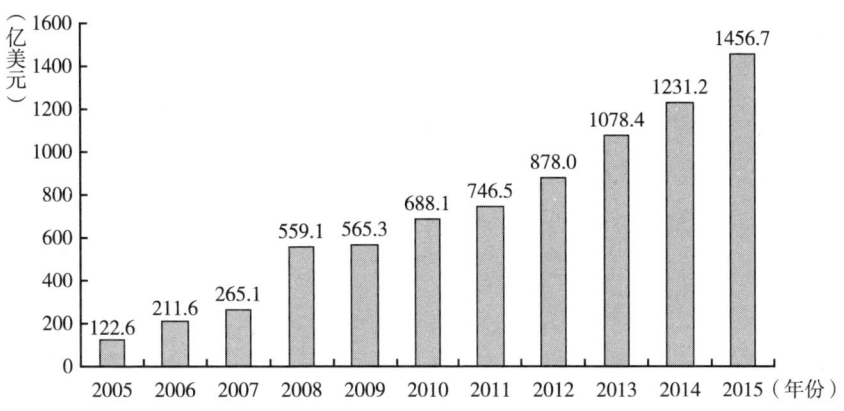

图 10　2005~2015 年中国对外直接投资流量连续 10 年增长

资料来源:根据商务部公开资料整理。

中国企业海外并购激增的驱动因素主要是"走出去"的时机与环境利好。

一是在政策方面。自 2014 年开始,我国在对外投资的审批环节上大幅简政放权,形成了"备案为主、核准为辅"的管理模式,境外直接投资项下外汇登记改成由银行直接审核办理,一系列的政策开放释放了企业海外投资的潜在活力。二是资金面支持方面。2015 年下半年,我国放松货币政策,信贷

与社融投放总体保持在较高水平,实体经济资金面整体趋于宽松。受国内产能过剩、产业结构调整等影响,加之全球经济尚处于复苏期,优质低估值企业较多,促使优秀的中国企业将目光投向国际市场。三是人民币汇率波动方面。受2015年"8·11"汇改、美联储加息的影响,人民币汇率处于贬值通道之中,出于对人民币汇率的远期担忧,企业加强海外优质资产的配置以抵御风险。

随着经济全球化和区域经济一体化程度的加深,企业全球化发展意识加强,主动走出国门配置资源和拓展市场。CCG的统计数据显示,从海外投资主体来看,2015年中国民营企业"走出去"踌躇满志,海外并购十分活跃,并购案例达到397起,占当年总投资案例数的53%;披露的并购总金额达到3963.19亿美元,同比增长280%,占总投资金额的66%(见图11)。2016年上半年,民营企业海外并购290起,披露的并购金额1094.2亿美元,占比分别为64%、36%。

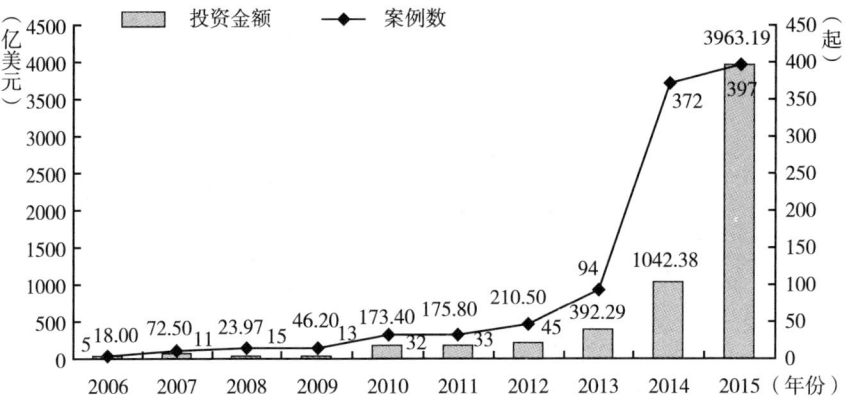

图11 2006~2015年中国民营企业海外投资状况

资料来源:中国与全球化智库(CCG)数据库。①

2016年6月,工业和信息化部发布《促进中小企业发展规划(2016~2020)》,鼓励民营企业积极拓展海外市场。一方面,在"走出去"的中小企业

---

① 本统计数据包括进行中的投资并购案例和通过海外子公司进行的投资并购案例。

中,具备先进技术、管理经验、自主品牌和自主知识产权的企业不断增多。加之民营企业"走出去"有政治因素少的特点,在对外投资过程中容易被目标投资国接受。另一方面,相关国家政府放宽了外资投资准入限制,便于中国企业"走出去"。因此中国民营企业海外投资并购,与当地需求形成资源互补,有利于企业在自身发展的同时促进当地的经济发展,形成互利共赢的发展形势。

(二)中国企业投资亚、欧洲及北美地区较多,对美国投资热情不减

从海外投资的区域分布来看,2015年中国企业海外投资主要集中在亚太、欧洲及北美地区,比重分别为30%、29%和25%(见图12)。其中在亚洲投资180起,涉及投资金额3865.75亿美元;在欧洲投资177起,投资金额1769.14亿美元;在北美投资152起,投资金额为503.71亿美元。

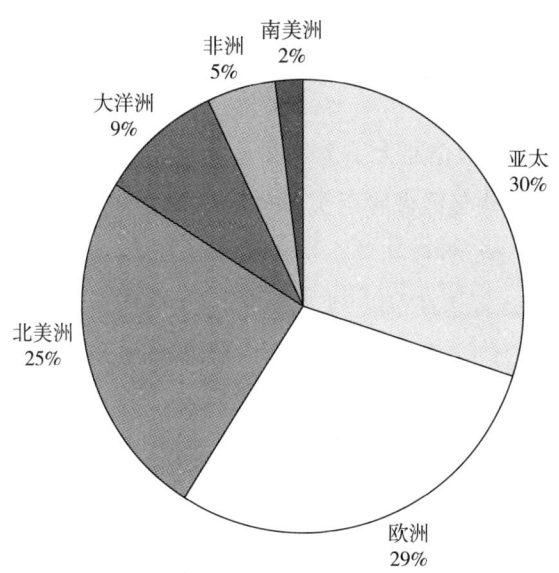

图12 2015年中国企业海外投资区域分布

资料来源:中国与全球化智库(CCG)数据库。

从单个国别来看,中国企业对美国投资热情不减。根据CCG的统计,2015年中国企业在美国投资案例129起,投资总金额达到482.67亿美元,

与2014年相比同比分别增长了24%和94%。截至2016年上半年,中国对外投资的近20%都投入了美国。

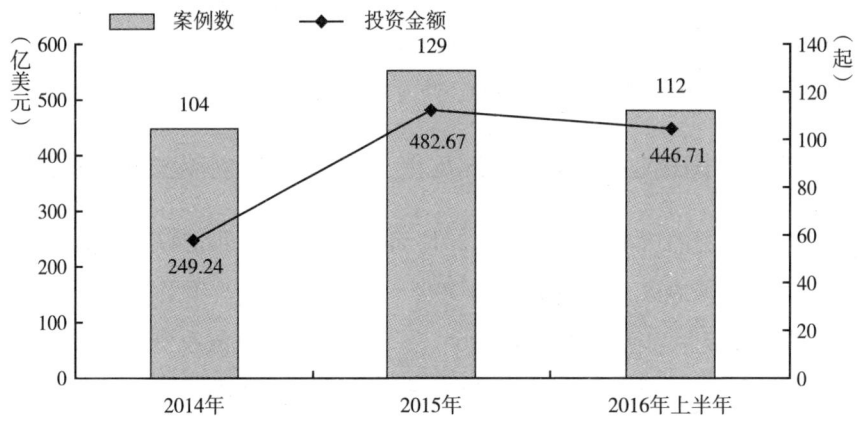

图13 2014~2016年上半年中国企业投资美国的案例数和投资金额

资料来源:中国与全球化智库(CCG)数据库。

2015年,不乏中国企业大手笔地并购美国企业的案例。例如,复星集团以近25亿美元收购美国保险巨头Ironshore Inc,安邦保险以19.5亿美元收购纽约华尔道夫地标性酒店等。进入2016年,中国企业对美国的投资依然热情高涨:1月,万达宣布以35亿美元收购传奇影业公司[①];2月,阿里巴巴入股美国团购鼻祖Groupon;6月,海尔以55.8亿美元并购美国通用电气公司家电业务等。中国企业在美国投资领域愈发多元化,地产、高端制造业、文化产业等备受青睐。通过在美国的投资并购,中国企业可深度参与国际产业链的整合,提升国际化程度。

(三)跨国并购不断攀升,绿地投资显著增长

从投资方式来看,根据CCG收录的2000~2016年上半年中国企业对外投资的2858起案例,跨国并购案例数为2515起,占总案例数的88%,可见

---

① 2016年8月,万达发布公告,决定中止收购美国传奇影业公司。

跨国并购成为中国企业对外投资的主要方式。从 2006 年起，中国企业跨国并购案例数直线上升，2015 年再创历史新高，达到 498 起（见图 14）。

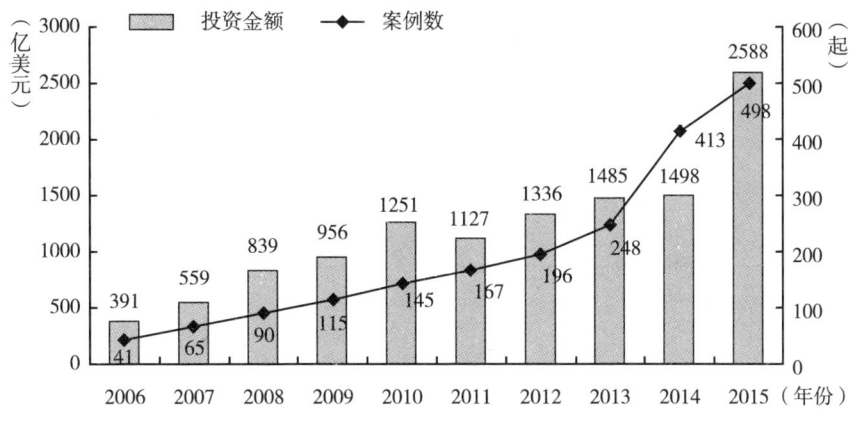

图 14　2006~2015 年中国企业跨国并购规模

资料来源：中国与全球化智库（CCG）数据库。

中国企业海外并购主要是为了获得资源、技术、品牌和市场渠道。例如，联想收购 IBM 的 PC 部门，借力 IBM 品牌力度获得全球营销网络；美的收购东芝的白色家电，弥补了其在核心技术上的空白，把东芝在电子控制领域的技术应用到家电智能领域，提高美的国际制造水平。

相对于跨国并购，中国企业在海外的绿地投资数目相对较少，但是投资金额超过海外并购金额，主要是劳动密集型和资源密集型企业选择在欠发达或在发展中国家进行投资，以获得原材料和劳动力。在"一带一路"战略构想下，中国企业投资非洲多以绿地投资为主。另外，正在寻求转型升级的"中国制造"把目光投向德国，继 2014 年之后，再次成为全球在德绿地投资项目数量第一的国家[①]。根据德国联邦外贸与投资署的数据，与 2014 年相比，2015 年中国在德投资项目数量增长了 37%。

---

① 2015 年中国在德投资主要领域为机械制造（占比 15%）、电子与半导体（13%）、汽车（11%）及信息通信和软件（8%）。中企在德从事的主要商业活动为销售与市场支持（52%）、服务业（19%）、物流与交通（7%）。

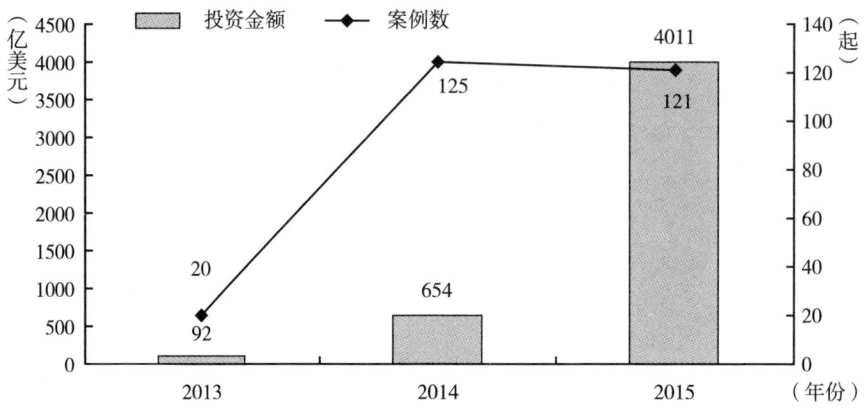

图15　2013~2015年中国企业绿地投资规模

资料来源：中国与全球化智库（CCG）数据库。

美国为最大限度地维护本国利益与安全，对来自其他国家的兼并收购审核较为严格，但相对欢迎绿地投资申请。因为绿地投资不仅能增加美国经济总量，带动相关产业发展，还能加强当地基础设施建设，提供就业岗位，促进当地社会发展。我国企业在美国的绿地投资项目，如2014年福耀玻璃在俄亥俄州的汽车玻璃工厂、2015年延锋汽车内饰公司在田纳西州的工厂等已取得了较大进展。2015年，中国在美国的绿地投资包括泉林纸业在弗吉尼亚州20亿美元的造纸厂、玉皇化工在路易斯安那州18.5亿美元的甲醇工厂项目，以及吉利汽车旗下沃尔沃公司在北卡罗来纳州的汽车生产基地等，这些项目都进展顺利。

（四）海外制造业投资独占鳌头，投资领域呈多元化趋势

从投资行业分布来看，2015年中国企业海外投资制造业占比48%，接近总投资额的一半（见图16）。中国企业正通过投资不断向价值链上游延伸并扩大全球版图，增强国际竞争力。

投资海外房地产业占比12%。2015年中国企业投资海外房地产业大放异彩，不断收购海外地标性建筑（见表2）。

表2 2015年中国企业海外房地产业前十大投资交易

排名	日期	投资方	国家	物业名称	资产类型	交易额（百万美元）
1	2015年2月	安邦保险	美国	华尔道夫-阿斯托里亚酒店	酒店	1950
2	2015年1月	中投公司（与领盛投资管理合资）	日本	目黑雅叙园	写字楼	1170
3	2015年7月	太平保险	美国	莫雷大街111号	开发项目	820
4	2015年1月	绿地集团	马来西亚	地不佬湾海滨城	开发项目	683
5	2015年5月	中国银行	美国	布莱恩特公园7号	写字楼	600
6	2015年1月	平安保险	英国	塔楼大厦	写字楼	506
7	2015年10月	中国人寿（与卡塔尔投资局合资）	英国	99 Bishopsgate	写字楼	420
8	2015年5月	安邦保险	美国	美林金融中心（5F-26F）	写字楼	414
9	2015年7月	复星国际	意大利	布罗基广场	写字楼	384
10	2015年6月	皓源投资	新加坡	邓迪路	开发项目	358

资料来源：CCG根据公开资料整理。

信息技术、互联网领域投资占比8%。中兴通信完成了对阿尔卡特-朗讯网络服务部门的收购，联想集团收购摩托罗拉移动（Motorola Mobility）智能手机业务，腾讯出征东南亚市场，猎豹、APUS等中小互联网公司也纷纷走向海外开展商业活动。

能源、金融业海外投资各占比7%；文、体、娱乐业占比5%；服务业占比3%；批发和零售业，交通运输、仓储及邮政业各占比2%；科研、技术，农、林、牧、渔业，水利、环境和公共设施管理业，住宿和餐饮业的海外投资各占比1%（见图16）。

由上可见，我国企业海外投资领域从过去的能源、资源类投资逐渐转向包括高新技术、服务贸易在内的多元化领域。

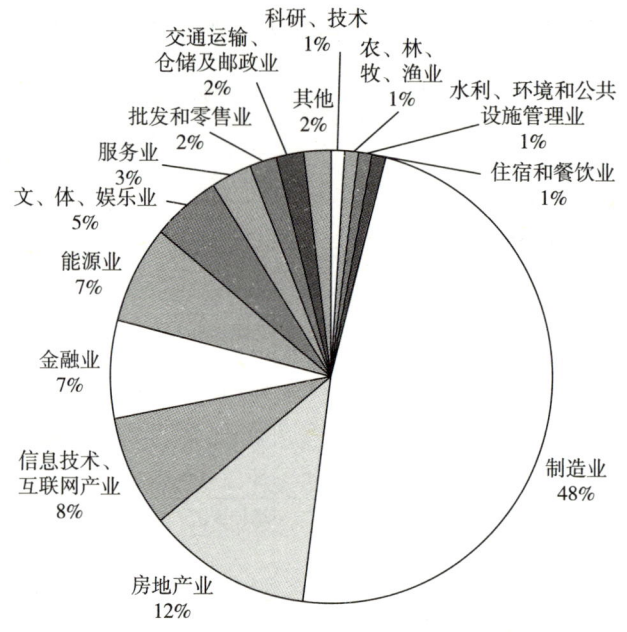

图 16 2015 年中国企业对外投资行业分布

资料来源：中国与全球化智库（CCG）数据库。

（五）企业海外并购2016年强势开局

中国企业已成为全球跨境并购的主要参与者之一。2016 年 1~6 月，由中国企业发起的海外并购交易总金额达 1210 亿美元，超过 2015 年全年对外并购交易纪录（1115 亿美元）。①

继 2015 年企业海外并购创历史纪录后，2016 年中国迎来了中企海外并购的最强开局年。2016 年 1 月，海尔集团宣布 54 亿美元收购通用电气家电业务②；2 月，中联重科报价 33 亿美元收购美国第二大工程机械巨头特雷克斯公司（Terex Corporation）；2 月，中国化工宣布斥资 430 亿美元收购瑞士

---

① 汤森路透数据。
② 2016 年 6 月 7 日以 55.8 亿美元正式完成交割。

农药厂商先正达（Syngenta）100%股权①；2月，海航集团60亿美元收购美国IT产品服务分销商英迈（Ingram Micro）；2月，中国重庆财信企业集团收购芝加哥股票交易所（Chicago Stock Exchange）；等等。一系列海外并购案将中国企业"出海"推向高潮。

（六）企业海外并购不断优化，全产业链国际化布局加速

近年，中国企业收购海外公司频繁，借此获得先进技术、品牌、海外资源、市场渠道、先进的企业管理经验等。现今，中国企业的全球化战略不仅是产品输出，更是全产业链上的全球化发展布局，不断提升产业链各个环节的国际化水平。

例如，中粮集团继2014年收购来宝农业（后更名为中粮来宝）49%的股份后，于2016年4月又收购了来宝农业剩余51%的股份，至此持有来宝农业②100%的股权。来宝农业在全球25个国家和地区设厂，此次收购使中粮借助来宝农业的国际供应链，打开了难以进入的南美市场，从而逐步完善中粮的海外布局，在全产业链战略之下打通国际主产区和主销区，形成一体化运营体系。这种全球布局使中粮向世界"四大粮商"冲刺③又迈进了一步。

紫光集团继2015年入股西部数据、台湾矽品精密和南茂科技后，于2016年5月收购惠普公司旗下新华三公司51%的股权，成为控股股东。通过收购，清华紫光逐步实现从芯片设计与制造，到设备研发、软件与系统集成的IT全产业链发展。紫光集团通过国际并购积极布局全球半导体产业链，提升集团的全球品牌形象，打造第三大储存芯片制造商。

（七）盘活资本市场，宽松的金融政策助力企业"走出去"

2015年，李克强总理主持召开国务院常务会议，明确要求统筹国内、

---

① 已获得美国外国投资委员会（CFIUS）批准。
② 被中粮收购后更名为中粮农业。
③ 即美国ADM、美国邦吉、美国嘉吉和法国路易达孚。

国际两个市场，加大金融支持企业"走出去"的力度，从而为促进中国企业海外发展提供了金融政策依据。

企业海外投资融资渠道不断从单一化向多元化发展。例如，我国在"一带一路"沿线国家（地区）的海外投资方面，可以运用中国国家开发银行、中国进出口银行、中国农业发展银行及中国出口信用保险公司这四大政策性银行的融资渠道。在区域合作方面，可以利用东盟基金、中国—欧亚经济合作基金、中国—中东欧投资合作基金、中国—东盟投资合作基金、中拉合作基金和中加基金等。

此外，我国还不断完善金融政策体系，为"走出去"企业提供服务，比如将境外投资外汇管理方案从事前登记改为汇兑资金时在银行直接办理，取消商业银行及境内企业在境外发行人民币债券的地域限制；简化海外上市、并购等的核准手续；改进人民币跨境支付和清算体系；创新出口信用保险产品，扩大政策性保险覆盖面等。

（八）企业布局海外知识产权，提高国际竞争力

中国企业在"走出去"中，为规避竞争风险，赢得国际市场的竞争优势，正在加快全球范围内的知识产权布局，推动企业的创新步伐。

汤森路透发布的《2016年全球创新报告》显示，中国科研正在进入创新时代，不仅是科研机构，企业表现得更加突出。以家电行业为例，排名前三的创新企业均来自中国，分别是美的集团、格力电器和海尔集团。从发明专利数量来看，美的集团以5427件专利遥遥领先。

表3　家电领域全球排名前十位的创新企业

公司名称	国家	发明专利数量（件）
美的集团	中国	5427
格力电器	中国	1995
海尔集团	中国	1315
松下	日本	949

续表

公司名称	国家	发明专利数量（件）
三菱电机	日本	948
三星	韩国	736
博世家电	德国	697
LG	韩国	690
日立	日本	460
大金株式会社	日本	446

资料来源：汤森路透《2016年全球创新报告》，第39页。

近年，美的集团全球化发展迅速，已拥有四级研发体系，在海外6个国家拥有7个生产基地，产品年销量近3亿台。在美的"出海"过程中，知识产权问题无法回避。为避免侵权带来不必要的纠纷，美的将海外知识产权布局看得尤为重要，集团的知识产权战略从创新竞争力及品牌竞争力的布局、全价值链的风险管控、知识产权资产的管理及运用、信息战略指引等几个方面为全球经营发展保驾护航。

目前，美的专利申请已累计至近3万件，其中2015年的发明申请量为4181件，国内授权专利2万件，有效发明专利1948件。美的接下来将重点放在优化专利申请结构、加快海外布局规模、提高专利质量等方面。[①]

进行知识产权的全球化布局，将助力中国制造业在海外市场上的健康发展，保护企业的创新力和国际竞争力。

（九）企业参与境外经贸区建设，打造海外投资的大平台

中国企业在"走出去"过程中，积极参与境外经贸合作区建设[②]，形成

---

① 美的集团法务总监李俊伟。
② 我国境外经贸合作区建设始于2006年，是我国企业以集群、抱团出海对外直接投资与合作的一种方式，主要由商务部牵头，与政治稳定且同我国关系较好的国家政府达成一致，以国内审批通过的企业为建设经营主体，由该企业与国外政府签订协议，在国外建设经济贸易合作区；再由该企业开展对外招商，吸引国内外相关企业入驻，形成产业集群。

了企业集群式海外投资的重要平台和中国企业品牌国际化宣传的重要载体。2015年中国企业在建境外经贸合作区75个,其中53个分布在"一带一路"沿线国家。已通过考核的13个合作区中,10个位于"一带一路"沿线国家。①

作为我国企业"走出去"的重要平台,境外经贸合作区为入园投资企业提供了包括信息咨询服务、运营管理服务、物业管理服务和突发事件应急服务四项主要服务。一方面,合作区在不断推动中国企业"抱团出海"、形成海外产业集聚、维护企业合法权益等方面发挥重大作用;另一方面还为东道国增加就业、提高税收、扩大出口,从而深化双边经贸合作关系。

例如,泰中罗勇工业园的中策橡胶集团项目,总投资150亿泰铢,是目前中国制造业对泰投资的最大项目。中策(泰国)工厂整个生产线基本完成,2015年末达到420万套/年的规模。中策集团入驻泰中罗勇工业园后,在全球大宗商品低迷的背景下,不仅促进了泰国天然橡胶的销售,还带动了中国国内橡胶轮胎行业的多家配套企业先后入园,起到集群式"走出去"的效果。从单个企业的竞争转变为产业链的竞争,由此大幅提升了中资企业的国际竞争力。

再如,吉海农业有限公司进入赞中经贸合作区,截至2015年已投资2500万美元,在赞比亚建设食用菌工厂、吉林农业产业示范园等项目。吉海农业向赞比亚农户普及食用菌种植技术,与赞比亚农业部合作,将科学的示范性工厂化培植技术与当地农民传统式培植相结合,逐步形成赞比亚的木耳、平菇、香菇等食用菌类培植带,带动赞比亚农民从事食用菌产业,推动了赞比亚的社会与经济发展,帮助当地居民走上脱贫道路,受到赞比亚各界的广泛关注。在稳步拓展赞比亚市场的同时,吉海农业还计划将产品出口至赞比亚周边国家,在非洲打造具有国际影响力的中国农产品品牌。

---

① 中国商务部,http://fec.mofom.gov.cn/article/jwjmhzq/。

(十)"一带一路"沿线国大手笔投资成热点

2002~2016年6月底的统计数据显示,中国企业在"一带一路"沿线的单起投资规模集中在1亿~10亿美元的有442起,单起投资规模在10亿~100亿美元的有139起(见表4)。

表4 中国企业投资"一带一路"的规模分布

单位:起

规模	2002~2007年	2008~2013年	2014~2015年	2015~2016年上半年	合计
10万美元以下	0	0	0	1	1
10万~100万美元	1	0	4	0	5
100万~1000万美元	3	0	18	4	25
1000万~1亿美元	2	4	35	31	72
1亿~10亿美元	63	289	55	35	442
10亿~100亿美元	18	75	28	18	139
100亿美元以上	0	0	1	64	65
合计	87	368	141	153	749

资料来源:中国与全球化智库(CCG)数据库。

2015年以前,我国企业在"一带一路"沿线的投资主要集中在采矿业、交通运输业和制造业,2015年以后虽然对传统产业的投资仍然占主导地位,但对信息技术、基础设施建设、金融等行业的投资明显上升。2015年以前单起投资规模以1亿~10亿美元为主,2015年以后100亿美元以上的大规模投资案例数达到64起,占2015~2016年上半年投资总案例数的42%。这一系列变化表明,随着"一带一路"建设的全面推进,投资环境和投资领域都在优化升级。

四 中国企业"走出去"的困难与解决建议

近几年,随着我国企业"走出去"步伐加快,企业在对外投资过程中也遇到了形形色色的问题,突出表现在以下方面:我国参与国际标准制定的

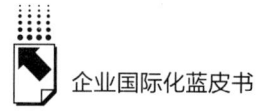

水平低；企业人才国际化水平不高；企业与国际非政府组织和工会沟通能力有待加强；企业品牌国际化战略受阻；应对法律风险和政治风险的能力不足。针对上述问题，本部分从问题现状入手，分析其产生的原因，在此基础上提出合理化的解决建议。

（一）国际标准制定参与度不高

1. 问题现状：国际标准制定参与度低

2015年10月，我国发布了《标准联通"一带一路"行动计划》。标准化对于推动我国企业"走出去"，促进与沿线国家和地区在双边、多边务实合作，促进投资贸易便利化发展发挥着重要作用。与此同时，在全球科技竞争日益加剧的今天，能否掌握国际标准的制定权，已成为衡量一国实力的重要指标。

以国际标准化组织（International Organization for Standardization，ISO）为例，它作为国际标准化领域的一个重要组织，制定的2万多个标准已经被世界上绝大多数国家和地区普遍采用。截至2016年3月，中国共承担了ISO的50个技术委员会秘书处的工作，参与了626个ISO技术机构的活动，占所有技术机构的89%。① 然而，我国参与国际标准化活动虽已取得长足发展，却与美、德、英、法、日等国家存在差距。我国GDP总量2015年居世界第二，国际标准化参与度却名列第六，与GDP总量居世界第四、国际标准化参与度位列第一的德国形成鲜明反差。

国际标准制定的参与度低会影响我国企业在海外的经营与发展。此外，对国外规范和标准不熟悉会使对外投资项目实施和投标报价不断产生新的问题。再者，全球并没有硬性要求采用某一种标准，多使用才能成为"国际标准"，我国的一些装备制造技术十分先进，若不研究制定我国的标准并使之"走出去"，便会在海外投资中处于被动局面。

2. 原因分析：人才、技术、资金不充足，标准内容和翻译有缺陷

首先，中国标准研究人才缺乏，经费投入不足。我国从事标准化工作的

---

① 《ISO主席张晓刚：全面提升中国标准国际化水平》，中国质量新闻网，http：//www.cqn.com.cn，2016年3月3日。

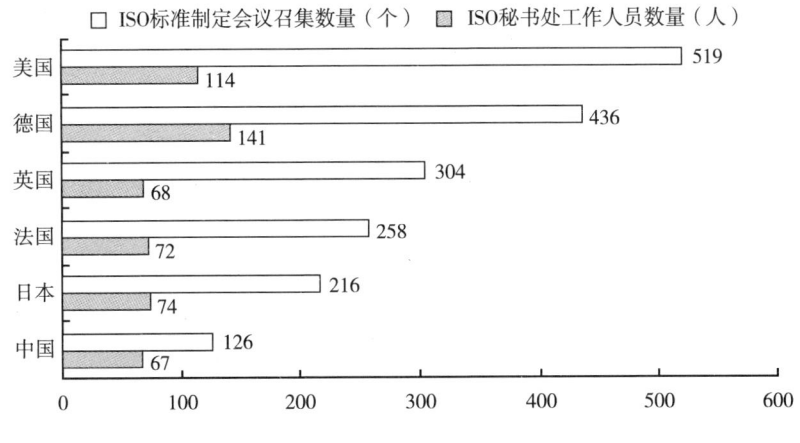

图 17 ISO 成员国贡献值排名

资料来源：国际标准化组织（ISO），http：//www.iso.org/iso。

人员基础薄弱，培养成本高、周期长，缺乏培育研究标准化人才的机制，无法建立梯队式互相衔接的标准化人才体系。因此无论从素质还是数量上，都难以满足技术标准战略实施的需求。一方面，我国在标准研究工作中，对于标准的"走出去"、拓展"国际化"的研究不足；另一方面，财政部标准补助经费与标准编制实际所需经费仍有较大差距。

其次，中国部分标准的内容和结构不完备。部分标准中存在对同一标准化对象的技术要求参数设定不一致的情形。另外，一些属于导则、指南、手册、参考资料的内容也混杂在强制性标准中，增加了标准编制工作和执行实施的难度。

再次，中国部分标准缺乏完善的外文译本。我国部分标准的术语及其解释与国际不接轨，再加上我国从事标准中外文互译的专业人才不足，标准翻译外文版规范性不足，由此我国部分标准在国外被理解和接受的程度不高。因此加强中国标准外文版的规范性则成为实现中国标准国际化的必要任务之一。

3. 解决建议

（1）企业：纵深标准制定，翻译和对比验证，落实应用示范

继续制定并修订既有标准，同时扩大行业间技术交流，建立产业联盟标

准。立足市场和客户需求，制定并修订产品标准，建立有效的标准体系。同时，把标准化向纵深推进，运用多种标准化形式支持产品开发。此外，企业间通过技术交流建立产业标准联盟，实现企业间的技术共享，实现效率化的合作共赢。由此推动行业技术发展，引领行业标准制定步伐。

提高中英标准互译的专业化，做好中外标准的对比验证，实现中国标准的主要条项与欧美日相关标准的对比。企业可以借助专业标准翻译机构，从而确保标准翻译的准确性和规范化；在标准对比验证的过程中，企业要与国外的商会、业主以及相关组织积极交流，讨论并判断标准的国别可比性，选出具体的对比项。扩大国际交流合作，积极参加欧洲、美国或日本等发达国家发起的技术标准化活动。

制定实施标准的应用示范，进一步加强对标准推广应用模式的研究。在标准投入应用层面，企业应制定详细的标准示范，在海外建设产品标准示范基地或示范工程，以"体验式"营销模式为主导，展示产品标准化成果。同时，也可通过产品捐赠的方式，将自身的产品标准向国外推广，增加外国企业对中国标准和产品质量的了解。

（2）政府：注重人才经费支持，完善翻译机制，推广中国标准

第一，加大中国标准"走出去"的人才和经费支持力度。大力开展标准化教育，抓紧培养、引进熟悉国际标准模式的高端人才。建立可持续的标准化人才培养机制，培养出一批懂标准、会管理、善运作且外语能力强的国际复合型人才。同时多渠道标准化经费支撑，在合理增加经费渠道的同时，确保专款专用，确保经费使用的透明、公正、高效。

第二，扩大国际交流，建立标准化组织及研究机构，完善标准翻译机制。积极参与国际标准的提案，主持起草国际标准的活动，参加 ISO、IEC、ITU 等国际化组织相关会议，从而组织系统的标准专业翻译工作。通过国家对标准的翻译出版以及发布，使中国标准尽快"走出去"被国际认可，成为国际标准。

第三，推广涉外项目，带动中国标准"走出去"。利用"一带一路"契机，全面深化与沿线国家和地区在标准化方面的双多边务实合作和互联互通。在援外项目以及公路、铁路等对外投资、海外工程承包、对外援建中推

广和运用中国标准,特别是在具有我国特色优势的领域中,政府应牵头向外方推荐采用中国标准,按照中国标准设计、施工,或通过重大装备出口、服务等带动中国标准"走出去"。

（3）标准化相关机构：优化标准结构,开展标准学术研讨和推广实验

国家标准化管理委员会（国标委）：建立高效权威的标准化统筹协调机制；精简现行适用标准,逐步整合成强制性国家标准一级；优化完善推荐性标准,逐步缩减推荐性标准的规模和数量；设立团体标准,放开搞活企业标准；逐步实现到2020年建成政府主导制定的标准与市场自主制定的标准协同发展、协调配套的新型标准体系的目标。

中国标准化协会：通过组织国内外标准化专家交流,开展标准化、质量、认证等领域的学术理论研讨；开展标准化领域的方针政策、法律法规的研究与调查,向有关政府部门提供建议；承担或参与标准化科学研究、科技项目论证、标准化科技成果的鉴定等工作。

中国标准化研究院：进一步开展标准科学实验、测试等研发及科研成果的推广与应用工作；推动国家标准文献共享服务平台建设运行,以及标准化基础科学数据资源的应用工作。

（二）企业人才国际化水平低

1. 问题现状：中国企业人才国际化程度低

现阶段,我国企业人才国际化程度低的问题十分严峻。根据麦肯锡发布的《应对中国隐现的人才短缺》报告,我国满足跨国公司所需技能要求的综合型管理人才严重不足。预计到2020年,中国将需要7.5万名具备国际经验的经理人,而目前中国仅具备5000名此类人才[①]。另外,中国企业家调查系统发布的《中国企业战略：现状、问题及建议——2010年中国企业经营者成长与发展专题报告》调查显示,64.5%的企业经营者认为"缺乏合格的国际化人才"是企业国际化进程中的最大困难。同时,根据《2015

---

① 麦肯锡咨询官网, http://www.mckinseychina.com/。

年中国500强企业发展报告》和贸发会议发布的《2016年世界投资报告》，全球10大跨国公司国际化员工平均比例为93.20%；而我国10大跨国公司国际化员工平均比例仅为33.89%（见表5）。可见，我国现阶段跨国公司员工国际化水平远不及国际平均值。

表5 2015年世界跨国公司与中国跨国公司的国际化员工比例对比

2015年世界跨国公司跨国指数排名10强					
跨国指数排名		公司名称	企业员工数（人）	海外员工数（人）	国际化员工比例（%）
1	82.6	力拓集团	54888	54346	99.01
2	77.1	Altice集团	37506	36273	96.71
3	67.2	喜力集团	73767	69714	94.51
4	90.8	英美资源集团	91000	89000	97.8
5	80.1	百威英博公司	152321	140572	92.29
6	72.9	雀巢公司	335000	324115	96.75
7	66.1	施耐德电气	181361	161411	89
8	70.5	林德集团	64538	56524	87.58
9	85.7	英美烟草公司	87577	74932	85.56
10	69.1	WPP集团	179000	166162	92.82
国际化员工比例平均值					93.20
2015年中国跨国公司跨国指数排名10强					
跨国指数排名		公司名称	企业员工数（人）	海外员工数（人）	国际化员工比例（%）
1	68.91	浙江吉利控股集团有限公司	42968	25260	58.79
2	63.43	宁波均胜电子股份有限公司	6389	3746	58.63
3	57.03	中国中化集团公司	55349	5912	10.68
4	56.05	广东省航运集团有限公司	6104	515	8.44
5	50.47	中国大连国际经济技术合作集团有限公司	2198	935	42.54
6	42.39	中国远洋运输集团总公司	75675	4679	6.18
7	41.59	天津聚龙嘉华投资集团有限公司	10748	9400	87.45
8	38.45	山东如意科技集团有限公司	24673	5603	22.71
9	35.61	中国海洋石油总公司	114573	10550	9.21
10	35.47	卧龙控股集团有限公司	13140	4504	34.28
国际化员工比例平均值					33.89

资料来源：中国企业联合会、中国企业家协会：《2015年中国500强企业发展报告》；贸发会议（UNCTAD）：《2016年世界投资报告》。

人才国际化水平不高严重影响企业对外投资的进程。根据中国与全球化智库2014年统计，我国央企高管中51~60岁的人占65%，平均年龄53.83岁，韩国上市公司高管平均年龄为52.5岁。海尔、华为这两家大型民企高管的平均年龄分别为47.5岁和46岁。绝大多数年龄偏大的领导者无论外语能力还是国外经验和对国际环境的熟悉程度都弱于年轻人才。由此，企业人才国际化水平低是中国企业进行对外投资、扩大国际化经营规模、提高国际化管理水平的主要制约因素。同时，中国现阶段的国际化复合型人才缺失更是企业"走出去"和跨国经营的短板之一，也是掣肘企业实现国际化的重要因素。

2. 原因分析：人力资源管理欠佳，人才引进机制缺失

第一，企业人力资源管理未能与国际对接。企业"走出去"人力管理的挑战首先体现在对海外劳动力市场和当地法律法规的不了解。其次，与海外市场相比，我国人力资源管理理念与体系存在显著差异。两者在职级体系、人才评估的标准机制、薪酬管理理念、工作生活平衡观等方面的差异都将会是用人单位与国际化复合人才产生沟通障碍的原因。

第二，我国人才机制对海外高层次人才吸引力不足。首先，缺少诸如世界级实验室、跨国公司全球性研发总部等会聚一流人才的世界级平台。其次，高等院校、科研院所以及国企仍是目前我国吸引海外高端人才的主要平台，但这些平台在分配使用科技创新资源、处置与激励研制科技创新成果、创新业绩评价等多方面所受束缚较大。最后，在政策上，开展国内外合作办学、合建技术研究院、建立人才国际组织等受政策约束较多，权限门槛较高。

第三，激励保障海外人才引进的机制不完善。海外人才的引进主要面临两大障碍：一是，现行税制对海外人才征收的税率高，缺乏激励调节机制。此外，企业采取的激励措施也不适用于现行税制，特别是高薪、高奖励等政策不可避免地带来高税率问题，增加了人才激励的成本；二是，缺少外籍人才的社保和医保制度。目前企业主要通过购买商业保险和单位付费的方式，为外籍高层次人才支付在华工作期间的相关医疗费用，但面对数额较高的医

疗费用，他们经常与保险公司和工作单位发生分歧，这成为制约外籍人才来华工作的主要原因之一。

3. 解决建议

（1）企业：落实"本土化"，聘用国际人才，改革人力资源管理

首先，推动企业"本土化"进程，整合企业文化。企业海外收购兼并之后，对于企业本土员工，尽量保持原企业人员结构本土化，注重文化异质性整合。中联重科并购CIFA时，承诺不裁员，不更换本土管理团队，通过注重企业内部文化整合以保持本土化员工的方式，成功整合了CIFA的跨文化异质资源。① 另外，企业也要加强本国员工的本土化。比如设立"管理学院"或"培训中心"来加快人才培养，同时也为投资目的地的合作伙伴、供应商、分销商、客户以及当地官员提供培训，以引导和培养企业内外部的文化认同。

其次，发挥外籍人士、海外华侨华人以及留学生的力量，扩大国际化人才在董事会、独立董事会的比例。研究表明，高层领导团队国际化是确保国际化战略实施的必要条件，从而摆脱地区狭隘观念束缚，建立有效的全球视野。② 同时，董事会拥有更多的国际化相关知识、技能和信息，并投入更多的时间参与国际化战略，有助于公司的国际化经营与管理。③ 而目前，中国本土企业聘请外籍优秀人才担任高管的现象并不普遍，因此，在中国企业走向全球市场并提供全球服务的背景下，管理层的全球化主义和国际工作经验是不可或缺的。

最后，人力资源管理国际化。引进国际人才势必带来人力资源管理改革的问题。中国企业内部工资有等级，体制内的有工资标准，但是这个标准应随着国际市场变化而更新。当国内企业进行全球人才招聘时，需要参考人才

---

① 陈捷：《越是本土化，越是国际化》，《董事会》2012年第12期，第78~80页。
② Sambharya R. B., *Foreign experience of top management teams and international diversification strategies of U. S. multi-national corporations*, Strategic Management Journal, 1996.
③ 周建、尹翠芳、陈素蓉：《董事会团队属性对企业国际化战略的影响研究》，《管理评论》2013年第11期。

的国际定价,而不能仅依据"中国标准"。

(2) 政府:改革绿卡制度,发挥驻外人才资源优势,推动土洋猎头交互发展

第一,改革中国绿卡制度。为吸引更多海外人才来华,建议适当放宽绿卡的申请范围;注重提供便利的途径,在全国多地设立绿卡办理机构,方便在华外国人士办理;建议在海外使领馆设立绿卡申请窗口;建立系统完善的外国人出入境、就业等方面的政策体系。

第二,充分发挥中国前外交官和商务参赞的作用。原驻外使领馆人员、外交官员、商会社团成员等外交人才熟悉东道国情况,了解其政策法律环境、经济文化水平、产业政策以及优惠措施等信息,中国在海外有数百个使领馆和成千上万的驻外官员资源,我国政府应充分给予企业利用这一部分人才资源的机会和平台,发挥其在企业"走出去"过程中的咨询和参谋作用。

第三,扶持本土猎头海外发展,购买国际猎头服务。一方面,政府协助中国本土猎头"走出去",打入国际市场。另一方面,政府可以通过"购买服务"的方式与国际规范化的商业猎头机构进行合作。具体来说,鉴于大量难以承担引进高端人才及培训的"走出去"企业,政府可为其补贴部分猎头费用;鼓励本土猎头企业设立海外办事处,以税收住房补贴等优惠措施吸引跨国猎头企业入驻等。

(3) 其他组织机构:猎头深耕细分市场,规范人才寻访经营

我国人才中介机构以及猎头公司在发挥中国"本土化"优势的前提下,应积极跟随中国企业"走出去",在海外为"走出去"企业提供人才寻聘等服务。猎头公司应深耕细分市场,形成独到的业务模式和核心能力以赢得客户的信任;成立以猎头企业为主体的人力资源联盟,加强人才寻访经营规范化,规范产业环境和执业环境。

(三) 与 INGO 协调欠佳

1. 问题现状:难沟通的第三方——国际非政府组织

国际非政府组织(INGO)主要是指在特定法律系统下,不被视为政府

部门的协会、社团、基金会、慈善信托、非营利公司或其他法人，不以营利为目的的国际民间机构。伴随着经济全球化，国际非政府组织的行动越来越影响公众的认知，越来越多的跨国公司都不同程度地开展与INGO的对话。许多中国企业重视与东道国政府沟通，但缺乏与INGO的良好沟通。鉴于此，如何正确地与INGO组织打交道成为"走出去"企业面临的问题。2005年，中国石化在卢安果国家公园的勘探活动，遭到国际野生生物保护学会（Wildlife Conservation Society，WCS）和世界自然基金会（World Wide Fund for Nature or World Wildlife Fund，WWF）的谴责，对方认为中石化的环境影响评价不充分，且没有执行禁止采伐超过规定直径范围的树木等力图将环境损害最小化的措施。中石化不得不委托第三方对环境进行重新评估。可见，随着中国企业"走出去"程度的不断加深，企业与INGO打交道也越发频繁，然而如何有效、得当地与INGO沟通，却是"走出去"企业开拓海外市场时无法回避的问题。

2. 原因分析：意识淡薄，渠道不畅，缺乏媒介

第一，部分企业在"走出去"过程中社会责任意识淡薄，未能满足INGO的公益诉求。部分企业可能由于环保、人权意识不强，在社会持续发展和维护劳工权益方面，容易引发与INGO的矛盾，比如，有些企业盲目节省人力资源成本，降低职工聘用标准和劳动报酬，在一定程度上损害了职工的基本权益；再者，有些企业对环保问题没有足够重视，或由于安全生产意识缺乏以及项目存在安全隐患，造成企业安全生产事故的发生等。

第二，企业项目宣传不到位，与NGO沟通渠道不畅，易引起本土NGO和INGO的误解。例如，柬埔寨村民曾向当地非政府组织申述，中国广西有色探矿区投资项目有"中国军人"活动，后经调查，那些只是穿着迷彩服工作的中国工人。可见前期项目宣传不足，导致了当地人民以及NGO产生猜疑心理，增大双方隔阂，这往往成为企业和INGO之间分歧的开端。

第三，缺乏中方NGO参与民间外交，协助解决问题。以2010年湄公河流域争端为例，中国在湄公河上游澜沧江修建的水坝被当地舆论指责为导致下游气候异常的主要原因。中国采取官方外交模式，通过外交部发言、中国

驻泰国大使阐明中方的合作意愿、派官员参加"湄公河峰会"等来挽回民意,但收效甚微。在这种情况下,就特别需要中方 NGO 参与沟通和斡旋,而中国在当地缺乏自己的 NGO 和媒体,舆情只能是"一边倒",偏向对方。

3. 解决建议

(1) 企业:正面回应,承担责任,媒体公关

一是企业摆正心态,与 INGO 进行积极对话。企业要学会在平等互利的基础上加强沟通,消除疑虑,建立互信。NGO 的怀疑和抵触多源于对我国企业和相关投资项目缺乏全面了解。我国企业应重视开展公共外交工作,与相关民间组织举行研讨会,沟通民心。

二是敢于承担责任,积极回应 INGO 的关切。2015 年 2 月,中国路桥蒙内铁路项目沿线附近一头大象掉进自然水坑被困,接到当地绿色组织求助信息后,中国路桥立刻启动应急预案,经过 5 小时的谨慎营救,救出大象,同时与肯尼亚当地野生动物管理局和世界野生动物保护协会(World Society for the Protection of Animals)建立起紧密的合作关系。因此,我国企业就地经营时应重视承担资源、环境、劳工等社会责任;加强安全生产,强化基础管理;远离腐败和商业贿赂;认真解决涉及薪酬待遇、工作环境、加班时限等问题;严格遵守投资地相关规定,及时妥善处理纠纷事件等。

三是做好媒体公关,扩大与 INGO 的沟通渠道。中国企业在海外要学会与媒体打交道,善于通过国内外媒体向 INGO 宣传我国企业互利合作的理念。例如,欢迎媒体到企业参观采访,了解企业的发展情况,间接地向 INGO 宣传中国企业的投资项目。当遭遇 INGO 的舆论压力时,中国企业应注意宣传引导,做好应对解释工作,尊重、信任媒体,以真诚、友好的态度与媒体建立良性互动关系,并借助媒体去促进危机化解。

(2) 政府:引导企业建立社会责任意识,鼓励本土 NGO "走出去"

首先,引导企业社会责任意识与国际接轨。我国企业要真正实现"走出去",还需要政府引导企业在海外承担好社会责任,比如通过提出明确的倡议与要求、发布指导性文件、加强企业社会责任培训等方式帮助企业熟悉国际规则,提高海外社会责任意识。

其次,培养发展中国 NGO 外交,促进本土社会组织的国际化。与政府之间的沟通相比,通过 NGO 去沟通问题,方式和手段都更灵活。再加上 NGO 在不同领域有专攻,能将工作做得更为专业细致。借鉴日本,自 20 世纪 90 年代以来,外务省设立了"NGO 事业辅助金"和外务省及非政府组织的"定期协议会",主要围绕非政府组织的国际协助活动以及政府扶持方向等问题开展活动,同时外务省通过举行"NGO 研究会",重视人才培养,将 NGO 的中坚力量派遣到 INGO 内部学习交流。中国政府也应积极培养中国本土 NGO,支持 NGO "走出去",积极与 INGO 做好沟通和对话,为我国企业与 INGO 的协调沟通发挥作用。

(3) 其他组织机构:助力实施,连接国际社会,树立典型,开展绩效评价

首先,中国本土 NGO 应跟随企业一同"走出去"。中国本土 NGO 倡导中国企业海外负责任投资。一方面,能够借助国际压力,为企业社会责任的倡导施以更大力度,打开更大空间;另一方面,通过连接国际社会,中国本土 NGO 能够在国际舞台表达自己的态度和主张,提高在全球治理体系中的话语权。

其次,我国各行业商会应承担起对本行业企业社会责任进行监督、评价的作用。推广企业社会责任理念,形成行业共识;在行业中树立企业社会责任典型,使之能够与其他企业开展借鉴和交流;制定行业的社会责任标准,提供行为规范;开展企业社会责任方面的培训和企业履行社会责任的绩效评价。

(四)与工会对话机制亟待完善

1. 问题现状:与工会沟通难,劳务纠纷持续

东道国的工会活动对中国企业的海外利益构成巨大挑战,与工会沟通不当导致企业海外利益受损的案例屡见不鲜。1992 年,首都钢铁公司斥资 1.18 亿美元收购濒临破产的秘鲁铁矿,由于不了解秘鲁工会的特点和性质,20 多年来遭遇无数次的罢工事件,深陷劳资纠纷中。2004 年,上海汽车集

团股份有限公司收购韩国双龙汽车公司,同样因为双龙工会持续、反复罢工,正常运营受到严重影响,最后以损失惨重告终。2016年1月,中远集团购买比雷埃夫斯港67%股权的计划获得希腊政府批准,但随之而来的是遭到希腊公共和私营部门工会以及海员工会的抗议。

工会是员工与企业高层联系沟通的纽带,旨在维护员工的福利待遇、工作环境等权利,同时培训教育员工,降低企业的生产成本,促进企业的长远发展。然而,从频发的罢工事件来看,中国企业"走出去"后如何与当地工会相处成为一大问题。中国出口信用保险公司的《全球投资风险分析报告(2015)》统计显示,从劳动力风险各因素对企业的影响情况来看,频繁的罢工对企业影响最大,其次是工会组织的强大和劳工法保障。因此,企业具备与工会沟通的意识和能力,将成为成功解决劳资问题的决定性因素。

2. 原因分析:"不了解""不重视""不会做"是难点

首先,部分中国企业对东道国工会组织运作模式缺乏认知。与我国工会采取国家立法为主导不同,西方工会与政府间采取独立模式,有明确的权利、义务和责任并严格依法运作。在日本、美国等国家,企业工会是主要形式;在德国等西欧国家和澳大利亚,则没有企业工会,而是按产业原则建立工会。西方工会结构的复杂性和与我国工会运作的差异性,导致"走出去"的企业对东道国工会组织运作模式较为陌生。

其次,部分中国企业对东道国工会不够重视。企业对西方工会组织运作模式缺乏认知势必会影响其对工会的重视程度。在海外,企业管理模式之一是劳资共同经营。例如,法国劳工法规定,雇用规模在50人以上的企业必须成立工会,其对企业管理变革拥有知晓权、参与权、否决权等权力;在并购交割前,交易必须征得工会的同意;交割后,新企业在进行劳务管理决策前也必须经过工会的首肯方能合法。2004年,TCL并购法国汤姆逊时,因与汤姆逊工会在裁员问题上的谈判僵持不决,严重阻碍并购进程。在首钢秘鲁投资案中,为控制秘鲁铁矿工人罢工局面,中方管理层不但忽视了工会作为中间人的协调作用,还开除了矿区的工会领袖,自此双方矛盾激化。直到2015年,首钢秘鲁公司仍常因工人罢工而停产。可见,不重视甚至忽视工

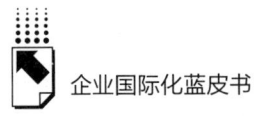

会在企业运作中的作用，势必带来僵化的劳资问题，为整个企业的协调运作埋下隐患。

再次，跨文化经营带来的水土不服使部分中国企业与本土工会的沟通往往陷入被动局面。2005年，上汽集团收购韩国双龙汽车，韩商文化中特有的高度集权的组织结构和高层领导的权力体制，以及权威性的管理行为，造成了双龙工会对上汽的并购自始至终抱有抵触和不信任的态度，最终发展为蛮横的斗争，致使2009年上汽失去了对双龙汽车的控制权，收购最终以失败告终，资产减值损失超过30亿元人民币。可见，仅仅了解、重视东道国工会的作用是不够的，文化差异使中国企业难以与本土工会相互沟通并增进信任，这同样会掣肘"走出去"企业在海外的经营发展。

3. 解决建议

（1）企业：认识工会，重视工会，与工会建立信任

一是要认识工会，将工会调查列入尽职调查。将目标国企业的工会传统、规模、活动方式和与工会有关的法律法规列入尽职调查；对并购企业员工的态度、关心的问题也要了解；对并购过程中可能遇到的问题充分估计，悉心研究应对策略。

二是要重视工会，积极开展企业公共外交。中国企业与工会对话困难源于企业软实力不足，因此加强公共外交能力建设便成为企业"走出去"的紧迫任务。有实力的企业可以在总部（国内决策层）把公共外交因素放进具体投资决策中去规划和考虑，配备相应的专业人员，安排相关预算经费；在东道国经营时要有公共外交具体执行方案，落实慈善和公益事业，与媒体、非政府组织和当地社会建立广泛联络，此外还要注意与社区、媒体及公民社会组织的交流沟通等。

三是与工会建立信任关系，落实沟通有效性。企业在海外谈判中要对工会提出的问题予以重视并解答，寻找双方沟通的切入点并积极达成共识。北京第一机床厂（北一）收购科堡公司前，母公司对科堡公司的重组并要求科堡公司员工增加工作时间、缩短带薪假期等一系列问题，引起科堡员工与母公司之间的矛盾激化，最后企业职工委员会对母公司提起诉讼。在之后召

开的全体员工大会上，北一厂长积极与工会组织沟通，赢得了工会委员及员工的信任，最终工会同意每周增加2个工时，每年度取消2天假期，这在德国企业史上很罕见。中国企业投资海外时要充分认识到中西方文化的差异，尽量尊重员工，关爱员工，多与工会沟通协调，取得共识。

（2）政府：积极对话高层，协助开展公共外交

首先，应积极开展与东道国政府的高层对话，加强双边关系和友好往来，营造有利于中国企业"走出去"的舆论环境。政府的积极介入是化解工会压力的第一步。通过开展高层对话，我国政府积极地把我国赴海外投资的企业引荐给当地政府。如果获得当地政府管理层的协调支持，则我国企业能够更好地应对在当地的突发事件，做好与当地民众的沟通工作。

其次，应协助"走出去"企业积极开展公共外交。政府应加强对"走出去"公共外交的规划和指导，把企业公共外交纳入国家公共外交战略，努力为"走出去"企业开展公共外交创造有利的政策环境，同时加强企业公共外交人才队伍建设。

（3）其他组织机构：建立境外商会组织，加强与当地工会和商会的联系

各行业商会应积极建立境外商会组织。商会组织可以最大化地保证企业，特别是民营企业"走出去"的安全和利益，可以与当地商会以及政府对话。此外，工商联应与海外商会及海外工商界广泛联系，搭建国际合作平台，加强与国外有关工会组织、商会组织的联系与合作，为促进中方企业与当地社会建立互惠互信夯实基础。

（五）企业品牌国际化战略遇阻

1. 问题现状：制造大国，品牌小国

世界品牌实验室（World Brand Lab）发布的"2015年世界品牌500强"排行榜显示，从品牌数量的国家分布看，美国占据500强中的228席，英国以44个品牌入选位居第二，法国以42个品牌入选位居第三。中国虽有31个品牌入选，但相对而言，中国品牌仍处于"第三世界"。全球调研机构Millward Brown 新发布的"2016年度BrandZ最具价值全球品牌100强"榜

单显示,只有 15 个中国品牌上榜。"腾讯"是上榜的中国品牌中排名最高的,价值为 849 亿美元,但仍未能挤入全球前 10 名,仅为排名第一的谷歌价值的 1/3。

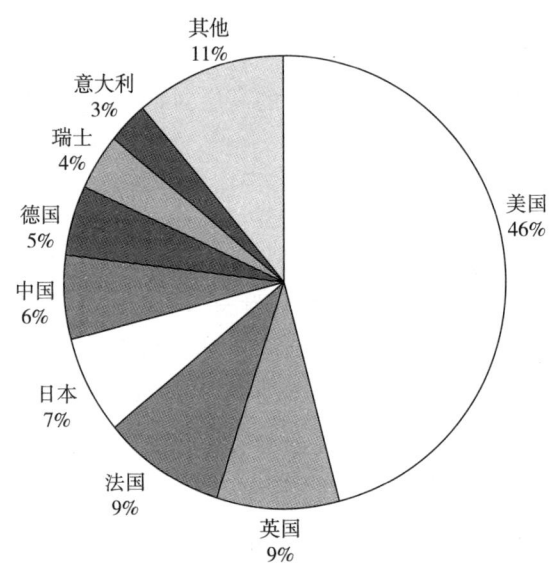

图 18　品牌数量的国别占比

资料来源:世界品牌实验室发布"2015 年世界品牌 500 强"。

在企业全球化的大背景下,品牌战略缺失将会威胁企业的全球市场份额。品牌缺乏影响力势必将削弱我国企业"走出去"的国际竞争力,因此如何制定正确的国际化品牌战略,也成为我国企业"走出去"面临的问题之一。

2. 原因分析:意识不强,内涵空泛,策略缺失

一是我国部分企业品牌文化意识不强,自我保护意识薄弱。我国部分企业商标意识薄弱,缺乏品牌自我保护意识。中国企业对品牌战略的重视远远不够,相对来说更重视销售。近几年来,国际市场上屡屡发生我国驰名商标被外商抢注的事情。国有品牌在洋品牌的围攻中往往处境艰难,抢占国际市场份额受阻。

中国企业全球化发展现状与趋势

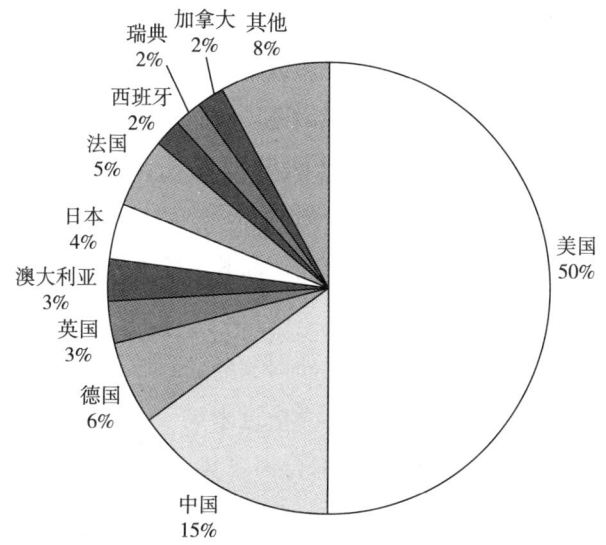

图19　最具价值全球品牌国别占比

资料来源："2016年度BrandZ最具价值全球品牌100强"榜单。

二是我国部分企业品牌内涵空泛。首先，我国在品牌定位上缺乏特定文化定义，缺乏来自于消费者体验层面的支持，最终导致品牌价值空泛。此外，因品牌内涵差异化不强，我国部分品牌寓意趋同，在国外市场上形象定位模糊，消费者对产品印象不深。

三是中国部分企业品牌战略和营销策略缺失。通过企业内部品牌整合，构筑有效的销售网络，是迅速扩大品牌知名度的有效策略。但是企业在海外并购以后，用单品牌还是双品牌营销成为企业营销的难题。对于刚刚"走出去"的我国企业来说，双品牌战略是一把双刃剑。实行双品牌战略，除了要克服品牌间知名度差距问题外，也会在研发和销售等环节上分散整体资源，可能会影响并购企业发挥整体优势。

3. 解决建议

（1）企业：建设品牌内涵，聚焦产品、宣传创新，构筑行销网络

首先，要注重品牌文化内涵建设。企业要懂得确定品牌内涵，同时以差异化角度来显示品牌内涵。在确定品牌内涵方面，应通过详尽的内外部分

析,特别是对行业内客户、领军企业进行访谈,定位行业发展中最具价值的品牌内涵特性。同时,要以最优的客户价值导向差异化地展示品牌内涵。区分用户需求类别,针对不同客户群提出并锁定独特的客户价值主张。以此为基础,通过单双品牌划分层级市场把不同的客户主张展现出来,从而实现对客户的承诺,保证品牌核心能力。

其次,品牌国际化战略应不断创新产品和宣传方式,保持传递一贯性的信息,形成既定模式与整体感。因此,在重视产品创新的同时,需要精心构思设计,做活产品广告,制定宣传策略时要将各国文化背景的差异、语言、政府控制、广告媒介等制约因素全部考虑进来。

最后,构筑销售网络,加强品牌行销攻势。在全球化浪潮中,品牌并购、品牌联盟等方式,已成为企业扩大规模、增强实力、提高效率的重要手段之一。以日本九大企业集团为例,它们在全球设有150多个分支机构并拥有很多代理商,使日本产品遍布世界各地。中国企业也可以通过中外合资的方式,直接利用当地品牌原有的销售网络迅速占领异国市场。2016年海尔收购美国通用电气及其子公司所持有的家电资产,借助通用电气在美国的良好品牌形象、完善的销售渠道、零售商关系和一流的配送能力快速切入海尔短板——北美和拉美市场,完成全球化布局。

(2)政府:强化法制保障,打造民族品牌,加大海外推广力度

首先,加强知识产权立法和品牌发展机构建设,为企业提供公平的竞争平台。在完善立法的同时,推动有条件的地区、行业和企业建立品牌推广中心。通过建立专门的国家品牌管理机构,形成品牌行业联盟,扩大中国企业之间的交流对话。

其次,打造优质品牌,借用品牌形象推广中国形象。以华为为例,它的国际化品牌之路离不开政府的主动支持和推广。从国家领导人开始率领企业家代表团出访开始,便有了华为的身影。高层出访引导和帮助华为在海外市场获得成功,对其开拓当地市场起到了极大的推动作用。

最后,积极搭建行业会展平台,利用国际论坛、展览会等时机,加大对自主品牌的海外推介力度。在国际论坛、展览会、商品交易会上,我国自主

品牌除展示新产品和先进技术外,也可以向国外媒体和消费者传递自身品牌理念。

(3)其他组织机构:商会抱团协同发展,跟进国际品牌战略

为协助企业推广品牌战略,各个行业的商会应抱团协同发展,共同成立研发中心或协作中心,在行业领域与国际先进技术、先进标准接轨。同时,各行业商会也可同本土企业开展品牌建设国际交流与合作,学习海外的品牌管理机制和品牌塑造方法,以此推动全行业的品牌战略推广和实施。

(六)法律风险规避遇瓶颈

1. 问题现状:"走出去"法律风险突出,本土法律服务欠佳

法律风险是指企业因经营活动不符合法律规定或外部法律事件导致风险损失的可能性,它是除政治风险外中国企业对外投资面临的最大风险。根据CCG统计,2015年,我国的对外投资事件中,约有16%是直接或间接由于法律原因导致投资事件终止或失利,其中1/3是因为不遵守东道国法律,以不正当手段获取项目所致,1/3则是因为不熟悉东道国的劳工法所致。

此外,一些企业因合规经营不善所带来的法律问题也暴露出来。仅2012年一个季度,中国在美国上市的几十家企业便遭遇不断升级的合规经营危机,其中20多家被停牌或退市。2012年世界银行发布的因涉嫌欺诈和贿赂而在一定时期内被禁止承接世界银行资助项目的企业名单中,我国企业有12家。因此,如何安排境内外子公司或分公司的管理体制,在全球保证守法合规经营,已成为中国"走出去"企业需要深刻考虑的问题。

同时,与英、美等国家相比,我国律师事务所起步较晚,国际化平均程度不高,为企业对外投资提供的法律服务欠佳。企业在国际争议解决当中所面临的问题非常复杂,从适用法律、选择仲裁机构、选择解决方式到制定争议解决策略,都需要经验丰富的律师。然而,中国律师事务所从事涉外法律业务的律师数量总体上严重缺乏,并且多数集中于禁止外国律师在中国从事的法律业务和传统的货物进出口贸易法律服务,在为中国企业"走出去"提供法律服务方面明显不足。《2015~2016年中国企业"走出去"调研报

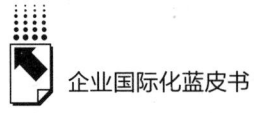

告》显示，在涉及纠纷时，91%的受访对象会选择聘请当地律师。

2. 原因分析：企业法律意识不到位，国际化复合型法律人才不足

（1）企业：法律意识不到位，尽职调查不完善

一是，法律服务应用的意识不强。有些"走出去"的企业往往在签署框架协议的时候，才让律师或者法务人员介入。这种"法律后行"的理念导致企业在海外投资流程上的前后顺序往往是技术队伍、商务队伍、法务队伍。法律意识的淡薄，海外投资组织方式的不科学，会隐藏巨大的风险，甚至会成为最后全盘皆输的主要原因。

二是，忽视谈判签约规范化。在跨行业或脱离主业投资的过程中，部分中国企业可能因为对海外投资项目所涉行业不熟悉，再加上临时团队协作困难，难免会在谈判和签署合同中忽略合规性的关键问题。此外，也有一些中国企业通过做出可行性不高的口头承诺，来达到尽快签署合作项目的目的，从而自设交易陷阱，埋下违约的风险隐患。

三是，缺乏审慎的前期尽职调查。部分中国"走出去"企业在进行海外投资过程中，由于缺乏风险意识和急于求成，不做深入的前期项目尽职调查。CCG的调查显示，70%左右的"走出去"企业在初选投资目标时，忽视当地工资水平、税收政策及与当地企业的业务往来等，为后期整合带来不良影响。尽职调查的缺失和不到位，不仅会给企业带来收购资产的合法性以及权属问题的风险隐患，更有可能面临所购公司隐藏的巨大债务或者诉讼风险，甚至，目标公司本身存在的合法性也难以得到保证。

（2）律师及律师事务所：语言障碍，结构单一

首先，中国律师面临语言障碍，阻碍他们在中国企业"走出去"过程中发挥作用。熟悉国际通用的语言是从事国际业务的前提条件，许多中国律师尽管有着较好的英语或其他外语的基础，但对于国际商事法律服务来讲，不仅要能够在短时间内使用外语完成大量的书面和口头表达工作，还需要在高度对抗的情况下，准确理解对方表达的意思并口头陈述或答辩。

其次，中国本土律师事务所起步较晚，国际化复合型法律人才严重不足。目前，中资所绝大多数雇员是中国内地公民，外籍雇员和中国香港地区

的雇员很少，造成人员构成比较单一，国际化不足，无法完全满足从事国际业务法律服务的要求，以致许多"走出去"企业未能得到中国法律服务业的有力支持。

3. 解决建议

（1）企业：增强法律意识，审慎尽职调查

一是增强法律意识，重视购买法律服务。律师作为专业的法律服务人员，可以帮助企业规避风险和合规化生产经营。律师可作为企业的风险控制人员，参与修订买卖双方的交易合同，将风险控制在最小范围之内；可参与企业的制度化运作，让企业各部门及机构职权明确，提升企业运作效率；同时可定期对企业员工进行培训，提升员工法律意识，保障企业合法合规发展。

二是对项目和交易对象进行全面深入的尽职调查。由于对投资地不熟悉，首先要对投资地的法律情况详尽调研，否则会承担难以预料的投资风险。再次，要注重监管公告信息。全球监管公告更新数量已由2008年的8000多条/年增至2014年的4万多条，企业必须及时监管与跟进这些信息。

（2）律师事务所：队伍配备国际化，加入海外律师联盟

首先，律所人员配备要更加国际化。鼓励从事涉外法律业务的律师事务所吸纳外籍高素质的法律人才加入，鼓励在国外学习法律的留学生和从事法律职业的中国籍人才回国在律师事务所执业；鼓励港澳台同胞学习大陆法律，参加大陆的法律职业资格考试，在大陆律所执业。总之要通过多种方式改善中国律师事务所的人员构成，提高其国际化程度和国际竞争力，在中国企业"走出去"过程中发挥更大的作用。

其次，与外所建立联盟关系，深化与国际性行业组织的合作。2013年，金杜律师事务所与英国律师事务所SJ Berwin结成全球法律联盟，极大地提升了金杜的实力和全球影响力。此外，要积极加入国际性的行业组织，扩大合作和信息分享。1997年，君合律师事务所率先加入顶尖国际律所协会LexMundi和Multilaw，与欧洲和亚洲主要国家最优秀的一些律师事务所保持

良好的合作伙伴关系。金杜律师事务所分别加入了环太平洋法律顾问联盟和世界律师联盟。大成律师事务所加入了世界服务集团。通过加入世界性行业组织，律所能够进一步扩大业务广度，拓展深度，在汇集全球顶级律师事务所、会计师事务所、投资公司、金融机构等专业性服务企业和公司的综合性平台上提高国际化水平。

（3）政府：加强海外投资立法，发展法律中介服务

第一，加快制定《中华人民共和国海外投资促进法》，在该法中明确海外投资的主体行为、权利义务规范以及海外投资市场的经营秩序以及促进措施等。与此同时，为与该法配套，也应尽快颁布《国际经济合作法》《境外合资经营企业法》《境外投资企业所得税法》《海外投资管理条例》等相关法律法规，建立以《海外投资促进法》为核心各种单行法规相配套的海外投资法律体系。

第二，发展国际法律业务相关的中介服务。政府应鼓励和支持与国际法律业务相关的中介服务资源，如作为专家证人的专业咨询机构、仲裁员、鉴定机构、其他中介服务等，特别是涉及国际贸易、海事海商、国际工程等方面的专业机构，国内的这些相关机构应加快其国际化进程。同时，鼓励国内律师、学者、相关专业人员到国际商会仲裁院、斯德哥尔摩仲裁院等国际著名仲裁机构担任仲裁员等。

（4）律师行业协会：成立专门委员会，积极开展国际交流

律师行业协会成立相应的专业委员会，组织律师对相应的国际业务进行交流学习和业务培训；积极组织中国律师与外国律师交流，组织选派优秀的中国律师到国外学习进修，提高涉外法律知识水平和业务技能，与国外的律师组织和当地律师建立联系，加强沟通交流。同时鼓励、规范有能力的中国律师事务所跟随中国企业一起"走出去"。

（七）东道国政治风险应对能力不足

1. 问题现状：地缘政治事件频发，企业海外利益受损

企业海外投资的政治风险难以预见、影响范围较大，主要由东道国政

治、政策或外汇制度不稳定而导致某一国际项目或企业预期经营成果无法达成，且不是市场因素所造成。它包括东道国政治制度和体制突变、政府倒台、战争、内乱、暴动、革命等，以及东道国政府由于各种原因而改变其制定的政策，国外企业因此蒙受损失。

政治风险是影响企业境外投资和国家经济安全的一项至关重要的因素。2001 年我国投资利比亚的 50 多个大型项目因战争而无法履行，导致重大损失；2011 年利比亚发生战乱后中资项目全部搁浅。中坤集团投资冰岛格里姆斯塔迪尔旅游项目和三一重工关联公司 Ralls 投资美国风电项目因东道国政治派系力量的阻挠而失败；2015 年 11 月 21 日，中铁建三名高级管理人员在马里不幸遭袭遇难。

根据 CCG 统计，2005 年 1 月 1 日至 2014 年 6 月 30 日的对外直接投资事件中，中国企业海外投资由政治原因导致失败的投资事件占 25%，其中 8% 是受东道国政治派系力量的阻挠而失败；17% 是因东道国的政治动荡、领导人更迭等而遭受经营损失。海外政治风险不仅影响企业境外投资的信心，还增加了境外企业在建项目人力与财力成本的支出。因此，分析中国企业境外投资遭遇政治风险的原因并给出规避建议，是帮助企业在境外长期发展的重要任务。

2. 原因分析：情报预警能力差，安全保障法规制度不健全

第一，企业对投资地政治环境情报能力不足。企业对投资国的政治环境监测不到位，直接影响企业投资项目的有效开展。此外，企业对购买咨询服务的意识不强，对东道国政治政策环境缺乏专业分析，由此导致了企业对东道国地缘政治风险的情报能力不高。

第二，企业应对地缘政治风险方案缺失。我国企业"走出去"应对政治风险经验少，导致其在制定化解危机方案方面能力不足。特别是在风险发生后，企业之间风险信息不能及时共享，不注重总结、学习并吸取应对危机的经验教训，从而忽视对预防和备案的制定以及修补工作。

第三，我国海外投资安全保障法规不健全。无论是 1983 年中国人民保险公司制定的《投资风险（政治风险）条款》，还是 1995 年颁布的《保险

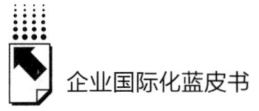

法》，都没有对国内投资者赴境外投资的政治风险提供防范与保护措施，这就导致当跨国并购产生问题的时候，我国企业因为缺乏相关法律保护，往往蒙受巨大损失。

3. 解决建议

（1）企业：投保监控预警，借力仲裁渠道

一是建立健全的境外安全管理制度、境外安全突发事件应急处置机制，落实安全风险评估，筹划海外安保方案，保证境外安保资金支持，提高安全防护水平。

二是投保海外投资保险，积极购买安保服务。中国企业应认真选择保险公司，充分利用海外投资保险制度，同时要善于借助安保服务。比如中远航运将雇用武装保安融入公司的安全管理体系中，要求下属船舶积极与武装保安合作，系统地进行安全管理。2011年，"乐里轮"在印度洋遭受海盗伏击后，中远航运随行武装保安立刻反击，成功击退海盗袭击。

三是利用多边投资担保机构。政治风险可以通过多边组织提供担保的形式来降低。目前这一机制就是世界银行集团的多边投资担保机构（MIGA）。相较一般海外投资保险制度而言，MIGA对东道国的约束性强，能以多重预防的形式，对外商在投资过程中遇到的政治风险进行规避。同时MIGA作为一个国际经济组织，出面斡旋或调解不容易引起东道国的反感，利于化解政治风险。此外，MIGA承保的政治风险范围较一般海外投资保险要宽，可扩大到其他非商业风险。

（2）政府：健全法规制度，设立基金补助

第一，建立健全企业海外政治风险的保险机制。支持鼓励我国不同种类的保险公司拓展对外投资的保险业务，形成企业"走出去"建设全方位、多层次的保险体系；开发设立多种政策性和商业性的海外政治风险险种，同时借助政府牵头，设立专项对外投资基金项目；为进一步再分散对外投资风险，全球分保险和再保险业务也应相应开展。

第二，与东道国签订双边投资保证协定。目前已经有20多个国家与我国签订了双边投资保证协定，其中发达国家居多。由于近几年复杂的国际政治形势，今后我国更应在政局动荡的国家，重点依靠国内立法与国际双边和多边协定相协调，推动东道国政府为中资企业对外投资提供保护。

第三，要尽快建立亏损准备金制度。为促进本国企业海外投资，日本政府于1964年开始建立海外投资亏损准备金政策，特别针对向政治经济动荡的发展中国家或地区投资的企业，发放经济损失补助。1973年，日本对海外投资亏损准备金制度和资源投资亏损准备金制度进行合并，设立了海外投资亏损准备金制度。鉴于此，我国应积极筹建海外投资亏损准备金制度，以弥补我国"走出去"企业遭受海外政治风险造成的损失。

（3）其他组织机构：建立风险评级，参与全球合作，提供多元化风险管理服务

中国保险监督管理委员会：制定保险行业信息化标准，建立保险风险评价、预警和监控体系，跟踪分析、监测、预测保险市场运行状况。深入参与国际保险监督官协会（IAIS）的规则制定工作，加强与国际保险监管机构的交流合作，推进亚洲保险监督官论坛（AFIR）秘书处工作，提升我国在国际保险监管规则制定中的话语权。与发达国家和地区保险监管机构建立双边、多边监管合作机制。

中国出口信用保险公司：建设"全险种、跨板块"的全球追偿渠道，形成多元化风险的全面风险管理体系；同时优化升级产品服务体系，提高信息化建设和安全管理水平，完善电子商务平台服务功能等。

五 结语

在经济全球化的浪潮下，中国企业不断乘风破浪，在国际舞台上开始崭露头角。从投资区域、投资行业、投资方式等方面，中国企业都呈现多元化发展特点与趋势。站在世界的角度概览中国企业"走出去"的姿态，总结中国企业全球化发展的现状、分析中国企业全球化发展的规律、直面中国企业全球化发展的困难、提出相应的对策与解决方案，是我们不断努力的方向。

本报告中，中国与全球化智库（CCG）通过收集2858起中国企业海外投资的数据，以定量和定性两种研究方法，科学的分析了中国企业全球化发展的特点。为"走出去"和计划"走出去"的企业提供可参考性数据。另外，我们甄选了中国企业在海外发展中遇到的七个方面的困难与瓶颈，从问题现状、原因分析、解决对策三个层面展开论述，成为2016年度报告中的新亮点。

作为持续跟踪中国企业全球化发展的观察者、研究者和推动者，我们希望通过对中国企业全球化发展的深入研究，为企业提供参考与借鉴，为政府有关部门提供政策制定的依据，为研究机构提供专业的信息。我们也提供一个开放、包容、合作的平台，以智库为连接点，携手多方共同为中国企业"走出去"提供智力支持。

榜 单 篇

Evaluation Mechanism and Rankings

B.2
中国与全球化智库2016年企业全球化推荐榜

CCG 企业全球化研究课题组

一 2016年中国企业全球化50强推荐榜[1]

排名	企业	排名	企业
1	中国化工集团公司	4	华为技术有限公司
2	中国中化集团公司	5	中国远洋海运集团有限公司
3	联想控股股份有限公司	6	大连万达集团股份有限公司

[1] 中国与全球化智库（CCG）企业全球化研究课题组，收集整理300多家有代表性的"走出去"的中国企业公开披露的数据与信息，依照"中国企业全球化评价体系"评选，以绩效全球化、战略全球化、人才全球化、市场全球化以及企业社会责任全球化五项要素，综合评选出"2016年中国企业全球化50强"。本次数据采集节选时间段为2015年1月至2016年8月。

续表

排名	企业	排名	企业
7	中兴通信股份有限公司	29	潍柴控股集团有限公司
8	中国五矿集团公司	30	阿里巴巴集团控股有限公司
9	中国海洋石油总公司	31	兖矿集团有限公司
10	海航集团有限公司	32	中国电子信息产业集团有限公司
11	中国石油天然气集团公司	33	广东粤海控股集团有限公司
12	美的集团股份有限公司	34	中联重科股份有限公司
13	TCL集团股份有限公司	35	中国黄金集团公司
14	浙江吉利控股集团有限公司	36	三一集团有限公司
15	中国有色矿业集团有限公司	37	中国中信集团有限公司
16	中国石油化工集团公司	38	中国中车集团公司
17	海信集团有限公司	39	中国铁路工程总公司
18	复星国际有限公司	40	中国大唐集团公司
19	中国航空集团公司	41	中国冶金科工集团有限公司
20	中国移动通信集团公司	42	国家电网公司
21	中国港中旅集团公司	43	紫金矿业集团股份有限公司
22	万向集团公司	44	中国联合网络通信集团有限公司
23	腾讯控股有限公司	45	新希望集团有限公司
24	中国铝业股份有限公司	46	中国电信集团公司
25	中国交通建设集团有限公司	47	绿地控股集团股份有限公司
26	珠海格力电器股份有限公司	48	上海汽车集团股份有限公司
27	金川集团股份有限公司	49	奇瑞汽车股份有限公司
28	光明食品(集团)有限公司	50	国家开发投资公司

2016年推介的中国企业全球化50强特点

中国企业海外投资持续升温。从2016年推介的50强榜单来看，投资主体，国企、民企齐头并进；投资行业上，呈多样化发展；投资规模上，中国企业投资者单笔投资的大手笔频现。同时，我国企业跟随"一带一路"的战略倡议推进实施，海外工程项目投资也经历了爆发式增长，民营企业的全球化参与更为频繁。加之，我国在海外投资政策方面不断简政放权，2015～2016年的企业全球化进程显得尤为活跃。

1. 中企海外投资行业呈多元化发展

在2016年的推介榜单中，投资行业分布呈多元化发展。在传统的资源、能源行业和制造行业积极开拓海外市场的同时，高新技术、房地产、文化产业也频繁活跃于国际舞台之上。例如，在高新技术行业，阿里巴巴除投资电商之外，与软银、富士康联合为软银旗下的机器人公司 SBRH 注资 145 亿日元，该公司研发出全球第一款具备情感引擎的机器人 Pepper；美的投资 40 亿欧元收购德国机器人制造商库卡（Kuka），准备在工业上精耕细作。在房地产行业，复星投资纽约曼哈顿中城的麦迪逊大道、绿地集团投资马来西亚的地不佬湾海滨城等，这些行为都备受关注。另外，中国企业在文化产业投资方面也大举进军。例如万达集团 2015 年底以约 22.46 亿元收购了澳大利亚第二大院线 Hoyts。

2. 海外并购攻势强，产业链全球化布局加速

2015～2016 年上半年，中国企业海外并购十分耀眼，无论是并购宗数还是并购金额都创历史新高。在全球化发展的背景下，海外并购方式对加速技术、品牌的国际竞争力提升，开拓全球市场渠道，对冲人民币汇率变动风险有重大意义。这也体现了中国企业在加速产业链的全球化布局方面，有很强的意识。

2015 年中国化工集团以 71 亿欧元收购意大利倍耐力 SPA 公司全部的股份，12 月又宣布拟出巨资收购瑞士先正达（Syngenta）100% 的股权。此次并购若达成，有望重塑种子行业格局，借助先正达中国化工可以打开欧美市场，成为全球最大的杀虫剂和农用化学品供应商；加之已有的新兴国市场，中国化工将真正实现企业全球化战略布局。①

另外，中国家电产业一路"买买买"，接连收购国际品牌，迅速弥补了中国家电业在技术研发上与国际企业的差距。美的一路高歌三次发起海外并购，以 4.73 亿美元收购了东芝白色家电业、40 亿欧元要约收购德国库卡，之后又收购了意大利中央空调企业 Clivet 80% 的股权（未披露金额）；海尔以 55.8 亿美元收购通用电气家电业务，创下了中国家电产业迄今为止最大的一笔海外并购单。中国家电企业的海外并购，在技术研发、产品生产、市

---

① 截至发稿时，中国化工集团收购瑞士先正达案例已获得美国外资投资委员会批准。

场开拓等方面,与标的企业形成资源的优势互补,有助于中国企业未来的全球化发展战略布局并提升产业链各个环节的国际水平。

此外,海航集团在全球范围内整合产业资源,海外并购尤为凸显。据不完全统计,海航集团在2015~2016年上半年,全球并购交易额超过140亿美元。海航通过收购英国路透社总部大楼,为在境外商业地产的资本运作奠定了基础;通过收购Avolon 100%的股权,成功带动渤海租赁跻身全球飞机租赁公司第一集团军;通过收购红狮酒店15%的股份,加快了海航对北美酒店业务的布局;通过收购瑞士佳美,优化了在航食产业领域的能力,产生协同效应。

3. 企业形成"抱团模式",跨产业扶持"走出去"

企业选择"抱团出海"共同开拓国际市场,是企业间优势互补、分散海外投资风险的模式之一。尤其是在"一带一路"战略倡议指导下,政府积极引导企业探索投资、建设和运营相结合的"建营一体化"合作方式,鼓励企业采取强强联合、"抱团出海"的模式。在推介的50强企业中,"抱团出海"模式可以划分为以下两类。

(1)资源整合重组型

对内的资源整合重组是指两家甚至多家企业自上而下地完全融合,通过取长补短、剔除重复业务的方式达到战略上的互补,彻底根除在国际市场上的内部竞争。

自2015年起,为了解决在国际市场上相互竞争的问题,同时更好地迎合"一带一路"战略、提高国际竞争实力,中国企业先后进入整合重组阶段。例如,2014年下半年至2015年上半年,中国南车、北车进行战略合并重组;2015年8月,中国远洋与中国海运两家集团开启改革重组的道路,于2016年2月正式合并成立中国远洋海运集团。企业合并主要目的是在深化国企改革的基础之上,结合"一带一路""长江经济带""装备制造'走出去'""国际产能合作"等国家战略,提高企业的规模优势,协助推动经济结构转型,强化供给侧改革力度。

除海运与铁路这两大运输行业的龙头企业相继"抱团"重组之外,中国五矿与中国冶金科工也于2016年1月正式开启战略重组工作，重组后成为总资产超过7000亿元的国际企业，在全球竞争中将更好地发挥竞争优势。

（2）跨产业战略合作，海外相互扶持

与大中型企业在行业内部组织"抱团出海"相比，行业龙头企业选择跨行业战略合作，共同开发海外市场。

例如，为方便中国企业在海外进行项目融资、办理业务、完成跨境支付及业务结算，截至2015年末，9家中资银行在"一带一路"沿线的24个国家共设立了一级分支机构56家。例如，中国工商银行总行专项融资部在2015年正式成立了专业团队，针对"一带一路"项目进行对接。2015年3月，中国工商银行为中国水电顾问集团国际工程有限公司投资建设的50MW巴基斯坦大沃（DAWOOD）风电项目的设计、设备采购和现场施工建设提供融资支持。截至2015年末，中国工商银行在42个国家和地区建立了共404家机构，其中123家分布在"一带一路"沿线的18个国家和地区。

二 2016年中国企业全球化新锐50强推荐榜[①]

企业	企业
安邦保险(集团)股份有限公司	北京清芯华创投资管理有限公司
安徽中鼎控股(集团)股份有限公司	北京万丰科技有限公司
百度在线网络技术（北京）有限公司	北京小桔科技有限公司
北京博晖创新光电技术股份有限公司	渤海租赁股份有限公司
北京东方国信科技股份有限公司	东莞宜安科技股份有限公司
北京建广资产管理有限公司	东和昌集团有限公司

---

① 中国与全球化智库（CCG）企业全球化研究课题组，通过收集和研究在2015年1月至2016年8月期间"走出去"的中国企业案例，根据新闻性、创新性、影响力和发展潜力等多项标准评选，通过专家评审，甄选出"2016年中国企业全球化新锐50强"。这些企业在其所属行业具有创新性与前瞻性，在过去一年中成功运作了具有一定影响力、突破性和创新性的海外投资项目，是中国企业"走出去"的新生力量。它们积极走出国门并能够在国际市场上立足将鼓励并带动更多的中国企业积极参与全球化竞争。

企业国际化蓝皮书

续表

企业	企业
福建福昕软件开发有限公司	沈阳联立铜业有限公司
广州汇量网络科技股份有限公司	顺风国际清洁能源有限公司
海思科医药集团股份有限公司	苏宁环球传媒有限公司
河北先河环保科技股份有限公司	苏州东山精密制造股份有限公司
江西赣锋锂业股份有限公司	泰禾集团股份有限公司
乐视网信息技术(北京)股份有限公司	天津长荣印刷设备股份有限公司
辽宁凯博通用航空器股份有限公司	天津九安医疗电子股份有限公司
凌云工业股份有限公司	万科企业股份有限公司
骆驼集团股份有限公司	携程旅游信息技术(上海)有限公司
洛阳栾川钼业集团股份有限公司	协鑫(集团)控股有限公司
绿叶医疗集团(中国)	新希望集团有限公司
奇虎360科技有限公司	芯原微电子(上海)有限公司
青岛三祥科技股份有限公司	烟台张裕葡萄酿酒股份有限公司
人福医药集团股份有限公司	永清环保股份有限公司
三诺生物传感股份有限公司	中国长江三峡集团公司
山东东方海洋集团有限公司	中国光大国际有限公司
山东济宁如意毛纺织股份有限公司	中集车辆(集团)有限公司
上海飞乐音响股份有限公司	中信资本控股有限公司
山河智能装备股份有限公司	宗申产业集团有限公司

注：按企业名称拼音排列，排名不分先后。

安邦保险（集团）股份有限公司

安邦保险（集团）股份有限公司是一家全球化的保险公司，也是中国最具盈利能力的保险公司之一。业务领域涉及寿险、财产险、健康险、养老险、银行和资产管理等行业。2015年，安邦保险集团以1.5亿欧元收购荷兰VIVAT保险集团并以约10亿美元入股东洋人寿，占57.5%的股份。安邦保险集团自成立后稳健发展，是中国保险行业大型集团公司之一，并成为首个成功收购海外保险企业的国内保险公司。通过一系列的海外并购，安邦保险集团已初步搭建起横跨欧美亚大陆的网络体系，并形成跨国综合性金融服务集团。

安徽中鼎控股（集团）股份有限公司

安徽中鼎控股（集团）股份有限公司（中鼎集团）是主要生产机械基础件和汽车零部件的大型现代化企业。继2015年10月中鼎收购法国FM密封公司全部股权之后，2016年6月，中鼎集团又以1.3亿欧元收购德国AMK Holding GmbH & Co. KG（AMK）。FM位于法国里昂，在发动机和变速箱密封技术、液体橡胶成型技术等方面具有世界领先水平，客户均为奥迪、宝马、福特等国际顶级汽车公司。AMK是电机电池控制系统、驾驶辅助和底盘电子控制系统供应商，也具有国际领先水平。这两项并购都是全部股份买入，体现出中鼎的雄心，两家的技术实力和所服务的高端品牌客户将为中鼎集团打入海外高端市场并站稳脚跟提供充足的技术支持和动力。

百度在线网络技术（北京）有限公司

百度在线网络技术（北京）有限公司（百度）是中国最大的互联网公司，旗下拥有全球最大的中文搜索引擎。2015年4月，百度和以色列风险投资公司Carmel Ventures作为领投方，帮助以色列在线音乐教育平台Tonara完成500万美元的融资，此举有利于百度发展音乐教育。5月，百度向总部位于美国的内容推荐引擎公司Toboola投资数百万美元，以期将其内容发现服务引入中国市场。6月，百度取得日本原生广告公司PopIn的控股权（交易额未公布），百度广告平台将采用PopIn的READ技术和内容推荐技术提高广告投放精准度。2016年6月，百度在内的中国财团向美国比特币创业公司（Circle Internet Financial）提供6000万美元D轮投资。Circle可以提供基于区块链基础上的金融服务，帮助发展百度金融。7月，百度投资美国互联网金融公司ZestFinance，后者擅长将机器学习与大数据分析结合，能提供精确的信用评分，是百度未来重要的技术合作伙伴。

北京博晖创新光电技术股份有限公司

北京博晖创新光电技术股份有限公司（博晖创新）专注于医疗检测产品及元素分析产品的研发、生产、销售与售后。2015年6月，博晖创新以2800万美元为交易基础价格收购美国Advion的全部股权。Advion公司在生物监测等相关服务上处于领先地位,客户遍布北美、欧洲、日本等地,包含顶级制药公司、政府生命科学研究所和大学研究机构。此次收购的达成有助于博晖创新引进Advion公司的技术及研发人才,为其质谱仪器的开发奠定技术及人才储备,还有助于双方营销渠道的互补。博晖创新还将获得Advion公司拥有的北美及欧洲的销售网络和众多知名客户,Advion公司也将通过博晖创新快速进入中国市场。

北京东方国信科技股份有限公司

北京东方国信科技股份有限公司(东方国信)是中国领先的大数据上市科技公司,专注于大数据领域,紧跟全球发展趋势,以领先的大数据解决方案服务于通信、金融、智慧城市、公共安全、智慧旅游、工农、医疗、媒体以及大数据运营等行业。2015年7月,东方国信以1810万英镑收购英国Cotopaxi公司的全部股份。这次收购是东方国信大数据业务向工业互联网、智能化领域扩展的重要布局,将有力地补充公司工业大数据板块的业务。

北京建广资产管理有限公司

北京建广资产管理有限公司(建广资产)是一家专注于集成电路产业与战略新兴产业投资并购的资产管理公司。2015年5月,建广资产以18亿美元的价格收购了恩智浦(NXP)旗下的RF Power部门。恩智浦半导体是全球十大半导体公司之一,总部位于荷兰,其旗下RF Power部门主要生产高性能射频功率放大器。2016年6月,建广资产又以27.5亿美元收购了NXP的Standard Products部门,其业务主要包括分立器件、逻辑芯片和Power MOS芯片。建广资产对同一家公司一年之后进行二次并购,说明两家整合工作完成出色,有创造更高效益的潜力。

北京清芯华创投资管理有限公司

北京清芯华创投资管理有限公司(华创投资),由国内资深半导体投资团队牵头,联合清华控股和聚源资本共同组建。由华创投资和浦东科技投资组成的财团以19亿美元的现金收购价完成了对美国豪威科技OmniVision的收购。该收购从2015年5月开始,到2016年1月正式完成。豪威科技是全球著名的摄像头芯片生产商,曾经占据市场龙头地位,是苹果公司供应商之一，2011年之后逐渐被索尼和三星超越。豪威科技在中国一线智能手机OEM厂商摄像头传感器方面依然占有最大的市场份额，华创投资在其式微期间买入很划算，并且在芯片这种资本技术密集、周期性强的行业中，并购豪威这种上市公司伦理风险小很多。

北京万丰科技有限公司

北京万丰科技有限公司（万丰科技）是一家专业从事工业机器人、工业自动化装备并提供有色合金铸造交钥匙工程服务的系统制造商。2016年4月，万丰科技以3.02亿美元收购美国派司令公司（The Paslin Company）。派司令公司是国际领先的焊接机器人应用系统服务商以及北美弧焊系统的主要供应商。这是万丰科技2013年成功并购全球镁合金汽车零部件龙头企业加拿大镁瑞丁公司（Meridian）之后，进行的又一次大型国际并购，通过并购，万丰科技从经营国际化走向了资本、人才、技术与品牌的国际化，并打造出中国运营总部与美国技术研发中心"双核心"的国际化产业布局体系。

北京小桔科技有限公司

北京小桔科技有限公司是移动互联网公司。其主要产品包括滴滴打车、滴滴专车、滴滴快车、滴滴顺风车、滴滴代驾、滴滴大巴等移动互联网出行的产品。2015年9月，北京小桔科技有限公司主营产业之一"滴滴快的"宣布参与对印度打车服务商Ola的最近一轮融资，表示将支持Ola在印度市场推进积极的扩张战略，但未透露具体融资金额。Ola成立于2011年，目前已占据印度打车服务80%的市场，希望凭借融资进一步扩张，增加其车辆和司机数量。滴滴快的通过此次并购可以在立足本土的基础上，连通双方企业的金融和市场资源，以构成合作型的世界出行生态圈。滴滴快的已在东南亚、美国等多个地区开拓市场，将继续贯彻国际化战略。

渤海租赁股份有限公司

渤海租赁股份有限公司（渤海租赁）是国内A股市场唯一一家上市租赁公司，依托专业化操作及租赁全牌照的优势，成为民族租赁产业的领头羊。2015年11月，渤海租赁以25.55亿美元（约合人民币162.39亿元）收购了爱尔兰飞机租赁公司Avolon的全部股份。Avolon是全球第十一大飞机租赁公司，机队规模庞大，为 33 个国家 56 家航空公司提供服务。此次收购后，渤海租赁在飞机租赁业务上实现质的飞跃，跻身国际一流行列。

东莞宜安科技股份有限公司

东莞宜安科技股份有限公司（宜安科技）是一家集轻合金成型、研发、生产、营销于一体的高新技术企业，产品主要用于 3C、LED、医疗器械、汽车零部件等领域。2016 年 3 月，宜安科技入股美国 Liquidmetal Technologies（LQMT）18% 的股权，入股后将成为 LQMT 第一大股东。作为世界顶尖的块状非晶金属研发及商业化企业，LQMT 拥有全球最核心的块状非晶金属相关的知识产权。LQMT 在市场知名度方面几乎是垄断的，收购之后在市场拓展方面几乎没有门槛。宜安科技计划未来进一步增持股份或持有 LQMT 全部股份。

东和昌集团有限公司

东和昌集团有限公司（东和昌集团）是一家全球性的多元化金融控股企业，依托股东品牌平台、金融和产业资本，整合股东企业及关联行业的存量资产。2016 年，东和昌集团有限公司与新天集团、睿银集团、东沃集团等多家机构联合在上海自贸区发起设立"中古基金"，聚焦古巴优势的文化旅游、资源合作、"大健康"与"大消费"四大核心产业，通过与古巴政府和当地企业开展深入合作，深耕古巴工业、能源业、矿业、交通业、建筑业、农业种植业等基础产业的投资机遇，从而结合相对成熟的中国需求市场及资本市场价值成长的契机，"中古基金"为投资者创造海外稀缺资产优化配置与资源合作机遇。2016 年 5 月 16 日，东和昌集团被正式提名为中国国际投资促进会副会长单位。

福建福昕软件开发有限公司

福建福昕软件开发有限公司（福昕软件）是全球领先的 PDF 技术方案与服务领导厂商，国际 PDF 标准组织核心成员、中国版式文档 OFD 标准制定成员。2015 年 10 月，福昕软件成功收购德国公司 LuraTech Imaging GmbH 及其所有子公司，未披露交易额。LuraTech 总部位于德国柏林，是服务器端 PDF 转换与压缩的领导者。此次收购后，福昕将同时拥有 Foxit 与 LuraTech

两大著名品牌，并在整合 LuraTech 的 PDF 技术之后，福昕 PDF 生态环境和压缩、标准文档创建等方面技术都将大幅提高。福昕软件自身掌握高端核心科技，通过收购海外同样具有尖端技术的公司进一步扩展全球业务，保证自己走在技术前沿。

广州汇量网络科技股份有限公司

2016 年 3 月，移动市场数字营销商广州汇量网络科技股份有限公司（汇量科技）（Mobvista）宣布以 1.6 亿人民币现金收购美国 Native X 100% 的成员权益，完成 2016 年第一宗移动营销行业的海外并购案。Native X 是广告移动端效果营销技术的提供商，以专注游戏行业著称，与多家欧美电子游戏公司保持着友好合作关系。其广告平台覆盖近 1.9 亿个重度游戏玩家和超过 20 亿部独立设备。此次收购后，汇量科技将能通过 Native X 在美国、加拿大、英国等国拥有流量优势，加速拓展国际区域市场。

海思科医药集团股份有限公司

海思科医药集团股份有限公司（海思科医药集团）是一家以新药研发为核心的现代化药业集团，2015 年 6 月以 1050 万美元收购以色列 Medical Surgery Technologies Limited（MST）26.66% 的股权，并获得 AutoLap 在中国的 15 年独家销售代理权。MST 是以色列领先的医疗器械研发公司，主要产品是 AutoLap 腹腔镜智能定位装置。随着微创手术的普及，预计未来中国微创手术器械市场将有 15% 的年增长率，海思科医药集团通过收购获得先进的技术设备，进入医疗器械领域。

河北先河环保科技股份有限公司

河北先河环保科技股份有限公司（先河环保）是专业从事高端环境监测仪表研发和生产的高新技术企业。2015 年 5 月，其以 660 万美元收购美国 Sunset Laboratory Inc. 60% 的股份。Sunset 是世界有机碳与碳元素（OCEC）气溶胶颗粒分析仪的领导者。本次收购将进一步完善先河环保公司的产品线，使公司在碳气溶胶分析市场占得先机。

江西赣锋锂业股份有限公司

江西赣锋锂业股份有限公司（赣锋锂业）长期致力于锂铷铯系列产

的研发和生产，是国内锂系列产品品种最齐全、生产加工链最长、工艺技术最全面的专业生产商。2016年2月，其斥资2715万美元进一步收购澳大利亚Reed工业矿产有限公司（RIM）18.1%的股权，自2015年7月以来累计注资额达到4600万澳元。交易完成后，赣锋锂业在RIM持股将达到43.1%成为最大股东，按照相关期权协议，其在RIM持股最高有望达到49%。RIM公司负责运营的西澳MtLithium项目是全球第三大未开发岩锂矿藏，当前控制和推断资源总量达2324万吨，氧化锂品位1.39%。

乐视网信息技术（北京）股份有限公司

乐视网信息技术（北京）股份有限公司（乐视）是在影视、电视、手机、汽车等行业跨界发展的企业。2016年6月，乐视以2.5亿美元收购雅虎在美国加利福尼亚州持有的46.6英亩土地，计划于同年秋天正式进驻美国市场，在北美开展研发和运营。雅虎曾买下的这块土地在硅谷中心地段且距乐视北美总部仅5公里，具有极大的发展潜力。本次收购彰显出乐视在北美雄心勃勃的发展计划。

辽宁凯博通用航空器股份有限公司

辽宁凯博通用航空器股份有限公司（凯博通用）主营航空器制造、航空产业基地等业务。2015年7月，其成功收购美国小熊公司Top Cub型号飞机。中美通航界都认为顶级小熊飞机Top Cub非常适合正在高速发展的中国通用航空市场，该项目通过了美国外国投资委员会的审查；同年8月13日，美国联邦航空管理局（FAA）颁发的FAR23部型号合格证TC转移给凯博通用。至此，凯博通用正式成为Top Cub丛林短距越野飞机型号合格证TC的唯一持有者。这是一项具有开创性的创新收购，打开了新的市场，有助于突破中国机场少而制约通航发展的瓶颈，国内市场潜力巨大。

凌云工业股份有限公司

凌云工业股份有限公司（凌云股份）是国家工信部认定的国家级技术创新示范企业，旗下多个子公司，并与美国、瑞士等国企业成立了多个中外合资公司。2015年4月，凌云股份以350万欧元收购Waldaschaff Automotive GmbH（WAG）的全部股权。WAG主要生产汽车部件，最大客户是德国大众汽车以及福特、通用、宝马等，拥有尖端轻量化技术和铝、钢集成制造工艺，在碰撞管理系统、车身腰部增强技术等领域居于行业领先地位。本次收购有利于凌云股份提升轻量化技术水平和公司整体竞争力，有利于进一步开拓海外和高端市场。

骆驼集团股份有限公司

骆驼集团股份有限公司（骆驼集团）是国内最大的蓄电池制造公司之一，专业从事先进电池研究、开发、生产、销售，海外业务扩展至欧洲、美洲、非洲、东南亚等国家和地区。2016年6月，其收购乌兹别克斯坦汽车工业控股有限公司Uzavtosnoat持有的吉扎克蓄电池股份有限公司不少于51%的股份，具体金额未披露。该并购将使骆驼集团在海外形成蓄电池生产能力，进一步扩展公司的国际市场特别是中亚独联体区域的业务，利于长远发展。

洛阳栾川钼业集团股份有限公司

洛阳栾川钼业集团股份有限公司（洛阳钼业）是国内最大、全球排名第四的钼生产商，也是国内最大的钨精矿生产商之一。2016年5月，洛阳钼业以26.5亿美元的价格从美国自由港集团（Freeport-McMoRan）手中收购了刚果（金）Tenke Fungrume Mining（TFM）铜钴矿权益，成为TFM的最大股东。TFM是刚果（金）目前产能最大的铜钴矿，2015年铜钴产量分别为20.4万吨和1.6万吨。同年4月，洛阳钼业以15亿美元收购了全球矿业巨头英美资源集团（Anglo American PLC）位于巴西的优质铌（AANB公司）和硝酸盐（AAFB公司）业务，两项收购品质之高是近年矿种交易中的佼佼者。

绿叶医疗集团（中国）

绿叶医疗集团（绿叶医疗）是中国私人综合性医疗集团，2015年以66.5亿元完成4项海外并购。其中，对澳大利亚第三大私立医院集团Healthe Care Australia Pty Limited的收购耗资44.6亿元。Healthe Care在澳大利亚的主要城市拥有17家医疗机构、近2000张床位、50多间手术室以及4500名员工。此外，绿叶医疗还并购了新加坡基因检测公司Vela Diagnostic

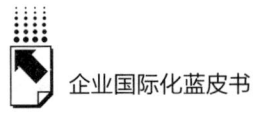

和韩国医院管理服务公司JC健康株式会社，正式进军精准医疗领域和高端医疗管理服务业。通过海外并购，企业可进行产业横向扩张并引进适于在中国发展的医疗品牌，对实施国际化战略和全球化布局均有良好的效果。

奇虎360科技有限公司

奇虎360科技有限公司（奇虎360）是中国领先的互联网和手机安全产品及服务供应商，是中国前三大互联网公司之一。2016年2月，奇虎360以4800万美元与其他公司共同收购了Opera浏览器，总交易额达12亿美元。作为全球五大主流浏览器之一，Opera特色鲜明，具有优秀的跨平台能力和压缩所需上网流量的优秀特点。奇虎360一直以软件安全性为主，其360浏览器和搜索业务是主要现金来源，收购Opera并掌握其先进技术能够提升浏览器能力和竞争水平。奇虎360可凭借Opera所带来的3亿用户流量和浏览器先进技术来推动搜索业务，进一步进军国际市场并加强移动端的建设工作。

青岛三祥科技股份有限公司

青岛三祥科技股份有限公司（三祥科技）是我国最大的汽车制动管生产商，是主机和售后市场的主要供应商，并大力发展新能源领域业务。2015年6月，三祥科技完成对美国Harco Manufacturing Group的并购，交易额未披露。Harco是美国俄亥俄州的汽车制动管生产制造企业，其核心团队具有北美通用公司多年工作经历，从产品研发生产到质量管控均富有经验。并购后，三祥科技将直接成为通用公司的一级供应商，这是其在美国北卡州设立北美销售公司后向全球化战略迈出的重要一步，意味着公司拥有中美两个生产基地，为进一步实现全球化发展奠定坚实基础。

人福医药集团股份公司

人福医药集团股份公司（人福医药）为湖北民营高科技企业，名列中国医药工业企业30强。2016年3月，人福医药的全资子公司人福美国以5.29亿美元收购Epic Pharma, LLC 100%的股权，又以2100万美元收购Epic RE Holdco, LLC 100%的股权。Epic Pharma在研产品丰富，是一家具有管制类药品生产资质的化学仿制药企业，产品线适应证包括胆结石、疼痛、晕动症、高血压等；公司还是多家跨国药企的代工商。Holdco 为 Pharma 的关联企业，主要业务为出租房产给 Pharma 公司使用。此次并购为先进技术产业的合并，战略协同优势明显，人福医药在进一步实现国际化之余还能实现丰富利润。

三诺生物传感股份有限公司

三诺生物传感股份有限公司（三诺生物）是一家致力于利用生物传感技术研发、生产、销售即时检测产品的高新技术企业。2016 年 1 月以 2.725 亿美元收购了美国 Trividia Health（尼普洛诊断有限公司），成为中国医疗器械领域近几年来海外收购的最大案例之一。Trividia Health 是一家位于佛罗里达州的全球领先的研究和生产糖尿病监测和治疗设备的公司，此次并购使三诺生物成为全球第六大血糖仪生产企业，迈入全球血糖仪领先阵营。同年 5 月，三诺生物以 2 亿美元拿下美国 Polymer Technology System（PTS 诊断）。PTS 诊断总部位于印第安纳州，是全球领先的创新型 POCT（即时检验）诊断设备供应商，主要产品包括血脂、血糖、系列糖化血红蛋白监测仪器等，产品营销网络覆盖了世界 135 个国家及地区。三诺生物正逐步通过并购打开外资品牌垄断度高的医院渠道和海外市场，并获得全新核心技术，预计未来会继续加快海外扩张步伐。

山东东方海洋集团有限公司

山东东方海洋集团有限公司（东方海洋）主营海洋牧场生态养殖、水产品加工出口、大健康产业等，拥有多个国家级科研平台，科研和创新能力达到国际先进水平。2016 年 2 月，该公司以 4.3 亿元收购美国 AVioq 公司全部股权，AVioq 公司主营研发和生产诊断测试产品，包括干血、唾液、HIV 等检测。这次并购可以完善东方海洋的产业布局，加快推进在精准医疗市场的产业布局，实现创新发展、双轮驱动，并以此为切入点创造新的利润增长点。

山东济宁如意毛纺织股份有限公司

山东济宁如意毛纺织股份有限公司（山东如意）是中国毛纺织品最具竞争力十强企业，全球服装奢侈品牌的主要供应商之一。2016 年 4 月，山东如意收购法国轻奢品牌 SMCP 多数股权，交易额未公布。SMCP 旗下拥有 Sandro、Maje 和 Claudie Pierlot 三大轻奢品牌。随着中国中产阶级的迅速成长，小众轻奢品牌将越来越受追捧，把巴黎流行风潮和中国优势结合起来，有助于山东如意迈上成为时尚行业综合性巨头之路。

上海飞乐音响股份有限公司

上海飞乐音响股份有限公司（飞乐音响）主营绿色照明、IC 卡、电子部件等业务。2015 年 12 月，飞乐音响通过全资子公司飞乐投资以 1.38 亿欧元收购 Havells Malta 80% 的股份，同时以 1040 万欧元收购 Havells Exim 80% 的股份。Havells 是一家拥有 100 多年历史的全球领先照明技术企业，其喜万年品牌相关照明产品的销售网络覆盖全球 48 个国家，拥有 6000 多个经销商；Malta 交易前分别在泰国、巴西、美国及智利设有子公司，主要营销喜万年产品；Exim 主要负责提供采购和营运资金支持。飞乐音响通过并购将业务延伸至欧洲、南美等多个地区，目前在稳步推进国际化战略，使内生主业与外延并购实现利润同步增长。

山河智能装备股份有限公司

山河智能装备股份有限公司（山河智能）是一个以工程机械为核心，业务囊括大型桩工机械、全系列挖掘机、现代凿岩设备、矿业装备、起重机械、液压元器件、军用工程机械和通用航空设备等十多个领域的国内外知名机械装备制造集团。2016 年 7 月，山河智能完成对加拿大 Avmax 公司 49% 股权的收购，本次交易对价约为 1.15 亿美元。作为北美最大的支线飞机租赁和维修公司、世界第二大支线飞机租赁公司，Avmax 经营模式稳定，发展前景看好。山河智能此次收购，将为公司进军国内民航飞机后市场，打通通用航空产业链奠定基础。

沈阳联立铜业有限公司

沈阳联立铜业有限公司（联立铜业）是东北大型综合性铜冶炼加工企业，2015 年 8 月被辽宁省政府列入"一带一路"与哈萨克斯坦国际产能合作项目清单。2016 年 1 月联立铜业与哈萨克斯坦中亚黄金集团签署了铜资源综合开发及冶炼项目合作框架，以 4.8 亿美元的投资收购了

60%的股权。"一带一路"战略倡议为我国企业"走出去"提供了绝好的机遇，在国际产能合作方面可把先进加工技术结合海外企业资源，利于未来发展。

顺风国际清洁能源有限公司

顺风国际清洁能源有限公司（顺风国际）是中国最大的独立私人大型地面式太阳能发电供货商，通过近年来的收购扩张，已形成完善的太阳能光伏产品产业链及世界领先的太阳能发电核心技术平台。2015年8月，顺风国际收购了美国Suniva公司63.13%的股权，具体交易金额未披露。Suniva公司是业内领先的高效能、低成本光伏太阳能电池组件生产商，以高质量产品、行业领先技术、可靠性与卓越的高功率密度闻名于世。这次交易标志着顺风国际作为全球领先的低碳节能解决方案提供商已顺利扩展进北美市场，进一步扩张其全球版图。通过此次收购，顺风国际还可以获得经验丰富、技术过硬的管理和专家团队，巩固自身在高效、低成本晶硅电池和组件领域的全球领先地位。

苏宁环球传媒有限公司

苏宁环球传媒有限公司（苏宁环球传媒）是苏宁文化产业有限公司旗下开发文化产品、发展投资、整合、收购文化传媒产业项目功能的全资子公司，其主营业务为文化传媒、影视动漫、游戏、互联网等。2015年6月，苏宁环球传媒以2.5亿元收购了韩国株式会社RedRover 20.17%的股权，成为该株式会社第一大股东。RedRover是韩国顶尖动漫企业，主营业务包括信息产业业务、文化展示业务以及动漫业务。此次交易后，苏宁环球传媒将成为RedRover的实际控制者，将助推公司战略转型和加强产业布局。

苏州东山精密制造股份有限公司

苏州东山精密制造股份有限公司（东山精密）主营精密钣金、精密铸件以及LED业务的制造和提供产品服务支持平台，客户涵盖通信、新能源、LED电子制造、半导体、轨道交通等众多行业。2016年7月，东山精密以6.1亿美元收购了美国Multi - Fineline Electronix（MFLEX）的全部股权。MFLEX是全球最大的专业柔性线路板和柔性电路组件供应商之一。本次收购将有助于东山精密借助目标公司的品牌效应,扩大海外高端客户群,提升国际影响力。

泰禾集团股份有限公司

泰禾集团股份有限公司(泰禾集团)是一家在住宅和商业地产开发、化工、矿业、金融证券、生物医药等领域多元发展的上市公司。旗下拥有地产、金融、健康、文化四大产业板块。2016年3月,泰禾收购了美国Alliance Healthcare Service(阿莱恩斯医疗服务公司)51.5%的股份。阿莱恩斯是美国领先的外包医疗健康服务提供商、全美最大的移动影像诊断服务提供商、行业领先的医院驻点影像服务商以及全美领先的立体定向放射外科提供商。此次收购将有助于泰禾在中国内地和海外市场进一步扩大医疗领域的发展。

天津长荣印刷设备股份有限公司

天津长荣印刷设备股份有限公司(长荣印刷)专业从事印刷相关产业研发设计生产,目前公司在日本、美国已完成子公司设立。2016年3月,长荣印刷以257.97万欧元的交易价整体收购海德堡斯洛伐克公司,并拟在斯洛伐克设立全资子公司。海德堡斯洛伐克公司主要致力于海德堡糊盒机生产及印刷设备零配件制造,其生产组装的 Diana 糊盒机技术水平享有国际声誉,拥有其特有的制造工艺技术。长荣印刷通过整体收购可以获得海德堡位于斯洛伐克的生产资源、地域及声誉优势,为公司在欧洲设立生产基地奠定基础,强化自身在国际市场上的地位。

天津九安医疗电子股份有限公司

天津九安医疗电子股份有限公司(九安医疗)是全球著名的健康电子产品供应商。2016年6月,九安医疗宣布以9388万欧元收购法国 e – Device 100%的股份。eDevice 是国际领先的医疗设备数据信息系统解决方案提供商,主要产品包括移动医疗通信设备、远程通信服务和远程监控管理平台等,行业经验丰富且技术先进。此次收购后九安医疗能在移动医疗领域进一步发展,产品、市场布局、医疗体系将得到进一步改进,为更好地进行国际化经营奠定基础。

万科企业股份有限公司

万科企业股份有限公司（万科）是国内领先的地产公司，主营房地产开发和物业服务。2015年10月，万科以3000万英镑收购英国伦敦The Stage项目20%股份，一举进入欧洲房地产市场。2016年8月，万科披露了公司将通过成立投资基金，以128.7亿元收购黑石集团名下的商业地产公司印力集团96.55%的股权以及MWREF公司。黑石集团总部位于美国纽约，是全球最大的另类资产管理机构之一，也是美国最大的上市投资管理公司。近年，中国企业在海外房地产投资额屡创新高，预计万科会不断增大海外投资力度，重点在欧洲和北美。

携程旅游信息技术（上海）有限公司

携程旅游信息技术（上海）有限公司（携程）是一家集高科技产业与传统旅游业为一体的企业，近年境内与海外的并购交易频繁，涉及产业广泛，在海外主要并购产业为酒店、航空业务和旅游公司等。2015年1月，携程宣布以超过1亿美元的价格并购英国低成本航空公司机票业务Travelfusion的多数股份。2016年1月，携程宣布将通过可转债方式向印度最大的在线旅游公司MakeMyTrip投资1.8亿美元。海外并购可进一步提高携程在国际旅行市场上的领先地位，将其他企业的先进技术转变成自身效能进行发展。

协鑫（集团）控股有限公司

协鑫（集团）控股有限公司（协鑫集团）是一家以清洁能源、新能源及相关产业为主的国际化综合性能源集团，是全球领先的光伏材料制造商及新能源开发与运营商。2016年4月，协鑫集团以969万澳元（约合4749万元人民币）收购澳大利亚One Stop Warehouse PTY LTD公司51%的股权。One Step Warehouse是澳大利亚大宗光伏系统设备分配公司。这项收购对协鑫集团意义重大——光伏产业作为清洁能源未来发展前景看好，澳大利亚光能装机量在不断大幅增长，而国内市场也刚刚打开局面，这项收购有利于双方在该行业和彼此市场上更好地发展。此外，中国光伏产业受到欧美光伏"双反"的阻击，迫使越来越多企业布局海外

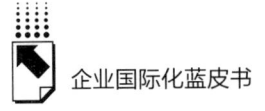

市场来躲避"双反"打击。

新希望集团有限公司

新希望集团有限公司（新希望集团）是一家以现代农业与食品产业为主导，并持续关注、投资、运营具有创新能力和成长性的新兴行业的综合性企业集团。2015年底，集团成员企业新希望六和股份有限公司投资8亿元人民币，完成了对美国蓝星贸易集团有限公司20%股权的收购，此次并购被喻为全球优质生物质资源与中国饲料原料市场直接对接的标志性事件。2016年6月底，新希望集团旗下产业投资平台草根知本全资收购拥有27年历史的澳大利亚保健品品牌Australia Natural Care（交易额未公布），正式进入营养健康领域。

芯原微电子（上海）有限公司

芯原微电子（上海）有限公司（芯原微电子）主要为芯片设计商提供定制解决方案和SoC设计服务，业务范围覆盖移动互联设备、数据中心、物联网（IoT）、可穿戴设备、智能家居和汽车电子等多种终端市场，并与多家代工厂展开合作。2016年1月，芯原微电子完成了对美国Vivante（图芯技术）的收购，交易额未披露。Vivante是GPU行业的技术先行者，拥有华为、Marvell、索尼等多个国内外企业客户。此次收购能够进一步在以上业务范围拓展芯原微电子的IP平台，使现在的IP组合包含GPU核和视觉图像处理器，并利于进一步拓展客户。

烟台张裕葡萄酿酒股份有限公司

烟台张裕葡萄酿酒股份有限公司（张裕）是中国第一个工业化生产葡萄酒的厂家，已经发展成中国乃至亚洲最大的葡萄酒生产经营企业。2015年9月，张裕宣布以2625万欧元收购西班牙爱欧集团，收购完成后将持有75%的股份。爱欧集团是西班牙著名的葡萄酒产区里奥哈五大生产商之一，主要从事葡萄酒及其他酒类生产经营，拥有包括"爱欧公爵"在内的7个主要品牌。爱欧集团的大部分产品与中国主流葡萄酒消费需求较为吻合，通过本次收购预计将产生较好的协同效应，并强化张裕的海外布局和知名度。

永清环保股份有限公司

永清环保股份有限公司（永清环保）是一家环保全产业链的综合服务企业。2015年8月，永清环保收购了美国 Integrated Science & Technology 公司（IST）51%的股份，成为控股股东。IST 是全球领先的土壤及地下水修复领域解决方案提供商，拥有国际顶尖的技术团队，技术和服务水平均享誉全球。永清环保期待通过本次收购加速国际化进程，完善土壤修复业务产业链，保持行业领先地位。这是中国上市环保公司2015年完成的海外并购第一例，加之预计未来四五年土壤修复产业将迎来快速发展的黄金期，这次收购会使永清环保具备更强的国际竞争力。

中国长江三峡集团公司

中国长江三峡集团公司（三峡集团）是以大型水电开发与运营为主的清洁能源集团，是世界最大的水电开发企业和我国最大的清洁能源集团之一。2015年11月，三峡集团中标拍得巴西朱比亚和伊利亚水电站，总投资为37亿美元，并于2016年1月正式交割，由此一跃成为巴西第二大私营发电企业。2016年7月，三峡集团以6.5亿欧元购买了德国最大海上风电场之一Meerwind海上风电项目80%的股权，完成对欧洲海上风电的又一布局。能源是未来国家发展的战略需求，三峡集团的这类海外收购既从市场效益方面考量，也为国家储备战略资源。

中国光大国际有限公司

中国光大国际有限公司（光大国际）是中国首个一站式、全方位的环境综合治理服务商。2016年5月，光大国际并购总估值约10亿美元的知名体育媒体评论公司 MP&Silva；6月，光大国际以1.23亿欧元收购波兰领先的固废处理公司 NOVAGO，其中包括1.18亿欧元的股权价值和500万欧元的土地储备资源。NOVAGO 成立于1992年，在核心经营地区华沙和 Olsztyn 省拥有超过30%的市场份额。光大国际的业务发展重点为环保水务、绿色能源、环境科技和环保能源，其领先的垃圾处理技术能与 NAVAGO 的广阔市场与资源互补。NOVAGO 的技术在中国市场具备应用潜力，且双方在固废处理链上的业务范围均被拓宽。这次收购作为光大国际推进海外战略的重

要步骤,将为未来进一步布局东中欧市场打下了坚实基础,具有深远的战略意义。

中集车辆(集团)有限公司

中集车辆(集团)有限公司(中集集团)是招商局与丹麦宝隆洋行的合资企业,在全球拥有数家上市公司和庞大的商业网络。2016年6月,中集集团先后完成了对价分别为2300万英镑和9170万英镑的收购,前者为老牌英国制酒公司Briggs,后者为英国一家以各类型半挂车生产为主业的公司,旗下拥有SDC和MDF两家子公司;二者在英国均处于领先地位。中集集团以推进欧洲战略为目的,对并购行为策划已久。其中对主营半挂车生产的公司的收购是全球近十年来半挂车行业最大一笔金额的收购,借助这次收购,中集将顺利进入英国半挂车市场,并向欧洲市场进一步拓展,继续保持在全球半挂车行业的龙头地位。

中信资本控股有限公司

中信资本控股有限公司(中信资本)核心业务包括直接投资、房地产基金、结构融资、资产管理及特项投资。2015年中信资本完成多起并购:5月,完成对日本服饰公司MARK STYLER的收购,此举利于MARK STYLER拓展中国市场;10月,宣布旗下日本私募股权投资部门完成对日本鞋品公司Akakura的收购(交易额未公布),收购达成后将协助Akakura拓展中国市场,吸引中产阶级消费者,并加强Akakura的供应链管理;12月,同华人文化控股集团共同出资4亿美元,收购知名足球运营管理公司——曼城俱乐部母公司城市足球集团13%的股权。2016年2月,中信资本在内的财团完成对美国豪威科技(OmniVision Technologies)的收购,总计收购费约19亿美元。豪威科技成立于1995年,是一家领先的数字图像处理方案提供商。

宗申产业集团有限公司

宗申产业集团有限公司(宗申集团)是集研制、开发、制造、销售为一体的大型民营高科技集团,旗下拥有两家上市公司。2015年6月,旗下宗申天辰通航公司收购了加拿大港湾航空公司49%的股份,成为第一大股东。加拿大港湾航空公司是全球运营规模最大的水上飞机运营公司，占加拿大西海岸水上飞机运营市场80%的市场份额，且在该行业中保持了最高安全标准。这次收购主要是战略投资，公司计划借助国家"一带一路"战略将港湾航空的水上飞机运营方式拓展到国内更多地区和东南亚市场。

三 2016年中国企业全球化分榜推荐

（一）2016年中国企业跨国并购十强[①]

单位：亿美元

1	海航集团有限公司	147.30	6	安邦保险集团股份有限公司	38.51
2	中国化工集团公司	96.80	7	光明食品集团有限公司	35.30
3	腾讯控股有限公司	88.56	8	复星国际有限公司	34.20
4	海尔集团股份有限公司	55.80	9	中国广核集团有限公司	23.00
5	大连万达集团股份有限公司	48.10	10	美的集团股份有限公司	5.00

1. 海航集团有限公司

海航集团近年海外投资并购动作频繁。2015年7月，海航以28亿美元全资收购全球最大航空地面服务及货运服务供应商瑞士空港公司（Swissport）100%的股权；9月，海航集团旗下渤海租赁正式公告斥资25.55亿美元并购爱尔兰飞机租赁公司Avolon Holdings Ltd.100%的股权。2016年2月，海航集团以60亿美元收购美国科技公司英迈（Ingram Micro）；4月，海航集团宣布以15亿美元收购瑞士航空服务公

---

① 本榜单主要参考跨国并购金额以及跨国并购的影响力这两项指标评价，统计数据来源于各个上市公司公告及其他公开资料。有的企业实施了跨国并购，但因未披露交易金额，所以未纳入本年度榜单的统计中。数据选取的时间为2015年1月至2016年8月，不在此范围内的并购不纳入计算，国际的基金股权投资也不纳入计算范围。

司佳美集团（Gategroup）。此外，海航还并购了英国外币兑换运营商（ICE）、英国伦敦金丝雀码头商业大厦、美国卡尔森酒店、新加坡CWT、澳大利亚维珍澳洲航空、TAP葡萄牙航空、法国航服公司Servair等企业的股份。

2. 中国化工集团公司

2015年1月，中国化工通过下属埃肯公司收购新加坡REC全部股权，耗资6.4亿美元。2015年，中国化工集团以71亿欧元（约80亿美元）收购意大力倍耐力公司（Pirelli）全部股权，这是中国制造业史上最大级别的海外收购案之一，中国化工的战略是投入巨额资金获取品牌号召力和技术实力，迅速成为世界竞争的主角。

3. 腾讯控股有限公司

2015年4月，腾讯以1.26亿美元收购美国移动游戏公司Glu Mobile 14.6%的股份；5月，腾讯向Pocket Gems投资6000万美元，获得这家美国移动游戏开发商约20%股份；8月，腾讯向加拿大移动消息服务商Kik投资5000万美元；12月，腾讯收购《英雄联盟》的开发商美国Riot Games公司的剩余股份，实现完全控股。2016年5月，腾讯以每股33瑞典克朗（约26元）的发行价格认购了瑞典游戏开发及发行公司Paradox Interactive的528万股股票，持股5%，约2000万美元；6月，腾讯公司确认收购日本软银集团所持芬兰游戏公司Supercell的股份，占股约84.3%，总对价分三期支付，目前预计约为86亿美元。

4. 海尔集团股份有限公司

2016年6月，青岛海尔公告与通用电气宣布，双方已就青岛海尔整合通用电气家电公司的交易签署所需的交易交割文件，交易额为55.8亿美元，包括交易税费等，并获得GE品牌使用权。并入海尔后的GE家电将被命名为"GE APPLIANCES, a Haier company"。双方将联手在全球开展合作，在工业互联网、医疗等领域提升双方企业的竞争力。

5. 大连万达集团股份有限公司

2015年2月，万达以10.5亿欧元（约11.8亿美元）并购瑞士盈方体育传媒集团，控股68.2%；6月，万达院线出资44.46亿元人民币（约6.6亿美元），连续收购三家与影视相关的公司，包括澳大利亚第二大院线HOYTS、电影数据化公司慕威时尚及世茂影院旗下的15家影院；8月，万达以6.5亿美元并购美国世界铁人公司100%股权。2016年3月，万达集团旗下美国AMC院线与美国卡麦克院线（Carmike）签订并购协议，AMC出资11亿美元并购卡麦克院线。7月，万达集团旗下美国AMC院线宣布以9.21亿英镑（12.2亿美元）并购欧洲第一大院线——Odeon & UCI院线。

6. 安邦保险集团股份有限公司

2015年2月，安邦以19.5亿美元收购希尔顿旗下华尔道夫酒店。同月，安邦以1.5亿欧元（约1.7亿美元）收购荷兰VIVAT保险公司100%的股权，又出资约1.1万亿韩元（约10亿美元）从私募股权投资公司Vogo手中买入东洋人寿57.5%的股权，这是中国公司首次进入韩国保险市场。2016年2月，安邦收购加拿大温哥华市Bentall Centre约66%的股权，交易金额为6.6亿加元（约5.1亿美元），刷新温哥华市最高房地产交易金额的新纪录；4月，安邦签订协议购买安联人寿（Allianz Life）韩国子公司，作价约2500亿韩元（约2.2亿美元）。

7. 光明食品集团有限公司

2015年3月底，光明食品对以色列乳品企业特鲁瓦（Tnuva）公司77.7%的股权收购完成了交割，其中包括原大股东Apax基金所持有的56.7%的股份和Mivtach Shamir持有的21%的股份，对应特鲁瓦的市场价值86亿谢克尔（约23亿美元），成为以色列食品行业历史上最大的一宗收购案。2015年9月，光明食品完成收购西班牙米盖尔公司的正式交割，收购价格是1.1亿欧元（约12.3亿美元），股权占比光明72%，战略投资者28%。这是2015年下半年中国食品行业在西班牙最大规模的一次收购，也是中国的大型食品企业第一次进入西班牙食品分销流通领域。

8. 复星国际有限公司

2015年2月，复星以4.64亿美元完成收购Ironshore的普通股，同年11月收购其剩余80%的股权，交易总值约20.43亿美元；6月，复星收购以色列保险公司Phoenix Holdings逾52.3%的股权，总价为以色列新谢克尔17.6亿元（约4.6亿美元）；7月，复星以3.45亿欧元（约3.9亿美元）收购了意大利裕信银行（UniCredit）原米兰总部，并完成对美国Meadowbrook保险集团的收购。2016年4月，复星旗下全资附属公司Ironshore Inc.宣布收购Lexon Surety Group, LLC及其关联公司剩余80%的股权，同时以以色列新谢克尔2.9亿元（约0.7亿美元）收购拥有以色列顶级死海矿物护肤品牌AHAVA公司的100%股权；7月复星集团宣布收购Rio Bravo投资集团。

9. 中国广核集团有限公司

2015年2月，中广核欧洲能源公司与来自法国的Eolfi新能源公司完成100%股权交割；11月，中广核与马来西亚埃德拉全球能源公司签署了该公司下属电力项目公司股权及新项目开发权的股权收购协议，总共涉及13个电力项目，第二年3月完成股权交割。

2016年1月，中广核完成与加拿大铀矿上市公司Fission公司的股权交割，收购其19.99%股权，成为最大股东；3月，中广核以23亿美元现金交易收购马来西亚国家投资基金1MDB旗下电力资产，包括Edra Global Energy Berhad及其一系列子公司，并承接资产的全部债务和现金储备。

10. 美的集团股份有限公司

2016年6月，美的宣布与意大利中央空调企业Clivet签署协议，收购其80%股权，并未透露此次收购涉及的具体金额。6月底，美的对外宣布，对东芝白色家电业务股权收购交易已经完成，80.1%股权的最终交易价格为514亿日元（约5亿美元）。东芝家电业务子公司（TLSC）正式成为美的集团控股子公司。

（二）2016年中国企业海外研发十强[①]

海尔集团股份有限公司	TCL集团股份有限公司
华为技术有限公司	潍柴控股集团有限公司
京东方科技集团股份有限公司	中国中车股份有限公司
联想控股股份有限公司	中兴通信股份有限公司
美的集团股份有限公司	格力电器股份有限公司

注：按企业名称拼音排列，排名不分先后。

海尔集团股份有限公司

2015年，全开放智慧生活平台海尔"U+"和全球首个可视化互联工厂系统亮相全球IT业顶级盛会汉诺威消费电子、信息及通信博览会（CeBIT），向全世界展示了中国在互联网时代最顶尖的智能家居理念和最先进的智能制造系统。同年，海尔美国宣布其位于印第安纳州埃文斯维尔的开放式研发中心成立。此前的2006年，海尔与英特尔共同组建的创新产品研发中心揭牌，标志着海尔电脑在创新产品的研发上开始进入海外发展新阶段；2012年，海尔宣布在日本成立海尔亚洲总部和研发中心。

华为技术有限公司

2015年2月，华为在印度班加罗尔市新建的研发中心投入运行。该研发中心是华为在海外建立运行的最大研发中心，建设投资约1.7亿美元，占地约8公顷，目前拥有2700名工程师，员工本土化率达98%。目前，华为在瑞典斯德哥尔摩、印度班加罗尔、美国达拉斯及硅谷、俄罗斯莫斯科，以及中国的深圳、上海、北京、成都、南京、杭州、西安以及武汉等地都设立了研发机构，通过跨文化团队合作，实施全球异步研发战略。

[①] 中国企业"走出去"海外研发十强榜，主要参考中国"走出去"企业在海外设立产业研发中心、研发机构以及科技产业园情况；企业投资产业创新、科研项目资金比重；知识产权、发明专利以及国际、国家标准研制制定情况等。这些企业通过建立、开展海外研发项目，不断推进"走出去"产业创新战略，扩大科技研发规模，提高产业科研效益，全方位增进海外营销优势。

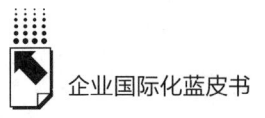

京东方科技集团股份有限公司

京东方紧跟半导体显示技术的发展与应用,在新型显示技术和智能制造、智慧系统、健康服务等领域布局与投资。汤森路透《2016年全球创新报告》显示,京东方已跻身半导体领域全球第二大创新公司。2016年上半年新增专利申请量突破4000件,同比增长25%。2015年全球首发产品覆盖率39%,研发投资33亿元,研发人数2603人,其中博士与外籍专家500余人;新增专利申请量达6156件,其中80%以上为发明专利,累计可使用专利已超过40000项,共制定25项国际标准。同年主持修制定国内外技术标准15项,其中1项IEC国际标准、2项联盟标准已正式发布。

联想控股股份有限公司

联想在日本大和,中国北京、上海、深圳,巴西圣保罗及美国北卡罗来纳州罗利均设有重点研发中心。2004年,联想收购IBM日本大和实验室;2005年,斥资20亿美元建美国研发中心,位于北卡罗来纳州世界闻名的三角研究园区,主攻系统安全;2013年,在巴西圣保罗投资1亿美元新建研发中心,致力于旗下企业产品集团的软件开发,主要研发项目包括企业软件、高端服务器、存储和云技术等。

美的集团股份有限公司

美的坚持每年按销售收入的3%以上比例进行科技创新投入,拥有空调、冰箱、洗衣机等产品国家认可实验室,及德国VDE、美国UL认可实验室。截至2015年,美的投入52.6亿元研发费用,累计总授权专利达21581项,发明专利达1456项。自2012年起,美的参与5项国际标准、112项国家标准/行业标准的制定。美的除了在美国、德国、新加坡、韩国、日本、意大利建立研发中心,开展针对国际市场需求的研究工作,还与清华大学、浙江大学、麻省理工学院、加州大学伯克利分校、斯坦福大学等30多个国内外科研机构保持紧密合作。

TCL集团股份有限公司

TCL是全球化的智能产品制造及互联网应用服务企业集团。2015年研发投入37.7亿元,用于下一代新型显示技术、下一代通信技术、多媒体应用技术、创新智能技术、互联网技术以及新材料等方面的研究，累计获得授权发明专利2780项。截至2015年底，全球共有6697名核心研发人员，包括中国台湾、韩国、日本等其他国家或地区的技术人员。TCL在全球80多个国家和地区设有销售机构，通过全球的23个研发机构、21个制造基地、4万个销售网点及"四条供应链"管理（产品设计与制造链、物流供应链、质量保证链、产品创造与支持链），实现全球资源高效配置。

潍柴控股集团有限公司

近十年来潍柴研发投入150多亿元，每年研发占比超过5%。潍柴在美国、德国、法国、意大利和新加坡等国建立了"五国十地"全球研发中心，搭建了"7×24小时"全球协同研发平台。联合麻省理工学院、清华大学、AVL等牵头成立了内燃机可靠性国际技术创新联盟、商用汽车与工程机械新能源动力系统产业技术创新战略联盟，与110家上下游企业共同打造研发和应用共同体。累计引进中高端人才300多人，企业科技人才数量突破2000人，获得产品和技术授权专利1940项，主持和参与行业和国家标准制定65项。

中国中车股份有限公司

中国中车是由中国南车和中国北车按照对等原则合并组建的A+H股上市公司。2015年研发支出99.5亿元。目前拥有1个企业中央研究院、4个专业研究所，中德、中英、中美联合研发中心相继成立，海外研发中心共计9个。同年主持制定IEC等国际标准5项、参与制定国际标准42项；获得授权专利3188件，其中授权发明专利1006件；申请海外专利158件，授权海外专利23件。三年来，中国中车主持或参与起草或制修订70余项国际标准，在轨道交通装备技术标准体系建设中积极发挥作用，初步形成了国际先进的轨道交通装备产品技术标准体系，保证中国轨道交通行业企业国际竞争力。

中兴通信股份有限公司

中兴每年研发投入大约保持在销售收入的10%，在中国、瑞典、法国、美国、日本及加拿大等国设立研发中心数目达到20个，与领先运营商联合设立了10多个创新中心。中兴拥有专利22000项,其中发明专利占90%,覆盖5G/4G、云计算、大数据等国际通信技术标准专利的基本专利,以及通信产业关键技术的核心专利。共制定2430项研制标准,其中国际标准为580项,居中国企业500强首位。2015年,中兴投入122亿元研发费用。截至2016年上半年,中兴研发投入70.59亿元,研发投入占比首次接近营收15%的历史高位。

格力电器股份有限公司

格力电器把国家标准、国际标准作为门槛,以消费者需求为最高标准。2015年格力共参与30份国内外标准的制修订,其中国外标准3项,国家标准14项,行业标准11项等。至2015年底,格力设有7个研究院、52个研究所、近700个实验室,累计申请专利20116项,获得授权专利11924项,其中申请发明专利7043项,获得授权发明专利937项,被英国知识产权杂志评选为"全球知识产权倡导者"。2016年1月格力电器通过了国家工业和信息化部对于"2015年国家级工业设计中心"的认定及复核,成为"国家级工业设计中心"。

(三)2016年"一带一路"十大先锋企业[①]

北京小桔科技有限公司	中国南方航空公司
华坚集团有限公司	中国远洋海运集团有限公司
三一重工股份有限公司	中国中材股份有限公司
天津优联投资发展集团有限公司	中国中铁股份有限公司
中国民生投资股份有限公司	中粮集团有限公司

注:按企业名称拼音排列,排名不分先后。

[①] "一带一路"十大先锋企业榜单,是从走进"一带一路"沿线国家的中国企业中选出。根据企业对推进"一带一路"互联互通项目、加快"一带一路"基础设施建设等方面做出的贡献度,以及对"一带一路"投资带来的中国企业在亚洲的影响力提升度进行评选。它们不仅开辟了中国企业全球化的新版图,而且对中国企业"走出去"具有带动性和引导性,是走进"一带一路"的先锋力量。

北京小桔科技有限公司

北京小桔科技有限公司（滴滴出行）分别于 2015 年 8 月、9 月和 10 月与东南亚移动出行领袖 GrabTaxi、美国共享出行先锋 Lyft 和印度打车行业领袖 Ola 展开投资、产品、技术等层面的合作。期间滴滴与领英（Linkedin）展开战略合作，拓展移动出行与职业社交协同市场。12 月，滴滴宣布与 Lyft、Grab、Ola 缔结全球战略伙伴框架，打造服务全球 50% 人口的多元出行网络，并联合创立中国互联网协会分享经济工作委员会。2016 年 4 月，滴滴完成产品跨境连通，用户可通过滴滴 APP 在美国打车，滴滴海外业务正式上线；5 月，滴滴研究院与 UDacity 合作启动全球算法大赛，推动移动出行领域技术突破与人才开发。

华坚集团有限公司

2012 年 1 月，华坚与埃塞俄比亚政府签约投产，当时拥有两条生产线及 500 名中埃干员。四年来创造了良好的经济效益，解决了当地 4000 多人就业，是埃塞最大的鞋业出口企业，占埃塞鞋业出口的 60%。2015 年 4 月，启动了埃塞—中国东莞华坚国际轻工业园的建设，总投资 10 亿美元，建筑面积 150 万平方米，计划每年出口创汇 20 亿美元，提供 3 万~5 万个就业岗位，涉及制鞋、服装上下游配套产业的 16 家企业将入驻园区，届时将更加完善埃塞皮革产业的产业链。华坚为其他劳动密集型企业在非洲投资做出典范。

三一重工股份有限公司

2015 年，三一重工在第二届南非宝马国际工程机械展上赢得 120 亿美元实际订单和 800 万美元意向订单。10 月，印度总理与三一集团交流了 2016~2020 年间三一向印度的可再生能源行业投资 30 亿美元的合作意向。11 月，三一重工的 3 台岸边集装箱起重机、桥吊交付至印尼雅加达港。三一重工在孟加拉第二大港蒙哥拉港获总额超过 1100 万元人民币的设备订单。截至 2015 年底，三一重工基本完成在"一带一路"上的产业布局，工厂覆盖土耳其、俄罗斯、比利时、法国、德国等国，非洲埃塞俄比亚产业园也正在规划阶段。同时，三一重工在新疆有大型生产基地，可以有效辐射中亚及中东欧市场。

天津优联投资发展集团有限公司

2008年，天津优联投资集团与柬埔寨王国签署了柬埔寨国公省滨海旅游度假特区（七星海旅游度假特区）开发协议，基础设施投资规模为120亿美元。2015年，七星海特区项目成为柬中综合投资开发试验区项目，规划了国际经济产业合作区、国际休闲旅游度假特区和海洋经济产业区以及临空、临港物流及保税贸易区等7个板块。该项目是柬埔寨首个大型滨海旅游项目，项目总占地面积36000公顷，为柬埔寨提供了超过3000个就业机会。优联预计2030年前将特区建成新兴产业为一体的东南亚新兴城市、智能现代化的国际滨海特区，是中国"走出去"投资旅游大专案为数不多的民营企业。

中国民生投资股份有限公司

2015年3月，中民投带领数十家民营企业在印尼投资50亿美元共建中民印尼产业园。8月，中民投完成对思诺国际保险集团全部股权的收购，助其大力拓展亚洲及中国市场。10月，中民投旗下子公司中民物业与宝德工程在新加坡签署战略合作协议，在亚洲地区共同发展各类经贸合作产业园区。中民投"一带一路"人才培养基金计划分10年累计投入1亿元人民币，为中国企业在印尼产业园的发展提供本土化人才支持。目前，中民投已在"一带一路"沿线布局，在香港设立分支机构，在新加坡成立中民国际控股有限公司，立足亚洲拓展全球业务。

中国南方航空公司

2015年南航新开东南亚、非洲等航线70余条，其中包括两条从广州至巴黎、伦敦的全货运航线和兰州—乌鲁木齐—圣彼得堡航线等，进一步促进丝绸之路经济带建设和西部航空市场繁荣。10月，南航通过在哈萨克斯坦举办海外产品推介会，乌鲁木齐—阿拉木图往返航班频率已调高至每周11班，从乌鲁木齐飞至哈萨克斯坦首都阿斯塔纳的航班也提升至每周4班。2016年3月，南航在"一带一路"沿线36个国家与地区的69个城市开通了179条航线，其中新开航线为34条，执行航班36423班次，运送旅客共达474.5万人次。

中国远洋海运集团有限公司

2015年9月,中远海运集团旗下中远太平洋、招商局国际及中投海外共同收购土耳其第三大集装箱码头——伊斯坦布尔Kumport集装箱码头约65%的股份。2016年3月,中远太平洋与新加坡港务集团(PSA Corporation Limited)签署共同投资新加坡大型集装箱码头的合作协议。2016年3月,希腊审计法院批准将雷埃夫斯港港务局67%的股权出售给中远海运集团,后者将全面接手目前由港务局经营的渡轮码头、汽车码头、集装箱码头等多块业务,这也是中国企业首次在海外获得整个港口的经营权。

中国中材股份有限公司

2015年中材开拓非洲、中东、东南亚等传统市场,同时积极拓展海外新兴经济体市场,全年新签海外合同额为285亿元,新签总包合同国际市场份额连续8年保持第一。从巴基斯坦、塔吉克斯坦、阿联酋、沙特到土耳其,中材旗下的中材节能承接了多个余热发电项目,另外凭借在余热发电领域的竞争优势,在菲律宾、越南、泰国、马来西亚、印度、苏丹、莫桑比克等国家均承接了大量相关项目。截至2016年初,中材成为全球最大的水泥工程系统集成服务商之一。中材计划开拓南美、中亚等区域,积极拓展低碳环保产业、生产服务业、高端装备制造、合同管理服务等业务。

中国中铁股份有限公司

截至2015年,中国中铁在"一带一路"建设上的成交项目有以色列特拉维夫轻轨、埃塞俄比亚铁路、坦桑尼亚基甘伯尼大桥、哈萨克斯坦阿斯塔纳轻轨、乌兹别克斯坦铁路、孟加拉帕德玛大桥、斯里兰卡南部铁路、马来西亚吉隆坡地铁等。2016年1月,中国中铁与中国航空技术国际控股有限公司组成联合体,负责15亿美元的埃及斋月十日城铁路项目,包括工程设计、土建工程、轨道工程的实施、安装、集成调试和试运行等;3月,中铁投资20亿美元在马来西亚吉隆坡建区域总部,并以此为中心推动其在东南亚地区的铁路、公路等基础设施建设项目。

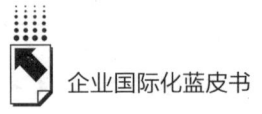

中粮集团有限公司

2016年5月，中粮农业在乌克兰投资7500万美元建设的DSSC码头正式投产，或将成为该国最先进的农产品中转设施。中粮在乌克兰进行玉米、小麦等粮食的收购和贸易，出口至北非和地中海、伊朗、东南亚和欧洲，年经营量达150万～200万吨，市场份额约占8%，同时计划每年至少从俄罗斯进口100万～200万吨小麦。2016年8月，中粮集团宣布旗下中粮国际将收购Cygne公司所持有的全部尼德拉农业剩余股权，从而将持有尼德拉农业100%股权。尼德拉农业是荷兰知名农产品及大宗商品贸易集团，其大宗农产品生物能源产业链在南美和欧洲具有优势，此举将为中粮集团打造国际大粮商迈出重要一步。

（四）2016年中国企业"走出去"特别奖

福耀玻璃工业集团股份有限公司

截至2016年，福耀集团在美国、俄罗斯、德国、日本都建立了制造工厂，服务范围远达德国、意大利、瑞典等欧洲地区，是全球最大的汽车玻璃专业制造商，为奔驰、宝马、宾利、奥迪、通用、克莱斯勒、大众、丰田、本田、路虎等全球几乎所有的汽车制造商提供汽车玻璃及产品解决方案，并且获得全球玻璃行业最高奖项——凤凰奖。

福耀在美国的投资尤其瞩目，是中国制造业对美最大投资之一，也是中国汽车零配件企业进军美国市场的最大手笔，更是福耀秉持全球化战略的重要标志。2014年，福耀投资6亿美元在美国兴建汽车玻璃生产基地，购买了美国通用汽车公司位于俄亥俄州代顿市的工厂；此后，成立福耀美国伊利诺伊有限公司，以5600万美元从美国PPG公司购得芒山（Mt. Zion）工厂，为福耀美国生产基地供应原片玻璃。2015年7月，俄亥俄州代顿地区的卡里林历史博物馆收藏了福耀美国代顿工厂生产的首片汽车挡风玻璃。当地政府为感谢福耀的贡献，将福耀美国工厂所在路段更名为"福耀大道"。2016年10月，由福耀集团投资的全球最大汽车玻璃单体工厂在代顿市正式竣工投产，未来整体投资将达到10亿美元，提供5000个就业岗位。福耀集团董事长曹德旺先生表示,福耀将为美国汽车产业提供更加优质的玻璃配套服务,并将助力深化中美经贸合作。福耀美国项目成功的意义已超出经济和商业的范畴,还承载着加强中美两国以及人民之间友好关系的重大使命。

福耀"走出去"在海外牢牢树立以人为本的社会责任意识,尊重东道国的文化和人民,为当地经济和民生做出贡献,并积极捐赠公益事业,为其他中国企业树立了良好的典范,必将起到激励和带动作用。

B.3
中国企业全球化评价体系

王辉耀　曹佳洁*

摘　要： 中国与全球化智库（CCG）历经三年的研究与不断修订，为如何评价中国企业全球化发展提供了综合性评价体系。按"走出去、走进去、可持续发展"的企业海外发展路径，以中国企业与当地社会的共创、共赢为原则，甄选了五项评价要素，即绩效全球化、市场全球化、人才全球化、战略全球化和企业社会责任全球化。我们以德尔菲法赋予各要素权重，综合评选推介"2016年中国企业全球化50强"，为中国企业"走出去"提供参考。

关键词： 企业全球化　共赢　可持续发展　评价体系

2015年，中国政府开始全方位推进实施"一带一路"战略构想、人民币被正式纳入SDR货币篮子、亚投行成立，这一系列的全球化动作标志着中国开始全面进入资本"走出去"的时代。在国际社会上进一步增强国际影响力的同时，我国国内经济也面临着全新的挑战。国企改革进入新阶段，大量国有资产进行重组以加强国际竞争力。同时，全国"大众创业万众创新"的"双创"热潮持续增温。伴随着"一带一路"的战略需求，海外投资项目经历了爆发式增长，民营企业的全球化动作也更为频繁。

2015年中国企业全球化发展迅速，无论是海外并购还是绿地投资都创

＊ 王辉耀，中国与全球化智库（CCG）主任，教授，博导；曹佳洁，博士，CCG研究员。

造了历史新高。根据中国与全球化智库（CCG）的统计，2015年，中国企业跨国并购498宗，中国企业海外绿地投资121宗。中国企业海外投资持续增长，中国企业从产品的全球化到技术的全球化，进而不断推动企业价值链的全球化布局，扩大中国企业在国际上的影响力。可以说，过去的一年对中国企业来说是具有里程碑意义的一年。

现阶段，"走出去"的中国企业，在全球化发展程度上良莠不齐。2014年CCG开始探索中国企业全球化发展的评价体系研究，从企业"走出去、走进去、可持续发展"的路径出发，以共创、共赢的原则界定了中国企业全球化发展的竞争要素，设计了中国企业全球化评价体系框架。随着《中国企业全球化报告》（2014、2015）蓝皮书的出版，我们收到了不少学术界和商界人士对此评价体系的反馈。根据反馈建议，我们在2016年的评价体系上做了一些调整，以期更全面、系统地反映中国企业全球化发展现状，为中国企业"走出去"更好地发展提供参考。

一 评价体系研究路径

如图1所示，在评价体系的研究路径上，我们沿用2015年的研究方法。首先，在理论研究方面，以企业战略论、本土化理论、市场营销论、国际人才论、CSR理论以及其他相关理论为基础[①]，甄选出影响企业全球化发展的五个要素，即战略全球化、绩效全球化、市场全球化、人才全球化以及企业社会责任（CSR）全球化。另外，在数据收集方面，我们沿用前两年的数据收集方式，通过向"走出去"的企业发放问卷调查、采访负责国际业务发展的相关企业负责人、定期举办研讨会邀请专家学者和企业界人士共同探讨中国企业"走出去"的相关问题等方式，收集了300家跨国经营的中国企业数据。同时，通过相关企业官网、企业年报、CSR报告等收集二手资料。

---

① 关于理论基础研究，参考王辉耀等编著《中国企业国际化报告（2014）》，社会科学文献出版社，2014，第337~339页。

此外，将2015年至2016年上半年发生的企业海外并购事件、绿地投资事件、与其他外国企业的合资联盟事件，或是企业海外商业活动中具有影响力的事件等纳入本年度的调整项中，最终综合评选出2016年度中国企业全球化发展50强榜单。

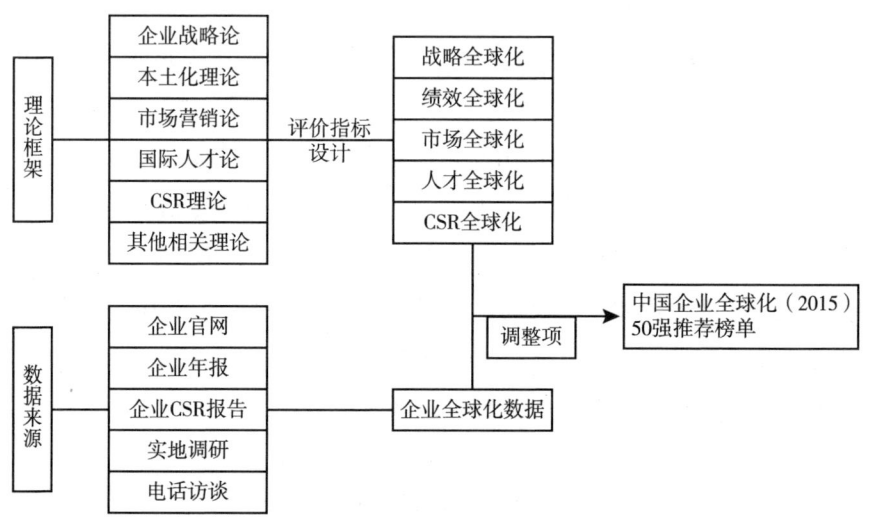

图1　中国企业全球化评价体系研究路径

接下来，本文将论述中国企业全球化评价体系研究方法和评价体系的设计思路。

二　中国企业全球化评价体系研究方法

在全球化发展的背景下，中国企业"走出去"是历史的必然趋势。在"走出去"的过程中，企业不仅要追求经济利益的最大化，同时要处理好与当地员工、工会、社区、环境、供应商等利益相关者之间的关系，以共创、共赢的理念，开拓海外市场。最终，企业在全球化过程中才能实现可持续发展。如图2所示，企业全球化按"走出去、走进去、可持续发展"的发展路径，实现经济价值与社会价值的创造。如上文所述，在企业全球化发展过程中，企业绩效全球化、市场全球化、人才全球化、战略全球化和企业社会责任全球化是影响企业全球化发展程度的关键要素。

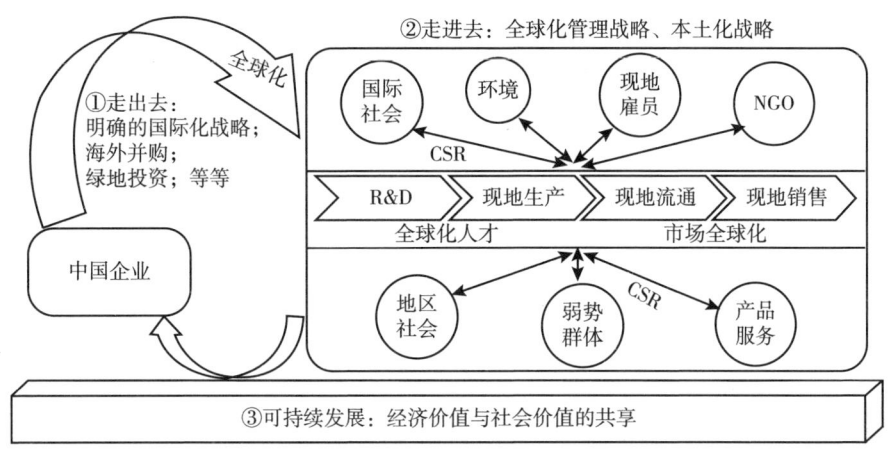

图2 中国企业全球化评价要素概观

（一）评价要素权重的设计思路

根据企业全球化五大要素的重要性，我们为其赋予了不同的权重，通过德尔菲法（专家法）确定各权重因子。其中，可以量化的绩效全球化占比70%，通过资产全球化程度（占比30%）、收入全球化程度（占比40%）来进行衡量。另外两项可以量化的指标分别为市场全球化权重占比10%、人才全球化权重占比10%。战略全球化以及企业社会责任的全球化要素权重均等，各占5%（见表1）。

表1 企业全球化评价要素权重

单位：%

一级指标	二级指标	权重
绩效全球化	资产全球化程度	30
	收入全球化程度	40
市场全球化	海外市场销售额占比	10
	海外市场网点占比	

续表

一级指标	二级指标	权重
人才全球化	员工全球化程度	10
	高层管理全球化程度	
	董事会成员全球化程度	
战略全球化	并购规模	5
	并购影响	
	并购扩张力	
企业社会责任全球化	伦理责任	5
	经济责任	
	社会责任	
	环境责任	
	慈善责任	

（二）各项分指标权重分配与计算方法

1. 绩效全球化

在绩效全球化指标中，我们参考联合国贸易和发展会议（UNCTAD）提出的企业全球化跨国指数，运用公式计算法量化绩效全球化评价（见表2）。

表2 绩效全球化指标

二级指标	指标说明	
资产全球化程度	（海外资产/总资产）×100%	（海外资产/总资产 + 海外收入额/总收入额）÷2×100%
收入全球化程度	（海外收入额/总收入额）×100%	

2. 市场全球化

在市场全球化评价中我们采用公式计算法，量化企业市场全球化的程度。（海外市场销售额/总市场销售额 + 海外网点数/总网点数）÷2×100%。

表3 中国企业市场全球化指标

二级指标	指标说明	
海外市场销售额占比	（海外市场销售额/总市场销售额）×100%	（海外市场销售额/总市场销售额 + 海外网点数/总网点数）÷2×100%
海外市场网点占比	（海外网点数/总网点数）×100%	

3. 人才全球化

国际化人才是决定企业海外经营成功与否的关键因素,而国际化人才的短缺是企业全球化经营中的最大瓶颈。在人才全球化评价中,我们采用公式计算法量化企业人才全球化的程度,即(海外员工人数/总员工人数 + 国际化人才高管人数/管理层人数 + 外籍董事会人数/董事会人数)÷3×100%。

表4 人才国际化指标

二级指标	指标说明	(海外员工人数/总员工人数 + 国际化人才高管人数/管理层人数 + 外籍董事会人数/董事会人数)÷3×100%
员工全球化程度	(海外员工人数/总员工人数)×100%	
高层管理全球化程度	(国内外籍高管 + 国外中籍高管)人数/管理层人数×100%	
董事会成员全球化程度	(外籍董事会人数/董事会人数)×100%	

4. 战略全球化

产业链的全球化布局、资源的全球范围内高效整合,是企业全球化发展的目的之一。我国企业"走出去"参与全球的产业链整合,在战略模式上,首先以并购为主要方式。企业全球化产业链并购整合的评价设定了并购规模、并购影响、并购扩张力三个二级指标。另外,并购金额、并购笔数、行业影响、社会影响、并购区域、并购行业是六个三级指标。在三个二级指标权中,设定并购规模权重为60%,为企业跨国并购的重要考量点。在三级指标评价中,并购金额占比50%、并购笔数占比10%、行业影响占比10%、社会影响占比10%、并购区域占比10%、并购行业占比10%(见表5)。

表5 中国企业全球化并购权重

单位:%

二级指标	三级指标	权重
并购规模	并购金额	50
	并购笔数	10
并购影响	行业影响	10
	社会影响	10
并购扩张力	并购区域	10
	并购行业(产业链并购)	10

5. 企业社会责任全球化

企业社会责任的履行是企业全球化品牌、信誉建设的关键因素。全球化发展的企业在国际市场竞争中，不仅是经济的竞争更是责任的竞争。在企业社会责任全球化评价中，二级指标设定为伦理责任、经济责任、社会责任、环境责任和慈善责任，其权重均等（各占20%）。其中，伦理责任的三级指标考察因素为诚实守信、合规经营、透明公开、履行法律义务等；经济责任的三级指标判断因素为经营效率、股东盈利、纳税义务以及可持续发展等；社会责任的三级指标包括对从业人员负责、持有SA8000认证、对消费者负责、对所在社区负责、对弱势群体负责等；环境责任的三级指标设定对企业在ISO14001认证、生态环保、公害防止、资源有效利用以及废弃物回收状况等方面进行考察；最后，在慈善责任中的三级指标判断要素为救灾捐助、教育捐助、公益组织捐助、疾病防治捐助和贫弱捐助等。各个指标的权重分配参见表6。

表6 中国企业社会责任全球化指标

单位：%

二级指标		三级指标	权重
伦理责任		诚实守信、合规经营、透明公开、履行法律义务等	20
三重底线	经济责任	经营效率、股东盈利、纳税义务、可持续发展等	20
	社会责任	对就业人员负责、持有SA8000认证、对消费者负责、对所在社区负责、对弱势群体负责（女性雇用，残疾人雇用）等	20
	环境责任	ISO14001认证、生态环保、公害防止、资源有效利用、废弃物回收状况	20
慈善责任		救灾捐助、教育捐助、公益组织捐助、疾病防治捐助、贫弱捐助等	20

（三）小结

2016年，中国企业"走出去"已进入全球范围内的资源整合阶段。但是，学术界在对中国企业全球化发展的评价研究显然不足。CCG历经三年，跟踪中国企业"走出去"案例，根据企业海外发展情况收集数据，观察企业海外经营的动态，多角度、全方面来评价中国企业全球化进程，以中国企业在海外共创、共赢的视角，宣传中国企业正面形象，推动中国企业海外经营的可持续发展为基本原则，设计了本评价体系。为展现中国企业在国际舞台上的客观经济实力与软实力的全面竞争力，在评价体系中甄选了绩效全球化、市场全球化、人才全球化、战略全球化和企业社会责任全球化为评价要素，通过德尔菲法赋予各要素权重，综合评选出2016年度中国企业全球化50强。

CCG作为中国企业全球化发展的研究者和推动者，每年将企业全球化评价体系作为研究的重点，从理论研究和案例分析两方面梳理中国企业"走出去"的发展情况，为中国企业提高海外竞争力提供可参考标准，为中国企业"走出去"提供研究平台。

调 查 篇
Investigation Reports

B.4
中国企业对外投资调查分析报告

CCG 企业全球化研究课题组

摘　要： 中国与全球化智库（CCG）每年对中国企业对外投资进行调查。2016 年度调查采用问卷收集和企业访谈的方式，着重摸清中国企业全球化发展的基本情况以及"走出去"过程中面临的影响因素。调查发现：中国企业继续扩大对外投资，民营企业推进投资领域多元化；在"一带一路"倡议下，中国企业对沿线国家虽看好但目前投资谨慎，且期待利好政策支持；中国企业"走出去"注重提高品牌影响力，但缺乏跨国经验和国际经营人才；企业的风险评估能力需提升，海外社会责任的落实有利于规避风险；等等。调查结果对于中国企业对外投资战略选择、风险防范以及国际化经营能力提升等方面有一定的参考和借鉴价值。

关键词： 中国企业 "走出去" 国际化

2015年中国对外直接投资流量达1456.7亿美元，同比增长18.3%。2016年1~9月，中国对外非金融类直接投资已达1342.2亿美元。为加强对中国企业全球化发展的研究，中国与全球化智库（CCG）自2014年开始每年组织调查。2016年度的调查通过问卷发放、企业访谈和举办论坛等方式获得第一手资料，参与调查的企业所处地区、行业、性质与规模多样，问卷填写者均为中高层的企业代表，以保证收集到的数据真实、有效。本次调查共发放调查问卷200份，截至2016年6月30日共收回有效问卷136份。

本次调查重点摸清以下问题：

第一，受调查企业对外投资的基本情况和特点；

第二，影响对外投资的因素和企业"走出去"面临的问题；

第三，企业投资"一带一路"沿线国家（地区）的意愿和实际投资情况。

一 对外投资基本情况

（一）企业主体对外投资额增长明显，中小规模企业对外投资势头旺盛

参与调查的企业63%是民企，28%是国企，还有近一成是混合所有制企业。受调查企业均表示有"走出去"的发展规划，其中73%已经开展实施，27%处于拟开展阶段（见图1）。

截至2015年底，在受调查的中国企业中，半数以上的企业对外投资总额在5000万美元以上。与2014年底相比，较明显的变化是2015年21%的受调查企业的对外投资总额在30亿美元以上，2014年的占比为13%；此外，2015年对外投资总额在1000万~5000万美元的企业占比也比2014年

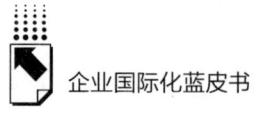

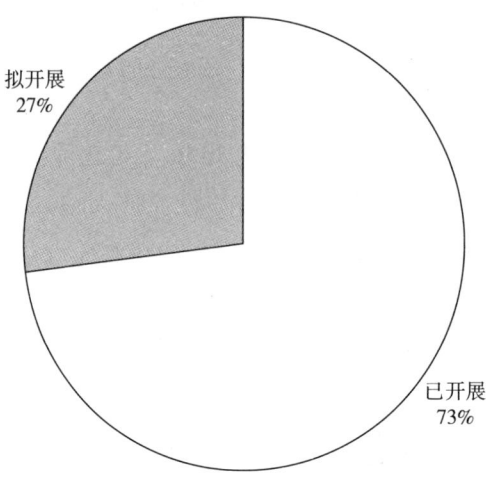

图 1 受调查企业是否实施"走出去"战略

增加了 8 个百分点（见图 2）。这些数据反映出近一年来单个企业对外投资额的增长较明显。

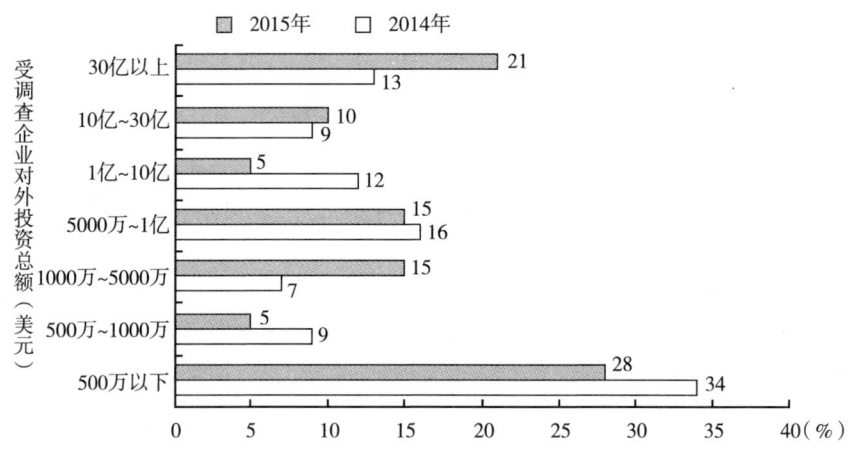

图 2 受调查企业对外投资规模：2014 年与 2015 年比较

调查还显示，2015 年、2014 年对外投资总额在 500 万美元以下的企业占比分别为 28% 和 34%，这表明中小规模的对外投资占比较高。

（二）投资集中在欧美和东南亚地区，主要面向当地市场

从投资目的地来看，在受调查企业中，欧盟和美国是其对外投资的首选目的地；此外，有44%的受调查企业在东南亚国家有投资，反映出东盟地区也是热门投资目的地（见图3）；此外，几乎每五家受调企业中就有一家投资了南亚、中亚、西亚、中欧、东欧或北非地区的国家。

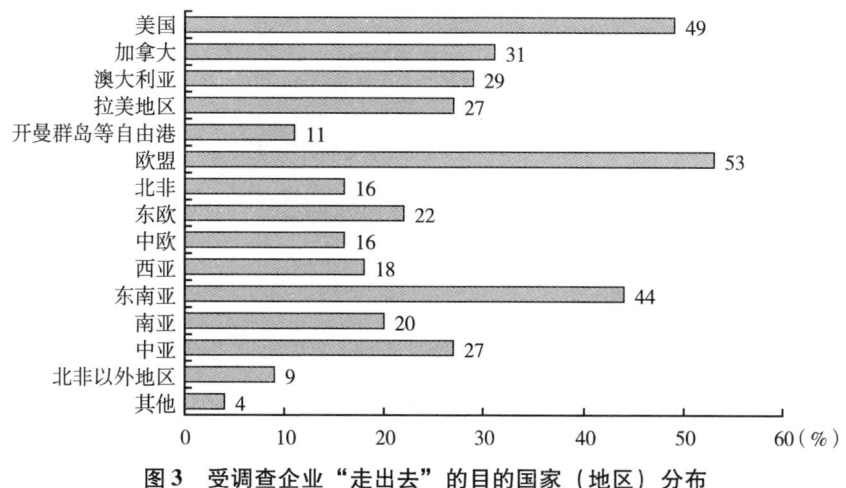

图3 受调查企业"走出去"的目的国家（地区）分布

调查发现，绝大部分企业的对外投资主要面向当地市场，占73%；面向中国市场和第三方市场的分别占24%和20%（见图4）。

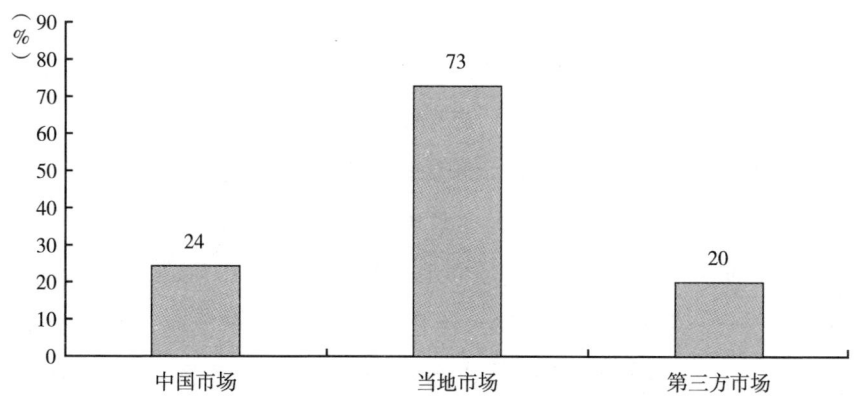

图4 受调查企业对外投资的主要面向市场

（三）倾向与当地企业结成合作伙伴，与当地中国籍企业合作大于竞争

大部分受调查企业在"走出去"的运营过程中对当地企业存在一定程度的依赖，其中50%的企业表示"一般依赖"当地企业，18%表示"非常依赖"当地企业；还有32%表示"不依赖"当地企业（见图5）。

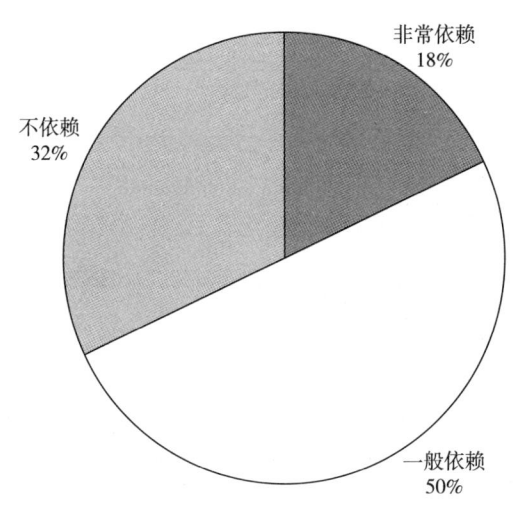

图5　受调查企业在目的国运营中对当地企业的依赖程度

在受调查企业中，有67%的企业在目的国有当地企业作为合作伙伴，有20%的企业表示正在寻找但"尚未找到"、11%的企业表示"没有"、极少数企业（2%）表示"不需要"当地企业作为合作伙伴（见图6）。这项结果与受调查企业对当地企业的依赖度相吻合。

在受调查企业中，一半以上（51%）是与目的国的当地民营企业进行合作，三成左右是与当地国有企业、合资企业和中国籍（含港澳台）民营企业合作（见图7）。此外，各有24%的受调查企业是与在目的国的中国籍（含港澳台）国有企业和在当地投资的外国独资企业进行合作。

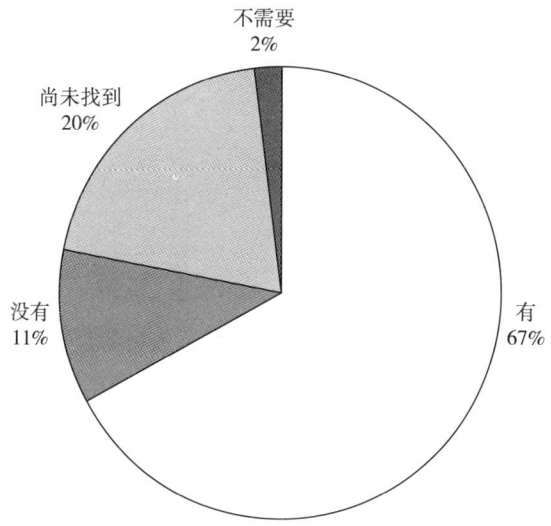

图6 受调查企业在目的国是否有合适的当地企业作为合作伙伴

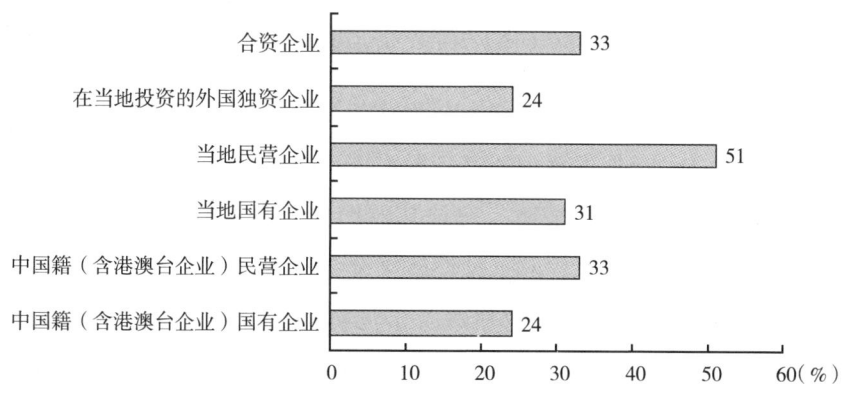

图7 受调查企业在目的国的主要合作伙伴

在受调查企业中，与投资目的国国内的中国籍（含港澳台）企业之间存在"上下游合作关系"、结成"产业联盟"的占比分别为42%和38%（见图8），存在"竞争关系"和"没有交集"的占比分别为20%和27%。由此可见，中国企业投资海外已逐步告别过去的单枪匹马和恶性竞争，"抱团取暖"逐渐成为主流。面对复杂的对外投资环境，我们预计更多的中国企业将采取集群方式"走出去",如通过龙头企业或行业协会牵头等方式实现优势互补、协同合作,增强运营能力和抗风险能力。

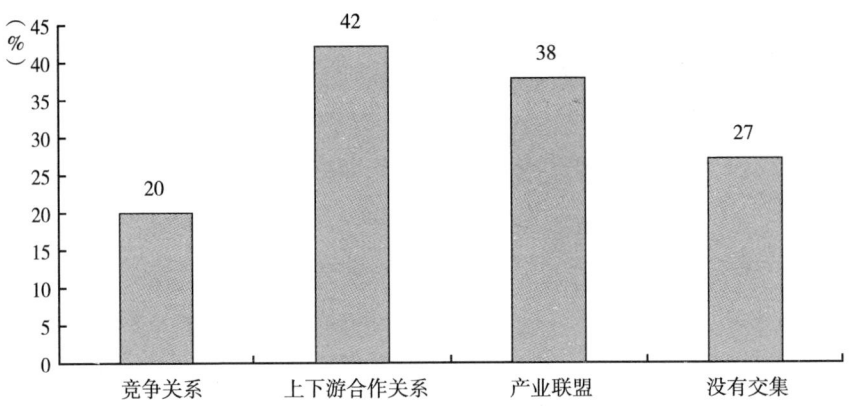

图8 受调查企业与投资目的国国内中国籍(含港澳台)企业之间的关系

(四)投资行业呈多元化,制造业、能源资源、基建仍占比较大

从投资行业看,36%的受调查企业投资于制造业(见图9),这从侧面反映出我国制造业企业发展到特定阶段需要向海外转移,进入发展中国家或发达国家,以应对国内成本上涨或拓展海外市场等;投资农、林、牧、渔业,采矿业以及交通运输和基础设施建设业的占比分别为27%、24%和20%,这与目的国的自然资源禀赋及市场机遇密切相关;投资电力、热力、燃气及给排水,建筑,批发和零售,软件和信息技术服务,金融业,房地产业,科研技术服务,水利环境和公共设施管理的企业占比均在10%以上,这反映出我国企业在对外投资领域愈发多元化,这与更多的民营企业"走出去"息息相关,它们通过国际化发展来配置全球资源和拓展市场。

(五)绿地投资与跨境并购并举,合资新建与部分并购表现抢眼

从投资方式看,64%的受调查企业采用绿地投资方式,其中24%的为

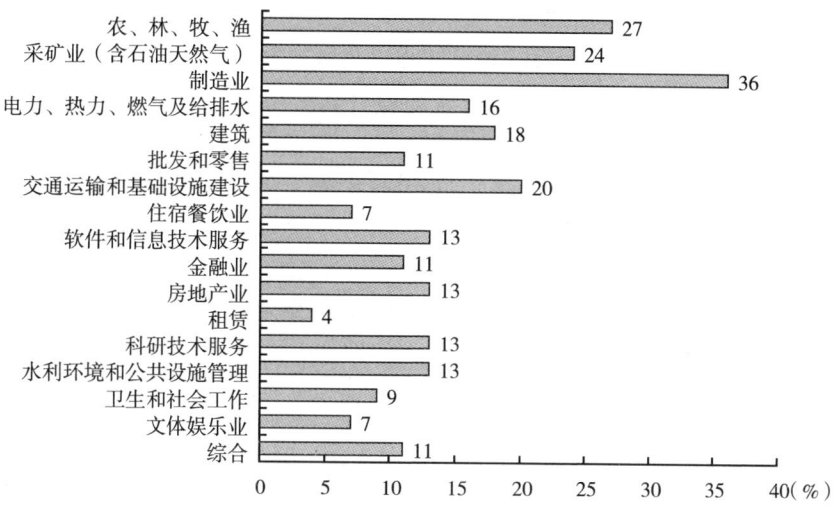

图9 受调查企业"走出去"投资的行业

全资新建,40%的为合资新建(见图10)。绿地投资能够为目的国当地带来资本存量,增加就业机会,带动经济增长。

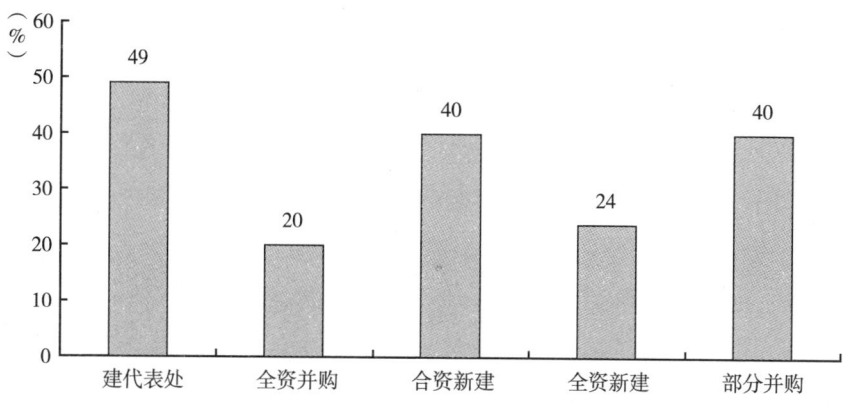

图10 受调查企业"走出去"的主要形式

60%的受调查企业采用并购投资方式,其中20%的为全资并购,40%的为部分并购。近年来,中国企业越来越多地通过并购方式开展对外投资,跨国并购已经成为中国企业对外投资的重要方式。结合2000年以来中国企业"走出去"的案例,可以发现越来越多的中国企业不再一味地追求控股权,而是选择更适合自身战略目标、资金实力以及风险承受能力的并购方式。

此外,还有49%的受调查企业选择在目的国新建代表处。

(六)融资来源主要依靠企业利润积累、资本市场融资、银行贷款与投资伙伴参股

从"走出去"的融资来源看,67%的受调查企业靠自身利润积累实施"走出去";40%和36%的企业分别通过资本市场融资和银行贷款来实现"走出去";31%的企业由投资伙伴参股提供资金;此外,企业获得政府拨款补助和采用民间非官方渠道融资的均占7%(见图11)。

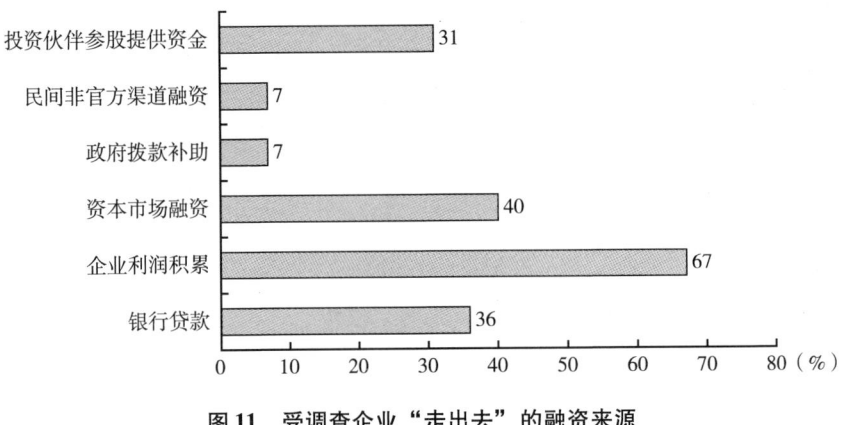

图11 受调查企业"走出去"的融资来源

由于大部分受调查企业为民营企业,可以看出民营企业的融资能力有所增强;越来越多的企业通过寻求合作伙伴、整合优势资源来获得投资;政府拨款和私募资金等正在发挥作用,但力度有待增强。

二 对外投资的影响因素

(一)提升品牌、拓展市场、扩展上下游产业链构成三大驱动力

在影响中国企业"走出去"的因素中,"提升企业品牌"(43%)、"规

避国际贸易壁垒"（42%）、"国内外政策支持"（42%）和"目的国招商引资优惠政策"（41%）是最重要的考量因素（见图12）。其中，"提升企业品牌"是越来越多的企业希望通过对外投资和跨国并购来实现的战略目标，是企业"走出去"的主要驱动力。优惠的招商、融资和税收等国内外政策支持对于企业"走出去"也有至关重要的影响。

同时，分别有37%和29%的受调查企业非常看重"寻求海外市场和扩展上下游产业链"，以及"扩大产品和服务在国际市场上的份额"，这是企业选择"走出去"的另外两个主要驱动力。

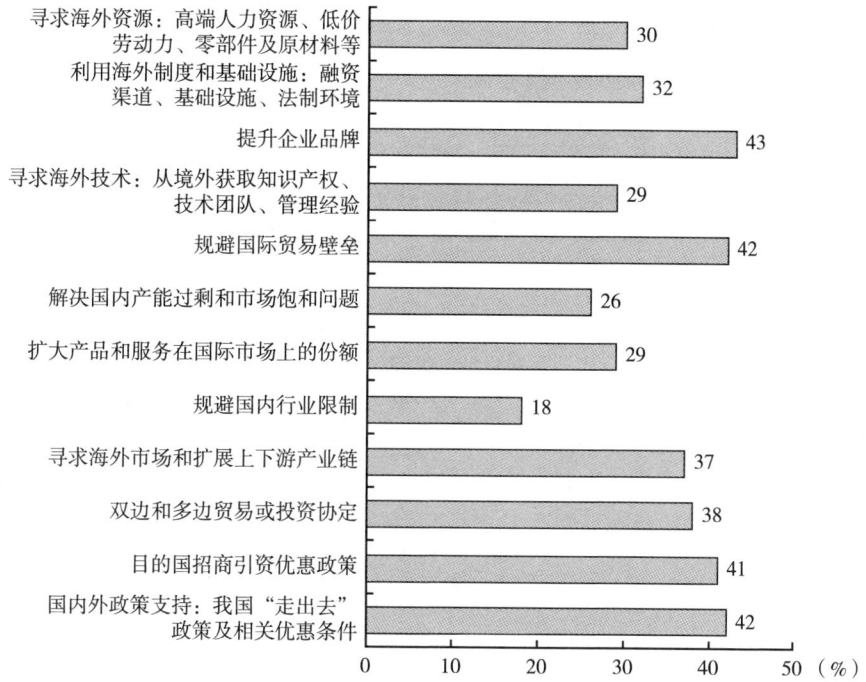

图12 影响受调查企业"走出去"因素的重要性

此外，寻求海外技术和海外资源也是受调查企业对外投资的重要动机。这里的"海外技术"包括从境外获取知识产权、技术团队和管理经验，"海外资源"包括高端人力资源、低价劳动力、零部件及原材料等。毫无疑问，优质技术和资源的整合,有助于提高企业的研发能力和管理能力,从而增强企业竞争力。

(二)投资意愿受到目的国的法律审批、税收政策影响最大

面对目的国投资法令与条款时,62%的受调查企业表示十分重视法律审批环节;其次是税收减免政策、资金流动自由度和当地产权保护意识,分别有53%、38%、36%的企业表示重视(见图13)。

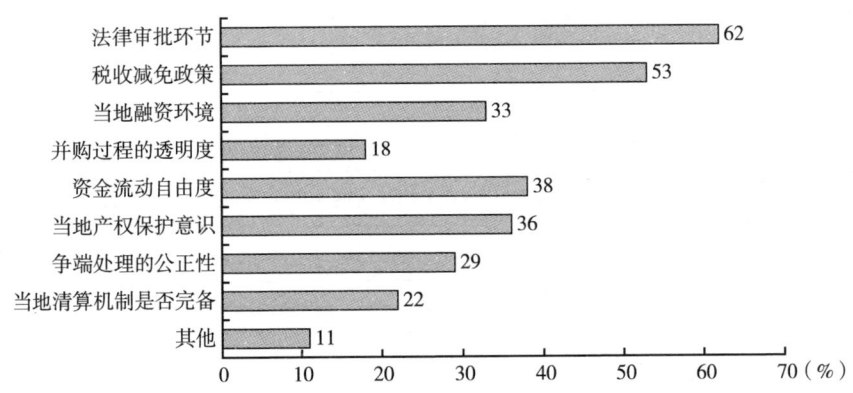

图13　受调查企业面对目的国投资法令与条款时的考虑因素

目的国的法律审批环节是企业"走出去"的一道门槛,部分中国企业"走出去"后因为不熟悉当地的法律法规而遭到阻碍,造成不必要的损失;税收减免政策与中国企业拓展海外市场和盈利能力密切相关,如果目的国能够给予企业税收减免方面的优惠政策,将大大提高企业投资的意愿;资金流动自由度和当地产权保护意识也是受调查企业十分重视的问题,前者事关企业能否汇出经营利润等,后者事关企业在当地的经营环境。

(三)国际人才缺乏、文化差异大、政策不熟悉构成最大的制约因素

56%的受调查企业认为"缺乏国际经营人才"是限制其海外经营和发

展的最主要因素；各有44%的企业认为"文化差异大"和"对目的国经贸、劳保、税收等政策不熟悉"是限制性因素；认为"创新能力不足"和"融资难"构成限制的占比最小，分别为13%和11%（见图14）。

CCG研究发现，企业在全球化进程中遭遇的对目的国政治经济形势缺乏了解、文化差异大、企业管理水平低下等，加大了对外投资的风险和不确定性，彰显出企业跨国投资经验的不足。解决这些问题，归根结底要靠专业的国际化团队。然而目前我国国际人才的培养步伐落后于资本对外投资的步伐，人才问题成为中国企业"走出去"过程中的关键瓶颈。

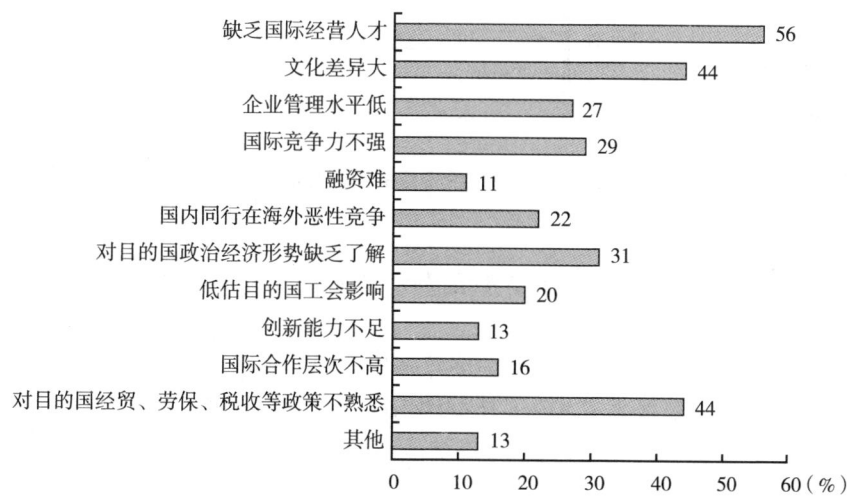

图14 限制受调查企业国际经营和发展的因素

三 对外投资遇到的问题

（一）运营成本高、政策不一致、劳动力水平低、工会势力大、基础建设不足较为突出

调查发现，42%的企业认为在投资目的国当地运营成本过高，27%的企业认为"当地政府政策不一致"对其造成了困扰，此外"当地工会势力庞

大"、"当地劳动力水平不佳"和"当地基础设施不足"也是企业在当地运营中面临的突出问题（见图15）。

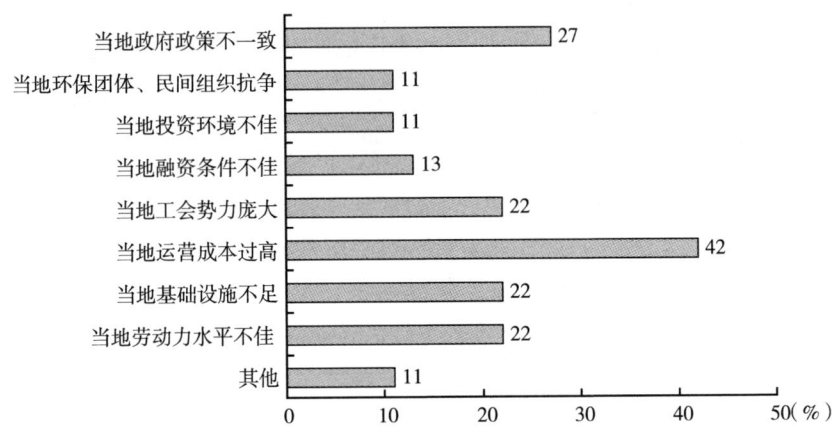

图15 受调查企业在投资目的国面临的主要问题

（二）人力成本、税务负担和融资成本推高企业运营成本

62%的企业认为人力成本是造成运营成本高的主要原因，其次是税务负担（47%）和融资成本（40%）（见图16）。这与前面受调查企业认为当地税收减免政策和国际经营人才是重要影响因素的结论一致。

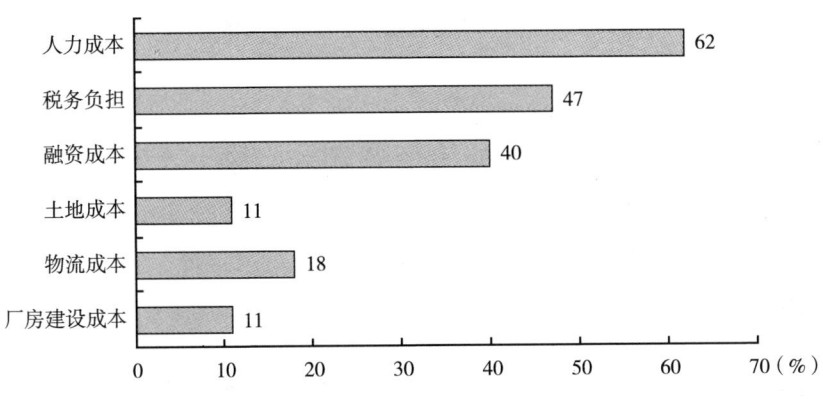

图16 受调查企业认为影响运营成本过高的原因

(三)国家政策支持的宣传和覆盖面有待扩大

在企业"走出去"过程中获得我国政策支持方面,累计约六成的企业表示获得过"低息或无息贷款"(22%)、"优先获得外汇"(20%),以及"对固定成本或营业成本的补贴"(20%)等一项或多项政策支持(见图17)。

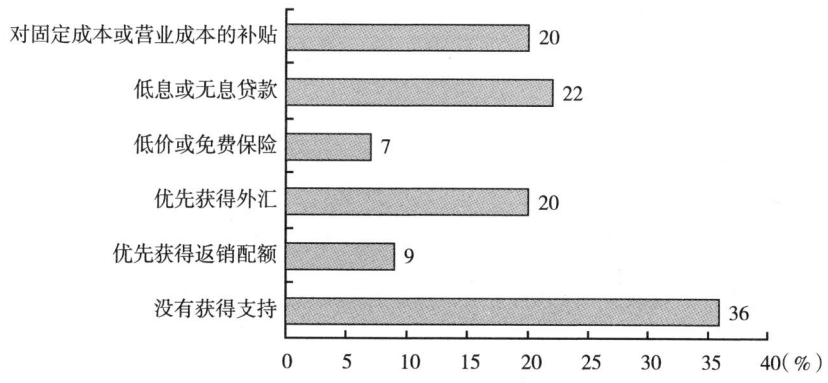

图17 受调查企业获得过中国的哪些政策支持

除此之外,"优先获得返销配额"(9%)和"低价或免费保险"(7%)也是我国政策支持的方式。然而,有近四成受调查企业表示没有获得国家政策的支持。

(四)中国企业认为对外投资政治性风险高,宏观经济风险相对最低

总体来看,受调查企业认为在治理完善的国家投资所面临的各种风险都比在治理薄弱的国家要小。如图18所示,高达71%的企业认为在治理薄弱的国家"合同方不守约"和"政府腐败"的风险度高,相比之下,仅有23%和15%的受调查企业认为这两种风险在治理完善的国家存在程度高。此外,受调查企业认为在治理薄弱的国家,政策变动(65%)、政

治动乱与战争（59%）以及被当地政府资产国有化（58%）的风险较高，相对而言，仅有约两成受调查企业认为这三种风险在治理完善的国家比较高。

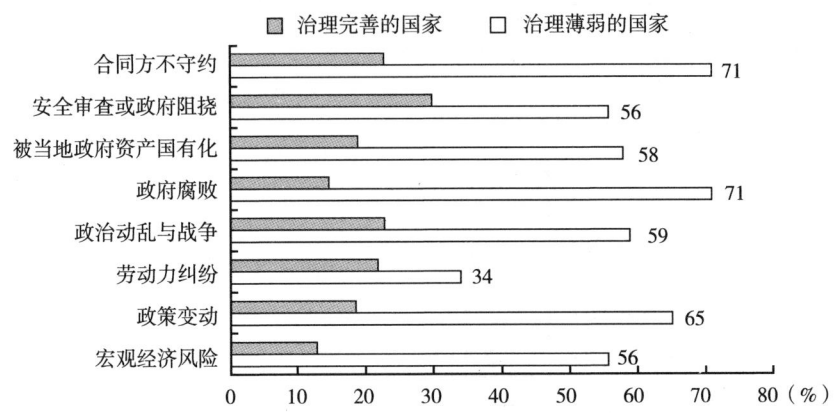

图18　各类投资风险程度：治理完善的国家与治理薄弱的国家之比较

值得注意的是，受调查企业认为在治理薄弱的国家遭受安全审查或政府阻挠（56%）的风险较低，而在治理完善的国家，受调查企业认为其所面临的最大风险就是安全审查或政府阻挠（30%）。

受调查企业认为，在治理完善的国家，宏观经济风险相对较低（13%）；在治理薄弱的国家，宏观经济风险相对较高（56%）。宏观经济风险对企业的对外投资影响显著。例如，据联合国贸易和发展会议公布的数据，2008年全球外国直接投资（FDI）相比2007年由1.83万亿美元减到1.45万亿美元，下降了约21%。其中2008年发达国家获得的FDI为8401亿美元，比2007年减少32.7%；发展中国家所获的FDI为5177亿美元，较2007年的涨幅降低。这便是在宏观上受到金融危机的影响所致。

（五）对外投资风险应对能力有待加强

面对海外投资风险，67%的受调查企业选择"加强与中国使馆、驻外商业机构、华人组织等联系"。此外,"与目的国当地企业合资合作"(51%)、"尽量多雇用当地人"(47%)、"购买海外投资保险"(42%)和"寻求目的国当地法律保护"(42%)是近半数企业采取的应对风险之策。

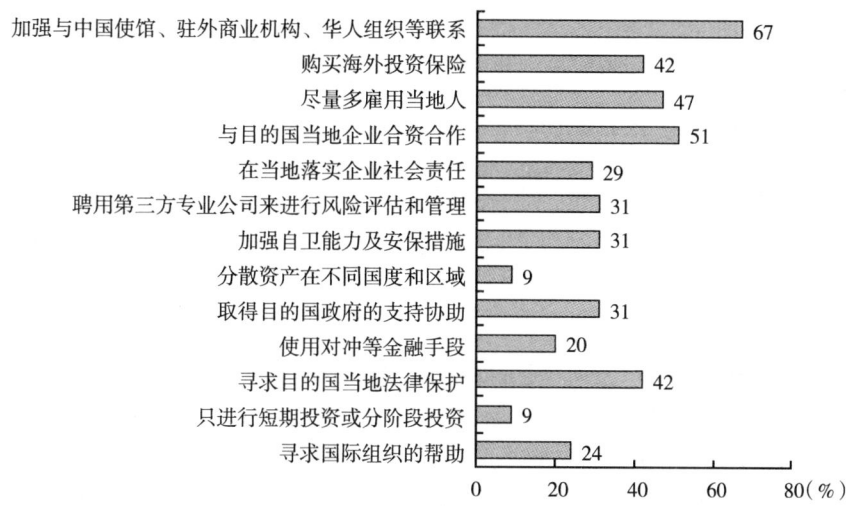

图19 受调查企业应对风险的措施

有近三成企业选择"聘用第三方专业公司来进行风险评估和管理"(31%)、"取得目的国政府的支持协助"(31%)和"加强自卫能力及安保措施"(31%)、"在当地落实企业社会责任"(29%)。此外,"寻求国际组织的帮助"(24%)和"使用对冲等金融手段"(20%)也是部分企业应对风险的选择之一。企业"走出去"一方面需要提前做好详尽的经济、法律、政治和环境等方面的风险评估,同时也要注意提高企业自身在法律、财务和行业等方面的风险应对能力。

(六)海外社会责任履行需要进一步提升

在企业海外社会责任的管理和实施方面,27%的受调查企业表示"企业在海外发展战略中有社会责任的描述",38%的表示"与各相关方建立了有效的沟通机制",分别有31%的企业表示"有专门负责海外社会责任的部门及主管"以及"已编写发布社会责任报告（或可持续发展报告）"（31%），24%的企业表示"已制定海外社会责任目标和管理方案"（见图20）。

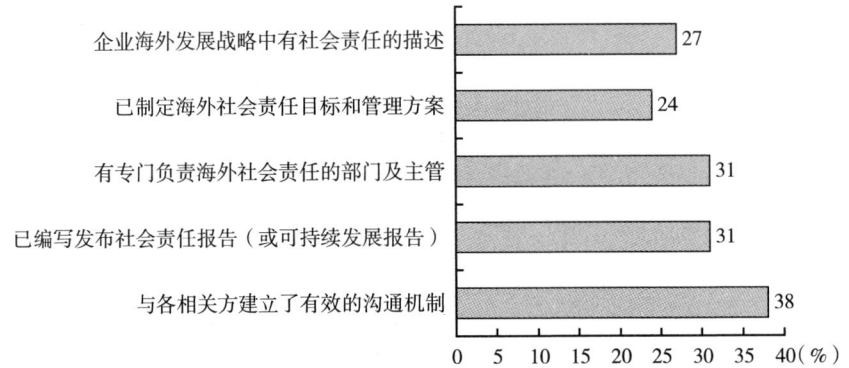

图20 受调查企业海外社会责任的管理和实施情况

上述比例总体偏低，反映出受调查企业在履行社会责任方面还有大幅提升的空间。建议企业加大履行社会责任的自主性，这也是应对海外投资风险的重要举措之一。

受调查企业对社会责任重要性的看法在不同地区有所偏差。受调查企业认为社会责任在欧盟（61%）、北美（53%）和"一带一路"沿线国家（47%）的重要程度高，虽然也有25%左右的企业认为社会责任在非洲撒哈拉以南、拉丁美洲及加勒比海地区以及其他欧洲国家也很重要，但相较之下重要程度明显偏低（见图21）。

一方面，这与目的国市场准入标准的高要求相关；另一方面，也可能与受调查企业对于在拉丁美洲和非洲的投资态度有关——部分企业抱着援助的高姿态去投资，再加上拉美和非洲处于发展中，当地对进入的企业尚没有较高的社会责任方面的要求和监管能力，因此企业认为社会责任在这些地区的重要程度没有在北美和欧盟等地区高。

（七）智库应加大服务企业"走出去"的力度

在获得对外投资信息的渠道方面，60%的受调查企业通过"行业协会、

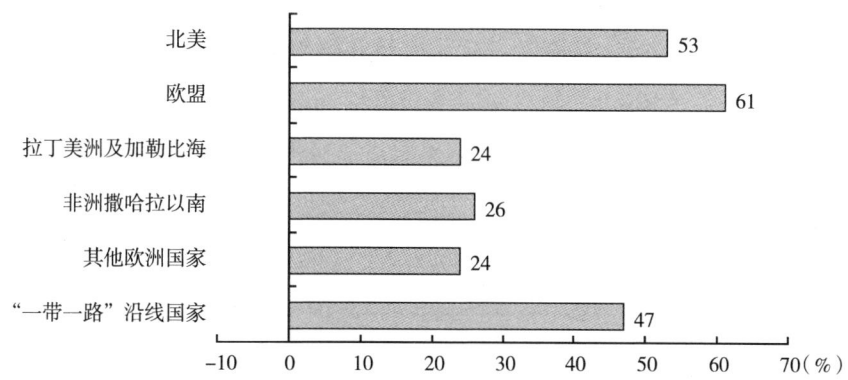

图 21　受调查企业认为社会责任的重要性在不同地区的分布

商会、同行企业"渠道,其他来源依次是"相关国家部门,如商务部"(33%)、"已经走出去的,在当地的中国企业"(29%)、"国家颁布的投资指南或其他指导性文件"(27%)、"中国驻外领事馆或其他驻外机构"(24%)、智库平台(24%)。

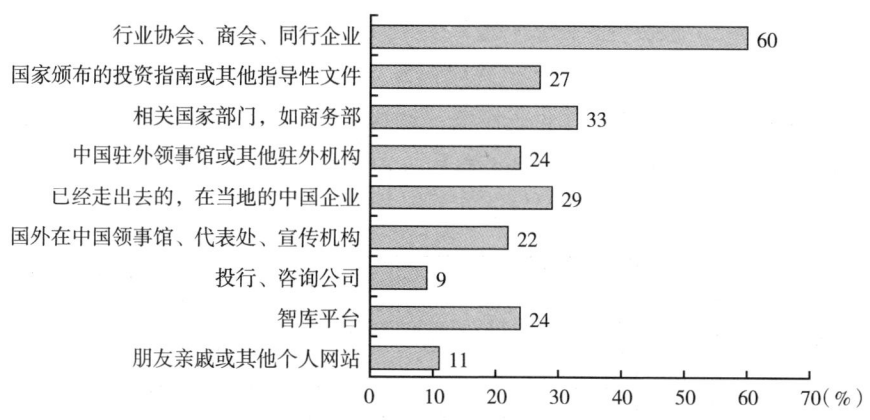

图 22　受调查企业获得对外投资信息的渠道

从图 22 可见,行业渠道和官方渠道是企业获得信息的最主要来源。值得注意的是,通过智库平台获取信息的企业占比达 24%,彰显出智库在为企业提供信息方面的重要作用。

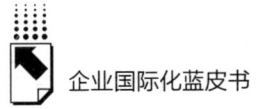

在"走出去"需要的服务类型方面，56%的受调查企业表示最需要"国际市场信息服务"，其次是"优质客户介绍服务"（40%）和"目的国行业信息服务"（40%），再次是"客户资信调查服务"（24%）、"目的国法律法规服务"（20%）和"人才猎头服务"（20%）（见图23）。

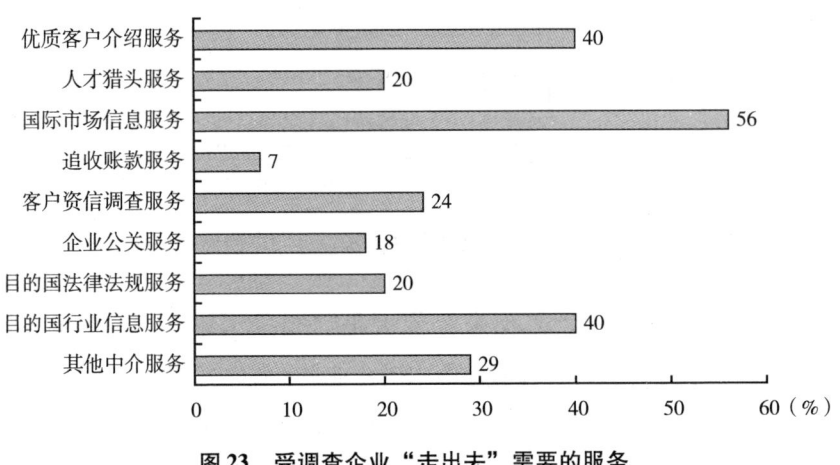

图23 受调查企业"走出去"需要的服务

由上可见，企业所需要的服务可分为三个层面：一是宏观上的国际市场信息；二是目的国的行业信息和客户信息，准确把握后企业可做出"走出去"的战略决策并锁定具体投资国家（地区）；三是需要律师事务所、咨询机构和人才中介来协助推进具体的投资进程。

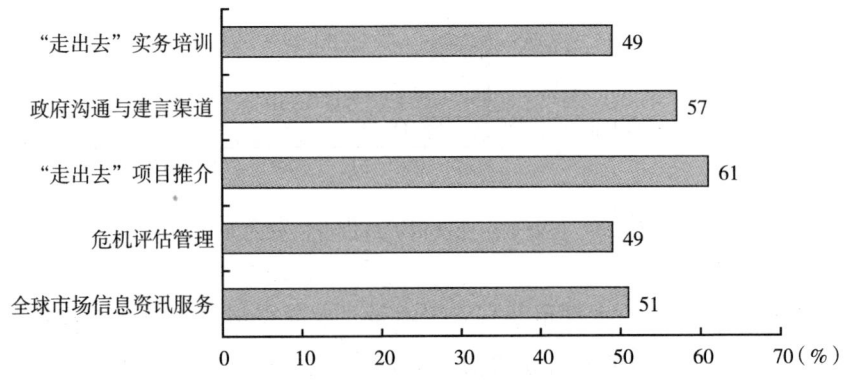

图24 受调查企业认为各项智库服务的重要程度

在智库提供的具体服务方面，61%的受调查企业最希望智库可以提供"走出去"项目推介服务。受调查企业认为智库提供与政府沟通和建言渠道服务也很重要（57%）。同时有约半数的企业认为全球市场信息资讯服务、危机评估管理和"走出去"实务培训也是智库可发挥的重要作用。可见，受调查企业对智库在企业"走出去"的过程中能够发挥的作用充满需求和期待。

四 "一带一路"倡议对中国企业"走出去"的影响

（一）"一带一路"投资环境有待改善

对"一带一路"沿线国家（地区）投资环境进行评价时，40%的受调查企业认为"天然资源丰富"是较大优势，"资产价格便宜"仅受到少数企业的关注（13%）（见图25）。

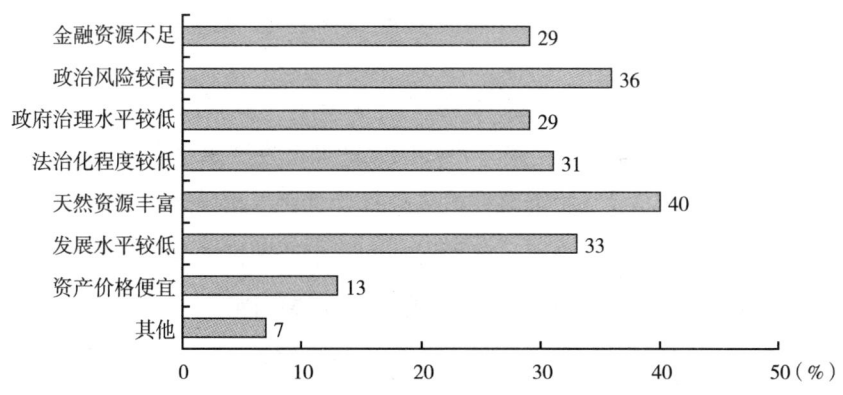

图25 受调查企业对"一带一路"沿线国家投资环境的评价

然而，"政治风险较高"（36%）、"发展水平较低"（33%）、"法治化程度较低"（31%）、"金融资源不足"（29%）、"政府治理水平较低"（29%）也是企业关注的因素，反映出企业对"一带一路"的机遇和风险已有考量，这将有助于企业做出更加审慎的投资决策。

(二)"一带一路"经营模式需适应沿线国家的有效需求

在"一带一路"对外投资的多种经营模式中,58%的受调查企业选择在海外建立国际合资企业,有50%的企业看重海外并购。这一方面与中国企业对这样的投资模式轻车熟路相关,另一方面,"一带一路"沿线国家投资环境差异大,建立国际合资企业有助于分化风险。

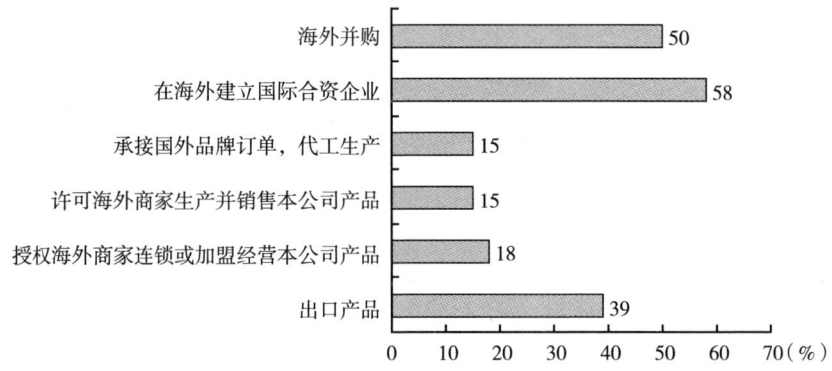

图26 受调查企业认为经营模式在"一带一路"的重要程度

另外,出口产品也是中国企业与"一带一路"沿线国家合作的主要方式(39%)。大部分"一带一路"沿线国家的经济发展水平有限,蕴藏的市场体量大,出口产品成为扩展海外市场的重要方式。相比之下,授权海外商家连锁或加盟经营本公司产品、许可海外商家生产销售本公司产品和承接国外品牌订单、代工生产这样的经营模式也适合部分国家,但企业在"一带一路"倡议的初级实施阶段还相对较少看重这种模式。

"一带一路"带来了新的发展机遇。企业要想从中扩大海外市场和提高竞争力,需要充分调查目的国的投资环境,避免表面上市场广阔而实际有效需求不足的盲目投资,根据沿线国家经济、政治和社会文化等显著差异,提升企业的国际化经营和管理水平。

(三)企业对"一带一路"持乐观展望,未来投资力度有望加大

在"一带一路"投资目的国经济展望方面,73%的受调查企业表示看

好，其中44%的企业看好并计划扩大投资，29%的企业虽看好但尚未有扩大投资计划。尚有24%的企业在评估当中，3%的企业表示"不清楚"（见图27）。由此可见，绝大部分企业都十分关注在"一带一路"的投资潜力。

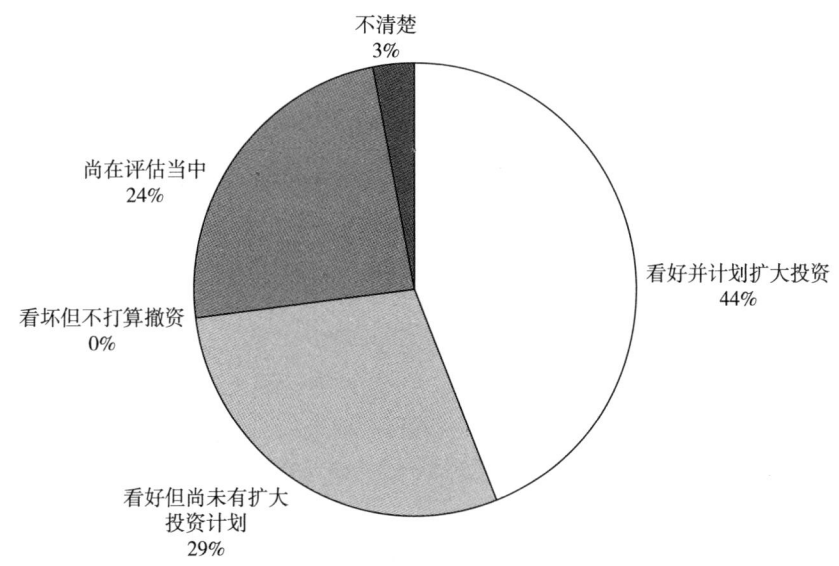

图27 受调查企业对目的国的经济展望

在对"一带一路"沿线国家（地区）的投资意愿方面，33%的受调查企业在该战略倡议提出之前已经有投资；5%的企业表示在该战略倡议提出之后，增加了对"一带一路"沿线国家的投资。13%的企业表示"已有投资计划，但尚未实施"；42%的企业表示"有投资意愿，但尚没有详细计划"；还有7%的企业目前没有投资意愿。由此可见，高达93%的企业关注"一带一路"，其中38%的企业已在"一带一路"投资。但是只有5%的企业在国家战略倡议提出以后落实了投资，表明企业主体对投资"一带一路"还是十分审慎的，这与前面企业对"一带一路"投资环境评价的发现一致，也与本次调查中民营企业占比较高有一定关系。

目前，"一带一路"正在加快建设，丝路基金、亚洲基础设施投资银行

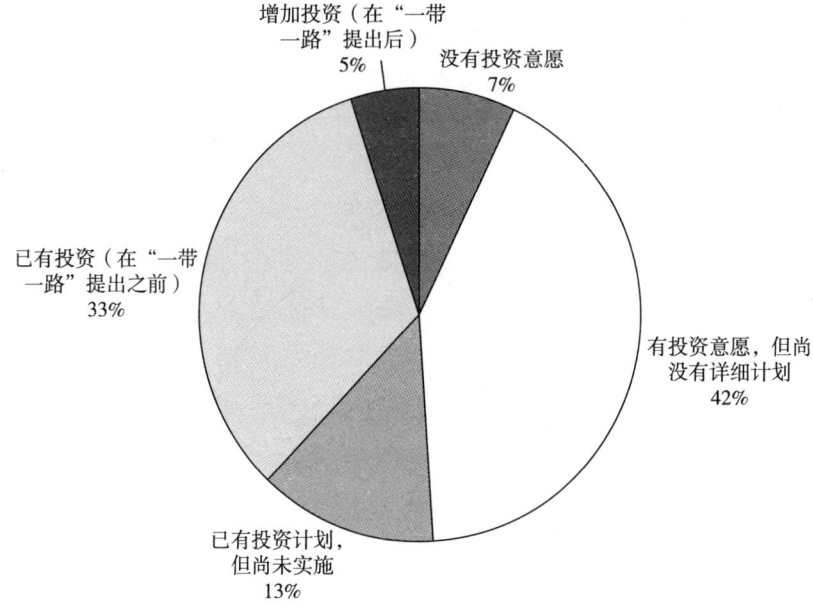

图28 受调查企业对"一带一路"的投资意愿

等融资平台也投入运行,地方产业基金、商业银行也支持企业赴"一带一路"投资。结合国内企业转型升级和产能合作的现实需求,预计未来将会有更多企业走到"一带一路"上。

五 总结

调查发现,在国家继续推进"走出去"战略和"一带一路"战略倡议推进建设的大背景下,企业对外投资增长速度较快,不但出现了越来越多的大额投资,还有更多的民营企业开展对外中小规模投资。调查发现总结如下。

一、中国企业对外投资区域和行业存在"惯性",民营企业促使对外投资领域多元化

中国企业投资仍主要集中在欧美和东南亚地区。企业在"一带一路"战略倡议提出之后投资谨慎,但多数表示看好当地的经济发展,有意愿或计

划增加投资。制造业仍是企业对外投资的主要行业，民营企业"走出去"促使对外投资行业多元发展，在全球产业链中力争上游。

二、合作伙伴助力中国企业融资，政府拨款和私募资金力度有待提升

中国企业"走出去"主要采用绿地投资、跨国并购和新建代表处的投资模式。对外投资资金来源主要为企业利润积累，民营企业的融资能力比以往得到加强，融资渠道逐步多元化，但有待进一步发展。

三、中国企业扩展海外市场看重消费者认可自己的品牌，国际经营人才成发展"瓶颈"

中国企业"走出去"的重要驱动力之一是提升品牌，其中最大的成本是运营成本，而运营中最大的成本是人力支出。与此同时，企业"走出去"过程中遇到的问题，表面上看是文化差异和不熟悉目的国的经贸税收政策，但其实是缺乏拥有跨国合作经验和能力的国际化经营人才。人才的培养和管理将是企业国际化管理体系的重中之重。

四、中国企业对外投资风险评价不足，与目的国的利益互惠和紧密融合有助于防范风险

中国企业对外投资在经济、政治和社会发展水平不同的国家所面临的各种风险的程度不同，而目前企业对投资环境和风险的分析还有待加强。注重法律审批程序、观测宏观经济发展、加强与目的国的合资合作和友好互利关系、引入第三方的尽职调查是企业防范和应对风险的重要措施。

五、中国企业对外投资信息不对称，希望智库提供"走出去"服务

中国企业主要通过行业协会、商会、同行企业来获得对外投资信息，对外投资的信息渠道不足，缺乏对目的国投资环境全面可靠的分析。智库能够为企业的全球化发展发挥自身优势，如提供"走出去"项目推荐、全球市场信息咨询服务、危机评估管理、政府沟通和建言以及"走出去"实务培训等。

六、中国企业的海外社会责任态度在不同地区有所差异，践行社会责任应是企业发展战略的重要组成部分

不少企业表示，落实在目的国的企业社会责任，如增加就业机会和保护

环境等提高公共服务的措施,有利于加强与当地的沟通和融合,减少摩擦的产生。目前,部分企业积极落实企业海外社会责任,有的也建立了相关协调沟通机制,纳入企业战略发展的目标中,但中国企业在企业社会责任的实践中差异较大,对不同地区的实施态度也有偏差。

B.5
中国企业"走出去"的机遇、挑战、风险与策略调查

CCG企业全球化研究课题组

摘　要： 现阶段，我国企业"走出去"势头强劲，规模与方式也呈现多元化发展的趋势。那么，在"一带一路"推进建设的背景下，我国企业"走出去"有哪些机遇？企业跨国并购之后的文化差异应如何应对？中国新旧热点投资地——美国、欧洲、非洲和印度等地区又存在哪些市场机遇与风险？企业海外投资的主要融资渠道和方式有哪些，又存在哪些问题，应该如何改进？中国与全球化智库（CCG）在2015年第二届"中国企业全球化论坛"上进行了调查，收集各界专家、学者和企业家的观点整理汇编，以供参考借鉴。

关键词： "走出去"　"一带一路"　文化整合　企业融资

2015年11月21~23日，由中国与全球化智库（CCG）主办的第二届"中国企业全球化论坛"在海南三亚举行，来自国内外企业界、学术界以及政府部门的300余位代表出席论坛，围绕着"中国企业全球化：新的历史新的舞台"这一主题，举行了六场全体大会和十场平行论坛。

本次参会者以实体企业、投资机构与服务中介机构为主，参会企业中民营企业、国有企业和混合所有制企业分别占比67%、22%和11%。其中，有66%的企业已"走出去"，主要方式是建立海外代表处、并购以及绿地投资（见图1、图2、图3）。

本届论坛是国内聚焦"中国企业全球化"主题下专业性强、参与度广、规格高的国际化论坛，与会嘉宾以多维度视角分享中国企业"走出去"的海外投资经验并探索可行性路径。

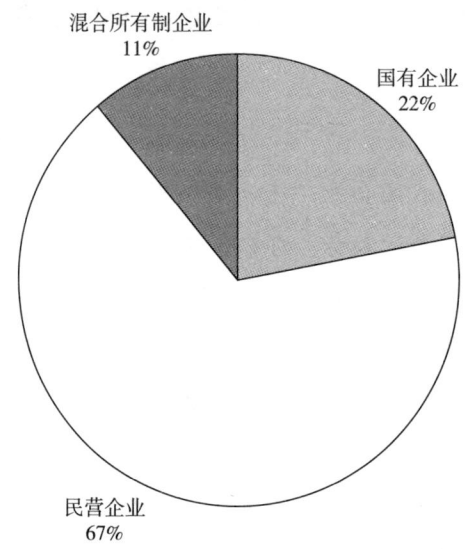

图1　2015年"中国企业全球化论坛"与会企业所有制结构

资料来源：中国与全球化智库（CCG）。

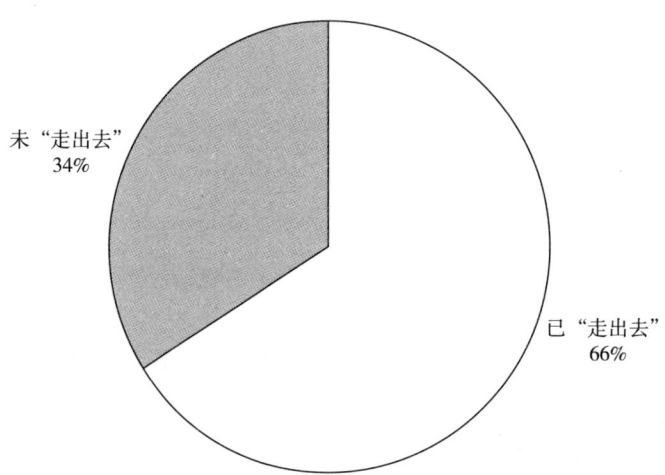

图2　2015年"中国企业全球化论坛"与会企业"走出去"情况

资料来源：中国与全球化智库（CCG）。

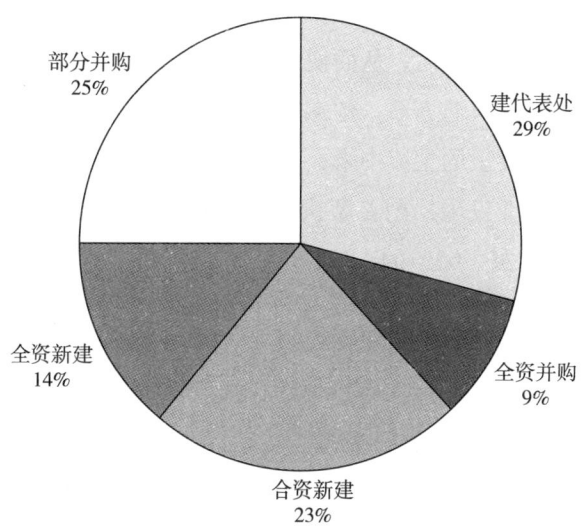

图3 2015年"中国企业全球化论坛"与会企业"走出去"的主要形式

资料来源:中国与全球化智库(CCG)。

一 "一带一路"的新机遇

从地理上看,"一带一路"贯通中国、中亚、东南亚、南亚至欧洲部分区域,东牵亚太经济圈,西系欧洲经济圈,涵盖中蒙俄、新亚欧大陆桥、中国—中亚—西亚、中国—中南半岛、中巴、孟中印缅六大经济走廊,可谓是世界上跨度最长的经济走廊。那么,如何正确理解"一带一路"战略倡议的内涵和重要意义?如何将"一带一路"战略倡议落到实处?"一带一路"又将给中国企业"走出去"带来哪些新的机遇?

(一)"一带一路"新机遇

原国家外经贸部副部长、博鳌亚洲论坛原秘书长、中国与全球化智库(CCG)主席龙永图:"一带一路"主要是统筹国内的发展和国际上的开放这两个方面的大的战略,它的核心是实现公平、普惠和开放的发展。国内机遇方面，云南、广西、福建一带通过21世纪海上丝绸之路战略，带动欠发达的、欠发展的中西部地区，从而使比较封闭的西部地区发展成为中国对外开放新的前沿。国际机遇方面，丝绸之路经济带也能够带动沿线的60多个国家回到全球经济发展的主流中来，从而使几十亿人摆脱贫困。

新加坡国际企业发展局副首席执行官Yew Sung Pei：“一带一路”覆盖三个大洲、65个国家、60%的人口，占世界经济总量的1/3。因此"一带一路"的关键是互联互通，在配合区域性自贸体系发展的同时，扩大其他国家的参与度，从而提升"一带一路"经济体，实现21世纪的互联互通，最终建立亚洲同盟体。

五矿集团总裁助理周巍：“一带一路”沿线国拥有巨大的金属资源潜力。特别是印度尼西亚的铜、镍矿，中亚五国的锰、镍矿，蒙古国的镍矿。同时，"一带一路"带动了大规模的基础设施及交通设施建设，因此基础建设的大宗商品需求量大。

孟加拉国政府与政策研究院院长Syed Munir Khasru：“一带一路”是惠民工程，能够拉动中国内需，同时带动沿线国家发展，促进就业；同时，"一带一路"是实现亚洲跟欧洲相连的重要桥梁，连接中国和沿路国家以及世界其他国家；此外，"一带一路"能够克服国家之间的贸易壁垒、货币交换以及资金流动方面的跨境交易困难，促进供应链整合。但与此同时也要应对反恐和其他政治因素方面的挑战。

中巴经济走廊委员会联席主席、中国亚非发展协会副会长闫立金：“一带一路”为沿线及相关国家提供了一个共同发展的平台。通过覆盖环印度洋贸易圈国家，"一带一路"将会成为环印度洋文明崛起的巨大推动力，并将为世界经济的发展提供强大动力。

巴基斯坦驻华商务参赞Erfa Iqbal：作为“一带一路”南部的延展线，中巴走廊可以与“一带一路”一起协同把中国与世界连接起来。

（二）"一带一路"发展建议

原国家外经贸部副部长、博鳌亚洲论坛原秘书长、中国与全球化智库

(CCG)主席龙永图：要建立多元化"一带一路"平台，促进不同领域之间的交流和合作；此外，重视"一带一路"沿线建设项目的项目安全和人身安全问题，要在基础设施建设等方面，鼓励沿线主权国家提供安全保障机制。

中国与全球化智库（CCG）主任、商务部中国国际经济合作学会副会长王辉耀：可以将国与国之间"一带一路"的成功案例作为经验，复制、推广、拓展到其他国家互利合作，比如样板国巴基斯坦的中巴经济走廊战略；开展国家间的旅游合作，从而创造当地的就业机会，使其成为连接公民和国家之间友情的纽带；培养"一带一路"的人才也是至关重要的环节——通过引进沿线国家人才到中国学习交流，拓展"一带一路"国家的中国校友，间接推动国家间经济合作；通过成立国际合作机构，探讨"一带一路"国家遇到的问题，建立"一带一路"国家间联盟。

二 企业"走出去"文化整合

随着更多中国企业"走出去"，国别差异带来的文化碰撞和冲突也成为企业需要解决的主要问题之一。那么如何进行企业间文化整合，如何创造成功的共赢关系？如何应对跨国并购之后的文化差异？"走出去"企业应如何选用人才，应雇用更多的本地人才还是外派人才？

（一）合作、理解与包容

中国美国商会主席 Mark Duval：应该通过相互的文化理解建立正确的合作伙伴关系。对于企业内部不同的跨文化组织架构，要引导员工相互理解，学习如何应对相应的差别，如何进行不同架构之间的合并与优化，最后通过文化整合计划的实施，实现公司文化、目标的一致性。

法政集团董事长王广发：中国企业"走出去"要学会包容文化差异。企业内部应积极通过对话沟通，达成谅解；同时，要加强领导高层政治经济的一体化交流，最终消除中国企业与东道国社会之间的误解。文化沟通、文化差异的包容是实现利益共同体、产业"走出去、引进来"共同发展的大战略、大格局,这一点是不能忽视、不可置疑的。

中英商业委员会首席执行官 Stephen Phillips:文化在企业对外投资的过程中全方位多角度地发挥着重要的作用。因此企业需要学习当地的文化风俗习惯、劳工法律,最大限度地减小差异化问题。熟悉当地的投资环境,向当地中介机构寻求支援。

(二)国别人才雇用

联想集团高级副总裁乔健:企业全球化要注重文化建设和领导力建设,要在全球寻找最适合的人。企业的目标是把最好的人才招到,把最好的文化共同整合起来,因此在进行整合、并购的时候,领导力、整合和文化非常重要。企业要在全球寻找最适合特定岗位的人,但是每一个国家、每一种文化都是不一样的,因此可以通过文化间互相学习,最终找到共同的最优解决方案。在这期间,企业要学习的不只是一种语言,更是一种文化方式,是一种包容。同时,中国企业的领导人要从自身做起提升全球领导力。

中国美国商会主席 Mark Duval:首先要注重"走出去"企业员工本土化,企业在当地市场运营公司的时候,应较多地雇用本土员工。其次,要根据目标雇用人才。企业在雇用之前要明确岗位设置的作用和目的,从而根据需要寻找人才,不论是中国人、韩国人还是美国人,不应该限制其国籍,因为企业人才雇用取决于要实现的目标,这样才能实现理想的管理和结果。

法政集团董事长王广发:企业用人标准要国际化。企业的用人标准要与所涉足的国际产业标准发展一致,这是一个关键的问题。同时企业要明确公司秩序与个人自由的关系,学会尊重人的关系,尊重人性的关系,做到对文化差异的尊重和对雇员的尊重。

(三)建立文化共识

法政集团董事长王广发:"国际化"的企业应该从文化上、知识结构上、标准专业上、思维意识上有一个全球化的标准。企业"走出去、引进来"的首要任务是调查充分，研究彻底。要明确企业自身的元素具不具有"走出去"的国际标准、全球化的标准、依法合规的标准、属地接地气的标准、政策法律市场产业转型的标准。企业"走出去"的创新和创造适应首先是进行属地发展，然后再面向全球。因此要从文化上、知识结构上、标准专业上、思维意识上，有胸怀大战略、大格局的思维意识和国际化考量指标。"走出去"企业要关注利益共同体以及共同体的合作风险和不安全因素。利益共同体是国际贸易达成的基石，无论是企业到国外投资、"引进来"、双方合作还是多方合作，不同的国家、社会、市场之间，已经打破国界，相互结成利益共同体了。那么由此而来的合作风险、意志以外的不安全因素，会对整个产业链发展、投资带来很大的困难。

三 中国企业在美国、欧洲、非洲和印度的投资机会

随着我国"走出去"战略的发展，中国企业全球化发展的数量和规模也不断扩大，对外投资的方式、方法也呈现多样性。与此同时，作为中国对外投资的重点目的地，美国、欧洲、非洲和印度地区又存在哪些投资风险与机遇？"一带一路"战略的实施又会给新旧热点投资目的地带来哪些潜在市场？

（一）美国

中兴通信股份有限公司高级副总裁陈健洲：从技术、市场、人才来看，美国市场非常重要。第一，在研发领域，美国是创新的源头。因此，在技术上，中国企业只有持续跟进，未来才有可能赶上甚至超越美国。第二，随着中美相互间沟通、信任度的增加以及技术的透明化、安全标准的完善，美国的电子消费市场以及 ICT 行业仍然是目前全球最有潜力的市场。第三，企业要学会与美国留学生人才以及美国本土的技术人才持续地开展合作。

企业应考虑到美国民众的诉求，把好的技术和服务提供给美国民众。同时要扩大企业的本土化经营，聘用美国当地的团队，更好地理解美国市场的

需求。从中美经济结构来看，双方很多方面是互补的，不是重叠的概念，因此双方可以从确立"正面清单"开始。随着正面清单越来越多，双方理解越来越深入的时候，再确定一二三种负面清单。同时，政府间合作应更加务实，从实际的角度来探索一条新的合作道路。中美双方未来面临的不是两国之间的危险，而应立足于打造更为安全的网络空间，进行反对恐怖主义的全球合作。

外联出国顾问集团董事长何梅：投资美国有很大的发展空间。来自权威媒体福布斯的预测，到2020年中国在美国的投资会达到两万亿美元。从目前来看，美国很多行业都受到中国投资人的青睐，比如清洁能源、建材和一些能源、建筑行业。在投资过程中，中国企业要不断地跟专业机构合作，与当地的专业机构加强交流，这样可以减少风险。

（二）欧洲

商务部欧洲司原司长孙永福：从投资的角度来看，欧洲是中国的第四大投资引进国，2014年中国对欧洲的投资已超过欧洲对中国的投资。改革开放初期，中欧之间的投资协定基本上以保护外资在中国的发展为主，但随着改革开放的推进以及"走出去"战略的实施，投资保护协定开始双向发展，既注重对外资的保护，也开始注重对中国对外投资的保护；同时投资保护协定的领域覆盖面更广，所以双方应加快投资协定谈判的步伐。

中英商业委员会首席执行官Stephen Phillips：英国本身是全球最开放的经济体之一，对其投资有巨大潜力。近五年，中国投资人在英国投资的年增长率是85%。伦敦将会成为最大的人民币中心，吸引中国企业更多地进行基础设施项目的合作、并购。

德国法兰克福莱美两河地区国际投资促进会（中国）主任Harald Fuchs：德国将成为中国投资者的主战场，尤其是电子、汽车、仪器仪表以及医药方面都具有广阔的投资潜力。同时，中小企业在德国也占有一席之地。德国成熟的研发中心还可以为中国投资者提供技术服务与支持。

比利时驻华大使 Michel Malherbe：比利时的位置具有战略优势。比利时是欧盟建立成员国之一，南部连接荷兰南部、法国北部，因此将会是一个可以进入亦可离开欧洲的跳板，同时具有世界上最大的港口，发挥着把中国和欧洲市场联系起来的桥梁作用。同时，比利时将与其他欧洲国家共同应对安全威胁，特别是中东地区和伊斯兰地区的危机，比利时会在更大更广的领域与欧洲其他国家展开积极互动。

（三）非洲

安永华明会计师事务所高级顾问葛明：中国与非洲各国历史文化源远流长，双方友好关系稳定发展。中国企业"走出去"到非洲投资，不论在传统行业还是新兴节能环保、电子商务等领域，都有诸多机会。同时，非洲各国政府一直致力于改善外商投资条件和环境，提供更为广泛的投资窗口。

南非驻华大使 Dolana Msimang：非洲作为全球最不发达的地区，其基础设施、科技亟待发展。非洲国家总体上宏观经济政策稳定，但同时也有强烈的改变和发展意愿，中非合作论坛促进了双方的协调合作与发展。在这个协同发展的过程中，南非也在不断地努力承担角色，为非洲的发展推波助澜。特别是在1995年之后，中国和南非的贸易数量不断增长，本土人民的消费模式开始改变，中产阶级不断发展，最终带动国内消费，加快南非工业化进程。如今，南非的科技行业如手机和电子商务、基础设施建设、矿业生产、清洁能源等领域的前景十分广阔。

正大集团董事长戴志康：非洲的希望是中国的希望，在欧美消费市场增长放缓的时候，非洲为我们提供了更为广阔的发展空间。中国有世界上最大的投资建设能力，能够充分地将非洲的基础建设带动起来。因此中国企业要勇敢地走向非洲，但是前期工作需要做好，做好充分的准备和调研，认真踏实地在非洲开展投资和建设。

中国与全球化智库（CCG）研究员储殷：中国在非洲的投资主要集中在南非、尼日利亚、赞比亚、刚果（金）、津巴布韦等国家。大部分是在非洲开工业园区，国企主要投资基础建设和能源，私企的投资方向则是轻工产品、机械制造业和服务业。尽管近几年中国投资非洲，特别是资源和能源方面，受国际大宗交易价格波动的影响有所缩水。但是，也应该看到非洲正在从我们印象中的贫弱状态向逐渐发展壮大的消费市场转变，服务业将会成为以后非洲经济的亮点。

华坚国际股份有限公司董事长兼总裁张华荣：投资非洲需要解决的问题很多，首先是文化问题，特别是当地文化及企业文化。企业既要学会尊重当地的传统习惯又要使其适应企业发展。因而中国企业要从长远考虑，从人力资源角度考虑，要合法合规地尊重当地的法律，根据全球国际市场的经济规律，做好人力资源整合。中国企业不仅要把制造业带到非洲去，也要把中国文化带出去。

（四）印度

GMR集团商业发展副总裁Sreedhar Pothukuchl：印度市场潜力巨大，而且印度的劳工成本也非常低廉，但从基础设施角度来看，我没有办法做任何隐瞒，现在确实是不尽如人意。当从事基础设施投资的公司来到印度时，得到的相应待遇可能不会与印度本土的公司有任何差别。

三一集团总裁唐修国：印度最大的机遇是提供了巨大的人口红利。印度的人口峰值是25.9岁，印度有7亿35岁以下的人口，是一个年轻的国家。此外印度的精英阶层和政府官员思想也很开放，办事高效，但是也应看到印度发展确实存在能源方面的瓶颈。

拉森特博洛中国区负责人U. Vittal Mallya：中国企业投资印度，其制造成本并非想象中那么低廉，这是一个阻碍因素。另外，"走出去"企业投资印度，要学会与政府打交道，同时，由于印度各个省的法律和税务制度不一样，因此中国企业要学会与印度当地企业建立合作伙伴关系。

广州科天智慧云信息科技有限公司总经理刘征宇：印度的通信市场潜力很大，特别是手机市场。中国企业不仅要把工业生产能力放到印度去，还要把产品技术能力放到印度去，把品牌、销售、技术和渠道能力放到印度去。

不但去印度建设,还要去印度运营,和印度当地的客户、合作伙伴一起把产品的全球化拓展到印度。

中国工商银行孟买分行行长洪青:中印两国是彼此需要的,需要互相进行投资、互相信任,这种需求比历史上任何一个时刻都要强劲。因此中国企业必须融入当地的文化,说当地的语言,从印度本土的视角来思考问题,学会向本土人民表达企业去当地投资的目的。

印度驻广州领事馆总领事 Y. K. Sailas Thangal:中印双方要互联互通,想法要互通,商业也要互通。印度的基础设施是两国很有前景的合作点,印度政府也开始重视扶持本地基础设施的招商引资。现在印度很多基础设施投资政策,放宽了对海外公司拥有所有权的规定。同时应该看到,中印双方的人口优势将带来巨大的市场购买力,特别是在住宅、高科技、教育、医疗等方面有诸多机会。

四 金融机构为中国企业"走出去"保驾护航

中国金融机构对我国企业"走出去"起到至关重要的作用,那么目前中国企业海外投资的主要融资渠道、方式有哪些?又存在哪些问题?应该如何改进?中国的各类金融机构如何积极创新产品和服务、加速自身全球化,为中国企业海外投资提供有效的融资支持?

(一)"走出去"融资支持方式多样

中国工商银行专项融资部(营业部)专家茅江齐:银行要配合企业"走出去"的发展规划提供融资产品。工商银行一直以来都坚持商业化原则,为中国国有企业和民营企业提供大量的信贷支持和金融服务。注重保证合理的经济回报,通过创新融资服务方式与融资组合的需求来提升商业项目的可行性,实现风险分担与收益共享。

原中国银河证券首席总裁顾问左小蕾:现阶段证券公司帮助企业做得最多的就是IPO,即到国际市场帮助企业上市融资,股权融资。另一个是对外投资，帮助企业境外投资，或者是风险对冲管理。随着企业国际化进程的发展，证券机构和投行很有可能向综合性的售后兼并过程中资金集团融资的金融活动发展。

渣打银行（中国）有限公司副行长兼企业及金融机构部总经理张之皓：跨国银行的兴起得益于跨国公司的产生和发展，由于企业在不同国家经营，必然需要服务于国际的金融机构提供服务。跨国银行在现阶段起的作用就是帮助中国企业更好更快地"走出去"。但是，企业"走出去"是有发展路线图的，不同时期对金融机构的需求模式也不同，因而跨国银行的业务层次也不同。金融机构跟企业之间要探讨的不仅是融资数量的问题，还要探讨融资方式的问题。

（二）"走出去"面临的融资问题

瑞士合众集团（新加坡）首席执行官、全球执行董事Kevin Lu：中国企业"走出去"主要面临三个问题：第一，企业没有合适的渠道募集资产；第二，找到资产之后，是否会因为中国人的投资兴趣而带动产品涨价的情况；第三，收购企业之后，如何做好投后管理、风控以及价格创造。合众集团专注于私募资产，掌握大量的信息优势，通过国际业务网络帮助中国企业和基金在时间范围内进行配置。

亨瑞集团总裁邹亨瑞：2015年民营企业的海外投资出现了爆发式的增长，银行方面的金融服务主要是支持大企业，如国企、央企的融资，但是对于中小企业的支持比较乏力。再加上汇率、人民币的利率下降，周边的日元、加元、澳元对美元疲软，所以更多的民营企业"走出去"首先要解决资金问题，如何降低成本。再者，虽然海外融资方式很多，但是中国民营企业第一次"走出去"，由于缺少海外信用记录，很难获得低成本的融资或者条件相对宽松的融资。

原中国银河证券首席总裁顾问左小蕾：我国大规模的银行对中小企业的贷款、融资也有一些风险控制的条款，但更多的是中国自己的中小银行在对中小企业"走出去"提供服务。

（三）"走出去"融资建议

中国工商银行专项融资部（营业部）专家茅江齐：中国企业"走出去"会遇到各种与国际秩序、文化的碰撞，以及政治经济方面的冲突。我们应该以一种开放的、创新的、协作的心态来引导、应对这些多元化问题。金融机构应该参加多边国际组织的合作，更多地融入全球的金融市场和资本市场，实现全球的收益和分享。

亨瑞集团总裁邹亨瑞：对民营企业来说，要选择合适的融资渠道，获得更好、更低的融资成本，最大限度地实现创收和盈利。可以通过综合性的融资平台，协助企业做好市场调研、配资和预售。

专题篇
Special Reports

B.6
国外关于中国对外直接投资理论研究述评

吴嵩博　卢进勇　程晓青[*]

摘　要：　国外关于中国对外直接投资理论的研究正在快速发展，并可能呈现新特点。本文主要论述了中国对外投资动因和投资模式两方面的理论，包括资本市场不完全性理论、制度引致理论、市场导向投资理论、资源导向投资理论和中国企业"关系资产"说等动因的分析路径，以及投资主体理论和投资方式理论等模式的分析路径。文章还对以"老牌"跨国公司投资理论为核心的传统跨国公司理论能否解释中国对外投资的探讨进行了回顾，总结出两种主要的观点：一是认为目前中国对外投资展现出的特点是阶段性的，可以被纳入 OLI 等传

---

[*] 吴嵩博、卢进勇、程晓青，对外经济贸易大学 FDI 研究中心。

统理论的分析框架；二是中国的对外投资必须结合自身特点和当今经济贸易发展的时代背景来考虑。最后文章归纳出了认为国内资本市场不完全性是中国对外直接投资的重要动因之一、对外投资政策与管理体制会对中国对外投资产生决定性影响、所有权结构对中国企业的投资模式具有显著影响这三个国外对中国对外投资理论研究的特点。

关键词： 直接对外投资 动因理论模式 理论

一 中国对外直接投资动因理论

一个国家对外投资的动因是多种多样的，仅从跨国公司理论、外国直接投资理论和各个国家对外投资的实际情况来看，就有大量的研究成果。早期的研究从一般的视角研究发展中国家对外投资的动因和模式，随着中国对外投资规模的不断扩大和排名的迅速上升，国外对于中国对外直接投资（Outward Foreign Direct Investment，OFDI）的研究逐渐增多，大量领域内的研究将视角集中在中国企业投资动因的特征上。

（一）资本市场不完全性理论

Buckley（2004）[1]在研究了中国企业投资特点后，提出了资本市场不完全性理论，试图揭示中国 OFDI 的产生动因。该理论认为，像中国这样的新兴市场经济体，由于利率受到管制，国内实际利率往往低于市场均衡利率，这就在相当长的时间内造成了资本市场的不均衡。利率差的存在使得潜在投

---

[1] Buckley, P. J., Clegg, L. J. and Wang, C., *The impact of inward FDI on the performance of Chinese manufacturing firms*, Journal of International Business Studies 33 (4): 637 – 655. CrossRef, 2002.

资者有动机进行对外投资活动以获得额外收益。从这种意义来说，资本市场不完全性使一些中国企业存在对外直接投资的所有权优势，主要表现在以下几方面。

1. 国有企业可以以低于市场均衡利率的成本进行融资（如，Lardy，1998；Scott，2002；Warner 等，2004）[1]；

2. 银行系统的无效率，导致潜在投资者可以获得软性贷款，这种无效率可能来自银行系统本身，也可能是政策引致的；

3. 集团企业可以经营一个低效的内部资本市场（中国的多元化企业集团，如海尔，Liu，2005 年）对其外国直接投资活动进行补贴[2]；

4. 家族拥有的企业可能从家庭成员处获得廉价的资本（Tsai，2002；Child and Pleister，2003；Erdener and Shapiro，2005）[3]。

资本市场不完全性理论认为，以上四种市场不完全性在中国都是存在的。Buckley 指出[4]，总体来看，政府官员向国有企业提供了普遍性软预算约束，维持了许多低效中国企业的生存，银行和其他金融机构无力迫使企业重组或退出（Lardy，1998）。此外，政府部门给予一些国有企业"相当大的

---

[1] Lardy, N. R., *China's Unfinished Economic Revolution* [R]. Brookings Institution: Washington, DC. 1998.
Scott, W. R., *The Changing World of Chinese Enterprises: An Institutional Perspective'*, in A. S. Tsui and C. -M. Lau (eds.) Management of Enterprises in the People's Republic of China [M], Kluwer Academic Press: Boston, pp. 59 - 78 2002.
Warner, M., Hong, N. S. and Xu, X., *Late development experience and the evolution of transnational firms in the People's Republic of China*. Asia Pacific Business Review 10 (3/4): 324 - 345, 2004.

[2] Liu, H. and Li, K., *Strategic implications of emerging Chinese multinationals: the Haier case study*, European Management Journal, 2002. 20 (6): 699 - 706.

[3] Tsai, K. S. *Back - Alley, Banking: Private Entrepreneurs in China*, Cornell University Press, 2002: Ithaca.
Child, J. and Pleister, H., *Governance and management in China's private sector*, Management International, 2003. 7 (3): 13 - 24.
Erdener, C. and Shapiro, D. M., *The internationalization of Chinese family enterprises and Dunning's eclectic MNE paradigm*, Management and Organization Review, 2005. 1 (3): 411 - 436.

[4] Buckley, P. J. (2004b), *The role of China in the global strategy of multinational enterprises*, Journal of Chinese Economic and Business Studies 2 (1): 1 - 25.

风险资本",例如国务院指导中国国际信托投资公司(CITIC)探索资源产业①(Zhang,2003)的海外投资机会。资本市场不完全性可能导致这些中国企业存在海外投资的动机。

该理论还指出,中国跨国公司的过度竞价行为可以归因为缺乏私人股东,对相关的技术、商业和政治风险过度乐观,对失败的恐惧有限,政府紧密支持以及较低的融资成本。国家支持的软预算约束使中国企业通过收购和渗透进入东道国经济成为一种"正常"模式。

(二)制度引致理论

许多研究从制度层面考察 OFDI 的动因,从体制角度研究中国及其他新兴经济体的文献日益增加(North,1990;Peng,2002;Meyer and Nguyen,2005;Wright 等,2005)②,并形成了制度引致理论。该理论认为,新兴经济体的体制结构能够决定国内企业在海外投资的能力和意愿。一个简单的、一致的和宽松的政策将鼓励对外直接投资,而自由裁量、经常性的政策调整可能具有相反的效果。这有可能解释中国企业行为的独特性。制度引致理论认为,中国的经济体制和对外投资政策对企业的对外直接投资行为产生了非常重要的引致效应,特别是近年来对海外投资的鼓励导致了中国企业大量的投资行为。

该理论指出,母国的体制性因素对企业的决策有重大的推动力。政府及

---

① Zhang, Yongtong, *China's Emerging Global Businesses: Political Economy and Institutional Investigations*, Palgrave Macmillan: Basingstoke, 2003.

② North, D. C. Institutions, *Institutional Change and Economic Performance*, Cambridge University Press: Cambridge, 1990.
Peng, M. W., *Towards an institution – based view of business strategy*, Asia Pacific Journal of Management, 2002. 19 (2/3): 251 – 267.
Meyer, K. E. and Nguyen, H. V., *Foreign investment strategies and sub – national institutions in emerging markets: evidence from Vietnam*, Journal of Management Studies, 2005. 42 (1): 63 – 93.
Wright, M., Filatotchev, I., Hoskisson, R. E. and Peng, M. W., *Strategy research in emerging economies: challenging the conventional wisdom*, Journal of ManagementStudies, 2005. 42 (1): 1 – 33.

其代理执行的"游戏规则"承担着影响与执行投资的行为规范和认知,当然也包括对外投资①(Scott,2002)。高水平的政府支持,如优先获得原材料和其他投入、低成本的资金(前文所述)、补贴以及其他形式福利有助于新兴国家的企业在国外弥补所有权和区位劣势②(Aggarwal、Agmon,1990年)。另外,这些投资者也经常会遇到高度官僚化和烦琐的 OFDI 审批行政程序。各级政府均试图影响对外资本流动的数量、方向和范围。如果这些体制因素与某些行业或所有制形式的歧视性政策工具相结合,对外直接投资流量可能被扭曲。在这种情况下,可能会出现(或者说事实鼓励)通过非正式或非法路径的 OFDI。

考虑到中国经济受到政府管制的程度,体制因素有可能作为中国企业的国际投资决策产生长久和深远的影响。起初,由于中国的各级政府掌握了对外直接投资的审批权,因此可以确定的是中国跨国公司的对外投资的发展、强度以及导向都受到了政策因素的影响。随着中国跨国公司管理体制的不断改革,中国跨国公司的目标已经转向了更好地获得国外的专有技术、战略性资产、能力(例如品牌、分销渠道、外国资本市场等),探索新的市场以及通过国际竞争对商业行为进行多样化发展等方面。可以看出,这一发展是与中国的开放政策和自由化相伴而生的。中国的投资能力,特别是在发展中国家的投资呈现以下特点:从现有数据可以看出,防御性与进取型投资(前者更具有进口替代的特点而后者则着重于新市场的开拓)比例正在逐渐下降(Buckley 等,2006)。此外,中国在发展中国家的国际直接投资还有资源导向的特点;而出口和出口导向型的投资依然有所上升(Wong and Chan,

---

① Scott, W. R., *The Changing World of Chinese Enterprises: An Institutional Perspective*, in A. S. Tsui and C. - M. Lau (eds.) Management of Enterprises in the People's Republic of China, Kluwer Academic Press: Boston, 2002. pp. 59 - 78.

② Aggarwal, R. and Agmon, T., *The international success of developing country firms: role of government - directed comparative advantage*, Management International Review, 1990. 30(2): 163 - 180.

2003)①。该理论的一个推论是,国内制度和政策演变对中国企业对外直接投资的规模和结构产生了深远影响,这一点可以被数据所印证。但是,该理论可能过度强调了制度这一外生因素对企业投资行为的影响,在考虑中国企业对外直接投资动因时还应考虑更多因素,特别是企业方面的因素。

(三)市场导向投资理论

东道国市场的特点,如市场规模,通常被认为是决定外国直接投资流向的显著因素。随着市场规模的增加,对资源、外国直接投资、规模经济和范围经济的开发等机会也随之上升(UNCTAD,1998)②。大量的研究(Chakrabarti,2001)③显示,外商直接投资流量与市场规模呈正相关。最近的研究中指出:寻求市场的动机推动了中国跨国公司的崛起(Taylor,2002;Zhang,2003;Deng,2004;Buckley,2006)④。此外,中国企业对外直接投资活动可能会越来越以大型市场为目标。市场导向投资理论认为,市场导向型外商直接投资的水平肯定会随着需求的增长而上升,快速增长的经济体具有更多的利润产生机会(Lim,1983)⑤。

(四)资源导向投资理论

该理论认为,中国企业的动因是寻找海外重要的战略性资产或母国相对稀缺的自然资源。该理论将中国企业对外直接投资动机分为资产寻找型和自

---

① Wong, J. and Chan, S., *China's outward direct investment: expanding worldwide*, China: An International Journal, 2003. 1 (2): 273 – 301.

② UNCTAD, *World Investment Report* 1998: *Trends and Determinants*, United Nations: New York and Geneva, 1998.

③ Chakrabarti, A., *The determinants of foreign direct investments: sensitivity analyses of cross – country regressions*, Kyklos 2001. 54 (1): 89 – 114.

④ Taylor, R., *Globalization strategies of Chinese companies: cunent developments and future prospects*, Asian Business and Management, 2002. 1 (2): 209 – 225.

Deng, P., *Foreign direct investment by transnationals from emerging countries: the case of China*, Journal of Leadership and Organizational Studies, 2002. 10 (2): 113 – 124.

⑤ Lim, D., *Fiscal incentives and direct investment in less developed countries*, Journal of Development Studies, 1983. 19 (2): 207 – 212.

然资源获取型。例如，资产寻找型投资动机指出：中国引导其资产寻求型对外直接投资流向人力和智力资本的显著水平经济体，特别是工业化国家，帮助这些企业在其他地方加强自身的竞争力（Dunning，1998，2006）。近年来，中国政府引导OFDI的一项明确目标是通过绿地投资和跨国并购获取先进的专有技术、不可移动的战略性资产（如品牌、本土分销网络）和其他海外能力（Taylor，2002，2003；Zhang，2003；Warner等，2004）[1]。大量实证研究显示，中国对外直接投资的目的是通过国际化经营取得信息和知识，尤其是在20世纪80年代时（Ye，1992；Zhan，1995；Buckley等，2006）[2]。值得注意的是，许多中国企业开展的并购，特别是在欧洲和美国，其目标企业是处于困境或无力偿还债务的企业，如果将这些投资行为纳入资源导向投资理论的分析框架，将很容易解释这些投资行为。

而自然资源获取型投资动机可以解释大量中国企业（资源密集型行业企业）对自然资源丰富的国家，特别是一些发展中国家进行直接投资的动因。如 Kolstad 和 Wiig（2012）使用 UNCTAD 发布的中国 2003~2006 年对 142 个东道国的 OFDI 数据以及世界银行学院的政府治理指数，对中国 OFDI 的动因进行了分析[3]。他们的研究认为：东道国制度因素和自然资源对中国对外直接投资具有交叉项影响。东道国的制度环境越差，中国对这些国家的投资就越呈现出自然资源引致的特征。他们认为，中国的资源获取型对外直接投资具有利用较差经济制度国家的特点，可能导致对这些东道国的"资源诅咒"。他们同时指出，总体来看影响中国对外投资的因素是多方面的，并随着时间推移呈现阶段性变化。

---

[1] Warner, M., Hong, N. S. and Xu, X., *Late development experience and the evolution of transnational firms in the People's Republic of China*, Asia Pacific BusinessReview, 2004.10 (3/4): 324-345.

[2] Ye, G., *Chinese transnational corporations*, Transnational Corporations, 1992.1 (2): 125-133.
Zhan, J. X., *Transnationalization and outward investment: the case of Chinese firms*, Transnational Corporations1995.4 (3): 67-100.

[3] Kolstad, I. and A. Wiig, *What determines Chinese outward FDI*? Jorrnal of World Business, 2012. 47 (1): pp. 26-34.

(五)中国企业"关系资产"说

该理论认为中国以及其他新兴市场经济体的跨国公司具有一种所有权优势,这种优势使企业在国外进行活动时相对于母国更有效率。这些优势可能包含灵活性、更有效率的资本使用、母国具有的天然优势(母国与东道国的市场结构和商业文化更为接近)、与当地企业更为有效的合作等。与当地企业更为有效的合作又称为"关系资产"(Dunning, 2002; Erdener and Shapiro, 2005)[1],如中国企业显示出的网络技能,以及具有与中国民族迁徙相类似的优势等。当这些条件长期存在时,就为中国企业提供了一种半永久性的所有权优势。该理论指出,"关系资产"可能给中国企业带来所有权优势,进而从所有权视角分析了中国企业进行海外直接投资的动因。

在企业的早期投资中,其东道国经常具有与母国相似的文化背景(Johanson and Vahlne, 1977)[2],或者东道国特定的少数民族人口族群或家庭关系具有的"关系资产"能被利用(Lecraw, 1977, Wells, 1983; Lau, 2003)[3]。在这样的网络中,最合适、最有利可图的投资机会的市场信息可以很容易流通,可以建立有利于市场进入和发展的、富有成果的商业关系。如果中国的 OFDI 具有鲜明的地域特点,比如有明显的中国裔族群的存在,

---

[1] Dunning, J. H., *Relational Assets, Networks, and International Business Activities*, in F. J. Contractor and P. Lorange (eds.) Cooperative Strategies ana Alliances, Pergamon: Amsterdam, 2002, pp. 569 – 593.
Erdener, C. and Shapiro, D. M. (2005), *The internationalization of Chinese family enterprises and Dunning's eclectic MNE paradigm*, Management ana Organization Review 1 (3): 411 – 436.

[2] Johanson, J. and Vahlne, J. – E., *The internationalization process of the firm: a model of knowledge development and increasing foreign market commitments*, Journal of International Business Studies, 1977.8 (1): 23 – 32

[3] Lecraw, D. J., *Direct investment by firms from less developed countries*, Oxford Economic Papers, 1977.29 (3): 442 – 457.
Wells, L. T., *Third World Multinationals: The Rise of Foreign Investments from Developing Countries*, MIT Press: Cambridge, MA, 1977.
Lau, H. – F., *Industry evolution and internationalization processes of firms from a newly industrialized economy*, Journal of Business Research, 1977.56 (10): 847 – 852.

或者东道国相关的网络技能被认为是中国企业的特殊的所有权优势,那么这一理论的成立将是显而易见的。但是,这一理论不被中国的加总 OFDI 数据所支持。此外,即使这一理论能够成立,也只能解释对特定东道国的投资行为,具有一定的局限性。

二 中国对外直接投资模式理论

(一)投资主体理论

研究指出,中国企业所有权结构会影响企业对外直接投资模式。大量的文献指出中国的 OFDI 呈现一种独特的模式。一是在投资目的地的选择上与传统理论预测有所不同(Ramasamy,Yeung,and Laforet,2012)[①],中国对最不发达国家的投资较理论预测的水平要高;二是中国的 OFDI 东道国选择更体现出产业特点(Amighini,Rabellotti,and Sanfilippo,2011)[②]。大量文献从中国 OFDI 主体的所有权结构出发对此进行了分析,认为中国跨国公司的所有权结构对其 OFDI 投资战略和行为有重要影响。国有企业和民营企业的对外投资战略可能会有所不同。原因有以下两点。

第一,与民营企业相比,国有企业在国内市场面临着不同的商业和经济状况。国有企业在某些资源部门和战略性部门享有一定的特权,这种特权可能来源于政策原因、资本市场不完全,也有可能是因为企业的垄断地位等。这种特权导致国有企业不必考虑资本和投资规模的限制,更有能力投资于资源丰富的不发达国家或地区;而私营企业相对来说规模较小,资本的约束使其更愿意投资到资本充裕的国家或者避税天堂。

第二,与民营企业相比,国有企业在投资时更有可能考虑多重目标。国

[①] Ramasamy, B., Yeung, M., & Laforet, S., *China's outward foreign direct investment: Location choice and firm ownership.* Journal of World Business, 2012. 47, 17 – 25.

[②] Amighini, A. A., R. Rabellotti and M. Sanfilippo, *Do Chinese state – owned and private enterprises differ in their internationalization strategies?* CHINA ECONOMIC REVIEW, 2013. 27: pp. 312 – 325.

有企业对外投资既可能考虑经济目标,也有可能考虑政治目标。国有企业的管理者通过投资行为向其委托人显示自身能力,或者向东道国展示企业实力,或者是为国家战略服务。这三种情况都有可能导致国有企业在对外直接投资时优先考虑的是政治目标,而非经济目标。与之相比民营企业在投资时则不大可能考虑政治目标。(Song,2011)[1]

Amighini、Rabellotti 和 Sanfilippo(2013)[2] 指出,与民营企业相比,国有企业更多投资于资源丰富的东道国,民营企业在东道国选择上则更有可能受到地理距离和政治稳定性的影响。

(二)投资方式理论

该理论从投资方式的角度对中国企业的对外直接投资模式进行了分析。投资者面临的一个关键战略问题是选择合适的 OFDI 方式:在东道国建立一个新企业(绿地投资),还是选择并购在东道国已经建立的企业(兼并与收购)。传统理论认为,投资者将选择最具有盈利可能的方式进入国外市场。

现有的文献认为,以下因素将影响绿地投资或收购(Slangen and Hennart, 2007)[3] 的盈利能力:先行优势、市场增长速度和互补性资产。与绿地投资相比,兼并或收购最明显的优势是这种方式允许相对快速地进入国外市场。当进入速度具有更大的经济价值时,企业会获得较强的先发优势。先发优势的经济学解释是,先进入者能够建立起某种市场优势壁垒,使后进入者难以盈利。在增长相对缓慢的市场,收购有可能是首选项,因为这种方式不会创造新的产能,从而在其他因素不变的条件下限制了价格下行的压力。因此,在增长缓慢或者具有先发优势特征的市场,兼并与收购优于绿地

---

[1] Song, H., *Chinese private direct investment and overseas Chinese network in Africa*. China & the World Economy, 2011. 19 (4), 109 – 126.

[2] Amighini, A. A., R. Rabellotti and M. Sanfilippo, Do Chinece state – owned and private enterprises differ in their internationalization strategies? CHINA ECONOMIC REVIEW, 2013. 27: p. 312 – 325.

[3] Slangen, A. and J. O. Hennart, *Greenfield or acquisition entry: A review of the empirical foreign establishment mode literature*. Journal of International Management, 2007. 13 (4): pp. 403 – 429.

投资。

投资者的投资动机与这两种投资方式是相适应的。海外投资的一个主要动机是获取那些已经由外国企业建立的、可以提高投资者效率和竞争力的"互补性资产"。原则上,互补性资产可以通过收购"化整为零"或整合到现有的组织中。互补性资产的例子包括在东道国的营销和分销网络、东道国具有技术和管理知识的居民等。海外投资的第二个动机是建立在东道国的竞争优势。

如果这些优势以公司特定知识或其他无形资产的形式存在,利用这种优势的最佳方式是将公司收购为全资子公司,并内化和利用这些优势。然而,无形资产的开发和利用通常需要当地的市场情况和东道国环境等其他方面的知识。当外国投资者对于东道国市场不熟悉或存在文化隔阂时,收购将是海外投资中最有利的方式,而不是进行绿地投资。

在资本市场较为有效的地区如美国,投资者获得的优势可以通过在资本市场上支付的溢价得以体现。另外,由于资本市场发达,投资者享有相对较低的融资成本。Globerman 和 Sharpilo(2009)[1]指出,由于中国的国有企业具有相对低成本的政府资金支持,因此中国国有企业在美国资本市场具有优势。国有企业通常更可能通过收购而不是绿地投资方式进入美国市场。此外,技术和管理资源的收购很可能是中国在美国直接投资的一个重要动机。在美国和中国文化差异相对较大的背景下,中国企业具有的经验相对有限,因此,美国经理人在具体经营环境中的经验对中国投资者非常有价值。

虽然外商直接投资可以采取绿地投资和兼并收购两种形式,但需要看到的是,OECD 国家中,外国的直接投资 80% 是通过兼并和收购的方式(UNCTAD,2000)达成。未来中国在发达国家的 OFDI 更有可能是以兼并收购的形式出现。

总体来看,大多数研究都倾向于认为,中国表现出了一种独特的海外投

---

[1] Globerman, S. and D. Shapiro, *Economic and strategic considerations surrounding Chinese FDI in the United States*, Asia Pacific Journal of Management, 2009. 26(1): pp.163-183.

资模式。国外对于中国对外直接投资模式的理论分析范式上依然与传统理论相一致，但是重点考察了中国企业的产权属性（Globerman and Sharpilo①；Amighini、Rabellott and Sanfilippo）②、投资目的（Slangen and Hennart）以及东道国的制度环境（Ramasamy，Yeung and Laforet③；Amighini、Rabellotti and Sanfilippo）。这些理论认为，中国独特的投资模式可以被以上三种理论解释。

三 国外关于中国对外直接投资理论研究评价

随着新兴经济体特别是中国等国家对外直接投资的迅速增长，以"老牌"跨国公司投资理论为核心的传统跨国公司理论能否解释中国对外投资的动因、模式、趋势和特点值得怀疑。目前，在这个问题上，国外理论界存在两种观点：一种观点认为，包括中国在内的新兴经济体的跨国公司对外直接投资最终将与发达国家跨国公司投资一样，呈现相同的特点。中国对外直接投资表现出的特征是阶段性的，可以被纳入OLI等传统理论的分析框架加以分析。例如，在投资动因方面，市场导向投资理论尝试从区位优势角度解释中国OFDI的动因，认为中国市场导向型外商直接投资会随着国外市场需求的增长而上升。而资源导向型理论则将投资动因纳入区位（自然资源和其他原材料导向）和内部化（战略资产、海外能力等收购）的分析框架。在投资模式方面，有研究认为中国企业在并购美国企业中具备所有权优势，如Globerman和Sharpilo（2009）④等。

---

① Globerman, S. and D. Shapiro, *Economic and strategic considerations surrounding Chinese FDI in the United States*, Asia Pacific Journal of Management, 2009. 26 (1): pp. 163 – 183.

② Amighini, A. A., R. Rabellotti and M. Sanfilippo, *Do Chinese state – owned and private enterprises differ in their internationalization strategies?* CHINA ECONOMIC REVIEW, 2013. 27: pp. 312 – 325.

③ Ramasamy, B., Yeung, M., & Laforet, S., *China's outward foreign direct investment: Location choice and firm ownership.* Journal of World Business, 2012. 47, 17 – 25.

④ Globerman, S. and D. Shapiro, *Economic and strategic considerations surrounding Chinese FDI in the United States*, Asia Pacific Journal of Management, 2009. 26 (1): pp. 163 – 183.

另一种观点则认为，考虑中国的对外直接投资，必须结合中国的自身特点和当今经济贸易发展的时代背景。一方面，中国作为全球最大的发展中经济体，其 OFDI 具有自身特点；另一方面，在全球价值链深入发展、生产网络化的背景下，中国对外直接投资的迅速发展必然会带有鲜明的时代特征，这些都是传统的理论不能解释的。

国外对中国对外直接投资的理论研究具有以下几个特点。

一是投资动因方面，认为国内资本市场不完全是中国对外直接投资的重要动因之一，随着中国国内投资机会的变化，这部分投资也可能产生变化。如 Buckley（2004）指出，预算软约束使中国企业通过收购和渗透进入东道国经济可能成为一种"正常"模式。

二是认为对外投资政策与管理体制会对中国对外投资产生决定性影响。几乎所有涉及这一问题的研究都承认，中国的投资管理体制和政策会对中国对外投资产生根本性的影响，在分析中国对外直接投资动因和模式时不能忽略制度背景和政策因素。

三是认为所有权结构对中国企业的投资模式具有显著影响。例如，有研究认为，在东道国选择方面，国有企业更多投资于资源丰富的东道国，与之相比，民营企业在东道国选择上更有可能受到地理距离和政治稳定性的影响[1]。而在投资方式方面，国有企业通常更可能通过收购而不是绿地投资方式进入美国等国家市场，而民营企业则更偏好于绿地投资[2]。

综合来看，国外关于中国对外直接投资理论研究还在快速发展中，并可能呈现新的特点。同时，这一部分也是发展中国家对外直接投资理论中变化最快、成果最丰富的部分，值得进一步关注和研究。

---

[1] Ramasamy, B., Yeung, M., & Laforet, S., *China's outward foreign direct investment: Location choice and firm ownership*. Journal of World Business, 2012. 47, 17 – 25.

[2] Globerman, S. and D. Shapiro, *Economic and strategic considerations surrounding Chinese FDI in the United States*, Asia Pacific Journal of Management, 2009. 26 (1): pp. 163 – 183.

B.7
宁可慢些，但要好些
——对中国企业海外并购井喷现象的探讨

何伟文*

摘　要： 中国企业海外并购热潮汹涌。多数企业近年跨国并购的一些典型案例表明，它们的战略是企业自身核心产业全球化延伸扩张的合乎逻辑的过程。但它们的行业分布与"十三五"规划现代产业体系吻合度高吗？

需要注意房地产投资比重过大、高端制造业尤其是生物医药工业并购和投资滞后这两个问题。不应鼓励非价值链并购，无论是资本逐利型还是跨界型。安邦收购喜达屋和中化收购先正达分属这两类。

应高度重视现有风险和潜在风险，突出的有欧洲地区地缘经济和欧美要求对等开放的风险、美国安全审查风险、高杠杆和债务风险。中国企业在海外大规模的"不差钱"并购，许多是建立在高杠杆基础上的。这与中央去杠杆的总精神相悖。

需要根据"十三五"规划产业体系的要求，顶层设计主要行业海外投资并购的指导战略框架，进行必要的政策调整。从普遍鼓励"走出去"，转为区别对待。宁可慢些，但要好些。

关键词： 海外并购　全球价值链　"十三五"规划　风险

---

* 何伟文，前驻旧金山、纽约总领馆经济商务参赞，中国与全球化智库（CCG）高级研究员。

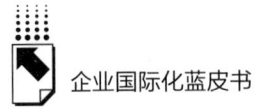

2016年以来,我国企业跨境投资在2015年创纪录的基础上又迅猛增长。据商务部公布的数字,一季度非金融类对外直接投资额达到400.9亿美元,同比增长55.4%。4月份单月达到约200亿美元,同比猛增1.18倍;从而使1~4月份累计达到600.8亿美元,同比增长71.8%。

2015年,我国非金融类对外直接投资总额达到1214.2亿美元,比上年增长13.3%。按照2014年加上金融类和海外直接融资额,对外直接投资总额达到1400亿美元(匡算),2015年总额应在1600亿美元左右。按照2016年前四个月的增速,全年对外直接投资总额可以轻易突破2000亿美元。李克强总理预期的未来五年对外投资累计达到1万亿美元,年均2000亿美元,2016年即将成为现实。

一 大宗跨国并购井喷和企业的全球价值链战略

造成上述迅猛增长的直接原因是大宗和超大宗跨国并购的井喷。虽然据商务部发言人公布,一季度完成的并购额只有165.6亿美元,占非金融类对外直接投资总额的34%,与2015年全年比重(34.0%)相同,但正在谈判、业已发布要约及表示意向的金额要大得多。其中中国化工宣布将收购瑞士农业种子公司先正达,金额430亿美元(一说466亿美元),若达成将是迄今中国企业最大的海外并购案。洛阳钼业宣布将收购刚果铜钴矿,金额26.5亿美元;美的要约收购德国机器人公司库卡,金额40多亿欧元。按地域,对美国公司的并购额即达313亿美元,而2015年同期只有39亿美元。

权威的数据和咨询公司Dealogic 5月17日公布,2016年以来中国企业海外并购金额已达1108亿美元,超过2015年全年的1068亿美元,比2014年高出两倍以上,首次成为同期世界最大的境外收购者。高盛5月19日发布的数据显示,2016年中国占全球跨境并购交易额的26%,而数年前不足10%。高盛全球并购业务联系负责人格雷格·兰姆考称:"如今全球并购行业最重要的趋势就是中国企业海外并购额的大幅增长。"更极端的媒体则称中国正在"买断全球"。

《福布斯》5月18日发表文章认为，中国企业和个人目前95%的资产还在国内，因此"真正海外并购高潮要数年后才会到来"。

一些外媒对中国企业海外并购热潮汹涌动机的分析多半为：一是国内经济放慢，企业向外寻找空间；二是人民币贬值，以对外投资进行对冲。但中国多数企业近年跨国并购的一些典型案例表明，它们的战略比这高明得多，是企业自身核心产业全球化延伸扩张的合乎逻辑的过程。

清华紫光2015年发出收购美国领先的芯片设计、制造公司美光（Micron）的要约，虽然遇到可能的安全障碍，但显示了它的全球战略。清华紫光计划未来5年投资3000亿元人民币，成为世界第三大芯片制造商。为了达到这一目的，必须从研发、设计、制造、封装、测试和销售方面整合全球最先进的技术和资源。收购美光所需230亿美元（折合1500亿人民币），而这只是总盘子的一半。

万达继造就国内巨大商业地产后，又延伸到海外，收购马德里地标建筑所在地块。2013年收购美国AMC影业公司外，又斥资35亿美元收购传奇影业，从而朝建成世界领先影业集团的目标又迈进了一大步。AMC实现当年盈利，扭转了此前连续三年亏损的局面，并于次年在纽约证交所上市，实现了1100人的就业。在国内，万达除大规模建设15～20个主题公园与迪士尼竞争外，又投资巴黎主题公园，继而又收购了主办世界铁人赛等赛事的体育集团WTC，向体育领域扩张。很明确，这是万达在房地产、娱乐和体育三大领域向海外的专业化扩张，目标是形成全球性"帝国"。

吉利收购沃尔沃后，迅速进入世界领先的汽车设计领域，扩大了自己的规模和市场；沃尔沃也因此更易进入中国市场，实现了盈利。

2016年6月7日，由海尔集团控股41%的青岛海尔股份有限公司和通用电气共同宣布，双方已就青岛海尔整合通用电气家电公司的交易签署所需的交易交割文件，这标志着GE家电正式成为青岛海尔的一员，有利于海尔快速切入自身短板——北美和拉美市场，完成全球化布局，并借助GE在美国的良好品牌形象、完善的销售渠道、良好的零售商关系和一流的配送能力（在全美有8个分销中心，可覆盖全美85%的邮政区域，并约有90%的配送业务可在一天内递送至140个区域货运中心,为客户提供24小时紧急订购服务和48小时普通订购服务),一举进入美国市场前三位。

由此看出,许多企业跨国并购并不是简单地对冲人民币汇率或寻求抄底,而是自身全球化发展战略的内在需要,是实现资源和市场全球最佳配置、覆盖全球价值链并从根本上提升自身国际竞争力的战略步骤。

高盛全球并购业务另一联系负责人迈克尔·卡尔说:"今年值得注意的不仅是中国企业并购交易的金额水平,还有企业在大举并购交易中表现出的老练程度。"并称中国企业的并购是"深思熟虑、战略性的、谨慎的"。

美国荣鼎集团跟踪中国投资美国的专家韩其洛认为,"伴随着中国经济的日渐成熟,不少企业对构筑全球价值链的兴趣正在上升",并称"在美国实现'有机增长'方面,中国企业家更加自信,也确实更有实力"。

二 同"十三五"规划现代产业体系吻合度高吗?

根据商务部公布,2016年前四个月对外实际投资600.8亿美元总额中,第三产业占到73%,为438.4亿美元,同比增长73.2%;流向第二产业的投资为156亿美元,占26%;第三产业和第二产业比重大约为3∶1。① 服务业占压倒性优势是当前世界跨国投资的共同现象。值得欣喜的是,我国企业海外并购和直接投资的服务业本身结构日益区域高端化,例如信息通信技术研发、金融保险服务、网络公司营销、影业、娱乐、旅游、酒店等,这与10年前主要集中在销售公司、零售、运输、展览等领域有巨大提高。

根据已公布的并购和绿地投资行业分布,大致看出集中度高的是批发零

---

① 商务部:《1~4月我国对外直接投资600.8亿美元,同比增71.8%》,中国财经网,http://finance.China.com.cn/news/20160517/3726289.shtml。

售、银行保险、信息和通信技术、半导体、汽车制造、农业、酒店、旅游、娱乐、体育、教育、医院等。其中完全符合"十三五"规划建立现代产业体系的主要是半导体和信息通信，其次是农业、传统产业升级和消费升级，在航空航天飞行器设计制造、新能源汽车设计制造、环境产品、生物技术、新一代互联网技术、现代农业、海洋装备、智能制造（包括柔性加工）以及特种专业船舶研发、设计和制造方面非常稀少。这说明我国企业对外直接投资仍以服务业为主，以高端制造业和现代产业体系为方向的海外投资并购显然相对不足，其中比较明显的问题是房地产投资或购买过多、生物医药工业并购或投资严重偏小。

（一）房地产投资比重过大，引起当地房价上升

中国企业和个人海外疯狂购房或置地建房引起一些国家的强烈反应。据《福布斯》统计，仅2015年全年，中国企业在西方大城市购房金额即达300亿美元，比2014年翻了一番。其中40%流向纽约曼哈顿、伦敦、悉尼和墨尔本。在纽约曼哈顿一地达到58亿美元。安邦保险除购买华尔道夫酒店外，还购买伦敦Heron大厦（11.7亿美元）和曼哈顿美林中心（4.1亿美元）。太平洋保险购买Murray高端住宅（8.2亿美元）。万达购买马德里地标性建筑并再开发等。万向在旧金山成立了房地产投资合资公司，注资10亿美元，目标是全美酒店投资。

除了企业购买和投资外，中国居民特别是富人海外置业狂热也在持续。2015年6月15日，澳大利亚《时代报》据瑞士信贷数据报道，中国人已买走悉尼近1/4的新建房，估计到2020年购房总额会超过600亿澳元。三年来悉尼房价上涨40%。澳央行行长称悉尼要素市场已经失控。对此，澳政府收紧了中国人买房政策。2015年12月，中国买家需求下降，悉尼房价回跌1.5%。

不仅澳大利亚，相当大程度上由于中国买家，2014年9月到2015年9月的12个月间，拉斯维加斯和沙加缅度平均房价上涨了33%，旧金山、凤凰城、圣迭戈和加州橙县房价上涨20%。

（二）高端制造业尤其是生物医药工业并购和投资滞后

2015年和2016年前四个月，中国企业购买或绿地投资海外高端制造业出现良好势头。清华紫光、中国化工、海尔等都是典型例子。比较集中的例子是2015年在德国投资制造业，包括潍柴收购K10N叉车制造商、复星参股农业集团KTG Agrar、北京某企业收购新能源公司EEW、中国化工收购机械制造商克劳斯马菲（KraussMaffei）等，并参股德国政府为鼓励工业4.0设立的融资工具。即中国企业在德国并购或直接投资的结构比较好，也符合国内《中国制造2025》的总方向。

除了清华紫光和中国化工收购先正达外，在高端制造业研发和生产领域，我国企业并购和绿地投资力度远不如房地产、酒店和娱乐。其中一个突出领域是医药工业和医疗行业。2015年12月，绿叶医疗集团收购澳大利亚第三大私立医院集团Healthe Care。此前2014年10月，复星麾下葡萄牙保险公司Fidelidade收购葡医保公司ESS 96.07%的股权，金额4.6亿美元。但这些都是医药消费领域，并未进入医药的研发与生产领域，且所有这些并购规模都太小，单笔交易超过一亿美元的只有8宗。而世界生物医药工业的并购规模极大。2015年前10个月该领域全球并购总额达到6775亿美元。最大一笔为辉瑞收购艾尔健，金额1600亿美元。医药工业全球化和规模化是共同规律。许多成功的医药工业企业都是通过在全球各地设立研发机构来获取新技术，增强研发能力。而它们跨国投资总额的80%以上是通过并购。美国新药研发的30%是在国外，而美国国内新药研发的49%是外企完成。中国生物医药工业的发展不仅关系到13亿人的生命福祉，而且集中了现代科技诸多领域，包括生物技术、化学、新材料、人工智能等的优秀成果。因此无疑是我国企业海外并购和投资的重点。但这方面迄今的并购和投资规模与房地产、酒店行业相比黯然失色。

三 跨界性非价值链并购是否值得鼓励？

前面引述的案例，都是中国企业核心业务的全球化扩张，在全球配置资源和市场。但还有另一种扩张，即资本驱动型。以资本逐利为目标，常常是非专业性的，对拉长价值链和增强企业在该行业全球价值链中的地位并无太大关系。

最突出的例子是以安邦保险为代表的保险企业海外大规模投资房地产，收购酒店和酒店集团。安邦在收购华尔道夫酒店之后，接着竞购世界最大酒店管理集团喜达屋。后来据说是因为保监会不同意它如此大规模跨界经营才作罢。美国《福布斯》杂志评论说，"中国保险公司正在主导西方一线城市房地产的定价权。全球最大 10 宗房地产并购案，中国保险公司占了 6 个"。

中国国内保险业发展仍然远远落后于世界先进水平。尤其在医保覆盖上非常薄弱，在灾害（如地震）再保险方面尚不熟悉以瑞士再保险和百慕大再保险行业为代表的世界成功经验。因此，它们的主业应该在这方面，而不应该把保费收入大量转到国外投资房地产。

另一个值得商讨的是中国化工以 430 亿美元收购瑞士先正达公司。这也是典型的非价值链收购，且规模大得多。瑞士先正达是世界领先的农业技术公司，其宗旨是用尽可能少的资源生产尽可能多的作物，以缓解粮食安全和环境压力；具体行动是在全球创设 800 万个大型农场（每个规模在 100 公顷以上）和 4.5 亿个小农场（规模 2 公顷或以下）。这与中国化工不是一个领域。如果收购，中化的价值链地位反而错位。

第三个值得商榷的是华润资产收购美国仙童半导体公司（Fairchild Semiconductor），被后者以可能遭遇安全障碍而拒绝。华润集团是综合型业务企业，行业覆盖面很广，并非完全资本逐利型并购，但无疑是非专业并购，而且相当不专业。因此此收购对华润资产提升在全球价值链中的地位没有多大关系。

这三个案例互有区别。安邦纯系资本逐利，中国化工和华润资产收购符合"十三五"农业现代化和大力发展集成电路产业的战略要求。但共同点都是非价值链收购。资本逐利型收购是常见现象，世界上很多基金、投资银行都属这一类，但更多的是与某个专业性集团共同收购，以避免收购后不懂专业，不懂管理。

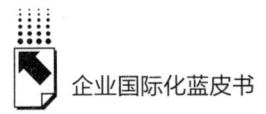

从中国化工来说,虽然收购先正达初衷是有利于中国农业现代化,但并非自己专业,不如由专业公司同先正达合资或引进技术对国家更有利,或者在海外并购本行业公司对自身企业全球化成长更有利。

半导体行业科技水平更高,宜由同样专业水平的企业收购。日本富士通曾发出要约收购仙童,虽然因安全原因失败,但从专业上讲无可厚非。华润资产既无半导体行业上游(研发),也无下游(销售),收购的意义在哪里呢?

四 应高度重视现有风险和潜在风险

本文不讨论"一带一路"沿线投资并购的风险,只讨论在欧美发达国家并购业已产生和虽未产生但潜在的风险。

(一)欧洲地区地缘经济和欧美要求对等开放的风险

据美国荣鼎集团分析,2014~2015年在欧盟大规模并购的中国企业,除万达、复星等少数外,国企占据主导地位。2014年它占中国对欧投资总额的62%,2015年占70%。报告认为,由于国企投资海外常常得到政府补贴,这给欧盟法律带来挑战。根据欧盟法律,要处罚提供补贴和政府援助的行为,因为它使无补贴的私人资本受到挤压。同时中国国有资本流入某个欧盟国家后,有可能影响邻国的地缘经济利益。

更重要的是,中国市场开放程度远远低于欧盟。中国企业在欧盟的并购,在许多行业并无多大的准入障碍。而欧盟企业在中国市场则缺乏相同的市场准入。中国在市场反垄断法的实施、法律法规透明度和公平竞争等方面,与欧盟有相当大的差距。因此,中国企业在欧盟并购和进入市场迅速发展,客观上增加了欧盟要求我国对等开放的压力,并可能逐渐体现在中欧双边投资协定谈判的要价上,从而增加了谈判难度和我国大大缩短负面清单的紧迫性。美国也存在同样的问题。有抱怨说,中国企业在美纷纷收购保险公司,而美国在中国不能收购保险公司,这不对等。因此,美方在中美双边投资协定谈判的要价不会松动。

（二）美国安全审查风险

随着中国企业在美大规模并购的迅速上升，安全审查障碍也有增强的苗头。清华紫光收购美光，后者劝清华不要费劲，因为估计美国外国投资委员会（CFIUS）批不了。华润资产收购仙童，被后者直接拒绝，理由是CFIUS不会批准。

仙童是美国半导体工业的鼻祖和标志。1957年，8名不满30岁的年轻科学家，包括罗伯特·诺依斯和戈登·摩尔离开了诺贝尔奖得主肖克莱领衔的肖克莱实验室，成立了仙童半导体公司。两年后的1959年，仙童半导体公司的罗伯特·诺依斯和德州仪器的J. 基尔比各自发明了世界上第一个集成电路，两人时间相差不过数月。又过了5年，1964年，戈登·摩尔在一篇论文中提出，根据他的发现，每一相同大小芯片上的晶体管数量，每年翻一番（后来变成每两年翻一番），这后来被业界公认为摩尔定律。又过了4年，即1968年，罗伯特·诺依斯和戈登·摩尔双双离开仙童公司，创立了自己的NM电子公司，后来更名为英特尔，是迄今世界上最大的半导体公司。

因此，对于这样的企业，美国政府不可能批准出售。日本富士通曾打算收购，但被CFIUS否决。中国企业去收购，哪里有胜算呢？

随着我国企业在美并购的行业日益高端化（新一代信息技术和通信技术即ICT、生物医药等），在涉及军民两用的技术领域，大规模并购的国家安全障碍很可能增强，并可能带来政治杂音。

（三）高杠杆和债务风险

中国企业在海外大规模的"不差钱"并购，许多是建立在高杠杆基础上的。在欧美并购，能够获得当地贷款者寥寥无几，主要通过国内银行大规模的慷慨贷款和信用额度，其中有政府鼓励的补贴。这与中央去杠杆的总精神相悖，而且企业背了巨额债务完成大宗收购后，最后决定还款能力的是经营利润。被购企业之所以愿意被收购，基本原因也都是已亏损或有亏损预期。

这一风险还因以下两个因素而放大。

第一，中国企业本身的高负债率决定了偿债能力不足。据布鲁塞尔经济研究所的分析，中国企业债务总额占 GDP 的比重在过去数年内已经翻番。按照息税前利润与利息开支之比计算的偿债能力，中国企业已降至全球平均水平的一半。在这种情况下，高杠杆的风险尤其值得警惕。

第二，欧美资本市场的动荡性、投机性很强。我国的一般企业很难驾驭。据国际货币基金组织分析，新的金融危机风险正在酝酿。从完成并购到收回投资，要经过很长时间，其间金融风险往往很难预测，因此应当忌讳大量债务的敞口。

五　战略设计和政策调整

根据以上分析，需要对前一段我国企业大规模海外并购的现状、特点和问题进行认真梳理和总结，并提出今后 2~3 年内的大致预期。

（一）对业已进行、正在进行和近期计划的 1 亿美元以上重点并购项目进行小结

1. 是否符合企业全球化发展的自身要求；
2. 市场可行性回顾：预期收益的依据，风险程度；
3. 企业杠杆率和偿债预期；
4. 是否得到被收购方所在地政府和民众的支持。

其中 10 亿美元以上项目为一档梳理，1 亿~10 亿美元项目为二档梳理。

（二）对照国家发展的产业体系要求，是否符合国家"十三五"规划相应方向；对照《中国制造 2025》规划，是否有助于它的实现

（三）根据"十三五"规划产业体系的要求，顶层进行主要行业海外投资并购的指导战略框架，包括规模、对象、具体目的、预期效果等

（四）进行必要的政策调整，从普遍鼓励"走出去"，转为区别对待

1. 鼓励企业的价值链海外扩张，为此提供信贷支持；
2. 鼓励企业对特别切合国家需要的领域进行海外并购和投资合作，包

括现代农业、新一代信息和通信技术、激光技术、机器人、人工智能、航空航天技术、新能源汽车、现代海洋装备、环境技术、生物医药技术、柔性加工、新材料、境外产能合作等。对这类项目提供优惠信贷；

3. 对于非价值链的资本型扩张，减少信贷提供覆盖程度，由企业尽量到海外融资。金融主管部门应原则上禁止金融机构海外收购房地产（含酒店）；

4. 对企业海外房地产投资，原则上不提供信贷；对个人购买海外房地产，严格按居民每年购汇额度执行；

5. 对海外投资项目提供融资前进行杠杆率审查。对杠杆率设定上限，凡达到上限者，一律不提供信贷。

总之，中国海外并购的疯狂增长很难具有可持续性。需要及早总结，及时调整，宁可慢些，但要好些。

B.8
中国企业投资美国研究分析

王辉耀 苗 绿*

摘 要: 2009年以后,中国对美投资开始迅速攀升,特别是民企投资流量在最近几年已超越国企,因此有必要对迄今为止的对美投资进行一次总结。本文就对美投资的行业、地域分布特点进行了分析,对存在的问题与障碍,特别是外资审查进行了讨论,并提出三点建议与对策,即避免将中国投资政治化、改善外资审查中的独立性和透明度、尽早签署中美BIT协定。

关键词: 投资美国 "走出去" ODI 中美BIT CFIUS

一 中企对美投资概览

2009年以前,中国企业赴美投资并不活跃,年直接投资流量均低于5亿美元。[①] 2009年,中国首次跻身全球十大投资国之列[②],对欧美国家的投资迅速攀升,对美投资也增长迅猛。2010年中国对美直接投资流量达到13.1亿美元,2012年又翻了近两番,达到40.5亿美元。2015年,中国对美投资流量为80.3亿美元,存量为408亿美元,美国在2014年成为流量第二、存量第四的中国对外投资目的地(见图1)。

---

* 王辉耀,中国与全球化智库(CCG)主任,教授,博导;苗绿,博士,CCG研究员、执行秘书长。CCG副研究员方挺、研究员任月园对本报告亦有贡献。
① 中国商务部:《中国对外直接投资统计公报》。
② 联合国贸发会议(UNCTAD),http://www.untad.org。

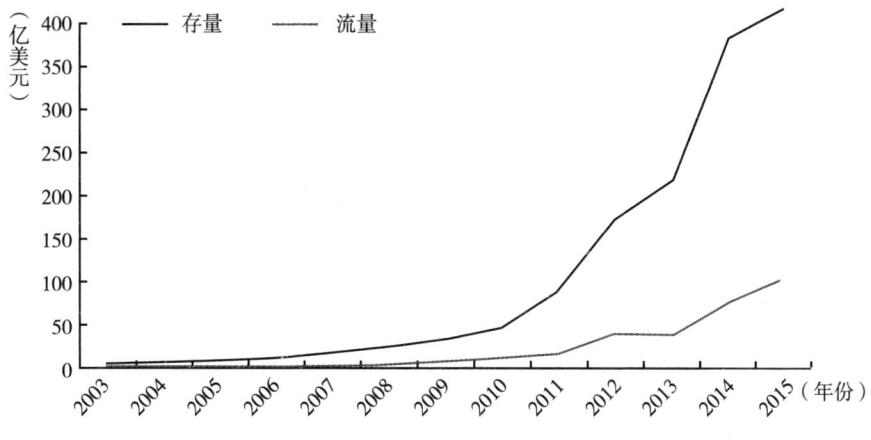

图 1　2003~2015 年中国对美直接投资流量与存量

资料来源：中国商务部，《中国对外直接投资统计公报（2015）》。

荣鼎咨询（Rhodium Group）数据显示，2000~2011年，赴美投资中国企业中，政府所属企业和民营企业（包括私人资本）在投资流量上平分秋色，但民企投资流量在2011年后稳步上升，增速远高于政府所属企业投资（见图2）：2011~2015年，民企与政府所属企业对美直接投资年均增速分别为80.93%与2.73%。2015年，民企投资流量为119.91亿美元，存量为414.20亿美元，分别是政府所属企业对美直接投资流量和存量的约3.6倍和2倍。

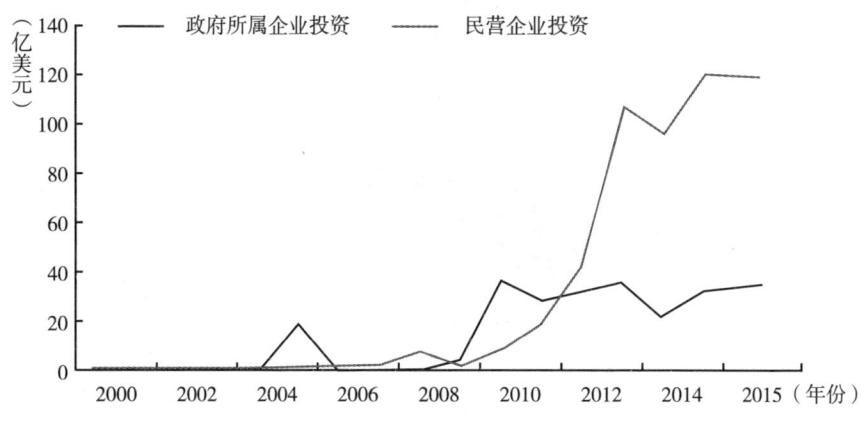

图 2　2000~2015 年民营企业和政府所属企业对美投资流量对比

资料来源：荣鼎咨询，China Investment Monitor。

因为统计方法的差异，中国商务部对外直接投资数据与荣鼎咨询的数据有一定差异：后者将母公司在中国但通过第三国实现的投资交易以及境外融资也统计在内；此外，商务部数据主要依靠对外投资审批过程中企业提交的信息确定各个项目的投资额，而荣鼎咨询则更多参考了《金融时报》、汤森路透等商业数据库收录的数据。由于统计口径不一致，两组数据无直接可比性，但体现出的近年来中国对美直接投资迅猛上升的趋势是一致的。

二 中国企业投资美国的特点分析

（一）行业分布特点

根据商务部公布的数据，截至2015年底中国对美国投资存量最高的行业分别是：制造业（107.2亿美元）、金融业（103.2亿美元）、租赁和商务服务业（37.2亿美元）、批发和零售业（34.1亿美元）。流量最高的行业包括：制造业（40.1亿美元）、租赁和商务服务业（22.4亿美元）、科研和技术服务业（12.3亿美元）。

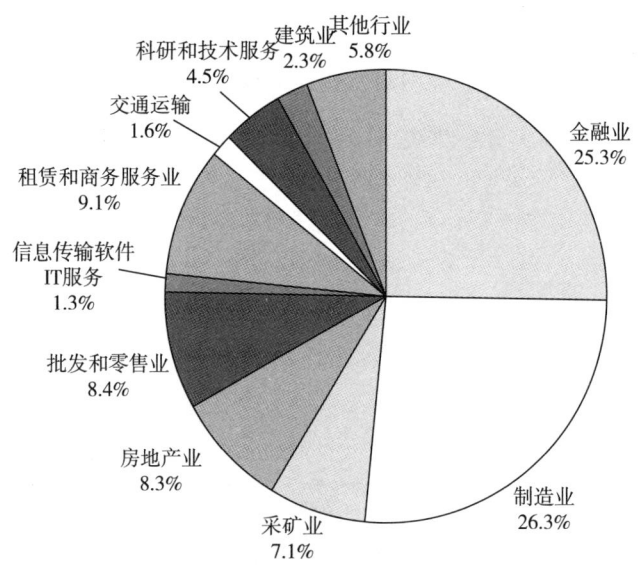

图3　2015年中国对美直接投资十大行业（存量）

中国企业投资美国研究分析

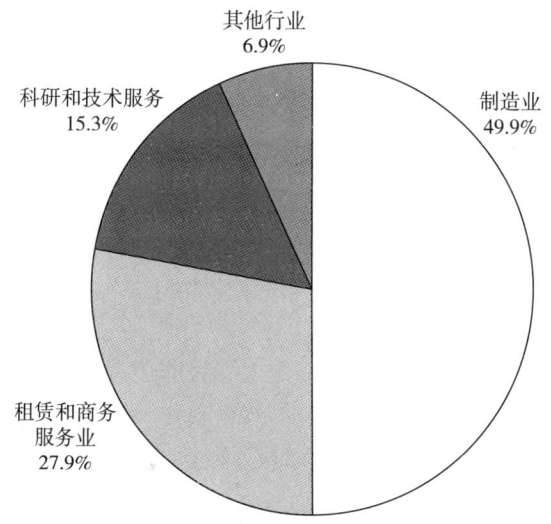

图4　2015年中国对美直接投资十大行业（流量）

资料来源：中国商务部，《中国对外直接投资统计公报（2015）》。

根据荣鼎咨询的统计，2015年中国企业对美投资包括171个项目，总投资额153亿美元，其中民营企业投资为142个项目，投资额119.91亿美元；政府企业投资29个项目，投资额33.10亿美元。从投资金额来看，房地产及酒店业、金融商业服务、能源行业是最主要投资领域，投资额分别为50.49亿美元、30.18亿美元和15.56亿美元。从案例数来看，房地产及酒店业、信息与通信技术（ICT）、健康及生物科技的投资项目分别达到了39起、26起和23起。2016年仅上半年，投资额就已经超过2015年全年，达到180亿美元，全年投资总额有望超过300亿美元。① 学界一般认为对外投资的驱动力分为四类：获取原材料、开辟新市场、购买战略性资产、提高跨境业务效率。② 中国企业对美投资行业分布情况与四类驱动力是一致的，并

---

① 美中关系全国委员会、荣鼎咨询：《新邻居：基于国会选区的中国在美投资调查》。
② Dunning, John H., and Sarianna M. Lundan. 2008. *Multinational Enterprises and the Global Economy. 2nd ed.* Northampton, MA: Edward Elgar.

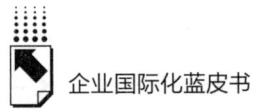

且呈现投资动机的多样化。除了以"提高跨境业务效率"为目的的投资外，其他三种驱动力已经促使中国企业大量投资美国。

1. 获取原材料资源代表了中国对外直接投资的起步，高速的城市化进程和重工业发展使得中国国内产业对石油、铁矿石、铜等关键资源的进口需求激增。为了分散供应链风险，削弱供应方谈判实力，并在高利润的上游业务立足，中国企业主要通过股权购买的方式进行资源能源投资。2010~2015年，中国投资美国金属采矿业的存量扩大了4倍，从3.2亿美元增加到13.22亿美元；能源行业则扩大了7倍，从14.46亿美元增加到105.35亿美元，成为投资存量第三的领域。同样令人瞩目的还有中国企业对于农业与食品产业的投资，短短五年内，农业与食品投资从近乎为零增加到73.85亿美元。①

2. 以开辟新市场为驱动力的投资主要分为两类，第一类是服务于对美出口的企业海外代表处、商品批发贸易公司以及贸易融资。例如，中国远洋运输集团公司在1985年以500美元在加利福尼亚州注册一家公司作为其代表处。2010~2015年，金融与商务服务扩大了8.6倍，从8.51亿美元增加到30.08亿美元。② 第二类是为了"跳过"贸易壁垒及贸易救济措施，将生产环节转移到市场当地的投资。例如，2009年天津钢管集团以10亿美元兼并收购得克萨斯钢厂，福耀玻璃2014年在俄亥俄州投资2亿美元成立汽车玻璃工厂。此外，中国企业在工程施工承包方面的优势也必须通过在当地投资才能实现。2015年，中国企业对交通与基础设施的投资存量达到了34.05亿美元。③

3. 购买战略性资产的投资行为通常都基于企业对商业战略的重新定位，通过购买品牌、技术等资产，缩短与市场的距离。这类投资行为在近年来出现的频率越来越高，充分反映了中国企业正在寻求增加产品附加值，改变"薄利多销"的传统经营模式，将业务向价值链的上游（研发、创新）与下

---

① 荣鼎咨询，China Investment Monitor。
② 荣鼎咨询，China Investment Montior。
③ 荣鼎咨询，China Investment Monitor。

游（品牌、服务）拓展。例如，万向集团在2013年收购美国A123公司，获得了世界领先的磷酸铁锂电池技术以及业内知名企业的品牌优势。2012年，万达对AMC集团的收购，不仅使其成为全球规模最大的电影院线运营公司，而且获得了当时已有92年历史，在美国家喻户晓的品牌。2010～2015年，中国信息与通信技术（ICT）、健康与生物医疗的存量分别扩大了4.5倍、5.4倍，达到了106.89亿美元与28.85亿美元。娱乐业投资存量更是从无到有，达到40.94亿美元。①

4. 以"提高跨境业务效率"为目的的投资，是指企业在全球化运作时，为了在法律和财务结构等方面进行优化而进行的对外投资。目前已有中国企业在香港进行此类投资，相信此类投资进入美国也指日可待。

此外，中国企业对房地产酒店业的投资，在经历2012～2015三年分别为22.19亿美元、30.49亿美元、50.49亿美元的"三级跳"后，已经上升为存量第一的投资领域，达到117.07亿美元。② 这是因为，中国国内的房地产价格在过去15年中不断攀升，因而越来越难找到优质的投资机会，而美国房地产价格在金融危机后下跌，对中国投资者非常有吸引力。

（二）区域分布特点③

截至2015年底，中国企业对美直接投资遍及除南、北达科他、新墨西哥、佛蒙特州外的46个州，其中，纽约州（92亿美元）、加利福尼亚州（89亿美元）、弗吉尼亚州（89亿美元）和得克萨斯州（70亿美元）吸引金额最高。

从地区来看，中国对美投资主要流向四个区域，分别为美国南部、中西部、东北部和西部。在四个地区累计投资583亿美元，总计创造超过85000个就业岗位。④

---

① 荣鼎咨询，China Investment Monitor。
② 荣鼎咨询，China Investment Monitor。
③ 美中关系全国委员会、荣鼎咨询：《新邻居：基于国会选区的中国在美投资调查》。
④ 荣鼎咨询，China Investment Monitor。

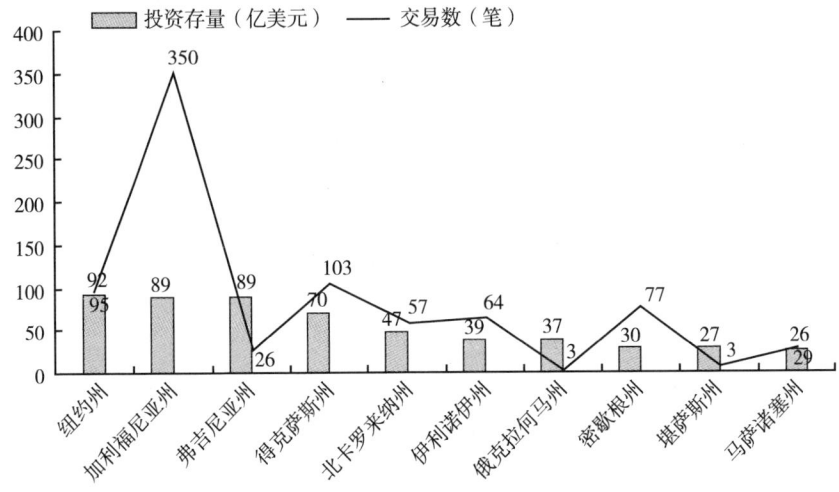

图 5　2015 年中国投资存量排名前十的州

资料来源：荣鼎集团，China Investment Monitor。

其中，南部地区吸收中国投资最多，投资存量为 215 亿美元。主要投资热点包括资本密集的能源行业、制造业、小型制造业，以及对科技和食品加工业的投资，主要集中在罗利达勒姆三角研究园、休斯敦地区、得克萨斯、俄克拉荷马、阿拉巴马和路易斯安那州；中国投资在该地区提供了超过 32000 个岗位，约占全国的 35%。其中，北卡罗来纳州是主要的受益地区。这一地区的中国企业投资包括：海尔于南卡罗来纳州完成的第一桩大型制造业绿地投资，联想收购 IBM 个人电脑部门，以及大连万达集团收购佛罗里达州世界铁人三项公司。

美国中西部地区位居吸收中国投资的第二位，累计吸纳投资达到 128 亿美元，该地区重点投资领域主要是制造业，特别是汽车配件和食品加工行业。投资分布于芝加哥地区、大堪萨斯城地区和西北爱荷华地区。2015 年，中国企业对美国中西部投资共计 14 亿美元，主要集中在芝加哥地区，主要为房地产、科技公司并购和中国公司新建分支机构方面的投资。通过投资并购，中国企业为该地区带来了超过 36000 个就业岗位，是中国投资提供岗位最多的地区。该地区中国投资企业包括：Smithfield 的子公司、万向、中国航空工业集团、Nexteer、Henniges Automotive、Meadowbrook 保险公司、大连万达旗下 AMC 公司。

紧随其后的是美国东北部，吸纳投资累计达到 128 亿美元，投资方向包括金融和商业服务、房地产、高科技和制药行业。资本集中在纽约市、大波士顿和新泽西北部地区；2015 年，东北部地区创纪录地获得了超过 50 亿美元的中国投资，接近前 14 年的总和，超越了美国西部地区的投资存量。中国企业投资的当地企业雇用了超过 7800 名本地员工，约占全国总数的 9%。该地区中国投资企业包括：Smithfield 子公司、中国工商银行、中国银行、Plaza 建筑公司、Ironshore 保险公司和药明康德（Wuxi Pharmaceuticals）的多个子公司。

排在第四位的是美国西部地区，中国企业投资存量超过 100 亿美元，投资范围涵盖软件、生物技术、房地产、能源和制造业，主要集中在加利福尼亚州、东科罗拉多和怀俄明州。虽然加州在全美范围内是中国投资的最大目的地，但是西部地区整体却是接收我国投资最少的地区。尽管如此，中国对美国西部的投资量依旧不断上升，2015 年已经达到 24 亿美元。中国投资企业在该地区提供的就业主要集中在加州的 9500 名员工。在当地投资的中国企业包括：百度、华为、阿里巴巴、深圳新世界集团、海航集团子公司 Red Lion Hotel。[1]

三 对美投资中存在的问题与障碍

不论从投资数额还是投资数量上看，中国企业对于投资美国的兴趣愈发浓厚。中国国际贸易促进委员会的一份报告显示，中国民营企业及中小企业认为美国的投资环境较佳，可谓最开放、最具吸引力的国家之一。[2] 美国吸

---

[1] 美中关系全国委员会、荣鼎咨询：《新邻居：基于国会选区的中国在美投资调查》。
[2] 中国国际贸易促进委员会：《2010 年中国企业对外投资现状及意向调查报告》，第 44~48 页。

引众多中国企业投资的主要原因是：良好的投资环境、健全透明的法制体系、先进的生产技术、低廉的能源供应、完善的基础设施、强大的研发能力和庞大的消费市场。对于在改革开放后成长起来的中国企业来说，投资美国是提升技术、品牌，成长为国际企业的重要一步。

总体来说，美国对中国的投资是开放的，大多数情况下中国企业在美国的绿地投资或并购都畅通无阻。美国对于外来投资的限制有三条：第一，少量行业不对外资开放；第二，任何涉及国家安全的收购都需要受到美国外国投资委员会（CFIUS）的审查；第三，外国投资者必须显示其有能力与其他美国公司一样遵守法律法规。① 鉴于"国家安全"的概念并未在立法中明确，因此在实际运用中容易被政治化。②

2014年，CFIUS收到了147份企业主动要求接受国家安全审查的申请，这是2008年以来最多的一次。其中24份来自中国，为第一大安全审查来源。据《纽约时报》报道，2012年和2013年该委员会审查的中国投资额也超过别的任何国家。③

CFIUS的投资审查并不意味着投资项目的失败——过去五年中，只出现过一次投资交易被总统否决的情况④，但比CFIUS调查结果更具破坏性的是其中透露出的对中国投资的不欢迎。提交CFIUS的审查常常招致媒体、国会议员、安全机构、美国业内产业人士和排华团体的关注，当事人出于对负面舆论的担忧，有时会在调查结果得出之前就迫于压力而退出交易。例如，2016年2月，清华紫光放弃收购西部数据（Western Digital）15%股份的计划，该公司表示原因是担忧CFIUS审查带来的负面影响。2015年12月，华润微电子和清芯华创向仙童半导体提出收购要约，收购价格、条款均好于其

---

① Fagan, David N. 2010. *The U. S. Regulatory and Institutional Framework for FDI. In Investing in the United States: Is the U. S. Ready for FDI from China?* Karl P. Sauvant, 45 – 84. Northampton, MA: Edward Elgar.
② 《外商投资与国家安全法案（FINSA）》。
③ 《中国公司赴美投资收购为何屡次碰壁》，《纽约时报》2016年2月25日。
④ 2012年，与三一集团关联的罗尔斯公司对一座俄勒冈Butter Creet风电项目的收购要约被否决，理由是该风电厂位于海军军事训练限制区附近。

他收购者，但仙童半导体在 2016 年 2 月拒绝了华润和华创的要约，理由是美国监管机构可能以担忧国家安全为由拒绝批准交易。

CFIUS 是由美国财政部、国务院、国防部等部门组成的跨部门政府机构，授权被限制在为保证美国国家安全而对外国资本的并购进行审查。2007 年《外国投资与国家安全法案》的出台，扩大了 CFIUS 的权力，增加了组成成员，并加强了国会的监管。这使得 CFIUS 的审查容易受到两类政治干预的影响：第一，国会议员可以在特殊商业利益集团的挑动下，以"国家安全"为幌子，召开听证或传唤证人证据对 CFIUS 行使监督权；政府执行部门也更容易受到国会呼吁对外资审查项目采取行动的影响。第二，CFIUS 的成员中包括国防部长、国土安全部长这样的安全问题"鹰派"，这些成员一般主张对外资尤其是来自中国的投资采取更强的限制。[1]

CFIUS 审查的不透明更是加重了被审查企业的担忧，整个审查过程和否决原因都高度保密，审查报告只提供给总统和国会，否决交易时也很少提供具体理由和解释，关于审查情况的数据一般滞后一年多才公布。因为商业环境复杂程度不断发展，机密情报资讯在 CFIUS 风险评估中发挥的作用也越来越大，而此类资讯的收集主要掌握在政府及军方的情报部门手中。这些部门的负面立场常常转化为不利于投资者并缺乏可信证据的评估，产生诸如"如果批准中石油购买优尼科，该公司就有可能在海湾地区的石油平台上安装望远镜来监视美国海军"的可笑说法。[2] 投资者与其他外界人士却因为 CFIUS 的保密做法无法对此进行澄清。[3]

20 世纪 70 年代末，随着欧洲和日本复兴并成为美国强有力的对手，石油输出国控制了油价并两次对美国实施了两次禁运后，有观点提出应把"经济安全"也加入针对外资的审查内容。这一结论最终没有被卡特与尼克

---

[1] Graham, Edward M., and David M. Marchick. 2006. U.S. *National Security and Foreign Direct Investment*. Wash - ington, DC: Institute for International Economics.
[2] 亚洲协会：《敞开美国大门？充分利用中国海外直接投资》。
[3] 《中企再列 CFIUS 安全审查榜首 美国专家告诉你怎么破中国公司》，《华尔街见闻》2016 年 2 月 22 日。

松政府接纳，现在这样的呼声却在回归。例如，2016年2月，45名国会共和党议员要求CFIUS对中国投资者向芝加哥股票交易所发出的收购要约开展"彻底而严格的"审核。① 有意见认为，这样不友好的迎接外资的态度进而会威胁到国家利益，因为它会吓退美国需要的合法投资，招致他国对美国企业的报复，并让美国人在处理真正的安全事务问题上分心。②

2016年是美国大选年，两党候选人都明确表示反对被认为代表贸易自由化的"跨太平洋伙伴关系协定"（TPP），共和党候选人特朗普更是大打本土主义的旗号，声称若他当选，美国将退出世界贸易组织（WTO）和北美自由贸易协定（NAFTA）等自贸安排。虽然双方候选人暂时都没有将外国投资问题纳入选战交锋范围，但是随着大选临近，不排除这一话题有升温的可能。

四 对策与建议

（一）美国应防止对中国投资过度政治化，损失中国投资带来的就业、竞争力红利

关于中国对外投资的"井喷式发展"，主要有两种看法：一种观点认为2000年后，中国的对外投资经历了三个阶段：第一轮投资集中在能源与资源领域，第二轮投资主要针对服务业，第三轮主要针对科技和高端市场的消费者。另一种观点则认为，中国对外投资增长的真正动力是来自于中国商业经济环境的变化——人民币的升值预期，国内市场的激烈竞争促使企业向海外扩张以获取领先技术品牌优势，或扩大规模经济优势以及在全球配置资源。③

不论是上述观点中的哪一种，均符合英国经济学家约翰·邓宁"投资

---

① 《美国对中国投资的审查增加》，《金融时报》2016年2月22日。
② Chinese deals feel the chill from Washington，《纽约时报》2016年2月25日。
③ 亚洲协会：《敞开美国大门？充分利用中国海外直接投资》。

发展路径理论"的解释：一国经济的发展早期，外国直接投资与对外直接投资都很少；国内发展的起步阶段，发达国家的资本以外国直接投资的形式流入（20世纪80、90年代的中国）；接下来，国内企业逐步建立自身优势，拥有并购能力，开始寻找境外的机会，这一阶段的资本将主要围绕对外投资进行。① 2015年，我国的对外直接投资首次超过了外商直接投资，这是已经进入对外投资第三阶段的明证。

因此可以认为，中国对美直接投资的增加代表了中国作为一个经济体正在从稚嫩走向成熟，中国企业的商业视野从仅仅关注国内到开始拓展到全球。成千上万的中国企业前往美国投资，其并非是中国政府攫取资源与窃取知识产权的代理人，而是基于以下商业因素的吸引力：投资环境、法制体系、技术水平、能源价格、基础设施、人才资本和消费市场等。贝克·麦坚对（Baker & McKenzie）国际律师事务所研究发现，与投资欧洲的中国企业中国有企业居多不同，投资美国的中国企业以民企为主。② 这与我们观察到的近五年来民企对美投资增速远超国企的结果是一致的。

20世纪70、80年代，因为日本企业高调收购洛克菲勒中心（Rockefeller Center）等"国家地标"而引发一阵恐慌，甚至CFIUS开始发挥重要作用也是缘于1987年富士通（Fujitsu）试图收购仙童半导体公司（Fairchild Semiconductor）。但是，今天日本企业在美国投资了1万亿美元并雇用着大约70万人。

中国企业也在经历着同样的过程：中国投资在全美创造了8万个就业岗位，仅仅自金融危机以来创造的岗位就高达6.5万个；预计到2020年，投资存量将达到1000亿~4000亿美元，创造20万~40万个就业岗位，成为美地方经济发展的重要力量。③ 作为中国企业投资美国最重要的行业之一，

---

① Dunning, John H. 1981. *Explaining the International Direct Investment Position of Countries: Towards a Dynamic or Developmental Approach.* Review of World Economics 117 (1): 30–64.
② Baker & McKenzie, *Bird's-Eye View: Chinese Investment into Europe and North America.*
③ 美中关系全国委员会、荣鼎咨询：《新邻居：基于国会选区的中国在美投资调查》。

三一重工、南山铝业、万向集团等中国企业都曾在美国制造业领域进行投资或并购。由于中国企业对美国研发创新能力的看重，不少企业会在美国设立研发中心，并且调查表明中国企业支付的工资比美国本土企业更高。[①] 不难发现，中国企业对美国的投资方向是有助于实现近年来奥巴马政府所倡导的"制造业回流"的。

因此，如果美国政府与国会将中国投资过度政治化，必然会白白损失中国投资带来的潜在就业、经济竞争力方面的红利。

（二）美国应关注外资审查中缺乏独立性与透明度的风险

设立 CFIUS 的目的是降低外国投资中针对国家安全的风险，任何国家设立这类审查都是合情合理的。但是 CFIUS 的机构设置与运作机制使其非常容易受到外部力量的影响———一是政府中负责防卫与情报的"鹰派"部门，二是商业上希望避免中国投资的特殊利益集团，通过游说国会议员对政府部门施压。审查过程中产生的负面媒体报道会产生叠加效应，常常在 CFIUS 报告出台之前就会让投资者因为担心名声受损而放弃交易。审查报告的保密性也让外界无从判断审查依据的可靠性和客观性。因此，有必要加强审查程序的独立性，明确审查标准，尽可能地向当事人和公众公开审查报告中不涉密的部分。

此外，因为"国家安全"是美国对外商投资三条限制中唯一没有在立法中明确定义的一条，因此每到保护主义兴起之时，总有呼声要将"经济安全"的概念也纳入审查范围，但是这种打着"安全"的幌子进行本土保护主义的行为，背离了设立 CFIUS 的初衷。必须明白，CFIUS 的任务并不是保护美国不受来自外国的经济竞争。出于保护主义目的的审查，最终会伤害美国经济的竞争力。

自金融危机爆发以来，世界正经历一轮全球化的"降温"，作为世界经

[①] 徐杰：《美国针对中国企业投资的国家安全考量研究》，《国家行政学院报》2015 年第 1 期，第 102~106 页。

济自由主义领导者的美国,应带头保持开放的作风来压制保护主义"逆风"。这不仅有利于本国经济的复苏,也有利于在敦促包括中国在内的改革进程国家时,拥有更多的"筹码"。

(三)中美应争取早日签订双边投资协定(BIT)

国际贸易体系半个多世纪以来的演变告诉我们一个道理,基于共识的国际准则以及授权明确的国际机构可以促进合作并促使所有参与者遵守国际秩序。世界贸易组织(WTO)包括了164名成员并涵盖了超过96%的世界GDP,这些国家和经济体不仅接受了相同的贸易规则作为国内相关法律的基础,而且当自身利益因他国违反贸易规则而受损失时,可以选择到一个多边的"法庭"进行指控——WTO的争端解决机构(DSB)。

中美两国存在巨大的经济差异:美国是移民通过殖民拓展与市场商业建立起来的国家,本土企业的历史甚至早于国家与政府就已存在;中国则是一个数千年来中央集权的社会,现在市场经济的大规模展开也只有几十年的历史。这种差异注定了在对外投资领域,双方均不可能简单地用己方的规则、标准与模式来管理另一国的投资主体。譬如将中国国企在美投资准入之类的棘手问题交给CFIUS或其他政府部门来解决,并不能解决两国因为规则不匹配而导致合作受损的问题。作为世界第一大与第二大经济体的中美两国如果能就投资规则达成一致,不仅有利于两国的投资便利化,促进两国资本流动与产业发展,更是为世界投资治理打下基石。

中美BIT谈判最初于2008年启动,截至2016年9月已举行了28轮。2013年的中美战略与经济对话中,中国同意以"准入前国民待遇加负面清单"为原则进行BIT谈判。2014年7月,双方同意争取在2014年内完成协定的文本谈判,并在2015年启动负面清单谈判。最终,经历了7年19轮谈判后,双方于2015年3月完成文本谈判,进入负面清单谈判环节。中美两国到目前为止已经进行了三次负面清单交换:分别在2015年6月、2015年9月以及2016年9月。

虽然BIT谈判进展到了最后的关键环节,双方对于负面清单的内容仍有分歧。例如，中方希望美国在负面清单中对关键基础设施、重要技术、国家安全做出更明确的定义，并对中国在美投资的连续性与确定性提供保证；美国则希望中方继续减少外商投资目录的行业限制，特别是扩大开放科技、信息服务、文化教育、卫生医疗等服务业领域。

考虑到美国政府换届在即，中国也正处在"新常态"的转型期，双方应抓住当前宝贵的谈判"窗口期"，化解负面清单中的矛盾，争取早日签订一份高水平的双边投资协定。

B.9
中非产能合作的特点与建议

崔明谟*

摘　要： 中非产能合作是中非经贸合作的重要部分。几十年来中国对非洲的对外援助、工程承包和直接投资等为中非产能合作打下了坚实的历史基础，非洲也连续七年是中国第二大海外承包工程市场。本文回顾了中非经贸合作的实践，总结了在此背景下中非产能合作的主要特点，并从目的国选择、市场调研、经贸合作区优势利用、恶性竞争规避以及属地文化建设五个方面提出了建议。

关键词： 中非　产能合作　投资　经贸合作区

中非经贸合作历史悠久，成绩斐然。中国已经连续六年位居非洲第一大贸易伙伴国；非洲也已经连续七年位居我国第二大海外承包工程市场；对非投资发展迅速。

中非产能合作是中非经贸合作中的重要组成部分。2015年12月举办的中非合作论坛约翰内斯堡峰会暨第六届部长级会议上，"中非产能合作"成为中国和非洲各国领导人共同关注的热点问题。目前，这项工作正在稳步推进。

---

* 崔明谟，商务部中国国际经济合作学会会长。

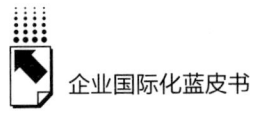
企业国际化蓝皮书

一 中非产能合作的主要特点

（一）坚实的历史基础

一是对非援助项目：从20世纪50年代开始，非洲就是中国对外援助的重点地区，援助项目包括基本建设、医疗、贷款、农业和教育等各个方面。

进入21世纪，中国对非援助迅速增长。截至目前，中国总计向54个非洲国家进行过援助，援建了超过1000个成套项目，涉及工农业、基础设施等多个领域，为受援国人民带来了实实在在的利益。

需要特别强调的是，与西方国家不同，中国对非洲援助的特点是不附加任何政治条件。

二是对非承包工程。20世纪70年代中期至80年代中期，中国向非洲国家提供经济技术援助时应部分国家要求开始帮助建设一些自筹资金项目。这就是最初的承包工程，当时虽然此类项目有限，合同额较小，但开辟了中国对非洲工程承包的市场。80年代中期，中国对非承包工程新签合同额仅为数亿美元。但中国2000年提出"走出去"倡议后，对非洲的承包工程不断扩大，新签合同额不断增长。2003年与非洲签订承包工程合同额达38.722亿美元，2013年高达678.4亿美元。截至2015年底，中国企业在非洲签订的承包工程合同总金额累计已超过5483亿美元，非洲已连续七年稳居中国对外承包工程第二大市场的地位。

多年来，中国企业完成了大量市政道路、高速公路、立交桥、铁路和港口项目，累计为非洲铺设铁路超过3000公里，修筑公路超过4000公里。这些建设为非洲基础设施发展做出了突出贡献。比较突出的项目如下。

1. 尼日利亚沿海铁路项目。2014年11月签订合同，合同总金额119.7亿美元。这条铁路横跨尼日利亚10个州，全长达1402公里，并可为尼日利亚提供近5万个直接就业机会、15万个间接就业机会。该项目由中非建设有限公司承建。

2. 肯尼亚蒙巴萨到内罗毕的标轨铁路项目。2013年11月正式开工，由中国路桥公司承建。这条全长480公里的铁路，连接了肯尼亚首都内罗毕和东非的蒙巴萨港。2015年9月肯尼亚政府与中国路桥公司签署合同，将这条铁路延长120公里至内罗毕西北部的奈瓦沙地区。中国承建的蒙内铁路是非盟提出的"全非大动脉"的重要部分。

3. 中国通信企业在非洲参与了固定电话、移动通信、光纤传输骨干网等设施建设，扩大了非洲国家电信网络的覆盖范围，降低了通信资费。中国与非洲国家在水电站建设、电网铺设等方面也进行了合作，建成的发电设施占比超过90%。

三是对非直接投资。截至2015年底，中国对非直接投资约352亿美元，主要分布在南非、赞比亚、刚果（金）、苏丹、阿尔及利亚、尼日利亚等国家。3000多家中国投资企业落户非洲，促进了非洲国家的就业，增加了税收。几十年来的援助、工程承包和直接投资，使中国公司的品牌在非洲得到高度认可，这是我们与非洲产能合作的一个坚实的历史基础。

（二）双方政府均有强大的意愿和动力

中非产能合作，双方政府有强大的意愿与动力。

2013年和2014年习近平主席、李克强总理分别访问非洲，并且提出了推动非洲建设"三网一化"的发展目标。

2015年1月，中国与非洲联盟在埃塞俄比亚首都亚的斯亚贝巴非盟总部签署谅解备忘录，以共同推动非洲交通和基础设施"三网一化"的合作。

目前，"三网一化"合作开局良好。非洲铁路网已初见成效。除了前面提到的尼日利亚和肯尼亚外，一条连接埃塞俄比亚首都亚的斯亚贝巴和吉布提的铁路已开始试运行；运营管理权完成谈判并签署商务合同。在安哥拉，一条由中国公司施工的铁路项目已经完工。

2015年12月，中非合作论坛上，习近平主席宣布将中非新型战略伙伴关系提升为全面战略合作伙伴关系，并提出共同实施"十大合作计划"，同时宣布：中方将提供600亿美元的资金支持，其中有首批100亿美元的"中非产能合作基金"。

2016年1月7日，中非产能合作基金完成注册并开始起步运作。加上2006年在中非合作论坛北京峰会上由中国国家领导人宣布成立的中非发展基金，现在已有两只规模各为100亿美元的对非投资基金。

另外，非洲国家2015年在第24届非盟首脑会上，通过非洲"2063议程"，把加速非洲工业化和实现可持续发展列为首要目标。非洲各国期望在中国新一轮产业结构调整中加强与中国的产业合作，推动非洲的工业化和技术进步。显然，在经济结构调整、转型升级方面，中非之间有着共同的愿望以及广阔的合作空间。南非总统祖马在峰会上表示：中非之间一系列的合作"与非洲'2063议程'的目标一致，对于非洲来说是不可或缺的"。

（三）双方经济发展的现实需求

中非产能合作既是中国自身发展的现实需求，也是非洲实现工业化的现实需求。

现在，中国有大量优势的产能，如钢铁、有色金属、建材、电力、铁路、机械等行业，非洲大多数国家则处于工业化起步阶段，产品需求旺盛又依赖进口，因此非常希望通过引进中国的产能以加快工业化的步伐。

中国和非洲发展阶段前后衔接，非盟的《2063年议程》表明，未来50年，非洲的规划是以实现基础设施、互联互通以及非洲工业化为目标，而中国的工业生产能力与非洲的发展目标十分吻合。中国产品符合非洲人民的日常需求，技术设备满足非洲建设的需要，发展经验可为非洲提供参考借鉴。中非双方在资金、设备、技术、经验和市场、资源、劳动力等方面拥有互补优势，这就为双方产能合作提供了有利条件。

非洲开发银行行长唐纳德·卡贝鲁卡在2015年6月出席非洲联盟首脑会议期间表示，中国与非洲深化产能合作，将纺织、电子等消费品制造业转移到非洲的时机已成熟。

(四)双方拥有一致的发展理念

同样都是发展中国家,中国和非洲诸国有着共同的历史遭遇、共同的发展任务以及共同的战略利益。中国致力于实现中华民族伟大复兴的中国梦,非洲致力于实现联合自强、发展振兴的非洲梦。

中非产能合作既有机遇也有挑战。非洲有 54 个国家,情况复杂,有的国家战乱,有的国家政局不稳,有的国家安全事件屡屡发生,有的国家法律不健全,有的国家金融体系不完善等。这些问题对于投资者来说都是需要认真应对的。

二 中非产能合作的几点建议

(一)选好投资目的国

在非洲投资,应该选择基础设施相对完善、投资环境比较稳定的国家。从现有案例看,具备上述条件的非洲国家在中非产能合作中都抢得了先机,如坦桑尼亚、尼日利亚、肯尼亚、南非、埃及、埃塞俄比亚等国家,其他还有很多,笔者不一一列举。其中坦桑尼亚是首批加入中国国际产能合作进程的非洲国家之一,目前中国投资占坦桑尼亚基建市场的 70%,中资企业在电信、制造业、矿产等行业中也占有较大优势。在中资企业中的坦桑尼亚员工人数超过 15 万。

(二)加强对投资目的国的市场调研

总体看,非洲国家有很多产能合作的机遇,不过,由于国情差别较大,具体项目需要具体研究。

有些国家,劳动力成本比较低,欧美国家又给予很多关税上的优惠,这些国家就以生产出口型的产品为主,如埃塞俄比亚。

有些国家建筑业比较发达,但是建筑材料要进口,如果能与其在建筑材料方面开展产能合作就会有很好的收益。如坦桑尼亚,石英砂丰富,基础设

施建设需求旺盛。河北壮大玻璃有限公司就选择坦桑尼亚作为产能合作的目的国。现在，该公司已在坦投资4000万元，第一条生产线土建工程已全部完工，不久就能投产。据该公司负责人介绍，工厂正式投产后，能为当地提供300多个就业机会。

有些国家日用消费品市场很大，但主要依靠进口。在这些国家开展日用消费品产能合作，发展空间也比较乐观。

（三）充分运用经贸合作区优势

从2006年大力建设经贸合作区到2016年初，我国企业在境外建设的经贸合作区有75个，分布在34个国家，吸引了1200多家企业入区，其中中资企业720多家。目前在非洲的埃及、赞比亚、尼日利亚、埃塞俄比亚、毛里求斯等国设立了6个经贸合作区，如赞比亚中国经济贸易合作区、埃及苏伊士经贸合作区、尼日利亚莱基自由贸易区、埃塞俄比亚东方工业园、埃塞·湖南装备制造合作园等。

经贸合作区有利于形成产业集聚效应，能更有效地推动中非产能合作，合作区能把很多公司聚集在一起。准备到非洲开展合作的企业或者刚刚起步"走出去"的企业，可以利用合作区这个平台提供的各种便利开展业务。

（四）要避免恶性竞争

恶性竞争是对外合作的痼疾，在传统的工程承包业务中就存在这种情况，既对外产生了负面影响，也不利于企业自身发展。

企业在中非产能合作中要认真思考，认真对待，避免恶性竞争。

（五）切实做好属地化建设

对非产能合作要重视属地化建设。在合作中企业要融入当地，在当地坚持合法合规、恪守诚信经营，履行社会责任，要与驻在国密切合作，增加当地的就业和税收，培养当地的人才，促进驻在国的工业化进程。

以津巴布韦为例，中国在津投资的规模以上企业100家，其中大多数都认真履行企业社会责任，广泛参与当地慈善事业。有一家中资企业在津巴布韦沙姆瓦矿区投资建设了该矿区唯一的一所小学，可以容纳400多名学生，解决了矿区员工子女的基础教育问题，得到当地合作方和老百姓的称赞。

  中非产能合作潜力大，合作基础坚实，发展机遇众多，中非产能合作一定会不断取得新的发展。

B.10
对"一带一路"战略意义的再认识

何伟文*

摘　要： 金融危机之后，发达国家的发展进入微弱增长期，发展中国家和新兴国家的经济发展也需更多驱动力。当前，TPP和TTIP等新规则的构筑使世界自由贸易体制面临空前的碎片化趋势。中国经济的发展需要长期的外部增长环境。"一带一路"的倡议正是在发达国家重构全球经济板块和市场一体化的格局下被提出，旨在为中国在增长较快又有增长潜力的经济带建立密切的贸易与投资合作关系，以保障中国经济长期可持续发展。本文分析了2016年世界经济的增长情况，回顾了发达国家和发展中国家对全球区域和双边贸易规则的构建，最后从全球贸易规则制定的话语权、欧洲一体化和亚洲一体化的贯通、全球价值链的重构以及国家战略考虑等层面对"一带一路"的意义从战略上进行了深刻的再认识。

关键词： "一带一路"　世界贸易规则　一体化　全球价值链

习近平主席分别于2013年9月和10月提出共建丝绸之路经济带和建设21世纪海上丝绸之路的重大倡议，引起了沿线国家的广泛兴趣和普遍支持。全国各地都在积极布局和对接。为了确保这一跨越几代人的伟大宏图顺利实现，我们需要高瞻远瞩，对这一宏大倡议的深刻实质不断进行再认识，避免

---

* 何伟文，前驻旧金山、纽约总领馆经济商务参赞，中国与全球化智库（CCG）高级研究员。

空谈和泛化。

"一带一路"不被称为"战略",而称"倡议",是因为这不是中国一国的事,而是涉及沿线65个国家共同发展的倡议。但从中国角度,必须将其作为一个世纪战略,进行再认识。

"一带一路"不是为了怀古,也不是简单地为了输出过剩产能,更不是中国的"马歇尔计划",而是在21世纪世界经济发展、战略格局演变的大趋势下,为了保障中国经济的长期可持续增长和中华民族的伟大复兴而实施的一项跨区域世纪工程。

一 中国经济需要长期的外部增长环境

全球金融危机结束了发达国家经济年增长率3%左右的增长时期,进入微弱增长时期,即年增长率2%左右。新兴和发展中经济体增势趋弱,需要极大地增强南南合作,共同推动经济增长。其中经济一体化是根本出路,基础设施投资和贸易便利化则是两大驱动力。

亚洲(含澳、新)仍将是世界经济发展较快的地区,面向亚洲,再从亚洲延伸至欧洲、非洲,这是我国的基本地缘经济战略。"欧洲的未来在亚洲",欧亚大板块的最终一体化,将成为世界最大的经济集群。

表1 世界各地区 GDP 增长率预测

单位:%

地区/国家	2014年	2015年	2016年
世界	3.4	3.3	3.8
发达国家	1.8	2.1	2.4
美国	2.4	2.5	3.0
欧元区	0.8	1.5	1.7
日本	-0.1	0.8	1.2
新兴/发展中国家	4.6	4.2	4.7
俄罗斯	0.6	-3.4	0.2
除俄罗斯外独联体国家	1.9	0.7	3.3

续表

地区/国家	2014年	2015年	2016年
新兴/发展中亚洲	6.8	6.6	6.4
中国	7.4	6.8	6.3
印度	7.3	7.5	7.5
东盟5国	4.6	4.7	5.1
新兴/发展中欧洲	2.8	2.9	2.9
中东北非/阿富汗/巴基斯坦	2.7	2.6	3.8
撒哈拉以南非洲	5.0	4.4	5.1

资料来源：国际货币基金组织，《世界经济展望》，www.imf.org/weo，2015年7月。

从表1看出，虽然发达国家仍然将是我国今后长期经济增长的重要市场和合作伙伴，但其经济的低增长（2016年预计低于世界增长率1.4个百分点）不足以满足我国的外部需要。相反，新兴和发展中国家2015年的增长率和2016年的预期增长率都比世界平均值高出0.9个百分点。GDP增长率预测最好的是亚洲发展中国家。预计印度2015年、2016年的增速将高于中国。老东盟五国增长率也将在4.7%～5.1%。中东欧GDP增长率虽稍逊，但高于发达国家。中东北非虽饱经战乱，但GDP增长率却在加快。撒哈拉以南非洲则是仅次于亚洲的快速增长地区。虽然表1只列出截至2016年的预测，但关于GDP中长期预测的众多研究报告基本都指向同一趋势。因此，我国需要在增长较快又有增长潜力的经济带建立密切的贸易与投资合作关系。

二 全球经济板块和市场一体化格局正在重构，21世纪贸易规则由谁主导？

世界自由贸易体制正面临空前的碎片化趋势。

多哈回合谈判的步履蹒跚，引起世界各类自贸协定安排如雨后春笋般涌现。据WTO统计，截至2015年1月12日，向其通报的各类区域或双边自贸协定安排共有604个，其中已付诸实施的298个。

2008年全球金融危机引起了世界贸易格局的重大变化。2012年，发达国家在世界贸易总量中的比重第一次低于50%。世界贸易的规则曾是它们主导制定的。面对新兴和发展中经济体的兴起，它们正在结成"经济北约"，继续主导世界贸易。

美国主导的跨太平洋伙伴关系协定（TPP）于2015年10月5日在美国亚特兰大达成协议，这是21世纪以来达成的规模最大、影响最深刻的跨区域自贸协定。加上美欧之间正在推进的跨大西洋贸易与投资伙伴关系协定（TTIP）和欧日之间进行的新型伙伴关系（EPA），这些足以表明发达国家正在重新构筑或主导彼此间的经济一体化和世界贸易规则。

（一）全球区域和双边自贸安排发展趋势汹涌，要求我们不能处于边缘状态

尽管战后世界贸易规则主要由多边机制关贸总协定主导，但众多自贸安排始终在并行发展。过去十多年来，多哈回合谈判的步履蹒跚在一定程度上催化了各类自贸安排的勃兴。以美国为首的西方国家认为多哈回合谈判不能满足自身利益诉求，转而开始推动新的重大自贸安排，其中最明显的就是美国主导的跨太平洋伙伴关系协定（TPP）以及美欧联手的跨大西洋贸易与投资伙伴关系协定（TTIP）。与此同时，很多发展中国家以及新兴经济体也纷纷推进自己的自贸安排。

1. 美国

北美自由贸易区（NAFTA），是世界最大的自贸区之一，1994年1月起开始实施，由美、加、墨三国组成。

西半球还有美国－中美－多米尼加共和国自贸区、美国－巴拿马、美国－智利、美国－哥伦比亚、美国－秘鲁自贸区。

中东北非有美以、美约、美摩（洛哥）、美安（曼）、美巴（林）自贸区。亚太有美新（加坡）、美韩、美澳自贸区。

正在推进的两个超级自贸区谈判。一个是面向亚太的TPP，目前参与方包括美加墨、秘鲁、智利、日本、新加坡、马来西亚、越南、澳新以及文莱

12个国家，TPP谈判已于2015年10月5日基本达成协议。另一个是美国与欧盟之间的TTIP，尽管TTIP的谈判目前还看不到眉目，不过TPP与TTIP一旦谈成，将对21世纪全球贸易、投资以及经济治理规则的制定产生巨大影响。

2. 欧盟

由28个成员国组成的自贸区堪称当今全球水平最高的经济一体化区域。欧盟除了继续深化内部一体化外，还继续向全球延伸自贸安排，是当今全球签有自贸协定最多的地区。

在欧洲有阿尔巴尼亚、波黑、马其顿、塞尔维亚、摩尔多瓦、黑山、挪威、格鲁吉亚、安道尔、瑞士/列支敦士登、法罗群岛。并正推进与乌克兰的联系国安排。

在中东北非和西亚有埃及、约旦、以色列、突尼斯、摩洛哥、巴勒斯坦、土耳其、黎巴嫩以及叙利亚。

在非洲有东非共同体、西非共同体、南部非洲发展共同体（SADC）、南非、东南非洲国家、科特迪瓦、喀麦隆等。

在西半球有加拿大、墨西哥、智利、秘鲁、加勒比共同体以及哥伦比亚。

在亚太有日本、韩国、新加坡、马来西亚、泰国、印度、越南和巴布亚新几内亚。

正在同美国谈判的TTIP则如前述，为世界超级自贸区。

3. 日本

日本对外自贸区的特点表现为，主要集中在东亚、东南亚、南亚以及环太平洋地区。共有：东盟、马来西亚、文莱、新加坡、泰国、菲律宾、印尼、越南、印度、澳大利亚、墨西哥、秘鲁、智利。

此外已宣布与欧盟、中东的海合会及东亚的韩国谈判自贸协定。

4. 东盟

东盟次区域自贸安排正在加快推进。东盟经济共同体（AEC）于2015年底建成。东盟主导的RCEP（东盟10＋6）有望于2016年底基本成型。

5. 非洲

2015年6月10日，在开罗海滨城市沙姆沙伊赫举行的非洲三个一体化组织的经济峰会上，非洲三个自贸区东非共同体（EAC）、东部和南部非洲共同市场体（COMESA）和南部非洲开发共同体（SADC）26国的领导人签署协议，并发表《沙姆沙伊赫宣言》，将三个自贸区合并为大自贸区TFTA。覆盖人口6.25亿，经济总量占非洲的58%。这标志着非洲经济一体化迈出了重大一步。

6. 拉美

早在20世纪90年代，整个西半球在朝向美洲自贸区（FTAA）的大方向下，形成了两个并行的自贸安排，一个是由美加墨组成的北美自贸区（NAFTA），另一个是由拉美11国组成的拉美一体化协会（LAIA）（含中美洲共同市场和加勒比共同体）。其中，巴西、阿根廷、巴拉圭、乌拉圭和委内瑞拉5国成立了南方共同市场。2010年4月11日，哥伦比亚、智利、秘鲁和墨西哥四国在利马签署《太平洋协定》。2015年7月3日，在秘鲁帕拉卡斯举行的第十届太平洋联盟峰会上通过了《帕拉卡斯声明》，宣布《太平洋联盟框架协议》正式生效。再加上早已存在的安第斯集团，拉美和加勒比一体化格局已经大体实现全覆盖。

在世界五大经济地理板块中，亚洲的一体化程度最低。欧洲排名第一；北美早已实现统一自贸区；拉美和加勒比一体化深度尚不够，但基本已实现全覆盖；非洲一体化深度也低，但已覆盖大部分。只有亚洲（含澳新）一体化基本上是沿着太平洋走，腹地很差。亚欧板块陆上处于分割状态。复杂的是，亚洲自贸区的建设受到来自太平洋彼岸的强大拉动和牵制。美国于1993年倡议成立亚太经合组织（APEC）以来，将亚洲太平洋沿岸国家和西半球太平洋沿岸国家结合在一起，并与部分国家搞跨太平洋伙伴关系协定（TPP），力图克服这一体制，构成更大范围的亚太自贸区（FTAAP）。相比之下，非洲自贸区（TFTA）已宣布启动，美洲自贸区（FTAA）则启动更早。

（二）"一带一路"将推动打通亚洲自贸区和亚洲市场一体化

截至2015年9月30日，我国已签署自贸协定14个，涵盖23个国家和地区，即东盟10国、智利、新西兰、巴基斯坦、新加坡、冰岛、秘鲁、哥斯达黎加、瑞士、韩国和澳大利亚，以及中国香港、中国澳门和中国台湾三个单独关税区。这23个国家与地区合计约占我国全球贸易总额的40%，对外投资的30%。若扣除中国港澳台，对外已签署自贸协定的国家占我国全球贸易总额的比重尚不足27%。而发达国家该比例一般在50%左右。因此，我国自贸协定建设仍属于初期阶段。

"一带一路"沿线国家首先覆盖亚洲太平洋国家与欧洲国家的中间地带，包括中亚、南亚、西亚和横跨欧亚的俄罗斯。丝绸之路经济带的经济基础是自贸安排和市场一体化。这里包括与俄罗斯主导的欧亚联盟对接，与上合组织国家（主要是中亚国家）推动自贸安排。沿丝路和海丝与印度、巴基斯坦、孟加拉国、斯里兰卡洽谈自贸协定。

"一带一路"沿线建设的自贸区网络，将力图适应不同发展水平经济体的特点和需要，寻求最大共赢点和有利于所有参加方经济可持续发展的贸易规则，从而发展多边贸易规则体系，掌握21世纪世界贸易规则制定的主导权。

"一带一路"将推动亚洲市场一体化与欧盟一体化贯通，构建世界最大的一体化市场。欧亚两洲合计占世界经济总量的一半。欧亚经济板块的结合，将带来巨大的市场和增长潜力，将可能使亚欧大陆重返人类文明中心，成为"世界岛"（英国地缘政治学家麦金德语），美国则回归"孤岛"（布热津斯基：《大棋局》），全球化版图将发生深刻变化。

（三）21世纪世界贸易规则谁来主导？

以世界贸易组织（WTO）规则体系和管理体系为代表的当代世界贸易规则，是在美国、欧洲主导下制定的。这一套规则体系随着时代的变迁，许多已经不适应21世纪全球化发展的需要。按理，21世纪世界贸易规则仍然应在WTO机制内制定。但从多哈回合谈判历时14年尚未取得实质性突破这点看，这一机制的作用已不足以完成这一使命。因此才有如雨后春笋般涌现的各种区域、次区域和双边自贸安排。但这一碎片化过程必将指向全球新规则的形成。

美国的基本方针是继续由它主导制定。奥巴马不久前在国会辩论快轨授权（TPA）时，针对亚投行的成立，明确表示：如果我们不去制定规则，中国就会制定。美国如何制定呢？主要是两洋战略：在太平洋，主导谈判TPP；在大西洋，与欧盟谈判TTIP。奥巴马的算盘是，在他任期结束前完成这两大谈判，那么21世纪世界贸易规则就有了。在东方，FTAAP可以基本照搬TPP。在西方，TTIP可以延伸到非洲；TPP则可以延伸到拉美。中国显然将被边缘化。

"一带一路"的一个重要意义是，通过和沿线国家不断深化的投资贸易合作和自贸区网络的建设，逐步探索并形成新的世界贸易规则。其基本依据有二。

第一，迄今由发达国家主导的，由TPP和TTIP体现的21世纪世界贸易规则有一个根本缺陷，即过分强调高标准和无例外，忽视了不同发展水平和不同文化的各经济体之间的差异性。这样的规则很难让发展中国家完全适应和接受，从而未必能够推动21世纪世界贸易、经济和就业的增长，特别是发展中国家的增长。"一带一路"则不同，它的精髓在于包容性和承认差异，旨在构建共建、共享、共赢的命运共同体。在这一庞大的系统工程中，将不断探索既适应发展中国家之间共赢的贸易规则，也适应发展中国家与发达国家之间共赢的新的规则体系。中国无疑将从中起到重大的主导作用。

第二，无论是TPP还是TTIP，最后很可能出现相同的结局，即要么以承认差异而成功，要么以拒绝承认差异而失败。TPP已经是前者，TTIP则可能是后者。TPP谈判已历时七年。最近一次在夏威夷举行的谈判，原本力争达成协议，却因为加拿大要求乳制品例外、澳大利亚要求新药保护期缩短、墨西哥要求汽车原产地不按WTO现行规则而未果。可见各方的差异有多大。可以肯定，如果不设立差异条款，TPP谈判将遥遥无期。2015年10

月5日达成协议的一个基本原因,恰恰是各相关方均做出必要的让步,即承认差异。TTIP则因为欧美诸多管理体制的差异而步履艰难。但不论出现哪种结果,都有利于包容性规则的形成,有利于"一带一路"参与制定、进而参与主导21世纪世界贸易规则的探索和制定。

三 需要重构全球价值链

"一带一路"正确地反映了经济全球化的总趋势,是中国和沿线国家更广泛和深刻地融入全球化,并从中获得巨大振兴的标志性系统工程。而全球化的主要动力来自全球价值链。

全球价值链的初始形态产生于英国工业革命完成(1830年),成熟于美国跨太平洋铁路的建成(1869年)。最先完成工业革命的国家从不发达国家那里低价收购原料,在本国生产后又销往全球。工业生产区域化(集中在少数国家的工业中心),从全球看来则是碎片化。全球价值链的第二次形态产生于计算机与通信技术革命,它引起的后果恰恰是初始形态的反面,即生产过程碎片化了,特别是发达国家大量转移到中国等新兴经济体生产。

但这一碎片化又产生了它的反面,即全球形成一个复杂的综合网络,从分散在不同国家和地区的产品设计、原料开采、技术研发、工业生产、融资、营销直至消费。它含有无数的组成部分,这些部分又是移动的、相互作用的。这就是全球价值链。

目前我国和"一带一路"沿线大多数国家参与的全球价值链大量体现在与发达国家的垂直分工上,其相当大部分是体现在与美欧日发达国家之间。

东亚经济体之间大量参与复杂的分工体系。据WTO估计,2000年以来,亚洲国家和地区进口的60%和出口的50%都是中间产品,即参与全球价值链的部分环节。这在汽车零部件上表现得尤为明显。而且,我国在全球价值链中的地位是比较低的。据商务部发布的相关报告,我国出口中本国增值部分仅占62.2%,而美国是87%,欧洲和日本在70%~80%。

"一带一路"主要是南南合作,可以有力地推动我国同发展中国家合作,实现各自产业升级,提升各自在全球价值链中的地位。

我国同阿拉伯国家的合作,在能源方面类似中亚,但在商贸领域远远超过与中亚国家的合作。义乌的主要外销市场是中东阿拉伯国家。但光走这一步也是不够的。我们输往中东的商品需要不断升级,这需要在供应端升级换代。而中东阿拉伯国家可以提供强大的融资支持。反之,我国一部分产品将来可以逐步在中东阿拉伯国家当地生产,从而发展当地工业。在此过程中,我们不但要着眼于中阿双方的资源,还应积极地吸引全球一切优秀的资源。包括欧美的技术、设计和世界资本市场的融资渠道,并努力把一部分原本在其他地区的分工转移到中阿合作方面。这样,双方在全球价值链中的地位都能得以提升。

同中东阿拉伯国家如此,同中亚、俄罗斯、印度、东南亚国家,都可以通过不同形式,吸收世界优秀技术,形成新的局部产业链,共同提升在全球价值链中的地位。

全球价值链能否重构?"一带一路"应当能够回答这个问题。

历史证明,正确地切入全球价值链,比进口替代能够更快地发展经济。全球价值链的重构,也将整体加快"一带一路"沿线发展中国家的经济增长和繁荣。

四 战略考虑

(一)战略安全

"一带一路"并不针对美国,但在一定程度上是应对美国的亚太再平衡。目前美国海军52%的军力部署在西太平洋,计划到2020年增加到60%。美国控制了18个海上通道,在西太平洋包括朝鲜海峡、巽他海峡、望加锡海峡、马六甲海峡等。我国不挑战美国在亚太的地位,但需要拓展陆路大通道,并通过陆路通往中亚和海湾地区(尤其是中巴经济走廊)。

（二）能源安全

我国原油需求的55%需要通过进口。从海湾国家的进口都要经过马六甲海峡。我国需要建立长期的陆上能源供应通道，即来自俄罗斯和中亚国家的，不经马六甲海峡的供应通道，进而通过中巴经济走廊，从新疆红其拉普口岸通过巴基斯坦陆上到达瓜达尔港，直接到达海湾国家，从而实现不经马六甲海峡的海上通道。

（三）西部和边疆地区的稳定和发展

通过"一带一路"，打通西部地区、边疆地区经中亚、西亚、南亚的向外通道，大大促进其经济发展。同时，通过共建、共享、共赢，进一步巩固与邻国的经济、人文合作，这对西部和边疆地区的稳定和发展将具有极大意义。

B.11 共建"一带一路":中国融入全球化的战略选择

徐洪才 徐一览*

摘　要: "一带一路"如果说是国家战略,容易让其他国家解读为是中国的"马歇尔计划"。如何理解和阐释"一带一路"需要审慎思考和定位。本文基于对全球贸易形式和中国发展状况的分析,提出了公共产品投资是国际贸易的短板。"一带一路"不是一个机制,而是一个倡议。在一定意义上,它是中国创造的一个国际公共产品,使利益共同体利用此机会,实现互利共赢。本文还提出了建立连接"一带一路"、面向全球的、开放性自由贸易协定(FTA)网络的建议,同时在政策、基础设施、贸易、人才和资本等方面加强自身建设,以应对共建"一带一路"不同层次的挑战。最后阐述了亚投行的战略定位,并提出其应在促进人民币国际化方面发挥独特作用。

关键词: "一带一路"　开放性自由贸易协定网络　亚投行　人民币国际化

一 如何准确理解"一带一路"

2015年3月,中国政府发布了《推动共建丝绸之路经济带和21世纪海

---

* 徐洪才,中国国际经济交流中心经济研究部部长;徐一览,美国特拉华大学经济系研究生。

上丝绸之路的愿景与行动》。但是，现在大家谈得比较多的仍是"一带一路"战略，应该说这是不准确的，如果我们将"一带一路"60多个国家都弄到我们的战略里，很可能会引起其他国家的抵触情绪。因此，还是将其理解为一个倡议比较好。中国向"一带一路"沿线国家真诚地发出倡议，号召大家共建"一带一路"这一宏伟事业，这是新形势下中国融入全球化的一种重大战略选择，也是30多年改革开放政策的一种合乎逻辑的延续。"一带一路"也不是一种机制或一个组织，真若如此，情况将会变得更为复杂。

当前，世界经济、政策、国际规则都在酝酿新的变革，以美国为首的西方国家正在主导构建新的国际规则，以"两洋战略"为主导的跨太平洋战略经济伙伴协定（TTP）和跨大西洋贸易与投资伙伴关系协定（TTIP），这些投资贸易规则的设定，中国被排除在外。2008年国际金融危机以来，全球贸易和投资保护主义盛行，全球贸易增长放缓，目前全球贸易年增长率大概在3%左右，中国想继续保持出口的高速增长来推动经济发展显然已不切实际。国内产能严重过剩，很多产业出现饱和；要素成本急剧上升；外贸出口增长下降；受制于地方政府的负债能力，基础设施投资短期内难有较快增长。目前短板领域主要为公共产品投资，虽然其建设周期较长、资金规模较大、投资收益较低、风险较大，但因为其具有一定的外部性，所以会对其他产业的增长产生拉动作用，从而对未来中国经济可持续发展提供支撑。因此，公共产品领域投资不能完全依靠商业资本运作，现在的做法是推广政府与社会资本合作，即PPP模式。2015年是中国推广PPP模式的元年，几万亿元人民币的PPP项目清单早已挂出，但落实效果尚待观察。从2015年上半年情况看，中国经济运行仍然面临很大的下行压力，投资、消费和出口都在持续下滑，经济加快进入"新常态"，未来可持续发展动力何在？除了创新驱动外，加大改革开放的力度也是必然选择，可以说共建"一带一路"正是当前中国经济可持续发展的内在要求。

另外，全球化趋势不可逆转，亚太正在成为全球经济政治中心。但是，大家都已看到目前亚太地区对世界经济增长贡献乏力，也面临可持续发展动力不足的问题。总体来看,"一带一路"沿线国家基础设施投资较弱,各国经济发展具有较大差异性,文化也多种多样,这对开展国际合作是机遇也是挑战。中国经济体量很大,自身结构调整困难较大,迈向全球也遇到重重阻力。我们用传统的"一带一路"概念,并赋予其新的时代内涵。在一定意义上,"一带一路"是中国创造的一个国际公共产品,它不仅满足了当今世界经济一体化的客观要求,也契合了"和平发展、合作共赢"这一时代主题。外部国家有合作需求,我们也有能力。因此,大家一起来搞建设,实现合作共赢。"一带一路"倡议还有突破美国围堵之意。能否用和平的办法解决新兴大国与守成大国之间的矛盾,将是对人类社会的一个考验。

现在有人提出,在"一带一路"倡议基础上再往前一步,比如搞成伙伴关系,即丝路伙伴关系(SRP)或丝路组织(SRO)。从实际出发,我们认为这些更高的要求并不现实,务实的做法就是承认"一带一路"不是一个机制或组织,仅是一个倡议,需要大家自觉自愿。当然,对内而言,我国境内也可以讲"一带一路"战略,不过内涵应限于利用共建"一带一路"的机遇,搞好各自区域的经济建设,以便与外部世界更好地对接。

二 如何推进"一带一路"建设

如何推进"一带一路"建设呢?一个颇有新意的提法是建立"丝路高峰论坛",在最高领导层与部长层面建立一个机制化的对话平台。然而,操作起来并非易事。众所周知,二十国集团(G20)峰会在2008~2010年曾发挥过积极作用,但是最近几年效应递减。特别是,2010年G20峰会提出的关于国际货币基金组织(IMF)份额改革的方案遭到美国国会的一再拖延,几近搁浅。2016年初IMF提出一个改革的"B方案",我们认为这不过是在不动摇美国一票否决权的前提下"打个补丁"而已,并未真实体现G20峰会2010改革方案的精神。显然,G20在推进现有国际经济治理体系改革上已经显示出它的力不从心。近年来,为了保障自身的利益诉求,新兴经济体开始建立诸如金砖国家新开发银行、金砖国家外汇储备库等平台,现在中国又牵头组建亚洲基础设施投资银行。共建"一带一路"的倡议,正是在这一背景下提出,反映了亚欧非之间经济的天然联系与历史的传承,这里面涉及几大古老文明,因而需要更强的包容性与开放性,一定需要有平等合作、互利共赢的精神。

在共建"一带一路"的基础上,我们提出了建立连接"一带一路"、面向全球的、开放性自由贸易协定(FTA)网络。我们认为,双边 FTA 谈判较为务实可行。在亚洲,有中国与东盟的"10+1" FTA,有日本与东盟的"10+1" FTA,也有韩国与东盟的"10+1" FTA,但是中日韩"10+3" FTA 却很难谈成,这充分说明推进亚洲地区经济合作很复杂。还有一个特殊原因,西方社会主导的价值体系对中国政治体制一直怀有偏见。过去几十年已证明中国政府有能力领导人民走向共同富裕与和平发展之路。未来中国也应尽更多的国际责任,与周边国家一起分享和平发展的红利。

在"一带一路""长江经济带""京津冀协同发展"三大战略基础上,结合过去提出的"东、中、西、东北"四个区域经济协调发展,结合"新型城镇化、工业化、信息化和农业现代化"等新"四化"建设,再结合正在推广、复制的上海自贸区(FTZ)的成功经验,中国改革开放事业日新月异,相信未来将会释放出更多的改革红利。现在自贸区试点推广到的四个地区都是沿海发达地区,接下来第三批 FTZ 试点将推广到中西部,比如,郑州、兰州、西安、乌鲁木齐、武汉、重庆等,沿边地区的一些重要城市也应该包括进来,这些地区都与三大战略密切相关。因此,"一带一路"就不止一个带,而是若干个带。"一带一路"沿线节点城市,应找准自身产业定位和战略定位,要搞特色经济,进行差异化竞争,发挥资源禀赋优势,利用"一带一路"的大好契机,加快落实新"四化"建设。

今天中国经济的下行压力较大,李克强总理在《政府工作报告》中指出,要统筹协调好"稳增长、调结构、促改革、惠民生、防风险"。第一点就是稳增长,如何稳增长,其核心就是稳投资,如何稳投资?关键就在于落实重大投资项目。地方政府囊中羞涩，如何保证基础设施投资项目资金到位？这就需要发动社会资本包括国际资本共同参与。将亚太地区高储蓄转化为投资与消费，这是后危机时代促进经济可持续发展的必由之路。因此，中国希望通过共建"一带一路"，推动国内企业"走出去"，开展国际产能合作。我国西部的广大地区，在基础设施、互联互通上有很大的投资缺口，亚太地区基础设施投资同样存在每年高达8000亿美元的投资缺口，因此，仅靠一个丝路基金不够，单靠一个亚投行也不够，最终还是要发挥杠杆作用，引导社会资金积极参与。通过政策、设施、贸易、资金、人心五个方面的重点合作加快推进"一带一路"建设。

共建"一带一路"还将面临多个层面的挑战。

第一，国际层面的挑战。比如西方社会认为中国的"一带一路"是在推行"新马歇尔计划"。

第二，有关国家政府的挑战，这些国家能否正确理解"一带一路"倡议非常重要。

第三，具体项目落实的挑战。每个项目都需要经过科学而深入的调研与论证，但是目前整体上都还属于粗线条的。建好的高速公路、铁路到底能否发挥经济效益？是否具有市场空间？要避免一哄而起，造成烂尾工程。当然，我们还面临文化习俗等方面的挑战。

全球化浪潮来势凶猛，但是我们在知识准备与人才储备方面仍显不足，比如人才断档问题，"70后"、"80后"对65个国家有深入研究的专家中很少有人再深入探究"一带一路"问题。再有，就是封闭意识。2015年中国出境游首次突破一亿人次，实际上我们对人的管理还是很严的。比如，单位对员工护照采取"集中管理"，对人员出国进行严格审批和限制。然而如果不进行实地考察，仅仅依靠闭门造车来制定规划方案，难免脱离实际。现在总体上是匆忙上阵，很多人都能谈点"一带一路"，大而化之，讲不出新意。个别机构，例如开发银行做得比较扎实一点，而其他单位则不然。必须增加这方面研究的投入，通过引进和培养的方式双管齐下，尽快解决人才储备不足的问题。

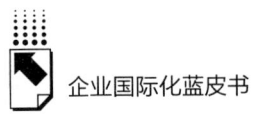

三 亚投行的战略定位与人民币国际化

对于亚投行的治理结构、风险管理、内部控制以及能否贯彻绿色信贷理念等方面，西方社会提出诸多质疑。如何理解亚投行的战略定位？我们认为，建立亚投行是对世界银行、亚洲开发银行等国际组织的有益补充。因为面对着现实的需求，旧的平台已经力不从心，难以满足亚洲地区基础设施投资对资金的需求。我们不是要挑战美国的领导权，而是希望创立一个新平台后会对旧的全球治理体系产生积极的影响。股份比例方面，GDP规模、人口规模以及亚洲区域内外差异等方面都需要纳入考虑范围。中国保持控制权是必要的，不能轻言放弃。

中国作为新兴大国，要有奉献精神。亚投行注册资本金1000亿美元，实际到位资金只有500亿美元，我们有3.7万亿美元的外汇储备，比例是很小的。

亚投行的贷款同样需要讲投资回报，要注重风险控制，建立公平合理的治理结构。作为国际组织，它不是商业性质的，可以不接受国际组织的监管以及《巴塞尔协议》的约束。作为开发性金融机构，它应更多体现出公益性与发展导向。下一步，美国、日本等国会进来，我们持包容、开放的态度，但是它们的股份不能太多，美国是世界银行的第一大股东，日本和美国并列亚洲开发银行的第一大股东，让他们在一个新的国际组织里做一次小股东也是合理的。未来亚投行的作用，相信会随着时间的推移逐渐显示出来。但是，指望亚投行"超常"发挥作用也是不现实的，它更多地起到四两拨千斤的作用，战略意义更大一些，在规则制定上要体现中国的影响力。另外，上合组织开发银行、金砖国家银行等也要尽快建立。

亚投行应在促进人民币国际化方面发挥独特作用。到2030年，当中国老龄化社会来临、城镇化率达到70%之时，人民币应该基本可以实现国际化。按照国家战略，2020年之前要把上海建设成为具有国际影响力的金融中心。但是，上海如果想成为国际金融中心，前提就是要实现人民币的自由兑换，实现资本账户的对外开放，所以未来几年将是加快资本账户开放的关键期。现在我们已经与一些伙伴展开合作，开展央行货币互换业务，鼓励使用双边货币，全球布点，形成离岸人民币业务中心，及时推出人民币对欧元、对英镑、对韩元的直接交易等，已经形成包括中国香港、伦敦、法兰克福、巴黎、卢森堡、新加坡、悉尼、首尔、多伦多在内的人民币离岸中心。目前，人民币在海外已有3万多亿元的规模。应该做大亚洲债券市场，加快海外人民币支付结算体系的建设，在发挥中央银行主导作用的同时，充分利用现有的银行体系。加快建立上海国际板市场，使"一带一路"企业可以在上海发行以人民币计价的股票，建立一个开放型的多层次资本市场体系，从而推动人民币在"一带一路"中发挥主导作用。

应该看到，人民币国际化已经是一个国际性问题。中国作为世界第二大经济体，在贸易、投资等方面名列前茅，在全球经济中举足轻重。但是，人民币在全球金融体系中作用有限，与中国实际经济地位不相适应。2008年金融危机促使大家意识到，以美元为主导的国际货币体系是一个不合理的体系，是导致金融危机发生的重要原因之一。因此要建立一个多元化的国际储备货币体系，但改革举步维艰。国际组织有责任帮助推进人民币国际化，这将有助于促进国际货币体系多元化，也有助于促进全球金融体系再平衡。人民币国际化能够降低美元过度集中所产生的风险，这不仅是中国的事，也是世界各国——无论发达国家还是新兴经济体——共同关注的问题。

2015年，国际货币基金组织（IMF）对人民币加入特别提款权（SDR）一揽子货币做了五年一次的例行评估。认为，人民币加入SDR成为第五大国际货币，有助于提升人民币的国际信用和国际地位，促进人民币国际化。

十年前，中国推出了"熊猫债券"，但一直发展缓慢。一方面，是因为当年人民币对美元单边升值预期增加了融资成本；另一方面，中国利率水平比国际上、比美元利率高。现在，人民币对美元出现贬值趋势，而且美联储将加息，中国人民银行降息，上述两个条件都在发生重大改变，因此，现在是发行人民币债券融资非常有利的时机，亚投行应该抓住这一有利时机发行人民币债券，促进业务的快速发展。

B.12
中国企业在"一带一路"市场上的商业模式初探

王辉耀 曹佳洁*

摘　要： 学术界对中国企业进入"一带一路"市场并在该市场上采用怎样的商业经营模式方面鲜有研究。本文总结论述了两种进出"一带一路"市场的商业模式。一是中国企业将"一带一路"市场视为下一个新市场不断开拓。一方面，发挥国有企业的优势，鼓励大项目走进"一带一路"；另一方面，发挥民营企业的优势，鼓励民营企业在"一带一路"市场上自下而上地创新。二是鼓励以PPP合作模式进出"一带一路"市场。政府鼓励以PPP合作模式进出"一带一路"市场，促进更多的中国企业参与其中，共同发挥各自优势，协同发展。本文旨在抛砖引玉，在未来的企业研究中将汇总更多的"一带一路"市场上的创新型商业模式，为中国企业赢得"一带一路"市场提供借鉴。

关键词： "一带一路"　中国企业　商业模式

随着中国"新丝绸之路经济带"和"21世纪海上丝绸之路"倡议[①]

---

* 王辉耀，中国与全球化智库（CCG）主任，教授，博士生导师；曹佳洁，博士，CCG研究员。
① 2013年9月和10月，国家主席习近平在访问中亚和东南亚国家时先后提出共建"新丝绸之路经济带"和"21世纪海上丝绸之路"的战略构想（合称"一带一路"），为中国与周边国家进一步扩大互利共赢合作提供了新的契机。

（以下简称"一带一路"）的提出与推进，中国企业海外布局发展的可能性进一步提升。商务部发布的数据显示，2015年我国对"一带一路"相关的49个国家进行了直接投资，投资额共计148.2亿美元，同比增长18.2%。另外，2015年，我国企业在"一带一路"相关的60个国家新签对外承包工程合同额达到926.4亿美元，占同期对外承包工程新签合同额的44.1%。

根据麦肯锡的基本测算得知，"一带一路"沿线国家和地区（包含欧盟成员国）覆盖人口近50亿，经济总量约为39万亿美元，分别达到全球总量的70%和52%。到2050年，"一带一路"区域将为全球带来80%的GDP增量和30亿的中产阶层；在可持续发展方面，可把非化石能源占一次能源消费比重提高到25%以上。麦肯锡也对基础设施建设释放的乘数效应进行了估算，每10亿美元的基建投资可创造3万~8万个就业岗位，新增GDP 25亿美元[1]。

"一带一路"沿线国家中，除了包含少数发达经济体（例如新加坡）外，大多数国家是新兴经济体与发展中国家，有的是处于金字塔底层的欠发达国家，但是它们普遍处于发展的上升期，因此"一带一路"倡议的规划与实施，有利于中国与沿线国家经济的共同发展，形成全球化经济发展的新一极。同时，对中国来说，"一带一路"倡议是扩大对外经贸合作空间、推动中国企业"走出去"、带动产业转型与升级、调节产能过剩的新机遇。

目前，"一带一路"倡议尚处于初期起步阶段，但其实早已有大量的中国企业走进"一带一路"沿线国家。根据中国与全球化智库（CCG）的数据统计，从2000年到2015年12月，中国企业在沿线国家的并购案例高达701宗[2]。由此可见，中国企业走进"一带一路"市场方兴未艾，无论从企业主体、进出方式，还是从规模与行业来看，中国企业在沿线国家的经营发展都取得了明显进步。那么，面对与欧、美等发达市场不同的"一带一路"

---

[1] 李光宇：《"一带一路"沿线国家经济总量约39万亿美元》，http://tz.sinoins.com/2015-08/17/content_166358.htm，2016年3月30日。

[2] CCG企业全球化研究课题组，实时收集并更新中国企业在"一带一路"沿线国家的投资案例，建立了完善的中国企业在"一带一路"沿线国家的投资并购案例数据库。

市场，中国企业采取了怎样的进出方式？在当地呈现怎样的商业经营模式？对此方面的讨论，学术界鲜有研究。因此，本文结合中国企业的实际案例，初步探讨总结出中国企业在"一带一路"市场中形成的商业模式，为已涉足或考虑投资"一带一路"市场的企业提供参考与借鉴。

本报告将论述两种进出"一带一路"市场的经营模式。

一 "一带一路"新市场开拓模式

"一带一路"新市场开拓模式由两个路径组成：一方面，重大工程项目如基础设施、能源、通信等互联互通方面的输出，实现与周边国家硬件的对接；另一方面，通过调研掌握"一带一路"市场现状，开发满足当地消费者需求的产品，实现与周边国家软件的对接。无论前者还是后者，都将"一带一路"视为下一个潜在市场，中国企业进入当地，为当地人民创造更多的就业机会，推动促进当地社会的经济发展，同时塑造中国企业在"一带一路"市场上的品牌效应，提高中国企业的海外竞争力。

第一，基础设施、能源、通路通航、信息产业方面的大型项目的新市场开拓模式。从"一带一路"沿线国家对基础设施的需求来看，无论是国内需求还是未来区域经济合作需求，这些国家对基础设施、能源、通路通航、信息产业等领域都存有潜在的巨大市场。据不完全统计，"一带一路"市场对基础设施建设需求达到每年1.05万亿美元；通路通航方面，有合作意向的铁路工程已达到0.5万公里，但与欧亚铁路网的8.1万公里相比还有巨大的空间；能源建设方面，2014~2020年，"一带一路"非OECD国家年平均大约有1396.06亿美元或者更多的电气设备进口需求；信息产业结构需求方面，亚洲是最大的ICT（Information and Communications Technology）潜在市场，约为28.3亿美元，其次是拉丁美洲13.4亿美元、东欧5.3亿美元、非洲4.4亿美元。①

---

① 《"一带一路"带来发展机遇 哪些行业受益？》，《第一财经日报》2015年3月3日。

中国企业将"一带一路"市场视为新市场进行开拓,充分利用亚投行、丝路基金等金融服务机制,走进"一带一路"沿线国家。在大型项目进入"一带一路"市场方面,主要以中国的国有企业为主。例如,中交集团进入塞尔维亚,建设泽蒙-博尔察大桥,是第一座中国企业在欧洲建造的大桥;中交集团建设的中巴经济走廊项目,全长1224公里,被称为"世界第八大奇迹""世界近现代十七项代价最高的建设工程之一";中国中铁在埃塞俄比亚的铁路项目,全长329公里,设计时速120公里,按照中国标准设计施工;中国中铁在孟加拉国的帕德玛大桥项目,是中国企业在海外承建的最大的桥梁工程;等等。由此可见,中国企业已经开始开拓"一带一路"市场了。

第二,在"一带一路"市场上挖掘新的消费者需求,主动研发适合当地的产品或服务的新市场开拓模式。中国企业在开拓"一带一路"市场时,更需要在当地创新创造,充分掌握当地的消费者需求,开发新技术、新产品、新服务,提高中国企业在海外的知名度和竞争力。此类新市场开拓模式主要包含四个阶段。

第一阶段,因市场不同消费者对产品的需求也不同,因此有效摸清"一带一路"的市场需求至关重要。对实际购买者进行可行性调研,收集他们的意见、挖掘他们的潜在需求必不可少。企业在当地开展商业活动之前,有必要与当地政府或者NGO携手,对当地需求做广泛的调研。第二阶段,掌握了顾客需求之后步入产品策划研发阶段。在产品研发时,要积极听取当地人、NGO或当地企业的意见。如果只是将中国的产品直接搬到"一带一路"市场,就有可能产生排异、不被当地消费者接受的现象,因此产品研发需要在调研的基础上进行调整与创新。第三阶段,决定产品之后,以最快的速度投入生产环节。在当地建厂、当地配送运输、雇用当地人才,可提升当地的就业率,促进当地社会的稳步发展。当然,在投资建厂阶段,企业需要插上资本的翅膀,充分利用亚洲基础设施投资银行、丝路基金、国家开发银行等为"一带一路"倡议提供的金融服务,这是不可或缺的融资渠道。第四阶段,将产品以适当的价格提供给当地消费者的销售阶段。搭建企业在当地的销售网,还需借助当地的企业、媒体、NGO等共同宣传推广,这样

中国企业才能深入扎根在"一带一路"市场中,在为当地的发展提供便利的同时,提升企业自身的品牌力度和市场竞争力,从而使企业在"一带一路"市场中的商业行为达到多方共赢的效果。

目前,中国企业在"一带一路"市场上,从调研到产品研发、生产、销售的一条龙价值链进出模式相对较少,而海尔是这个模式的典型代表。海尔在巴基斯坦充分做好前期调研,不断在巴基斯坦实现本土化运营。例如,针对巴基斯坦每个家庭平均人口6~7人,且喜爱穿大袍子的风俗,海尔开发了12公斤能洗大袍子的洗衣机,使用户能把全家人的衣服一次性洗涤。针对巴基斯坦气候炎热且持续时间长,而能源又短缺,一到夏季用电高峰每天要停电10小时以上的实际现状,海尔研发了巴基斯坦第一款直流变频空调,可节能50%,之后又开发了大容量100个小时不化冻冷柜,满足了用户电力短缺时的制冷需求。此外海尔还在2013年成为巴基斯坦第一家生产全自动洗衣机的企业,并在伊斯兰教地区,按照伊斯兰风格进行纹路装饰的设计。海尔在巴基斯坦根据当地用户使用习惯设计产品,品牌知名度和销量均名列前茅。根据华通明略2014年品牌调研显示,在巴基斯坦,海尔品牌知名度为99%,排名第一。2014年,海尔在巴基斯坦全年销售收入达2.3亿美元,市场份额第二,其中空调、洗衣机均排名第一[①]。

海尔在"一带一路"市场上因地制宜,挖掘当地消费者的潜在需求,为当地人量身定做新产品,与当地人共同创造、共享价值,真正实现利益共同体的双赢。

二 PPP合作模式进出"一带一路"市场

PPP(Public – Private – Partnership)模式是政府和社会资本在基础设施及公共服务领域建立的一种长期合作关系。通常是由社会资本承担设计、建设、运营、维护基础设施的大部分工作,并通过"使用者付费"及必要的

---

① 海尔官网,http://www.haier.net/cn/,2016年3月30日。

中国企业在"一带一路"市场上的商业模式初探

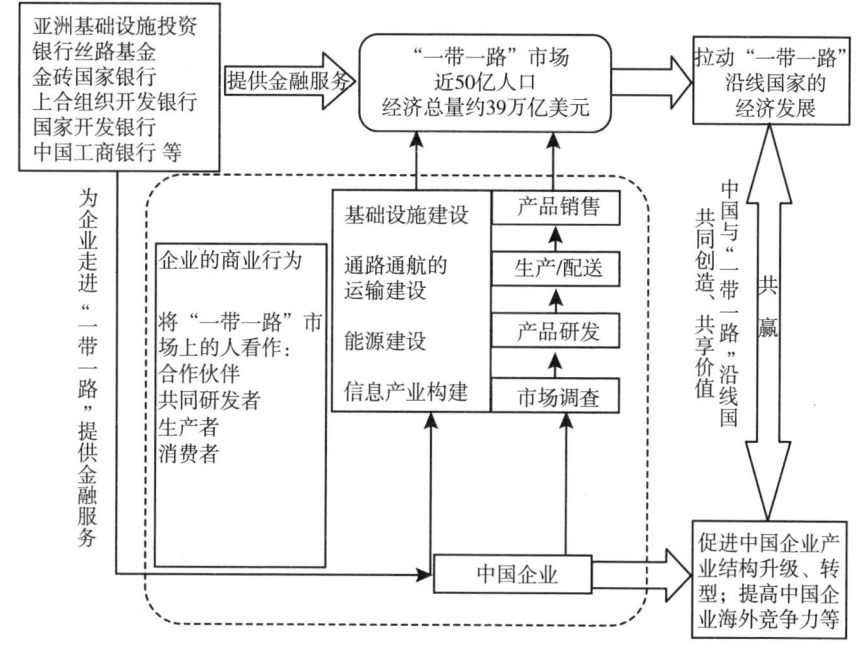

图1 "一带一路"新市场开拓模式

"政府付费"获得合理的投资回报，而政府部门负责基础设施及公共服务价格和质量监管，以保证公共利益最大化。近几十年间PPP机制在欧美和新兴市场经济体不断兴起，但在我国还处于初创和探索的阶段。伴随着"一带一路"建设的不断推进，人们逐渐认识到沿线部分国家的政府欢迎外资以PPP模式投资本国的基础建设领域。这样不仅可以缓解政府方面的资金压力，还可以给更多"走出去"的中国企业带来更大的发展空间。

从项目落地实施情况看，PPP模式有利于中国企业快速融入当地，在"一带一路"市场上开展创新性的商业活动。基础设施的PPP安排最核心的一点是灵活变通。PPP模式可以把建设、投资、营运各个环节拆开进行，任何一个企业可以自由参加一个PPP项目建设过程中的某一环节，而不是承担全部的工作和风险。目前，很多中国企业"走出去"所参与的仅是PPP项目的建设部分。但随着中国资本的积累和企业运作国际项目经验的增加，有资金实力的企业可以以投资商的身份参与项目的投资部分，而有营运经验的企业就可以作为管理公司参与到 PPP 项目中去,企业可以根据自身的能力及业务需求在 PPP 项目的各个环节做出各种不一样的安排①。

从投融资方面看,PPP 融资模式可缓解投资"一带一路"基础设施建设时的资金不足问题。如前文所述,在"一带一路"市场中,区域基础设施发展依然滞后,且无论在质还是量上都低于国际标准。基础设施建设在"一带一路"沿线国家中存在着旺盛的需求,同时对想进入该市场的中国企业来说也存在着巨大的资金缺口。根据亚洲开发银行的预测,未来 10 年,亚洲基础设施投资需 8.22 万亿美元,即每年需要新增投入 8200 亿美元。目前,亚洲开发银行作为亚洲基础设施建设的主要资金提供方,其在 2013 年提供了大约 210 亿美元的贷款,这与所需资金相差甚远。于是,积极推动为"一带一路"解决融资的新型模式势在必行。在张茉楠 2015 年的研究中显示,目前的融资来源包括:亚洲基础设施投资银行的资本规模为 1000 亿美元,其中中国出资 400 亿美元;丝路基金的首期规模为 400 亿美元,其资金来源包括外汇储备、中国投资公司、中国进出口银行、国开金融,资本比例分别为 65%、15%、15%、5%;金砖国家银行,资本金规模为 1000 亿美元;上合组织开发银行,有待正式成立。中国还将向南亚、上合组织、非洲分别提供 200 亿、50 亿、300 亿美元的信贷配套支持。此外,区域性以及国际性组织也将为"一带一路"的基础设施建设提供部分资金②。上述的融资渠道目前能为"一带一路"跨境基础设施建设提供的融资规模为 3500 亿美元左右,显而易见,资金已成为中国企业进行"一带一路"建设的一大掣肘,单一的公共融资模式很难满足项目建设的需求。

因此,要想解决"一带一路"市场上基础设施投资资金不足的问题,就需要充分调动社会资本,利用公私合营的融资模式进入"一带一路"市场。吸收社会资本参与到"一带一路"建设中来,采取债券、基金等形式为走进"一带一路"市场的中国企业提供长期的外汇资金支持,通过 PPP

---

① 曹远征:《PPP 模式开拓"一带一路"基建新局面》,《国际工程与劳务》2015 年第 5 期。
② 张茉楠:《亚投行应为推进"一带一路"PPP 融资模式发挥先导作用》,《中国经济周刊》2015 年第 28 期。

合作模式弥补融资缺口，提升公共产品管理和资本配置效率，为中国企业海外发展创造新机遇。

可以看出，PPP合作模式，是在公私平等的基础上，转变政府的职能，让企业这样的社会资本代替政府为民众提供效率、公平、优质的公共产品和服务，可提高"一带一路"市场上的商业效率，推动当地社会的健康快速发展。

三　小结

伴随着"一带一路"倡议逐步进入深化阶段，我国企业不仅在互联互通、通路通航、能源、信息产业等大项目方面有所作为，也在深耕"一带一路"市场、挖掘当地消费者需求方面不断突破企业自身框架，更在"一带一路"市场上为实现产品、服务、技术的创新积极探索。本文总结了两种进入"一带一路"市场，且植根于本土的企业商业模式。即一是在国家宏观政策的引导下，中国企业将"一带一路"市场视为下一个新市场不断开拓。发挥国有企业的优势，鼓励大项目走进"一带一路"；发挥民营企业的优势，鼓励民营企业在"一带一路"市场上自下而上地创新。二是鼓励以PPP合作模式进出"一带一路"市场，促进更多的中国企业参与其中，共同发挥各自优势，协同开拓新市场。此外，PPP合作模式不仅共享利益，同样共同承担风险，大大降低了政府方面的负担。PPP投融资模式可以促进吸收社会资本，弥补投资"一带一路"时的巨大融资缺口，更便捷地推动项目落地实施。

当然，企业在"一带一路"市场中的商业模式不仅仅局限于本文所探讨的这两种，在今后的研究中也会继续发现与探索其他模式，为中国企业在"一带一路"市场中商业模式的形成与创新提供参考。

对 策 篇

Reports on Strategy Recommendation

B.13
关于推进"一带一路"
发展路径的六点建议

王辉耀 苗 绿*

摘 要： 目前关于实施"一带一路"倡议的研讨主要集中在顶层建设上，在如何落地实施方面的探讨较少。本报告在长期的观察与实践中，总结了六点关于推进"一带一路"发展路径的建议。即建设"一带一路"沿线上的产业园区、打造样板工程、开展智库民间的双轨外交、建设人才先行、倡导旅游带动"走出去"、探索"美食外交"新模式。从政府、企业、智库、国民等多样化主体方面，共同推进"一带一路"倡议的实现。

---

* 王辉耀，中国与全球化智库（CCG）主任，教授，博导；苗绿，博士，CCG研究员，执行秘书长。

关于推进"一带一路"发展路径的六点建议

关键词:"一带一路" 新型外交

2013年9月和10月,国家主席习近平在出访中亚和东南亚期间,提出了"一带一路"战略倡议。经过三年的发展,"一带一路"已从构想层面推进到实施阶段。"一带一路"战略倡议的顶层设计扩大了中国企业"走出去"的版图和可能性,已成为中国企业"走出去"的新载体。

目前,关于"一带一路"的研究和讨论很多,但是"一带一路"倡议如何落地实施?政府应该如何推进?企业应该如何投资沿线国?如何打破异国文化带来的壁垒?如何巧妙地迈过初期可能面临的排他风险?如何开展二轨外交缓和与沿线国的紧张关系?这些问题,鲜有人研究。"一带一路"建设是一项系统的大工程,需要多视角、全方位的战略考量。

我们认为,可以从以下路径积极参与和推进"一带一路"倡议。

一 建设"一带一路"沿线上的产业园区

毋庸置疑,企业"走出去"在海外不应孤军奋战,需要发挥中国企业的群体优势。积极投建"一带一路"沿线上的产业园区,是中国企业"走出去"较理想的战略布局之一。与此同时,随着"一带一路"战略构想的不断完善,我国与沿线国家经贸往来将会更加频繁,也会有更多的中国企业走进"一带一路",在"一带一路"沿线上建设多样形态的产业园区。在海外园区建设方面,我们提出了以下四点建议。

第一,减少在投建海外园区时的指令性任务,充分发挥中国企业在园区开发时的主体作用。与此同时,海外园区在经营发展中应以市场为导向,以可持续发展为目标。海外园区应由企业主导建设并服务于企业。

第二,政府在海外园区的建设过程中发挥政策指导作用。企业与政府携手合作,发挥政府的宏观指导、整体规划优势;企业具体投资、落实园区的项目建设。

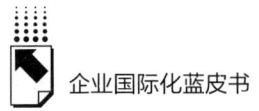

第三,对海外园区的支持可以从两方面着手。一是资金方面的支持。现阶段,我国对境外经贸合作区的审核批准有一定的资金支持,但由于海外项目建设周期普遍较长,加之投资的额度相对较大,依靠政府补贴还远远不够。另外,对于没有获得审核批准的园区项目而言,其将面临的资金压力不言而喻。二是对海外风险防范方面的支持。尤其是对建在地缘政治不稳定、恐怖主义高发的沿线国家的产业园区,我国政府应通过海外使馆提供必要的安全保护。

第四,建议加强我国与沿线国家政府间的双边、多边的紧密合作。对于企业自主投资建设的产业园区,我国政府可以通过公共外交途径,间接地助推中国企业与东道国开发计划的接驳。协助中国企业解决在投资海外园区过程中所遇到的问题。

二 打造"一带一路"沿线上的合作样板工程

现阶段,中国的"一带一路"倡议顶层设计的指导思路已经完善。在接下来的发展中,打造出可复制的样板国和样板工程十分必要,有助于"以点带线,以线带面"地带动中国与沿线区域各国的政治互信,逐步赢得沿线国家对"一带一路"的响应和对这一愿景的积极支持。我们认为,"一带一路"的建设应首先与沿线国的发展战略对接,实施国别化开展,通过成功范例,逐步与沿线国家达成战略共识。不必急于大面积、一次性地铺开。

首先,我们可以在"一带一路"沿线上,选择与中国关系相对友好的国家作为范例。例如巴基斯坦、蒙古、哈萨克斯坦、吉尔吉斯斯坦、柬埔寨等,先赢得这些国家对"一带一路"倡议的支持,以它们为着手点,从而带动周边其他国家对参与"一带一路"这一区域合作的热情。

其次,我们也可以以区域内有一定影响力和领头作用的大国作为切入点,形成范例。譬如与印尼的合作可以在一定程度上带动东盟各国;与俄罗斯的合作可以在一定程度上带动中亚各国。

再次，目前的"一带一路"好似一个大的打包项目，什么样的项目都能参与其中，但其实这是不可行的，必须要有具体的项目作为样板工程。例如，中国可以与样板国开展"中国开发区"或"产业园"等合作模式，为今后与其他国家或地区的合作树立模版。以柬埔寨西哈努克港经济特区为例，该特区已经成为柬埔寨当地生产和生活配套设施最为完善的工业园区之一。该特区正努力建设成为"21世纪海上丝绸之路"沿线上的样板国和样板工程。

三 充分发挥智库在"一带一路"建设中的作用

"一带一路"沿线涉及六十多个国家，每个国家的情况都不同、各具独特性。中方提出的"一带一路"倡议，沿线国家虽然积极响应，但是对"一带一路"的研究与理解有待提高。我们不应仅限于政府之间的交流，更应提倡民间二轨的建设交流，让中国智库参与其中，通过中立的民间学术、友好对话，积极与沿线国探讨合作方案与机制，寻求各个利益体的多方面平衡。我们也提倡两国智库或是多国智库举办"一带一路"智库峰会或是成立智库联盟，让国家背后的第四力量共同推动"一带一路"的协同发展、共赢建设。譬如中国与全球化智库曾与印度尼西亚的八个智库联合举办过智库研讨会，中方与印尼智库的专家进行深入探讨与交流，共谋中印在"一带一路"上的合作共赢建设方案。

同时，中国企业在走进"一带一路"时，迫切需要了解当地的政治经济环境、地缘政治、风土人情等，这些方面中国智库可以提供相应的调研和帮助。此外，中小民营企业是"走出去"的生力军，智库可以将它们的智慧与经验凝聚起来，在推进政策改革上为政府提出可行性的对策建议。例如，中国与全球化智库在2015年成立了"一带一路"研究所，聚集官、产、研等多方专家共同发起关于"一带一路"的研究与讨论，并将研讨成果形成建言献策，充分发挥了智库在"一带一路"建设中"智"的作用。

四 "一带一路"建设人才先行

人才匮乏是限制中国企业"走出去"的瓶颈之一。"一带一路"倡议的推进,需要熟悉沿线国人文社会、掌握东道国语言、了解当地文化、有企业管理经验的复合型人才的参与。因此,加快"一带一路"建设,需要吸引和培养国际化人才,首先实现人才的"互联互通"。为此,我们提出几点建议。

一是建议政府主导设立"一带一路"留学基金,加强中国与"一带一路"沿线国之间的人文文化交往。据不完全统计,在中国留学过的外国领导人只有四五位,而在美国留学过的外国领导人有三百多位,在英国留学过的有一百七八十位,这直接关系到国家影响力和双边关系。因此,通过设立"一带一路"留学基金,加大培养一批熟悉、理解、热爱中国文化的外国人,即"知华派",对中国企业走进"一带一路"进行强有力的人才储备十分必要。美国很多先进科技和商业模式之所以能够转换来中国,就是因为大量留美学生的作用。

二是依托海外孔子学院输出中国文化,在"一带一路"沿线国家培养所需的复合型国际化人才。企业在全球化发展过程中,面临"走出去、走进去、可持续发展"的三个阶段。企业只有深入扎根于当地,做好本土化经营,才能真正实现可持续发展。其中,人才本土化是关键要素之一。我国孔子学院遍布世界各国,据不完全统计,目前已经培养了515万名外国学生。毋庸置疑,孔子学院在"一带一路"沿线上同样发挥着重要作用,培养了大量了解中国文化、精通中国语言的本土化人才。因此,可以借由孔子学院的发展,做好"一带一路"沿线上的人才储备。

三是充分发挥我国华侨华人的作用。据统计,目前居住在东南亚的华侨华人约占海外6000万华侨华人的2/3,在非洲、独联体国家也有几十万、上百万甚至更多的华侨。近年来,随着中国企业国际化水平的不断提升,中亚以及非洲的中国移民也在逐渐增加。他们将会在我国"一带一路"建设中发挥桥梁和纽带的作用。中国过去改革开放70%的外资是靠华侨华人引进的,中国未来对"一带一路"的开放和发展,华侨华人和留学生都将继续发挥重要的作用。我们应该积极发挥这一群体的作用,放宽人才流动的限制,建立优惠政策,同时放宽移民政策,增强华侨华人的力量。

另外,在实施"一带一路"倡议的大背景下,充分利用已有的国际化人才资源是短期内解决人才短缺问题的途径之一。我们建议,充分吸引并利用海外华侨华人的网络力量;发挥国家前外交官员或是商务参赞的力量;利用发挥海外留学人员的资源和优势;充分利用在华的外国优秀人才;重视有经验的在跨国公司工作的人才;提高企业的全球招聘力度,打破国界让世界人才"为我所用";建立海外研发中心,吸引外国的研发人才服务于中国企业。

五 让旅游成为"一带一路"倡议落地的先导

在"一带一路"实施初期,可从旅游入手打造民间外交。2015年中国出境游消费达1045亿美元,逼近2015年中国非金融类对外投资总额1214.2亿美元。可以看出旅游这种民间层面的交流还是很受欢迎的。

第一,旅游业的人文属性和经济属性应并重。我国是世界第一大出境游客源地,也是人均境外消费最多的地区。2015年中国出境旅游人数达1.17亿人次,同比增长9.8%。同时中国出境游消费达1045亿美元,同比增长16.6%,人均消费893美元。在出国旅游目的地中,排名前十的分别为泰国、韩国、日本、越南、美国、新加坡、俄罗斯、澳大利亚、印尼和马来西亚。

我国旅游不但可以间接地为当地创造就业机会,还能增加老百姓之间的互相了解和国家间的友情。旅游业具有促进交流沟通的独特产业作用,能打破意识形态壁垒、经济贸易壁垒。通过旅游,能获得沿线国家的理解、认可和文化包容。

第二,加强"一带一路"旅游开发合作,互相简化旅游出入境手续。

"一带一路"拥有悠久的历史文化和丰富的旅游资源。我们要充分发挥"一带一路"沿线的旅游资源优势,加强与"一带一路"沿线国家开展旅游协同合作,促进沿线旅游业的发展。目前中国的海洋旅游资源竞争力不强,因而可以在海上丝绸之路上发展海洋旅游,例如投资滨海旅游度假村等项目。同时,这要求我们逐步完善出入境旅游的政策,提高沿线各国游客签证便利化水平。要充分发挥市场机制的作用,鼓励我国的旅游企业积极参与其中。

世界各国都放开对中国游客的签证限制,有40多个国家和地区已经对中国实行了免签或落地签。2014年11月起,美国、印度、英国、澳大利亚和加拿大对中国大陆游客简化了旅游签证手续,延长了签证有效期。

第三,提高公民旅游修养,宣传文化旅游。既要加强对外旅游合作,也要提高自我修身,提高公民道德素养。旅游合作可以强调文化之旅,应该在旅游业的宣传上增加我国公民对深层次文化旅游的认识。

六 探索"美食外交"等文化交流新模式

我们要打造文化交流与合作的新模式。比如可以通过推广中国美食文化来加强交流合作,从而助推"一带一路"的实施。世界上一些国家的政要就曾开展"美食外交"。美国前国务卿希拉里·克林顿十分重视"美食外交",曾招揽名厨成立大厨团队,招待远道而来的贵宾。

充分挖掘"一带一路"的历史文化遗产,引导民间开展各种文化交流活动。可以通过政府基金扶持文化类企业和投资"一带一路"文化产业的企业。借助华侨华人同时了解中国和所在国文化的优势,便利文化交流,同时使文化传播深入当地民众生活。

B.14
中国企业"走出去"之风险防范探析

李志强 欧 龙*

摘 要： 随着全球经济一体化的快速发展，对外交流与创新推动国际市场开放程度迅速提高，也为我国企业"走出去"提供了更为广阔的空间。伴随着"一带一路"倡议的实施，我国企业获得了"走出去"的最大政策利好，也意味着我国企业奔赴国外参与投资迎来新一轮的高潮，但相关的风险也进一步凸显出来，中国企业"走出去"面临的是一条机遇与风险并存的道路。

关键词： "走出去" 风险 防范对策

一 背景

2000年党的十五届五中全会在关于制订"十五"计划的《建议》中明确指出："要实施走出去战略，努力在利用国内外两种资源、两个市场方面有新的突破。鼓励能够发挥我国比较优势的对外投资，扩大经济技术合作的

---

* 李志强，法学硕士，金茂凯德律师事务所创始合伙人，一级律师，兼职教授，硕士研究生导师，上海国际仲裁中心仲裁员、马来西亚吉隆坡区域仲裁中心仲裁员、上海仲裁委员会仲裁员、英国皇家仲裁员协会会员，上海国际经济贸易研究所特邀研究员，上海市黄浦区人民政府法律顾问；欧龙，英国东安格利亚大学法学硕士，金茂凯德律师事务所律师。

领域、途径和方式,支持有竞争力的企业跨国经营,到境外开展加工贸易或开发资源,并在信贷、保险等方面给予帮助。"《建议》从全局和战略的高度,深刻阐明了企业"走出去"的必要性、重要性。①

2014年国务院办公厅发布《国务院办公厅关于支持外贸稳定增长的若干意见》,鼓励企业采取绿地投资、企业并购等方式到境外投资,促进部分产业向境外转移;支持企业开展境外品牌、技术和生产线等并购,提高国际竞争力。

2013年9月和10月,习近平主席先后提出了建设"丝绸之路经济带"和"21世纪海上丝绸之路"的倡议(简称"一带一路"),为跨国投资并购提供了新的机遇。2014年11月的APEC会议上,习近平主席表示,中国将成立丝路基金,为"一带一路"沿线国家的资源开发、基础设施、产业及金融合作等与互联互通有关的项目提供投融资支持。2014年10月24日,中国主导的亚洲基础设施投资银行成立。政府上述重大举措给企业进行跨国投资并购带来了前所未有的有利条件。

据商务部消息,2015年中国对外非金融类投资达到1214.2亿美元,同比增长13.3%,创历史新高。从2002年到2015年14年间,中国对外投资连续增长,到2015年增长到43倍,年均增幅33.6%。根据商务部预测,未来10年中国对外投资还将以每年两位数的增幅增长,或许将在2020年超过2000亿美元。经济学人智库(EIU)发布的《中国海外投资指数报告》预测,2017年中国将成为全球最大的净投资国,海外投资规模将居世界第一位。因此,我国政府如何发挥作用为企业跨国投资并购保驾护航将是一项重要议题。

二 企业"走出去"面临的风险

从对外投资的特性看,对外投资具有高风险的属性,要在对外投资过程

---

① 伊文媛:《论实施"走出去"战略中政府的作用》,南京师范大学硕士学位论文,2004年5月。

中保持稳步的发展,必须要有健全有力的法律支撑。从目前我国的投资分布看,大多数企业都投向了欧美发达国家,但相比较于发达国家的企业,我国企业的投资经验有待提升。另外,"一带一路"倡议是"走出去"战略的重大具体举措,自实施以来我国的企业又面临着更大的挑战。"一带一路"沿线国家基本为发展中国家,相应的配套法律法规和制度都不甚健全,各国的政治、经济、法律制度都不尽相同。[1] 我国企业"走出去"面临着重重挑战。

(一)政治风险

政治风险是指,由于突发性政治事件或法律制度的不确定性,直接引起东道国的投资环境发生变化,影响企业对外直接投资的现金流量、利润等目标实现的可能性。除了战争、内乱之外,政治风险还包括政府违约、外汇禁兑、国有化或没收等风险。以"一带一路"沿线国家为例,很多沿线国家的宗教文化派系多元复杂,长期处于动荡局势之中,这些动荡的因素将会给投资者造成无法弥补的损失。[2]

(二)经济风险

经济发展水平不高的东道国,更容易受到全球金融危机、市场波动等因素的影响,一些国家的经济长期处于低迷状态。如果投资所在国宏观经济、金融体系、财政状况恶化以及经济或产业政策调整,将导致对外投资的企业面临成本增加、利润下降而难以继续生产甚至破产的局面。[3]

(三)法律风险

很多"走出去"的企业在对外投资时雄心万丈,但往往不重视对东道

---

[1] 管爱琴:《"一带一路"沿线投资如何防范风险——以苏州企业"走出去"实践为样本》,《中国外资》2016年第7期。
[2] 管爱琴:《"一带一路"沿线投资如何防范风险——以苏州企业"走出去"实践为样本》,《中国外资》2016年第7期。
[3] 管爱琴:《"一带一路"沿线投资如何防范风险——以苏州企业"走出去"实践为样本》,《中国外资》2016年第7期。

国法律的细致研究。每个东道国的法律制度、监管体系都不尽相同,每个国家的具体法律制度都存在很大差异,很难一概而论。很多企业对于"走出去"的风险认知不足。首先,部分企业投资以利益为驱动而缺乏风险意识,投资具有盲从性。其次,企业在投资前没有做好尽职调查和风险评估,对于投资东道国的政治稳定性、法律文化的差异、项目本身风险或者并购对象的具体情况等未作深入了解。如果企业在对外投资过程中忽略投资东道国的法律风险,将会严重影响投资项目的顺利进行,甚至最后招致全盘皆输的风险。

三 企业"走出去"的风险防范建设

(一)政府层面

1. 加强立法保护与支持

为推动我国"走出去"战略的顺利开展,必须建立及完善符合国际规则、惯例的对外投资法律体系。建议加快研究制定专门的如《企业对外投资法》等法律法规。该法应当明确政府部门在企业"走出去"过程中的管理职能、权限,同时规定中国企业"走出去"时的权利和义务,作为企业"走出去"的指导性法规。

2. 利用国际规则,签订双边协议

应当抓紧与尚没有签订双边投资协议的国家进行这方面的商签工作,以确保我国企业在世界各地的投资利益得到保障。加强多边、双边经贸磋商,减少和排除各种境外投资壁垒。例如,签订投资保护协定、避免双重征税协定、司法协助协定、经济合作协定、贸易投资协定、社会保险协定等政府间协定,为我国企业"走出去"创造良好的外部环境。①

---

① 卢娜:《论跨国并购与我国企业"走出去"战略》,对外经济贸易大学硕士学位论文,2003年4月。

3. 加强整体规划和政策指导

鼓励企业"走出去"的过程中,政府还需做好整体规划,定期公布海外投资的重点鼓励行业。为企业创造资金进出、货物运输以及人员往来信息服务等后勤方面的有利条件。从国家的高度指导企业的对外投资行为,避免因企业短视而造成的盲目投资,帮助企业及时获取信息,解决企业投资过程中诸多非核心问题,提高中国企业整体"走出去"的有序性与效率。

4. 加强信息收集,建立信息实时更新体系

政府可以通过各种途径来收集信息,解决企业信息不足的问题。例如,可以通过有关媒体向企业提供政府出版物、研讨会成果等信息,便于企业了解最新的信息动态;政府牵头组成官员、企业家考察团外出考察、接待来访团体。政府定期收集有关东道国最新经济状况、法律法规等内容,并编制如《海外投资环境报告》等材料供企业参考。[1] 同时,可以在重点投资国设立办事处,研究当地市场情况并及时将信息反馈回国内的信息咨询服务系统,由相关部门指导企业进行"走出去"活动。[2]

5. 注重人才培养

人才是最宝贵的财富、资源。从国家层面上讲,如何正确引导和推动跨国投资并购是一项复杂的系统性工程,必须要有大量的专业人才作为支撑。政府可以通过公共教育等途径建立系统化的人才培养体系。同时,建立完善吸引紧缺人才的国际吸收模式。

(二)企业层面

1. 组建高效的运作团队

企业"走出去"需要具备丰富经验、运作技巧和智慧的专业团队来协同完成和实施。在制定财务运作、资源整合等策略上要分析大量的数据,做

---

[1] 伊文媛:《论实施"走出去"战略中政府的作用》,南京师范大学硕士学位论文,2004年5月。

[2] 刘英奎:《中国企业实施"走出去"战略研究》,中国社会科学院研究生院博士学位论文,2003年5月。

大量的调研。企业在选择投资地点时，要正确分析自身的优势能力和缺点不足，然后根据目标企业的经营管理状况、优势特点和劣势弊端等自身条件和市场因素，认真评估"走出去"的可行性、策略的合理性，再进行下一步的计划。①

2. 综合考虑"走出去"的地点

国内企业在"走出去"前，首先，需要慎重考虑"走出去"的利弊，并通过研究东道国政策法规、市场现状等，分析付出的成本是否能够在长期中获得良好的收益。其次，"走出去"失败是否会严重影响企业的生存问题也需要十分关注，同时考虑是否有合理可行的方法弥补"走出去"失败所带来的风险，这种弥补措施需要多长的时间才能使企业恢复到原来的水平，综合考虑之后再做出是否"走出去"的最终决定。②

3. 完善的法律风险管理制度与流程

风险管理流程应融入公司经营管理的各个环节中，全公司各个部门以及全体员工参与和执行，法律部门在这个管理流程中应当发挥牵头和引导作用。③

首先，确立支持法律风险管理的基本制度。将提前预测法律风险、及时发现法律风险和正确应对法律风险作为一项基本管理原则，将事先预防而非事后补救作为一项基本的管理目标，并将法律风险管理纳入公司的全面风险管理和公司治理体系，在机构设置上除了总法律顾问和法律部门外，还可以设置专门的风险管理委员会，由其统一负责包括法律风险在内的风险管理重大事务，并制定公司风险管理的总体战略规划。④

其次，构建和执行完善的法律风险管理流程。该流程一般包括风险识别、风险评估、风险处置、风险监督与报告以及风险防范与控制等环节，所

---

① 刘英奎：《中国企业实施"走出去"战略研究》，中国社会科学院研究生院博士学位论文，2003年5月。
② 刘英奎：《中国企业实施"走出去"战略研究》，中国社会科学院研究生院博士学位论文，2003年5月。
③ 佚名：《跨国公司的法律风险管理体系》，2015年1月27日。
④ 佚名：《跨国公司的法律风险管理体系》，2015年1月27日。

有的环节都需要法律部门与其他部门配合完成。当然，企业的法律风险管理流程与架构也依照本公司的业务情况、组织文化和面临的风险性质而有所不同，并随着外界环境的变化而不断调整，并没有固定的一成不变的模式。[①]

4. 外部律师的聘用与管理

企业聘请的外部律师，属于公司法律风险管理体系的重要组成部分。一般公司会根据实际情况选择与律所建立长期合作关系，以便于律所熟悉公司业务，提供及时到位的法律服务。

企业内部法律顾问与外部律师应该分工明确，内部法律顾问可以处理的工作一般不交给外部律师，而所有委托外部律师的工作，都需要通过法律服务协议明确工作范围与费用标准。在工作范围内，外部律师不仅协助公司处理具体的法律风险，还可对公司的法律风险管理工作进行评估和提出改进意见。[②]

四 结语

资本的趋利性决定资本拥有者必须灵活调整自己的经营战略，并且随时注意相应的风险，不能在毫无防备的情况下盲目进行海外投资。国内企业在进行海外投资时，应当组建专门的团队应对随时可能到来的风险。[③]

企业"走出去"的时候必须做到目标明确，并充分地了解和熟悉东道国资本市场，特别是东道国的法律监管制度，同时要聘请专业的服务机构，在公司的"走出去"的总体目标下，按部就班地完成各项流程。[④]

总而言之，海外市场充满机遇和挑战，我们的企业需要做好一切准备迎接它。

---

① 佚名：《跨国公司的法律风险管理体系》，2015年1月27日。
② 佚名：《跨国公司的法律风险管理体系》，2015年1月27日。
③ 乔新生：《海外收购新途径——中资企业利用资本市场的重大尝试》，2008年9月。
④ 张雪双：《我国民营企业海外上市融资市场选择研究——以阿里巴巴于纽交所上市为例》，2014年7月1日。

B.15
"一带一路"面临的安全风险及其应对

刘 群*

摘 要： "一带一路"的目标是与沿线国共同打造互利共赢的利益共同体和共同发展繁荣的命运共同体。本文首先综述了"一带一路"被提出的内在逻辑和时代背景，指出"一带一路"着眼于解决当前世界发展面临的两大主要矛盾，是对世界政治经济秩序调整演变的主动牵引。文章进一步阐述了"一带一路"建设过程中可能面临的地缘政治、经济、文化和公共关系等各方面的不确定性风险与挑战。最后针对如何应对这些风险，提出了塑造良好的战略环境、整合国际资源、完善风险防范机制、促进文明融合以及构建安全保障体系等全方位的建议。

关键词： "一带一路" 安全风险 应对建议

建设"丝绸之路经济带""21世纪海上丝绸之路"，是中国根据全球形势的深刻变化，着眼国内外两个大局，实施新一轮扩大开放，促进经济转型升级的重要举措，也是营造安全发展环境的重要举措。其目标是与沿线国共同打造互利共赢的利益共同体和共同发展繁荣的命运共同体[①]。

---

* 刘群，国防大学国防经济研究中心副主任。
① 何天时：《地缘经济视野下的中国"一带一路"战略构想》，《理论学习》2015年1月，第27~29页。

一 "一带一路"的内在逻辑及背景

"一带一路"发展战略是贯穿欧亚大陆,以互利共赢为基础的发展大战略。它旨在统揽政治、外交、经济,从陆、海两个方向连通欧亚非,推进政策沟通、设施连通、贸易畅通、资金融通、民心相通,形成沿线国家利益共同体和命运共同体。

(一)"一带一路"发展战略的基本逻辑

"一带一路"着眼于解决当前世界面临的两大主要矛盾,并提出了有针对性的解决方案。当前,世界发展的主要矛盾主要体现为,发达国家投资饱和、资本过剩,大量资本涌向金融市场投机获利,过度的投机又进一步引发了金融危机;同时,新兴市场国家虽然经济发展势头良好,但是经济增长却面临基础设施落后的瓶颈,资本短缺,投资不足。这两大矛盾,恰好与中国当前经济发展的阶段性特征互补。

经过改革开放30多年的快速发展,中国综合国力大幅提升,经济总量跃居世界第二,对全球经济增长的贡献世界第一。[①] 中国过去三十多年的发展经验表明,中国经济之所以能保持高速发展,原因在于基础设施建设先行,为中国的高速发展铺平了道路。良好的基础设施拓展了市场空间,提高了资源配置的效率。

经过改革开放三十年的高速增长,中国的资本积累基本完成,传统制造业迅速成长,规模可观,且积累了大量优势的产能,具备了资本输出和产业能力输出的条件。在基础设施建设方面,中国企业积累了丰富的经验,2015年中国企业在国外完成的承包工程、大项目营业额1540.7亿美元,新签合同额2100.7亿美元。尤其在铁路、机场、港口、公路、水电、火电建设方

---

① 何天时:《地缘经济视野下的中国"一带一路"战略构想》,《理论学习》2015年第1期,第27~29页。

面，具有明显的国际竞争力。在全世界排名前250家承包企业中，中国企业占62家。很多企业名列前茅，基础非常扎实。① 在这种条件下，中国成为当今世界最有能力搞基础设施建设的国家。

基础设施建设是"一带一路"沿线许多国家发展的软肋。"一带一路"建设为各国、各地区发挥比较优势创造了基础设施条件，扩大了各国的商品流通范围、要素市场化配置范围。市场规模与要素配置空间范围的扩大为各国之间的专业化合作创造了条件。② 在这一大背景下，中国提出以互联互通为重点的"一带一路"发展战略，为这些国家的发展提供了条件，这是"一带一路"倡议得到沿线许多国家积极响应的重要原因。

"一带一路"倡议是对世界政治经济秩序调整演变的主动牵引。当今世界正在进入大变革、大调整、大发展的新时代，经济全球化和区域一体化加速发展，大国关系发生深刻复杂的变化。"一带一路"倡议，东边牵着活力四射的亚太经济圈，西边系着发达的欧洲经济圈，覆盖面积广，辐射国家多，两端经济圈的互动所产生的能量将无可估量，这将成为世界上最长、最具有发展潜力的经济大走廊。③

（二）"一带一路"倡议的时代背景

"一带一路"倡议是在全球化背景下提出的，它不是单个国家的独奏，而是所有沿线国家的大合唱，将影响到60多个国家，使44亿人受益。

1. 国际战略格局深刻调整

近十年，世界形势与全球格局的特点是，世界经济和政治重心正在向亚太地区转移。中国及一批发展中大国以及亚洲发展中国家整体崛起。在这一背景下，上升大国与守成大国之间的经济相互依存，合作共赢成为持续发展的前提

---

① 孙振宇：《"一带一路"战略的时代背景、风险与挑战以及几点建议》，《政治经济学评论》2015年第4期，第5~8页。
② 保建云：《论"一带一路"建设给人民币国际化创造的投融资机遇、市场条件及风险分布》，《天府新论》2015年第1期，第112~116页。
③ 何天时：《地缘经济视野下的中国"一带一路"战略构想》，《理论学习》2015年第1期，第27~29页。

条件，美国提出的"亚太再平衡"战略成为重塑国际战略格局的重要因素。

2. 金融危机后世界经济失衡

国际金融危机爆发后，全球经济结构严重失衡，世界经济开始进入深度调整期，大多数经济体增长缓慢且痛苦。在此过程中，国际经济规则也开始重构。美国力求掌握国际经济规则变迁的控制权，推动建立高标准的货物贸易、服务贸易和投资自由化的规则体系，主导后危机时代经济全球化的秩序安排，但是新一轮的经济全球化也使广大新兴发展中国家面临新的挑战。

3. 中国经济进入"新常态"

2008年全球金融危机爆发后，中国发展也受到影响，进入了"前期政策的消化期""结构调整的阵痛期"和"增长速度的换挡期"三期叠加阶段。中国经济由"旧常态"向"新常态"过渡，这是一个艰巨而复杂的过程。目前，国内部分传统产业需求开始饱和，钢铁、水泥等领域出现过剩产能。在新常态下，"一带一路"立足全球视野，在保持国内经济增长的同时，努力向全球经济价值链拓展。① 通过深化经济体制改革和经济发展方式的转型，构建开放型经济新体制，建设创造新的开放环境，扩大内需，扩大对外开放和对外投资。

二 推进"一带一路"面临的主要风险

"一带一路"是中国向沿线国家提出的共同合作、共同发展的倡议。沿线地区地缘政治、经济发展、安全形势复杂多变，矛盾尖锐，恐怖势力扎堆，且各国国情千差万别，挑战十分严峻，风险也前所未有。"一带一路"倡议推出之后，积极主动配合者有之，表面欢迎但缺乏切实举措者有之，观望者有之，干扰者也有之，这充分反映出在推进"一带一路"建设过程中可能面临的种种不确定性风险与挑战。②

---

① David A. Parker, Scott Kennedy. *Building China's "One Belt, One Road"*, 2015
② 查道炯：《"一带一路"中不可忽视的非商业风险》，《中国电力企业管理》2015 第 13 期，第 20~22 页。

（一）大国博弈引发系统性风险

历史经验表明，新兴大国的崛起，尤其是像中国这样的大国崛起，必然会引发国际体系的不适，也可能面临来自邻国和竞争对手的疑虑。美国有人认为：中国的发展注定要颠覆世界秩序，并在本地区引发新的冷战，中国仍是亚洲乃至世界的主要威胁。而事实上，中国周边被美国的军事基地所包围，而中国在海外仍没有军事基地。①

"一带一路"横跨欧亚大陆，具有重要的地缘政治意义，这里的许多国家和地区都曾是历史上大国角逐之地。目前，这里依然是大国军事力量的聚集地，不少国家在此排兵布阵，这种态势对"一带一路"的推进是一种战略性、常态化的威慑。中国推动"一带一路"，将扩大中国在沿线地区的影响力，容易形成大国影响力的此消彼长。历史经验显示，新崛起大国与守成大国之间的结构性冲突不可避免。在中国和平崛起的过程中，一直都在竭力避免和美国发生大规模碰撞。但是，美国始终对中国保持高压态势。

美国已经在太平洋地区部署了大约15万的兵力，并计划于2020年前，将空军60%的海外作战力量、海军60%的水面舰艇部署至亚太。同时，美国不断强化军事同盟体系，构筑"印太两洋对接"的兵力布局，这无疑增加了美国以军事手段阻断、干扰我国"一带一路"进程的风险。② 面对美国在军事上平衡、围堵与遏制中国的战略，"一带一路"试图以经济发展的方式确保中国可以继续坚持和平崛起的政策。③

印度是直接影响"21世纪海上丝绸之路"的关键国家，中国与印度都是发展中大国。印度依据地理优势，保持着其在南亚的优势地位，并对外部力量在印度洋的存在持防范之心。印度的目标是维护和强化其在南亚—印度

---

① Pepe Escobar. *China Is Building a New Sill Road to Europe, And It's Leaving America Behind*, 2014.
② 王卫星：《全球视野下的"一带一路"：风险与挑战》，《人民论坛——学术前沿》2015年第9期，第6~18页。
③ 刘海泉：《"一带一路"战略的安全挑战与中国的选择》，《太平洋学报》2015年第2期，第72~79页。

洋地区的主导地位，建立以印度为中心的地区秩序，因此如何推进互利共赢，争取印度对"一带一路"的合作与支持十分重要。

日本将遏制中国作为其"重新崛起"的着力点，认为，"一带一路"或将削弱其在亚太的影响力，并与其中亚"丝绸之路外交"产生利益冲突。日本极力渲染"中国威胁论"，利用经济援助、项目合作等方式，拉拢东盟国家，对我国形成牵制，并拉近与"一带一路"沿线相关国家的关系，在多个领域与我国展开经济竞争。日本还积极发展太平洋、印度洋沿岸国外交，意图在更大范围内构筑防线遏制中国。①

（二）地缘政治与恐怖主义风险

"一带一路"所连接的欧亚大陆，途经多处安全破碎地带，各种宗教、民族、领土主权矛盾不断激化，恐怖袭击此起彼伏。其中一些国家面临转型之困，长期陷入持续战争冲突。中国出口信用保险公司于2013年底针对"一带一路"沿线65个国家发布的信用评级显示，只有新加坡评级为1级，叙利亚、阿富汗属于国家风险水平最高的国家，印度、印度尼西亚等16个国家属于风险水平比较显著的国家，可见，"一带一路"沿线区域处于风险高位。②

"中巴经济走廊"是中国和巴基斯坦两国领导人为加强中巴全天候战略伙伴关系提出的双边合作计划。该计划提出后，华能集团、三峡集团、中国电建等企业积极推进投资建设能源电力项目，优先保障中巴经济走廊能源项目顺利建设和运营。③ 中巴合作对于巴基斯坦的经济发展，对促进南亚地区和平与稳定具有重要作用，并且可增进中国与阿拉伯世界的交流和经济联系。但是，中巴经济走廊沿线也面临着恐怖主义的威胁，尤其是阿富汗局势

---

① 刘海泉：《"一带一路"战略的安全挑战与中国的选择》，《太平洋学报》2015年第2期，第72~79页。
② 辛颖：《"一带一路"高企风险的化解之道》，《法人》2015年第5期，第54~55页。
③ 何时有、肖欣：《"中巴经济走廊"能源电力项目的投资风险》，《国际经济合作》2015年第2期，第82~85页。

仍然处于动荡之中，对中巴经济走廊建设也构成了一定的威胁。①

中亚属于欧亚大陆的"心脏地带"，历来是世界大国、地区强国在欧亚内陆的必争之地。中亚的地缘政治复杂多变，部分国家也长期面临恐怖主义、民族问题及政局动荡的困扰，从而导致政治风险较大。②

中东乱局仍然持续。叙利亚内战之后，趁着叙利亚和伊拉克边境地区出现权力真空，巴格达迪联合"胜利阵线"成立了伊斯兰国武装，迅速席卷了伊拉克大部分逊尼派地区和叙利亚部分领土。

南海地缘政治环境复杂，"海上丝绸之路"的第一站就是南海地区，域外大国的积极介入，导致冲突风险进一步增加。美国借海上航行自由介入南海，日本等国纷纷跟进，内外力量的推波助澜对"海上丝绸之路"建设也将带来不利影响。

全球恐怖主义泛滥，对"一带一路"在各地的投资项目直接构成威胁。"一带一路"沿线地区汇集了多个宗教极端和恐怖势力，对企业而言，如果一个国家动荡不安，恐怖袭击事件频频发生，即便其市场再大，也会退避三舍，延缓进入，甚至三五年内不会轻易进入该国市场。

（三）政局变化与政商关系风险

政治风险是因东道国政策的改变而造成的企业利益的损失，是国际投资中最重要的风险之一。中国推进的"一带一路"项目中，不少是基础设施项目。基础设施建设投资大、周期长、收益慢，在很大程度上有赖于有关合作国家政治的稳定。但是在东南亚、南亚、中亚和中东地区，一些国家国内政治生态复杂多变，政局动荡，甚至内战冲突不断，潜伏着不少政治风险。

政治风险还包括征收风险，即东道国政府对外资企业实行征用、没收或国有化的风险。20世纪80年代以来，直接征收风险已经大大降低，但蚕食

---

① 刘海泉：《"一带一路"战略的安全挑战与中国的选择》，《太平洋学报》2015年第2期，第72~79页。
② 刘海泉：《"一带一路"战略的安全挑战与中国的选择》，《太平洋学报》2015年第2期，第72~79页。

式征用却渐渐盛行。蚕食式征用是指东道国政府并未公开宣布直接征用企业的有形财产，而是通过种种措施阻碍外国投资者对本企业财产进行有效控制、使用与处置，这就使得外国投资者作为股东的权利受限或实际上被取消，从而构成了事实上的东道国政府征用行为。

（四）经济法律等技术性的风险

从全局角度看，"一带一路"建设确实面临着一定的风险，有学者认为，沿线某些国家没有良好的治理体制，初期对这些国家的投资相对容易，但是从长期看，要想得到投资回报则困难重重。[①] 也有学者认为，中国把资金投入不稳定地区和国家风险极大，最终将泡沫化。[②] 从企业层面看，目前，由于不熟悉境外的经济法律环境，一些"走出去"的企业往往需要花费高额的法律费用和经营成本，提高了投资风险。这些风险主要包括：市场经营风险，比如沿线一些国家尤其是中亚与西亚的国家，由于市场发育不成熟，市场监管能力弱小，大大增加了建设企业的市场风险；违约风险，具体包括企业违法风险与政府违约风险，即参与建设的国家的企业与政府违反合约造成的成本损失以及不确定性风险。[③]

金融风险，自20世纪70年代初布雷顿森林国际货币体系崩溃以来，国际汇率的大幅波动就给国际资金流动带来了很大的风险。货币与金融不稳定带来了金融市场波动风险。大多数"一带一路"沿线国家经济发展水平不高，金融机构抗风险能力较弱，货币币值不稳定，容易产生货币信用与金融风险。

中国的海外投资经营战略仍存在不完善之处，投资过于集中在敏感领域。中国企业海外投资中部分属于资源类产业，如果处置不当，往往容易引

[①] David Dollar. *China's rise as a regional and global power: The AIIB and the 'one belt, one road'*. Summer 2015, page: 162 – 172.
[②] Moritz Rudolf. *China's 'Silk Road' Initiative Is at Risk of Failure*, 2015
[③] 保建云：《论"一带一路"建设给人民币国际化创造的投融资机遇、市场条件及风险分布》，《天府新论》2015年第1期，第112~116页。

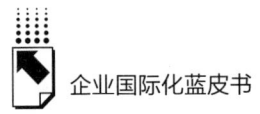

发矛盾和冲突,甚至引起某些针对性的反华排华的暴力侵袭和抗议;投资地域风险过高。中国矿产企业在海外的自然资源开发区域多位于发展中国家与偏僻地区,这些地方往往走私、贩毒、反政府武装等犯罪活动盛行。

海外投资的法规风险表现为对投资目的国的投资环境了解程度不够,盲目经营和投资。当中国企业走出国门,踏进法制不健全或依法维权意识比较强的国家时,对所在国法律环境的了解不足往往将成为国际的额外风险来源。

(五)文化差异与公共关系风险

当中国逐步演变成为一个重要的直接投资输出经济体的时候,我们面临的文化冲突风险也在增加。

在"一带一路"推进中将面临许多文明差异所引发的风险。"一带一路"沿线大多数国家民族众多,多元宗教信仰并存,对文化差异引发的问题如不能及时有效地进行协调和疏通,很容易引起民族主义情绪,从而影响"一带一路"建设的进程。

"一带一路"沿线不同文明的地区对于外来企业有相应的期待与禁忌。我国企业走出国门时间尚短,对文化习俗差异意识淡薄,往往对当地宗教、文化缺乏敏感性,极易被误解或产生冲突。[①] 一些企业在面对国外民间社会时,准备十分不足,由于缺乏国际经验,不少企业照搬国内经验,对来自民间社会的风险要么根本看不到,要么视而不见,往往容易导致公共关系危机。对公共关系处理不妥,以及由此引发的对中国"一带一路"意图的猜忌,增加了与沿线各国合作的难度,这些都将成为"一带一路"中长期推进面临的重要风险。

三 应对风险挑战,推进"一带一路"发展

随着"一带一路"的推进,有效防范风险、应对挑战,成为事关国家

[①] 储殷、柴平一:《绸缪"一带一路"五大风险》,《金融博览》2015年第6期,第52~55页。

经济发展和安全利益的重大课题。这就要求我们从战略全局的高度，处理好大国关系，全面构建良好的"一带一路"发展环境。以互利共赢为宗旨，促进文明融合，共同繁荣发展，加强与沿线国家之间的安全合作，共建反恐、反极端势力的安全合作机制，同时，围绕大通道、大项目安全，构建良好的安全体系。①

（一）协调国际关系塑造良好战略环境

推进"一带一路"建设首先要营造良好的国际环境，有效缓解崛起困境。改革开放后，中国专注国内发展经济，但随着综合国力的提升和中国经济走向世界，中国必须关注国际战略格局。

1. 要处理好中美关系

中国的"一带一路"并不是与美国之间的直接竞争，而在美国战略重心东移的情况下，采取西进战略，以经济合作促进和平与发展，回避大国之间的迎头相撞，这是一个基于合作共赢基础上的发展倡议。

中美构建新型大国关系的核心是不对抗、不冲突、相互尊重、合作共赢。在共同关切的问题上，两国拥有共同的议事权；在世界重大问题上，两国拥有共同的磋商权，这是中美新型大国关系的题中应有之义。中国的崛起对美国的地位并不一定构成威胁，美国也不能以霸主的姿态压制中国。双方应在对等的前提下进行合作和利益交换，中国在世界重大关切问题上要有参与权、话语权和决策权。②

2. 以点带面，以务实合作求共赢

正如中国外交部副部长张业遂所阐释，"一带一路"是合作倡议，中国并无特殊的地缘战略意图，无意谋求地区事务的主导权，中国不会经营势力范围，更不会干涉别国内政。当前，世界经济融合加速发展，区域合作方兴

---

① 马昀：《"一带一路"建设中的风险管控问题》，《政治经济学评论》2015 年第 4 期，第 189~203 页。
② 黄靖：《"一带一路"、和平崛起与中国应注意的问题》，《亚太安全与海洋研究》2015 年第 3 期，第 52~59 页。

未艾。强调"一带一路"倡议非战略性、合作性和非排他性。应积极利用现有双多边合作机制,推动"一带一路"建设,与有意愿的国家和经济体展开务实合作。

3. 构建战略互信,从战略落实到行动

"一带一路"建设重在坚持战略诚信。我们应诚心诚意地对待沿线国家,做到言必信、行必果。坚持公平、公正原则,处理好"义"与"利"的关系,有所为有所不为,让沿线国家充分感受到中国与它们一同寻找致富之路的诚意。同时让沿线国家受益于中国的发展,实现多方面的互利共赢,共同打造发展繁荣的命运共同体。

(二)以开放共赢的国际视野整合资源

1. 弘扬丝路精神就是要坚持合作共赢

"一带一路"将成为世界经济新的驱动力,开放包容、互利共赢、非排他性的特点决定了"一带一路"不是零和博弈,不是对地区已有合作机制和倡议的挤压和替代。相反,"一带一路"旨在发挥既有的双多边机制的延展效应,搭建起灵活开放的区域合作平台,打通我国与东亚、中亚、南亚、欧洲、非洲等地区之间交流合作的大动脉,使各方共享合作成果。[①] 中国追求的是共同发展,既要让自己过得好,也要让别人过得好。"一带一路"的推进本着形成利益共同体、命运共同体和发展共同体的目标。无论是倡议还是推进阶段,不管是规划还是具体项目,中国都会和相关国家商量办事,不搞任何形式的强制或者垄断。中国将与沿线国家形成共赢多赢的投资模式,充分发挥成员国之间的协同效应,争取将不确定性控制在最小范围。通过多方参与实现多渠道融资、多样化所有权,采取多边合作方式优化资源配置。公平合理地分配好蛋糕,中国不独享利益,也不拿大头。

2. 加强中美良性经济合作

"一带一路"可以与所有的域外力量包容共存,并不是排挤域外国家。

---

① 张茉楠:《全面提升"一带一路"战略发展水平》,《宏观经济管理》2015年第2期,第20~24页。

中美两国在"一带一路"的许多领域具有广阔的合作前景。美国的比较优势是军事联盟体系，中国的比较优势在于人力资源、技术、经验和地缘便利。中美两国可以在寻求合作的基础上，实现中美新型大国利益在"一带一路"的兼容发展。① 事实上，双方在过去建立的战略与经济对话、人文交流高层磋商等90多个对话沟通机制已经为两国的合作与沟通建立了广泛的基础，同时也为新型大国关系的建设提供了机制保障，为两国未来更加广泛的经济合作奠定了发展空间。

3. 深化中俄全方位战略合作

俄罗斯支持中国的"一带一路"倡议。中俄能源合作发挥了龙头作用，两国不断攀升的能源合作水平正在逐渐释放巨大的潜力和互补性，使双方共享合作红利。

4. 扩大中印共识和互利合作

中印两国既有竞争关系，也存在共同利益。中印两国在全球能源治理领域的话语权孱弱，缺乏国际规则制定的参与权，国家能源安全亟待有力保障。中印可携手推动亚洲油气进口国协调机制的形成，进而与油气生产国一起建立亚洲地区性市场，以此作为更广泛经济合作的推手。

5. 与西方跨国企业联合"走出去"

通过多元股权组合投资，规避政策风险。联合投资可能是规避风险的方法。要根据各行业企业的不同特点，采取不同的合作方式，形成一个"你中有我，我中有你"的利益关系，提高投资效益，规避投资风险。② 中国推进的多边合作进程，也受到了西方学者的好评，认为对于世界而言这是一个利好的消息，欧洲尤其是美国必须克服其对中国的怀疑，抓住机遇，并从中获益。③

---

① 王义桅：《绸缪"一带一路"风险》，《中国投资》2015年第2期，第51~54页。
② 郑新立：《"一带一路"战略为海外投资提供无限商机》，《财经界》2015年第5期，第57~59页。
③ Javier Solana. *China and global governance* - The Journal of Turkish Weekly, 2015.

（三）不断完善海外投资风险防范机制

我国对外直接投资有一些集中在政治不稳，或连年战乱，或种族冲突不断的国家。面对风险，我们在完善国内保障和保险体系的基础上，要做好充分的防范。

一是要构建风险评估预警体系。规避风险应以事前安排为主，事后措施为辅。认真做好尽职调查，了解技术、市场需求，以及投资所在地的法规、历史、人文环境、外商投资纠纷处置方式等。[1] 如某央企在沙特麦加的轻轨项目，就是因为对中东地区的情况和海外工程的 EPC 模式运作不熟悉，低估了项目实施的难度，从而没有充分考虑工程实施的成本导致了巨额亏损。因此，企业在进入海外市场前应对这些问题充分了解，以防风险的产生。[2] 还要不断建立和完善专业的海外投资风险评估体系，健全风险评估和预警机制等安排，降低遭遇风险的概率。海外的工程模式、市场环境以及建设都与国内有很大的差异，企业应避免以国内的思维定式和投资经验做出决策。受商务部合作司委托，中国对外承包工程商会研发了《境外企业项目外源风险管控评价体系》。该体系界定了恐怖主义社会治安风险、政治风险、经济风险、法律风险、环境风险和医疗卫生风险 6 大类外源风险和应对防范措施，构建风险评价模型和评估体系，为企业提供了风险评估的工具和智力支持。[3]

二是要建立海外投资保险制度。海外投资保险制度是投资国对本国的海外投资依据国内法所实施的一种保险制度。其目标主要是保证投资者的海外投资利益免受征收、汇兑限制、战争和政府违约等事件影响而进行承保，完善的保险制度是规避风险的重要保障。

---

[1] 查道炯：《"一带一路"中不可忽视的非商业风险》，《中国电力企业管理》2015 第 13 期，第 20~22 页。
[2] 周兰萍、孟奕：《"一带一路"下的法律风险防范》，《施工企业管理》2015 年第 6 期，第 38~39 页。
[3] 罗艳：《筹谋"一带一路"防范海外风险——专访中国对外承包工程商会副会长王禾》，《国际工程与劳务》2015 年第 1 期，第 28~30 页。

三是要建立退出机制。当投资无法正常进行时，投资者应当及时采取措施对投资进行补救，积极收集相关资料和证据，为顺利退出早做准备。对于非宪法程序政权更迭过程中的暴力活动，应注重完善早期介入、机制和预防性部署。成功的退出机制应根据当地实情，综合考虑各种可能情况，提早规划"全身而退"。对于周期性长的投资项目，应做出相应的法律安排，在谈判初期，要求对方政府出具法律承诺函、支持函，维持投资项目的长期政府支持和承诺，以有利于后续投资活动的稳定，增加政府变卦的成本。①

四是要发挥政府作用，维护海外利益。随着"一带一路"的推进，国家需要建立有效的机制来保护中国企业在海外的利益，降低中国企业可能遭遇的投资壁垒和政治风险。应建立健全保护海外投资法律法规及相关制度，建立和完善海外投资援助立法。推动签署国家间的双边和多边海外投资保护和自由贸易协定，借助协定保证投资安全和经济利益。中国与140多个国家之间都签订了双边的贸易和投资相关条约，其中绝大多数都在联合国贸发会议的条约库中全文公开。②

五是要发挥行业协会和行业自律作用。要充分发挥各类涉外中介组织的作用，海外行业协会、商会具有专业性强、联系面广、信息灵通的优势，可为企业"走出去"提供行业协调和中介服务。

（四）促进文明的融合打造命运共同体

"民心相通"是"一带一路"建设的社会根基。通过人文桥梁，促进丝绸之路沿线国家间有效沟通，增加理解，寻求合作伙伴，争取相关国家支持"一带一路"相关项目。欧亚大陆是古代文明的发祥地和历史演进的大舞台，通过共建"一带一路"，传承和弘扬丝绸之路的友好合作精神，推动政府间合作，鼓励民间组织推动城市间人文交流，与沿线各国开展多领域的文化交流与合作，发掘沿线深厚的人文资源，从软性的外交中获得当地国家、

---

① 杨培举：《"走出去"的风险防范》，《中国船检》2015年第5期，第10~13页。
② 查道炯：《"一带一路"中不可忽视的非商业风险》，《中国电力企业管理》2015第13期，第20~22页。

民众对"一带一路"的支持,为各领域的全面合作打下坚实的民意基础。①

1. 发挥媒体传播的形象塑造作用

"一带一路"的顺利落实需要营造良好的舆论氛围,需要让有关各国了解其内涵、用意,感受到倡议所带来的各项机遇和利好。如果我们自己不主动塑造国家形象就会被别人塑造。为此,我们要有大格局、大智慧,通过人们喜闻乐见的形式,润物细无声地把我们的文化传达出去,要把情感因素融入传播媒介中去。

2. 推进跨国企业文化融合

企业在国外开展业务,必须要遵守当地的法律法规、风俗、习惯、文化等。此外,还要推进公益事业、慈善事业,要有社会责任意识。② 要推进本土化经营,积极融入东道国经济。树立服务意识,帮助东道国发展经济,与东道国形成利益共同体,使企业经营深深扎根在东道国的土壤中。企业在招聘和外派中也要注意跨文化管理人才的选拔,要兼容多种文化,形成一种相互信赖、真诚合作、开放沟通,以及多种文化和睦相处的企业环境。同时要重视对海外企业高级管理人员和职工的培训,尤其是加强东道国政治、经济、民族文化方面知识的培训。每个人都是中国形象的塑造者,要求赴外工作的人员,要特别注意尊重当地的法规、宗教和生活习惯。③ "走出去"的企业还要履行社会责任,造福当地人民,积极开展有利于改善当地民生的合作项目。

(五)维护世界和平构建安全保障体系

"一带一路"沿线地区国际环境错综复杂,矛盾繁多,面临着诸多风险与挑战,没有安全保障就难以顺利推进。安全合作应坚持务实多赢的原则,

---

① 蒋希蘅、程国强:《"一带一路"建设的若干建议》,《西部大开发》2014年第10期,第98~101页。
② 孙振宇:《"一带一路"战略的时代背景、风险与挑战以及几点建议》,《政治经济学评论》2015年第4期,第5~8页。
③ 孙振宇:《"一带一路"战略的时代背景、风险与挑战以及几点建议》,《政治经济学评论》2015年第4期,第5~8页。

以新型安全观为指导,推动安全合作从传统领域转向非传统领域,从单一领域转向综合领域,并将重点放在完善安全职能、深化合作范围与提高合作效率方面。

只有尽可能消除、缓解沿线国家对中国的种种疑虑,特别是在安全方面的疑虑,中国才有可能实现和平崛起。对此可以尝试构建较小的多边安全机制,从进行双多边军演、开展联合巡逻、在南海建立共同休渔制度等具体的功能领域着手。①

1. 塑造和平稳定的国际环境

国际环境的和平稳定与我国家利益息息相关,中国军队走出国门在联合国主导下的国际维和行动和护航行动等是维护国际和平的重要举措。我军参与联合国维和行动承担国际义务,树立了我国维护世界和平的国际形象,也锻炼了部队,在接近实战的环境中积累经验,提高能力,展示了我军形象,有效地震慑了沿线恐怖分子和极端势力。

从中东途径印度洋连接马六甲海峡的印度洋西岸航线现已成为中国经济增长的"黄金水道"。非洲东海岸的海盗问题是这一区域安全合作的焦点,作为世界最繁忙的水域之一,长期以来饱受海盗的威胁,在安理会的授权下,包括中国在内的多国海军执行护航任务,在各方的共同努力下,反海盗工作取得了显著成效。② 护航行动是我国维护国际航道安全的重要举措,也体现我国作为世界大国的责任担当。

2. 积极构建国际军事合作机制

合作机制是推进国际军事合作的纽带,在"一带一路"建设中,既要以坚定意志遏制传统安全威胁,也要高举"共同安全、综合安全、合作安全"的旗帜,加强与周边国家在非传统安全领域的合作,建立多元化的合作机制,增进国家间和军队间的理解与互信,为解决传统安全问题奠定基

---

① 薛力:《中国"一带一路"战略面对的外交风险》,《国际经济评论》2015年第2期,第68~79页。
② 刘海泉:《"一带一路"战略的安全挑战与中国的选择》,《太平洋学报》2015年第2期,第72~79页。

础。一是建立联合反恐机制。加快建立区域层面的军事合作反恐机制,联合开展打击海盗、海上护航、联合搜救、联合执法、维和及跨国反恐等军事行动;二是完善联演机制。通过联合军演增加军事互信,提高国际联合反恐军事行动能力。三是建立灾难互助机制。中国军队走向世界既要维护本国利益,也要为地区安全提供更多的公共产品,沿线许多国家处于自然灾害多发地区,台风、地震时有发生,我们应加强与相关国家进行合作,提供灾难紧急救助,组织抢险救灾经验交流等活动,为"一带一路"建设营造有利的安全环境。

总之,"一带一路"既是中国经济发展的蓝图,也是中国经济进一步融入世界、带动世界经济共同发展的历史性倡议,中国的和平崛起过程也是一个日益和平融入国际社会的过程。"一带一路"是中国经济改革开放的路线图。中国的和平崛起不仅不会挑战现行的国际秩序,还会逐步融入国际秩序之中①,有利于营造更加和平稳定繁荣的世界新格局。

---

① 黄靖:《"一带一路"、和平崛起与中国应注意的问题》,《亚太安全与海洋研究》2015 年第 3 期,第 52~59 页。

B.16
建立政治保险机制，分散"一带一路"政治风险

王辉耀 苗绿*

摘 要： 在推进"一带一路"战略倡议中，中国企业"走出去"面临的首要风险是如何应对在东道国以及国际社会中的非市场环境，即沿线国家的政治动荡、民族宗教社会环境复杂等不可控因素造成的意外损失。本报告建议，为了分散投资"一带一路"沿线国家的政治风险，应建立保险机制，提供咨询服务，建立跨国仲裁机构，通过设立海外投资风险基金，对进行海外投资的企业提供保障金，对因政策或政治变动而带来的亏损进行补偿等。

关键词： "走出去" "一带一路" 分散风险

在推进"一带一路"战略倡议中，中国企业面临的首要挑战是地缘政治风险。"一带一路"沿线包括中亚、东南亚、南亚、中东欧、西亚、北非等65个国家（"一带一路"是开放的，不局限于这65个国家），覆盖人口超过40亿，几乎经过了世界上地缘政治最复杂的几个地区；而且沿线国家本身具有独特的政治、宗教、民族环境，甚至有一些国家对内处于政治动荡期、对外深陷大国博弈的战场，企业赴这些国家投资的政治风险不容忽视。

---

* 王辉耀，中国与全球化智库（CCG）主任，教授，博士生导师；苗绿，博士，CCG研究员、执行秘书长。

首先,从区域政治层面来看,以中东地区为例,中东长期冲突不断,乌克兰危机、"伊斯兰国"组织威胁以及伊朗核问题等危机依然持续,部分邻国长期处于敌对状态。而这种区域政治不稳定所造成的直接后果就是投资环境有可能急速"变脸"。

其次,从沿线国家层面来看,很多国家面临民主政治转型、民族冲突等政治风险。譬如,处于民主转型阶段的缅甸和泰国;老人政治走向黄昏的哈萨克斯坦和乌兹别克斯坦;又如,像巴基斯坦和阿富汗地区地方势力强大,同时又有严重的分裂主义、极端主义倾向。这些风险最易引发动乱甚至战争,并具有突发性和不确定性,对在当地投资的企业的破坏力不容小觑。

再次,从大国关系层面来看,中国的"一带一路"倡议是对国际经济格局进行的调整,必然会挑战各大国利益,使之产生排斥心理。譬如,"一带一路"的重点区域——中亚,长久被俄罗斯视为其传统势力范围;而另一重点区域——东南亚,则被美国重返亚太战略、印度东扩战略辐射着;印度的大国战略使其不断对南亚邻国——阿富汗、斯里兰卡、马尔代夫等加大援助和扩大影响力。

所以,中国企业的海外投资不仅要面对每个国家存在的政治风险,也将一定程度上受到美国、俄罗斯、印度等大国的影响。以下四个案例可以简要说明中国企业对"一带一路"沿线国家投资时曾面临的政治风险和意外损失。

2015年3月4日,斯里兰卡新政府以上届政府批准的项目缺乏法律文件许可,需要重新接受评估为由,叫停了由中国交通建设集团旗下公司投资建设的科伦坡港口城一期项目的施工。这不仅是因为斯里兰卡国内政治领导人的更迭,也受到来自印度的外部压力的影响。类似的,2011年9月,面对外部国际政治的博弈和内部民族矛盾的斗争,缅甸总统吴登盛宣布暂停由中国电力投资集团和缅甸政府共同投资的密松水电站项目,这使得中方损失前期投资的11亿美元,还将承担每年5000万美元的财务费用和人员维护费。2011年利比亚武装冲突也使中资企业损失惨重。据悉,截至2011年3月,已经有26家中资企业进入利比亚,涉及200多亿美元的项目,主要分布在住房、铁路、石油服务、通信领域。据中国机电进出口商会人士透露，受利比亚局势影响，所有的项目都处在中止的状态，人员撤离。机电商会在电信、水泥生产和铁路建设等行业损失了数十亿美元。

在抵御地缘政治风险时，关键是要发挥中国政府的统筹作用，特别应当增强相关政府机构、智库和研究机构的海外风险评估能力，给企业海外投资提供政策上的保障和专业性的预警和建议，分散企业海外投资的政治风险。多数企业在"走出去"过程中对海外非市场环境不甚了解，因此做好海外风险评估工作对企业经营和国家经济安全至关重要。具体建议如下。

第一，中国应借鉴西方国家的政治风险评估机制，完善国内的风险评估体系。

我国目前的海外风险评估咨询业还很年轻，数量上非常少。而西方国家已经形成了一个政府与私人咨询公司相辅相成的完善体系。譬如，总部位于美国的商业环境风险情报机构（Business Environment Risk Intelligence，BERI）、总部位于香港的政治经济风险顾问公司（Political and Economic Risk Consultancy，PERC）以及英国的政治风险服务机构（Political Risk Service，PRS）等。

同时，还有一些专门针对特定国家或区域的风险评估和预报机构，例如，阿拉伯国家网、"商业监视"（Business Monitor）等；世界银行、亚洲开发银行等国际经济机构也长期从事政治经济风险方面的评估工作；美国国务院、中央情报局等政府机构也会发布海外风险报告。可见，西方发达国家在对企业海外投资政治风险评估方面有完善的制度机构和成熟的研究方法，这是我国在"一带一路"建设进程中需要借鉴的地方。

第二，中国的海外风险评估工作可考虑建立一套完善的理论及指标体系，用于统筹考量政治风险。

我国在政治风险评估方面经验不足，忽视了理论分析和定量研究，没有一个完善的考核机制。这方面可以借鉴 Coplin–O'Leary 国家风险等级系统。

Syracuse 大学马克斯韦尔公共事务学院的 William D. Coplin 和 Michael

K. O'Leary 用 20 年的时间研发出一个独立的风险评估系统。1979 年开始，Coplin - O'Leary 国家风险等级系统作为量化的评估政治风险的原始系统在全世界得到认可与应用。与此同时，对风险评估的实践经验、文献回顾以及数据库需要进一步的积累。此外，需要建立区域商事仲裁机构来解决跨国争端。目前主要的国际商事仲裁机构均在发达国家，比如总部位于巴黎的国际商会仲裁院（ICCCA）。亚太地区也成立了一些仲裁机构，比如新加坡商事仲裁中心等。"一带一路"沿线国家可通过开展合作，共同设立起一个公正、专业、适应商业传统的仲裁体系。

第三，加强海外安保力量。

很多西方学者将"一带一路"比作美国的"马歇尔计划"。但是，"马歇尔计划"是在美国的军事霸权下进行的。中国的"一带一路"并没有类似于美国那般的军事保障，换言之，中国投入"一带一路"上的大量资产实际上是缺乏安全保障的。当政治风险产生时，东道国政府很可能撕毁协议。对于保护海外利益，国际通用做法是派遣安保部队，而且私人安保力量是得到联合国认可的。虽然中国没有相关经验并面临重重困难，但这不失为保护"一带一路"上企业不受政治风险威胁的一种有效办法。

B.17
跨境并购中法律尽职调查的核心关注项目

余承志*

摘　要： 跨境并购中的尽职调查是投资者和标的公司的首轮正面交锋。法律尽职调查是其关键组成部分，通过对目标企业的法律现状进行全面调查评估来锁定风险并提出建议。本文第一部分概述了法律尽职调查的内涵和意义。第二部分根据企业跨境并购实例中投资产业和交易目的有所偏重或不同，着重对目标公司劳动用工、知识产权、环境保护和重大合同四个方面的潜在风险和可行的应对策略等核心关注点展开论述。最后，文章总结了中国企业在尽职调查中存在的不足，建议企业聘请专业团队有的放矢地展开调查，灵活使用多种手段防控法律风险。

关键词： 跨境并购　法律尽职调查　风险　应对策略

一　跨境并购中的法律尽职调查

在投资并购的初期，投资者锁定目标企业后，基于了解目标公司以评估其购买价值的考量，会对企业的各方面信息进行收集与分析，此类过程被称为尽职调查，包括法律尽职调查、行业或产业尽职调查等。

---

* 余承志，法学博士，国浩律师事务所合伙人。

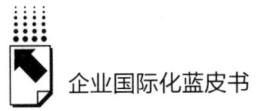

其中，法律尽职调查要求对目标企业的法律现状进行全面调查、评估与分析，涉及组织形式、股权结构、劳动用工、知识产权、环境保护、重大合同、政府审批等各个方面，最终锁定法律风险，并向投资者提示可行性建议。

通常来说，法律尽职调查主要关注两点。第一，通过审阅包括公司章程、营业执照等在内的目标公司的各类文件，查证目标公司的法律地位，并证实潜在投资者的合法地位及其拥有执行并购交易的能力。第二，以专业法律顾问的视角审视目标公司的一切商业活动，并对目标公司是否存在合同风险、潜在负债等向财务顾问提出意见。此外，法律尽职调查所识别的风险会成为交易双方谈判的关注点，并在交易文件卖方的陈述与保证中体现。

跨境并购中的尽职调查，严格意义上是投资者和标的公司的首轮正面交锋。标的企业出于自我利益保护、谈判战术需要、法律法规或公司治理文件约束等主客观原因，通常只允许投资者在一定的范围内做尽职调查，且主动提供或披露的信息往往带有一定的倾向性。因此，笔者提请投资者注意，任何一份尽职调查报告都具有其局限性。

鉴于上述局限性，法律尽职调查应该在全面覆盖调查事项以外，考虑投资产业和交易目的，对特定调查事项予以不同程度的侧重。如果投资产业是劳动力密集的制造企业且在欧美等国设有工厂，那么劳动用工和环境合规应是法律尽职调查的重中之重；如果投资者拟获取有价值的技术、品牌或者销售渠道，则法律尽职调查应对知识产权或重大合同的审查予以核心关注。

以下笔者将围绕法律尽职调查的不同侧重点，对目标公司劳动用工、知识产权、环境保护和重大合同方面的潜在风险、可行的应对策略等核心关注点展开论述。

二　法律尽职调查的核心关注项目

（一）劳动用工

纵然劳动用工通常不是中国企业海外收购的主要动因，却往往是决定中国企业海外收购成功的最为关键的因素之一。同时，鉴于中国企业现阶段尚有限的国际化经验和能力，法律尽职调查应对劳动用工问题予以充分重视。

与劳动相关的法律尽职调查应考量当地相关法规政策，并结合企业的实际需求展开。具体而言，劳动用工的法律尽职调查应考量是否涉及大量裁员、是否留任当地管理层等，当地工会的强弱以及是否有罢工传统等，全面考察目标企业的员工情况（人数、结构、薪酬福利等）、员工的劳动合同（如有关解雇、竞业禁止等条款）。

目前，就笔者处理的海外并购项目和服务的中国企业而言，绝大部分中国企业在完成收购后无法派出自己的团队全盘替换目标企业现有管理团队，从而全面接管目标公司。因此，大多数中国企业在海外收购完成后，仍然需要依赖目标公司现有的管理团队维持目标公司的运营。此外，一些中国企业出于缩减生产成本的考虑，希望在收购完成后将目标公司的一部分生产转移到劳动力更为廉价的地区。

如果企业需要留任当地的管理团队，须着重考察相应高管的雇用合同及薪酬计划（包括股权激励计划），并确定是否含控制权变更的补偿条款。在美国，高管的雇用合同中通常会载明"控制权变更"条款或"黄金降落伞"条款。该等条款规定一旦企业发生了并购、重组等重大股东变更事宜，公司高管能够享受巨额的现金或股权补偿。这项措施会极大地增加收购方的财务成本，条款的本意是为防止企业被恶意收购。然而，很多中国企业欠缺处理这类棘手问题的经验。如果法律尽职调查不对高管合同进行充分重视，则在交易后期企业就可能承受巨额财务损失。例如，谷歌收购摩托罗拉移动的过程中，就额外支付给摩托罗拉移动首席执行官 Sanjay Jha 高达 6570 万美元的补偿金。

为避免上述情形的出现，中国投资者可以在法律尽职调查中尽早发现该类问题，提前与管理层沟通，并且通过签署留任计划或激励方案等方式确保企业管理层的利益与投资者的利益一致，从而降低后期整合和运营阶段的成本。另外，鉴于中国企业对原有管理团队继续运营目标公司的需求，在谈判

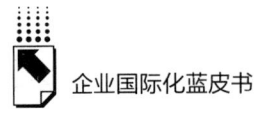

阶段中应特别关注卖方不竞争、不招揽条款，从而确保卖方在收购完成后不会与目标公司形成竞争关系。

另外，从过往中国企业"走出去"的经验看，工会势力不容小觑。在很多发达国家，公认的企业管理模式之一是由资方和劳方共同经营管理企业。例如，法国劳工法规定，雇用50人以上的企业必须建立工会委员会，工会拥有企业管理变革的知晓权、参与权、否决权等权力。在并购交割前，企业必须获得工会的首肯交易方能合法。在并购交割后，新企业在进行人员裁减、组织架构调整、薪酬政策等管理决策前也必须获得工会的认可。例如，2004年TCL并购法国汤姆逊项目中，由于涉及大量裁员，TCL与当地工会的谈判僵持不下，一度造成其并购进程停滞不前。为防范该等风险，中国投资者应全面调查当地工会的政策及以往做法，并尽早与工会充分沟通以获取其对并购的认可和支持。因此，及时准确掌握工会的情况及需求，妥善处理与工会之间的关系是并购交易中非常关键的一步。

（二）知识产权风险

鉴于目前许多中国企业的海外并购出于对产品更新换代、获取高新技术和提升自身品牌知名度的战略目标，因此通过并购的方式从目标企业内核获取相关知识产权日益成为中国企业"走出去"的常见模式。

在选择知识产权的并购目标时，一般要明确且综合考虑以下因素。

1. 明确所看重/拟收购目标公司知识产权的类型，是专利技术、商标还是商业秘密，或者是同时考虑其中的几种类型。

2. 根据自己的公司并购战略选择特定类型的目标公司，一般情况下，若将专利技术作为并购的关键要素，创新型公司可成为目标公司；若将商标作为并购的关键要素，高知名度公司可成为目标公司。

首先，在选定目标公司后，对被收购知识产权所涉风险的审查十分重要。审查该知识产权的权属问题是首要的，如若权属存在瑕疵则可能直接导致收购失败。为了识别所有权权属瑕疵风险，通常需要全面审查目标公司签署的与知识产权相关的合同，包括许可协议、销售合同、供货订单、代理协议、员工职务发明协议、知识产权质押贷款协议等，且同时仔细审查和评估所涉知识产权的性质，区别所有权与使用权。

其次，知识产权具有严格的权利保护期限。一旦超出该期限，法律对于相应的知识产权不再给予垄断性保护。在公司并购过程中，应当确定所要收购的知识产权是否尚在法律保护的有限期限内以及其有效期限至何时为止，是否可以续展以及如何续展，是否存在续展的费用和续展的障碍等。上述因素决定了该项知识产权获保护的范围和强度，并且会对收购价格的形成产生直接影响。

再次，在并购前，应评估目标公司近五年内作为原告或被告参与的、已结案的或正在审理的诉讼案件情况，包括调查案件性质、诉讼法律关系和结案情况，以了解目标公司知识产权经营管理状况和基本情况。如果目标公司知识产权的所有权/有效性被第三方提出质疑，收购方应当分析其中的争议焦点和可能的结果，尤其是目标公司可能涉及责任的大小、其对目标公司知识产权本身产生的影响，以及对收购方购买、运营所涉知识产权会造成何种影响进行全面审慎的分析。

此外，收购方还应当调查和评估目标公司正在申请、尚在认定中的知识产权状况。例如，商标的申请与认定情况、发明专利的申请与审查情况等。通过调查官方的审查意见、目标公司的答复意见和利益相关人的质疑意见，查明可能存在的知识产权争议风险。

除上述涉及的所有权权属风险、保护期限风险、争讼风险外，在跨境并购中，对知识产权的地域性风险以及东道国法律风险也应予以额外重视。

一方面，中国企业欲实现技术、品牌升级将会面临知识产权地域性的问题。投资者在一个国家或地区的收购并不必然使其在其他国家、地区也拥有相应的专利权或商标权。不同于大型跨国公司的"全球专利圈地"，笔者在对欧美企业的尽职调查中发现，许多初创公司虽然在欧洲或北美注册了专利，但是由于其在创立之初缺乏相应财力，并没有在全球范围内注册，等中国企业投资或收购时却已经过了在中国注册专利的国际优先权时限，给后续的技术引进和许可带来了许多法律障碍。

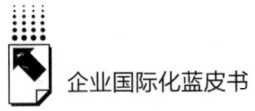

另一方面，基于商业秘密本质上永久的保护期限，很多欧美企业会采用商业秘密的形式来保护其知识产权。那么，除了通常的商标和专利注册情况以外，中国企业还需要审查目标公司是否采取合理、足够的措施来保护商业秘密。上述审查内容包括公司的商业秘密保护政策，如是否要求其员工签署相关保密协议、是否有竞业限制协议、公司是否对发明相应知识产权的员工进行补偿等。投资者应依其全球性或地域性的战略目标，同时对相关地区的权属问题进行审核，在必要时聘请当地的知识产权专家。

尤其值得注意的是，如果目标公司是从一个大型跨国集团中剥离出来的部门，那么相关的知识产权很可能不在目标公司名下，因为集团公司在剥离某部门的情况下出售集团层面的商标的可能性较低。据此，如果商标是中国买家的重要关注点，则应尽早考虑如何调整交易架构或价格。

最后，中国投资者还应当关注目标企业所在国的技术进出口管制以及国家安全审查制度。例如，以美国为首的欧美国家对向中国出口技术有非常严格的要求。美国国防部颁布的《国际管制武器条例》（International Traffic in Arm Regulations，ITAR）以及商务部颁布的《出口管理条例》（Export Administration Regulations，EAR）等法律法规共同构成了对高科技及军事技术的出口管制系统。ITAR监管所有涉及国防的物品、技术及服务，所有管辖下的物品不得出口至一些特定国家（包括中国），有关企业与个人也不得拥有生产该条例管辖下物品的公司。EAR管制军民两用产品的出口，该等物品只有取得许可后方可出口至中国。这也是中国企业并购美国目标公司一般不涉及国防、航空航天等敏感技术领域的根本原因。

（三）环境保护风险

企业的经营范围不同，在环境保护方面所面临的风险也会有所不同。一般而言，建筑、采矿、运输、纺织、重型机械、化工、印刷、汽车、电力、造纸、燃料等行业面临的环境风险相对较高，而金融服务业、保险、电信等行业面临的环境问题相对要少许多，这与企业的行业特性是相符的。

事先调查清楚东道国环境保护法律法规及目标公司的合规性对投资制造

型企业、能源资源型企业至关重要。油气、矿业企业稍有不慎就会面临高额的环境污染整治费，而一些基础设施制造项目极易牵扯动物保护问题。环境问题是否得到妥善处理有时会直接影响到项目的成败。例如，2009年中铁投建波兰高速公路项目，因未妥善考虑周边蛙类动物的保护问题，导致其工程难以如期完成。

充分的环境保护尽职调查应包括以下事项：核查东道国环境保护的法律法规；核查与政府环境保护有关部门的各项函件往来，包括通知、警告、禁令及罚款等；核查相关开采、生产合同中环境保护义务的履行；核查项目公司内部环境保护风险控制制度等。同时，尽职调查内容还应包括目标公司的经营产品、经营场地与环境保护的关系、公司设立之初是否通过环境保护审查、环境保护设施竣工后是否通过环境保护验收、现在目标公司有无违反环境保护规定、对废气和废水的排放及废物的存储处置是否合法、有毒危险物质对场地和地下水的污染状况有无收到整改制裁通知。此外，还有矿山地质环境保护与治理恢复方案是否获得批准、关于环境保护的投资是否到位等。

除了审查目标公司提供的材料外，在一些国家和地区，环境保护的有关信息可通过政府网站进行查询。以美国为例，其环境保护局及其他环境保护机构都将有关不动产环境问题的信息在网站上公示，供公众查询。例如，美国环境保护局在其网站上罗列了一系列失控或遗弃的危险废弃地址；综合环境治理、补偿和义务信息系统数据库提供了一系列已知或可能的失控或遗弃的危险废弃地址；美国环境保护局同时对社会公开被许可企业污染物排放或污染物清理的相关信息。美国许多州也同样存在环境保护机构、环境记录和环境保护规定，只是环境记录的开放方式各有不同。最后，为准确了解目标公司的环境保护情况、识别已存在风险和潜在风险，我们建议有关专业人员应前往项目公司进行实地考察。

（四）重大合同

若投资者拟通过收购目标公司以获取其销售渠道，拓宽在东道国的市

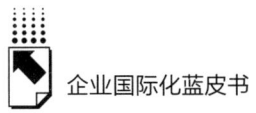

场，投资者应在投资前着重审查目标公司及其附属机构对外签署的所有重大合同。审查的文件应包括：

1. 目标公司及其附属机构对外签订的所有协议，包括合资合作协议、管理协议、咨询协议、战略联盟协议等。

2. 一定时期内所有已购资产的供货商清单、购货合同以及供货合同。

3. 所有有关市场开拓、特许经营、销售、分拨委托、代理、代表的协议及独立销售商或分包商名单。

4. 为实施市场开拓计划准备的业务计划、价格政策、销售预测等文件。

5. 目标公司在国内或区域内的主要竞争者名单。

法律尽职调查时应特别注意审查涉及"控制权变更"或"重大变更"的合同条款。该条款通常会载明，如果目标公司的控制权发生变更，则相对方有权解除合同或者要求提前履行义务，例如贷款全额提前到期等。如果在法律尽职调查中发现此类控制权变更的条款，投资者就需要要求目标公司联系相关第三方，获得第三方对此交易的同意或认可，并且将此第三方同意作为交割条件之一，确保投资者的权益不受损害。

此外，海外投资并购中的卖方通常会以网络数据库的形式提供材料，为尽职调查提供便利，但同时也产生了新的挑战。面对几千页的材料，相关专业机构往往只有几周的时间进行审核。基于上述时间的限制，又考虑到卖方资料的倾向性，专业机构应严格遵循审慎义务，及时列明问题清单，与卖方进行沟通或访谈，要求其对尽职调查材料中未明确的问题做出解释或承诺。

三　结语

受国际投资界操作惯例的影响，跨境并购中，投资机构与企业日益依赖于这一工具识别并控制并购风险。但由于缺乏跨国并购经验意识以及并购相关咨询业的落后，国内部分企业对并购的尽职调查重要性认识不足，尚未形成依靠专业机构开展尽职调查的习惯。例如，2004年TCL收购阿尔卡特手机业务的案例中，TCL公司在对整合难度与风险评估不足的情况下，并购启动前仅仅依赖企业内部组建的一个小组对阿尔卡特手机业务进行了基本了解。对于潜在风险缺乏基本了解以及对整合欠缺规划，并购交割后，2005年 TCL 亏损面达 13 亿元人民币。经历了多年"战略性"亏损，直至 2013年 TCL 手机业务方实现真正意义上的起飞。

因此我们建议，投资者在跨境并购时应聘请专业人员及团队对目标公司进行全面尽职调查。这不仅帮助投资者评估交易可行性、确定交易价格，更可以为并购后目标公司可能遇到的风险及问题做出预判和分析，为公司的成功并购保驾护航，为公司将来的治理提供方向和指引。

鉴于尽职调查本身的局限性，又考虑到从尽职调查报告出具到并购交割间较长的区间而带来的不确定性，我们建议投资者根据交易目的有的放矢，重点关注和调查目标企业劳动用工、知识产权、环境保护和重大合同方面的风险识别，灵活采取分步式调查、签署保密协议、承诺、保证金、陈述与保证、赔偿等措施，尽可能采用多种手段调查，最大限度地减少因信息不对称和时间紧迫产生的不利影响，尽早定位、防控相关法律风险。

案例篇

Enterprise Reports

B.18
福耀集团全球化发展案例研究

赵婧如*

摘　要： 1987年，福耀集团在中国福州注册成立，自20世纪90年代初期开始，迈向中国香港、新加坡、美国和加拿大的国际市场。时至今日，福耀工厂已经覆盖至德国、俄罗斯、日本和美国，成长为中国第一、全球第二的汽车玻璃供应商。福耀集团以"打造全球最具竞争力的汽车玻璃专业供应商"为愿景，致力于发展成一个代表中国玻璃工业的国际品牌。本报告将福耀集团全球化发展的历程梳理为三个阶段，即产品质量国际化、市场销路国际化以及经营理念国际化。同时，通过研究福耀在"走出去"过程中不断提升品牌影响力和履行企业社会责任的海外经营活动，为中国企业"走出去"提

---

* 赵婧如，中国与全球化智库（CCG）助理研究员，澳大利亚国立大学国际关系荣誉硕士，外交学硕士。

供参考。

关键词： 福耀集团　"走出去"　反倾销　社会责任

近几年来，福耀集团全球化的步伐愈加坚定地向欧美市场迈进。2011年6月，应德国大众汽车的邀请，福耀玻璃俄罗斯有限公司在俄罗斯卢卡加州成立。2014年3月，福耀以2亿美元，在美国俄亥俄州成立福耀玻璃美国有限公司，开始为通用、克莱斯勒等汽车厂商提供汽车玻璃配套服务。同年7月，福耀又收购世界汽车玻璃巨头PPG公司旗下芒山（Mt. Zion）工厂，正式成立福耀玻璃伊利诺伊有限公司。2015年福耀集团营业收入135.73亿元，海外业务约占企业总收益的35%，达到47.5亿元。至今，作为全球第二大汽车玻璃专业供应商，福耀已为宾利、奔驰、宝马、奥迪、通用、丰田、大众、福特、克莱斯勒、日产、本田、现代、菲亚特、沃尔沃、路虎等世界知名汽车厂商提供全球OEM配套服务，全球市场占有率近23%。

一　福耀集团"全球化"三级跳

福耀集团于1987年在中国福州注册成立，自20世纪90年代初期，福耀集团首次进入香港、新加坡、美国和加拿大市场，开始向"全球化"迈进。如今福耀已在美国、俄罗斯、德国、日本都建立了制造工厂，服务范围远达德国、意大利、瑞典等欧洲地区。总体上看，福耀集团的"全球化"历程分为三个阶段，依次为"产品质量全球化"、"市场销路全球化"以及"经营理念全球化"。接下来，本文将结合福耀集团发展事件，分别对三个阶段进行剖析。

表1 福耀集团"全球化"大事件一览表

时间	事件
1987年	福耀玻璃在福州创立
1990年代初	进入中国香港、新加坡、美国、加拿大市场
1992年	改制为股份有限公司
1993年	福耀玻璃成功上市
1994年	与法国圣戈班公司合资
1995年	组建福耀玻璃工业集团股份有限公司
1995年	在美国建成仓库
1997年	回购股份,与法国圣戈班公司的合资停止
1998年	关闭美国仓库,改为直销
2000年	获得美国福特汽车公司颁发的"全球优秀供应商金奖"
2002年	在美国、加拿大遭遇反倾销诉讼
2004年	美国贸易法庭判决倾销案胜诉
	购买美国PPG公司浮法玻璃生产线
2005年	福耀玻璃与德国奥迪公司签约汽车玻璃配套项目
2006年	福耀欧洲有限公司在德国海尔布隆登记注册
2007年	在德国海尔布隆设立及时交付中心
2008年	福耀日本株式会社在日本登记注册
	获得通用汽车公司颁发的"2007年度最佳供应商"
2010年	福耀集团(香港)有限公司在中国香港注册成立
	福耀玻璃配套北美有限公司在美国注册成立
2011年	福耀玻璃俄罗斯有限公司在俄罗斯注册成立
2014年	在美国俄亥俄州注册成立福耀玻璃美国有限公司
	收购美国PPG Mt. Zion工厂,成立福耀玻璃伊利诺伊有限公司
2015年	成功在香港联交所主板挂牌,H股股票代码3606。

资料来源:福耀集团官网。

第一阶段:产品质量国际化

福耀集团"全球化"的第一阶段是实现产品质量的国际化,力求产品向国际标准看齐。20世纪90年代初,福耀进军加拿大汽修市场。初次走向国际的福耀采用产品出口的经营模式,却因玻璃质量问题销售受阻。至此,福耀认识到企业实现国际化经营的第一步是要保证产品质量符合国际标准。后来,福耀由芬兰引进了世界领先的、可根据设计参数自动成型的钢化炉,同时借鉴芬兰工厂的布局、设计和工艺开始优化产品质量。1994年，福耀与汽车玻璃巨头法国圣戈班集团合资成立万达汽车玻璃有限公司，合作期间，福耀员工到圣戈班的玻璃生产线，学习国际领先的设计理念，培训生产制造工艺，从此，福耀玻璃的产品质量水平大大提高。1999年，福耀成立产品研发中心，投入研发费用占销售收入资金比例的7%，同时福耀集团还自行主导设计和制造了VPL设备、垂直钢化炉以及G5等行业领先设备。

2005年6月，福耀与德国奥迪进行了汽车玻璃配套项目的签约仪式。从此开始成为奥迪全球采购网络的一部分。2006年，福耀集团80%的设备都已实现自主研发投产，实现了LOW-E镀膜玻璃产量，以高水平的产品质量彻底打破了国外汽车玻璃行业垄断。此后，福耀不但获得了VDA6.1的德国最高标准质量管理体系，以及美国通用、福特、克莱斯特三大车企制定的QS9000全球汽车零部件行业标准认证，同时也成为世界八大汽车生产商的最大供应商。

第二阶段：市场销路国际化

福耀集团"全球化"的第二阶段是逐渐转变营销战略，扩大国际化OEM市场。1995年，美国开展了对高成本高能耗产业的战略性削减，在这一政策背景下，福耀再次进军美国市场。1996年福耀汽车玻璃仓库在美国建成，但由于成批的玻璃在运到美国后，需要再拆开以片为单位包装销售，在这个过程中产生的额外运费包装、材料以及人工费，使得成本提高了一倍，造成连续两年亏损。由此，福耀开始转变营销战略，经营重点向市场开发和售后服务方面迁移，并卖掉仓库，成立玻璃分销中心。1996年，福耀与圣戈班成立万达汽车玻璃有限公司，自此成长为具有汽车玻璃设计能力的企业。1999年，由于双方全球战略布局出现分歧，福耀以4000万美元买断圣戈班在万达汽车玻璃有限公司的所有股份，并以此为条件约定，2004年7月1日前圣戈班不能进入中国市场，这就为福耀超越强大的竞争对手赢得了5年宝贵时间。

2002年，来自现代起亚中国公司的出口配套业务花落福耀，自此，福耀加快了采用贴牌战略（OEM）开发国际市场的步伐。2002年起，公司不但获得了国际主要汽车行业第三方认证机构的认证，还于两年后通过了通用、大众、福特、现代等汽车公司的认证；2005年，在一直由世界五大汽车玻璃公司垄断的国际汽车玻璃OEM市场中，福耀开始大量介入国际汽车公司新车型的配套开发。

2006~2007年福耀成功签订俄罗斯拉达、韩国现代以及北美现代汽车的配套订单。转向国外的OEM市场后，福耀成功规避了贸易壁垒限制，超越配件市场，以优质低价的产品为公司赢得大量海外OEM订单，从而实现了产品市场和销路的国际化。

第三阶段：经营理念国际化

福耀的经营理念国际化阶段分为两个方面，首先是企业治理理念的国际化，这得益于与法国圣戈班集团合资的经营经验。1999年，在与圣戈班的合作结束后，福耀集团虽然恢复了家族企业的身份，但是以规范的制度管理企业的理念却保留了下来。第二年，随着《董事局议事规则》《股东大会议事规则》以及《独立董事制度》等的制定颁布，福耀在公司董事局设立"战略、审计、提名、薪酬与考核等专门委员会"，同时《关于公司董事、监事薪酬的议案》和《关于设立战略、审计、提名、薪酬与考核等专门委员会的议案》等人力管理方案也被审议通过。

福耀企业经营理念国际化的第二个方面是逐渐树立维权意识，重视世贸规则，这主要归功于福耀"反倾销"诉讼的胜利。2001年，以PPG为首的汽车玻璃企业，在加拿大和美国分别提出针对中国汽车挡风玻璃的反倾销调查申请。由此，自2002年4月始，美国商务部决定对福耀征收11.8%的反倾销税。但福耀既没有接受国家补贴，也没有进行低价倾销。因此面对不公正的裁决，福耀毅然决定成立反倾销小组积极应诉，从"福耀玻璃享受了国家补贴"这一不实指控入手，充分举证。2004年，美国商务部公布了福耀汽车挡风玻璃终裁倾销率仅为0.13%。福耀反倾销案胜诉。"反倾销"案的胜利让福耀意识到，在应诉外国反倾销调查过程中中国企业暴露出来的问题，于是开始与中国对外经贸大学WTO研究院合作，出资设立了"福耀反倾销研究中心"，旨在为中国企业"走出去"合规经营提供智力支持和技术保障。

二 福耀集团"全球化"的启示

福耀集团通过"产品质量国际化""市场销路国际化"以及"经营理念国际化"这三个阶段,实现了企业的"全球化"发展战略,与此同时,福耀的发展也为我们在品牌质量、投资方式以及企业社会责任方面提供了诸多启示。

(一)国际标准,品牌质量

创业发展近三十年,福耀集团始终严格把关产品质量标准,向产品国际标准看齐并赶超。通过坚持产品生产专业化路线,福耀不断提升产品质量与技术工艺,进行上下游产业链整合。90年代初,福耀玻璃通过研发技术,开发节能环保、安全舒适的产品,研发了可阻挡99%紫外线、48%红外线、透光率达75%,具有加热介质金属膜层,为玻璃去除冰霜的镀膜前挡风玻璃。同时针对人们对玻璃的不同需求,还开发出了隔热、隐私、防噪音、宽视野的各种个性化镀膜。奥迪汽车玻璃是同行业公认的世界最高标准,福耀通过不断提高研发强度,仅用了一年便以高水平的国际产品质量,与奥迪签署了汽车玻璃配套项目合作协议,也由此开始,福耀玻璃得以被越来越多的整车厂商接受,成为现代、起亚、大众、别克等厂家的国内及全球配套供应商,在全球配套市场占据23%的市场份额。

目前,福耀所有产品均获得美国DOT标准、欧洲ECE标准、巴西INMETRO标准、中国3C标准的认证,成为亚洲首家获得2000年度全球优秀供应商金奖的汽车玻璃制造企业。此外,福耀还荣获了2007年度"Volvo A级供应商"奖、德国大众集团"2009年度最佳供应商"奖、美国克莱斯勒汽车"2011年优秀产品质量奖"等荣誉。2013年,福耀在六年内第五次成为通用公司"全球优秀供应商",成为全球质量美誉度最高的汽车玻璃制造企业之一。

（二）因地制宜，多元投资

在国际化进程中，福耀因地制宜，针对不同国家市场的不同情况，开展多元化的国际投资策略。在20世纪90年代进入美国市场时，福耀充分利用直销经营和中国制造的低成本优势，选择了竞争相对较小的破损汽车玻璃的替换品市场，通过以国内制造为基础，对接二级经销商的模式，打开了美国市场；2011年福耀挺进俄罗斯，在卢卡加州投资2亿美元设厂，两年后福耀成为俄罗斯汽车市场主要玻璃供应商；2014年，福耀又采取收购的方式，购买了PPG公司旗下的芒山工厂，以及土地、厂房和两条生产线，同时还启动了美国汽车玻璃和浮法玻璃两个重点项目；针对不适合投资建厂的国家，福耀结合本地优势和调整组合不同的生产环节来为全球价值链布局。例如，为了更贴近配套市场的客户，更好地在整车开发阶段满足客户的需求，福耀在德国设立了设计中心。2016年，福耀在福建、上海、德国、美国的四大全球研发设计中心将建成，并计划以此为基础打造福耀的全球制造基地，实现全球客户需求与供应之间的及时对接。

（三）以人为本，承担责任

福耀集团始终将企业社会责任视为企业经营的重点。通过自身的开拓与发展，以实际行动回报社会，关爱自然，保护环境。通过积极投身公益事业，积极主动履行社会责任，福耀不断追求经济效益与社会效益的统一。

2014年，福耀收购PPG公司旗下芒山工厂，与PPG工会因加薪问题出现分歧，虽然PPG公司在谈判阶段表示，芒山工厂的工会可以解散，但福耀认为，企业经营不能因为一时的利益输掉了长远的关系，中国"走出去"企业在海外，要树立以人为本的社会责任意识，首先要尊重这个国家的文化和人民。于是，福耀不仅履行了加薪承诺，还留用了原来的管理团队，保留了工会。此外，在福耀玻璃美国有限公司成立以前，原本属于通用汽车旗下的工厂在金融危机的冲击下关闭，造成数以千计的工人失业，上万家庭受影响。通过福耀玻璃对工厂投资2亿美元的收购，为当地创造了1500多个就业岗位。2015年，俄亥俄州代顿地区将当地福耀工厂所在路段命名为"福耀大道"，以感谢福耀集团对经济和民生做出的贡献。同年1月，福耀为支持美国代顿大学中国研究院的发展，向其捐赠700万美元。

三 愿景：打造全球最具竞争力的汽车玻璃专业供应商

随着"走出去"国家战略的实施和中国企业"全球化"进程的发展，排行中国第一、世界第二的福耀集团将继续扩展海外市场，为实现其"打造全球最具竞争力的汽车玻璃专业供应商"这一愿景而努力。福耀集团的"国际化"战略将步履不停地向前发展，相信在不远的将来，一个具有高质量产品竞争优势、多元化的投资方式和社会责任意识的福耀，最终会以全球汽车玻璃供应商王者的姿态，将中国品牌在全世界范围内推广，使得民族品牌享誉世界。

B.19
中国化工集团公司跨国并购的9条经验[*]

柯银斌[**]

摘　要：2006~2016年，中国化工集团在十年之内顺利完成多次跨国并购，这些并购项目极大地推动了中国化工集团的成长，大大增强了其影响力和控制力，使其成为全球化工行业的翘楚。本文选取了八起跨国并购案例深入分析，总结归纳出成功经验：选购合适的目标企业，做好建立在实力、情报等基础上的前期准备，打造具有决策、执行和协同力的收购主体，把握好收购时机并选择具有远见的专业中介机构来协助完成收购。此外，中国化工集团还非常重视与利益相关方之间的沟通，在并购过程中注重发挥协同效应和促进文化融合。

关键词：　中国化工　跨国并购　企业国际化　企业并购

中国化工集团公司（以下简称"中国化工"）成立于2004年，是在原化工部所属企业蓝星集团、昊华集团等基础上组建的中央企业。自2006年第一次跨国并购法国安迪苏公司（Addisseo）到2016年1月，中国化工及下属企业共完成了10起跨国并购。这些并购项目极大地推动了中国化工的

---

[*] 本文参考柯银斌、康荣平、刘颖悟：《战略为本，成在能力——中国化工集团跨国并购之道》，《北大商业评论》2008年5月；何志毅、柯银斌等著《中国企业跨国并购10大案例》，上海交通大学出版社，2009年。

[**] 柯银斌，中国与全球化智库（CCG）副主任，清华大学技术创新研究中心研究员。

快速成长，使其成为全球化工行业一家颇有影响力和控制力的跨国公司。本文选择其中的8起跨国并购为案例研究对象。

表1　中国化工及下属企业8起跨国并购基本情况

序	收购方	时间	金额	目标企业	控股(%)
1	中国蓝星集团	2006年1月	4.0亿欧元	法国安迪苏,蛋氨酸	100
2	中国化工集团	2006年2月	2.3亿澳元	澳大利亚凯诺斯,乙烯	100
3	中国蓝星集团	2007年1月	3.9亿欧元	法国罗地亚,有机硅	100
4	中国蓝星集团	2011年4月	19.5亿美元	挪威埃肯,硅材料	100
5	农化总公司	2011年10月	14.4亿美元	以色列MAI,农药	60
6	埃肯公司	2015年1月	6.4亿美元	新加坡REC,太阳能硅	100
7	中国化工等	2015年10月	71亿欧元	意大利倍耐力,轮胎	100
8	装备公司	2016年1月	9.25亿欧元	德国克劳斯玛菲,橡塑机械	100

资料来源：根据公开资料整理。

根据中国化工提供的资料、部分当事人的访谈，以及专家座谈，本文总结出中国化工跨国并购的9条经验。

一　收购目的明确：实现企业战略定位并推动行业整体发展

并购是企业的成长方式之一，有助于实现企业的战略定位。这也是企业并购的基本准则，它要求，当战略定位发生变化时，并购内容及方式也要跟着变化。中国化工遵循了这条准则，但有所不同的是，中国化工是中国化工行业的龙头企业，其并购还将助力推动整个化工行业的发展。

2004年，中国化工组建后任建新担任总经理，提出了"老化工、新材料"的企业战略定位，以及用3~5年实现资产和销售收入双超1000亿元人民币、冲击世界500强的战略目标。

2006~2007年的3起跨国并购（法国安迪苏的蛋氨酸等、法国罗地亚的有机硅等、澳大利亚凯诺斯的乙烯等），业务范围属于"老化工、新材料"，

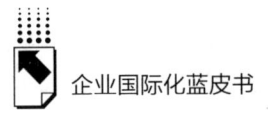

助力集团提早实现了既定的战略目标。

2009年，中国化工确定未来的发展定位是"3+1"战略，即材料科学、生命科学、环境科学加基础化工。

2011年的两起跨国并购（挪威埃肯公司的金属硅/多晶硅等、以色列MAI的农药等），业务范围属于材料科学和生命科学，同样使既定的战略目标提前实现。

2011年，中国化工确立了"新科学、新未来"的新战略定位，要以科学发展为主领，调整优化组织结构、产业产品结构、资本结构和人力资源结构，在现有六大业务板块基础上，向以材料科学为核心、以培育生命科学和环境科学为未来、以基础化工为战略保障支撑的"3+1"产业方向转变，成为经济价值和社会价值持续创造、引领行业可持续发展、受人尊敬的国际一流化工企业。

2015~2016年的3起跨国并购正是在新战略定位下开展的，收购新加坡REC太阳能进一步强化了中国化工硅产业的全球布局。

中国化工的8起跨国并购还有力地推动了中国化工行业若干个子行业的产生和发展，这主要是通过"填补行业空白"和"提升行业水平"两种方式来实现的。

收购法国安迪苏获得了国内尚处于空白的蛋氨酸制造技术及生产装置，使中国在蛋氨酸生产领域跃居世界第二位。

收购法国罗地亚、挪威埃肯和新加坡REC太阳能，并与蓝星集团进行整合，使中国有机硅行业从无到有，单体生产规模一跃达到世界第三位，形成了从原料（硅石）到上游产品（碳素、硅基合金、金属硅、多晶硅、微硅粉）、中游（有机硅单体）、下游（有机硅深加工产品、气相白炭黑）完整的硅产业链，增强中国硅产业的国际竞争能力。

收购全球第七大农化企业马克西姆-阿甘公司（2014年更名为安道麦农业解决方案公司，以下简称"ADAMA"）、全球前五位轮胎企业意大利倍耐力，以及全球最大的橡塑机械企业德国克劳斯玛菲，分别提升了中国农业化学行业、轮胎行业和橡塑机械行业的技术水平和市场地位。

二 目标企业选得准：老牌、先进、前位

以并购方式实现战略目标仅是收购方的主观愿望，实现这个愿望的前提条件之一是目标企业选择得当。与其他中国企业相比，中国化工的目标企业选择能力是最强的。我们先看一下选择结果，在下文中再分析产生结果的原因。

中国化工收购的 8 家目标企业具有以下特点：（1）老牌，即发达国家的老牌跨国公司。7 家企业位于发达国家（法国、德国、意大利、新加坡、澳大利亚）；从创办到被收购，4 家企业（安迪苏 150 年、埃肯 100 年、倍耐力 140 年、克劳斯玛菲 170 年）超过 100 年的历史，3 家（凯诺斯 40 年、罗地亚 50 年、MAI 70 年）40 年以上，只有 1 家（REC 太阳能，属新兴技术）仅 20 年历史；除凯诺斯、REC 太阳能外，其他 6 家企业均为跨国公司。（2）先进，即拥有世界先进水平的技术资源，包括专利技术、生产技术、管理技术等。（3）前位，即行业市场地位居全球前位，主要分布在前五位或前三位。

表 2　中国化工收购的 8 家目标企业情况

名称	总部	年代	跨国经营情况	世界技术水平	全球市场地位
安迪苏	法国	1858 年创办，150 年历史	6 家工厂（海外 3 家），产品销售 120 个国家/地区	最先进的蛋氨酸生产技术，792 项技术专利	第三大动物营养添加剂和解决方案供应商 第二大蛋氨酸生产商，市场占有率 29%
凯诺斯	澳大利亚	1960 年代建成，40 年历史	无	生产装置处于较先进的水平，安全健康环保（SHE）管理体系处于世界领先	澳大利亚唯一的乙烯和最大聚乙烯生产商，生产能力达 50 万吨，主要产品为烯烃、聚乙烯和合成橡胶产品占澳大利亚市场的 70% 以上

续表

名称	总部	年代	跨国经营情况	世界技术水平	全球市场地位
罗地亚	法国	50多年历史	在全球拥有10个工厂,7个研发中心,员工总数1300人。	领先的有机硅上下游一体化技术,3000多个产品,500项专利。技术研发全球第二。	第五大有机硅材料生产商
埃肯	挪威	1904年创办,100年历史	全资公司42家,参股公司16家,核心工厂16家,雇员2461人	领先的金属硅冶金还原生产技术,首套冶金法制备太阳能级多晶硅生产装置。拥有合成石墨生产专利技术。世界最先进的碳素实验室	最早/最大金属硅供应商,始终保持着微硅粉收集和增值利用的国际领先地位。硅铁合金的最主要生产商。自焙电极的发明者,电极糊和电锻煤首要供应商
MAI	以色列	1945年创办,70年历史	5个原药生产基地和15个制剂生产工厂,6个农药登记中心,能在50多个国家进行产品登记。销售网络覆盖全球,在30个国家拥有40多个分支机构,全球总雇员4500多人	在全球120个国家有近5000个产品注册登记和6000多个商标	第七大农药生产商和最大的非专利药生产商
REC太阳能	新加坡	20年历史	主要资产和运营中心在新加坡	技术及管理处于世界一流水平	前三位太阳能电池及组件生产商 全球领先的太阳能电力解决方案供应商
倍耐力	意大利	1872年创办,140年历史	在13个国家有21个工厂,10000个分销商和零售商的销售网络。共有员工39491人	与全球顶级的汽车生产商合作,提供超过1200种轮胎产品,业务覆盖全球160余个国家	第五大轮胎生产商
克劳斯玛菲	德国	1838年创办,177年历史	14家工厂(德国8,其他6),聘用4540名员工(684名研发人员),拥有市场上最大的服务与销售网络,134个销售和服务中心,销售和服务团队超过1100名员工	在全球相关技术领域名列第一、第二	精密塑料系统解决方案的全球领导者 唯一一家掌握所有关键塑料加工技术(注塑、挤出和反应过程技术),且能提供复杂塑料加工解决方案的提供商

资料来源:根据公开资料整理。

三 收购主体组合有力：决策、执行、协同

"选得准"并不等于"买得来"，要把选好的目标企业收购到手，需要综合运用多种能力。从中国化工的经验来看，这些能力至少包括收购主体的实力、前期准备能力、时机把握能力、善用中介机构的能力，以及与利益相关方沟通交流的能力。

中国化工是一家拥有众多成员企业的集团公司。在开展跨国并购时，如何进行收购主体的组合，不仅关系到能否"买得来"，而且关系到能否"管得好"。

从中国化工的经验来看，收购主体是决策主体、执行主体和协同主体三方面的组合，决策主体是指拥有跨国并购最终决策权力的企业，执行主体是签订/执行并购协议、负责目标企业管理的企业，协同主体既包括共同出资收购的投资方，也包括与目标企业产生协同效应的企业。

中国化工及总经理任建新是中国化工所有跨国并购的决策主体。因为跨国并购存在巨大的复杂性和风险性，集团公司及"第一把手"作为最终决策人应成为一条准则。根据目标企业的业务领域及跨国并购国际惯例，不同的跨国并购采取不同的执行主体与协同主体的组合，其目的在于显现收购方的实力，让目标企业管理者及决策人相信，收购之后的目标企业仍有发展前景。

表3 中国化工跨国并购执行主体与协同主体的组合

目标企业	执行主体	协同主体
法国安迪苏	蓝星集团在香港专门设立的全资子公司——蓝星国际投资控股有限公司	蓝星集团及其控股的上市公司——蓝星新材
澳大利亚凯诺斯	中国化工在香港设立的全资子公司——中国化工集团（香港）投资有限公司，并由该公司在香港设立的中国化工国际控股（香港）有限公司	中国化工旗下的上市公司——沈阳化工股份有限公司，以及全部化工生产企业

续表

目标企业	执行主体	协同主体
法国罗地亚有机硅及硫化物业务	中国化工之后,把罗地亚有机硅业务整合组建成BSI公司,由蓝星集团管理	安迪苏 蓝星集团下属的江西星火化工厂等
挪威埃肯	蓝星集团在香港设立的全资子公司——蓝星埃肯投资有限公司	共同投资方中国化工(出资80%)与美国百仕通(出资20%);蓝星集团旗下的全部硅业务企业
以色列MAI	中国化工农化总公司	沙隆达公司
新加坡REC太阳能公司	挪威埃肯 蓝星埃肯投资有限公司	共同投资方麦格理集团、深圳甲丰投资有限公司 埃肯公司 蓝星集团旗下的全部硅业务企业
意大利倍耐力	中国化工	共同投资方丝路基金、中国国新、马尔科·特隆凯蒂·普罗维拉公司、俄罗斯石油公司等;中国化工橡胶总公司、风神轮胎及其他轮胎业务企业
德国克劳斯玛菲	中国化工装备有限公司	中国化工装备有限公司

值得注意的是,收购新加坡REC太阳能公司是以蓝星集团海外子公司——埃肯公司为执行主体的。这种以海外子公司作为收购方在海外从事跨国并购的方式,目前在中国企业界是个案,但未来将是普遍现象。

四 前期准备全面充分:实力、情报、信任

1. 整体规模和实力准备

当中国化工资产/收入达到几百亿元人民币的规模时,2006~2007年的三起跨国并购中,单项金额为几亿美元;当中国化工资产/收入达到千亿元人民币规模时,2011年的两起跨国并购中,单项金额达到十几亿美元,而在2015年收购倍耐力时为71亿欧元。企业规模/实力与并购金额之间形成良性的匹配关系。

2. 战略情报准备

中国化工拥有 24 家科研院所,掌握着前沿的技术情报,中国化工信息中心作为中国化工所属的专业公司,是中国化工行业最有实力的战略情报研究机构,可以为中国化工的跨国并购提供强大的研究支持与情报服务,尤其是在并购标的公司选择的前期阶段。

3. 并购双方人际沟通产生的信任关系

这是"买得来""管得好"的关键因素,也是其他中国企业所忽视的因素。任建新认为,国际并购不仅仅是商业行为,而且是人的沟通,文化的融合。基于人际沟通的信任关系是在较长的时间内、人际真诚互动而产生的,短时间内"在商言商"的交流难以产生信任关系。

表 4 中国化工跨国并购的时间分布

目标企业	业务交往	意向提出	签订协议	交割完成
安迪苏	2000 年开始,多次洽谈技术引进/合资企业,未果 人际交往频繁	2005 年初获得 CVC 拟出售安迪苏的消息,主动提出意向 5 月,CVC 的 CEO 访问中国化工,尽职调查启动	2005 年 10 月 20 日 (5 年)	2006 年 1 月 17 日
凯诺斯		2004 年 11 月获出售信息,开始洽谈并购	2005 年 12 月 9 日(1 年)	2006 年 2 月 16 日
罗地亚	20 世纪 90 年代,与江西星火化工厂有业务合作;2004 年与中国化工建立战略联盟合作关系		(3 年)	2007 年 1 月 31 日
埃肯	2008 年起,蓝星公司就对埃肯硅相关业务及太阳能业务项目进行了大量的分析研究,管理层和技术专家多次参观考察埃肯工厂,三次听取埃肯管理层陈述	2009 年 11 月企业估值工作初步完成,双方达成了初步价格意向 2010 年 7~9 月,蓝星公司会同中介机构对埃肯进行了尽职调查	2011 年 1 月 10 日 (3 年)	2011 年 4 月
MAI	2008 年初,开始对 MAI 的跟踪和接触	2010 年 3 月,重启收购事宜;9 月,双方对潜在收购交易条款进行探讨,并达成了初步共识	2011 年 1 月 8 日(3 年)	2011 年 10 月 17 日

续表

目标企业	业务交往	意向提出	签订协议	交割完成
REC太阳能	2010年底,REC集团新加坡工厂投产后,埃肯公司和REC新加坡太阳能工厂展开合作,通过了产品使用性能及质量认证 从2013年起,对REC太阳能的主要工厂进行了多次考察,并形成了稳定的合作关系	2014年9月,通过中介机构获知REC太阳能控股公司有意出售全部股权 2014年10月初,邀请REC太阳能控股公司主要股东及董事会主要成员来京或前去拜访,就收购进行探讨 2014年11月24日,埃肯公司向REC太阳能公司提交了收购报价,REC公司管理层将埃肯公司作为唯一的投标人提交REC董事会讨论,REC董事会认可	2015年1月15日(5年)	2015年5月13日
倍耐力	2012年开始,中国化工主动对全球的前十大轮胎企业进行反复筛选,最终选择了倍耐力作为收购对象 2012年9月,中国化工与MTP财团高层在北京进行了第一次会面,初步探讨中国化工与倍耐力集团在商业和资本层面建立战略合作关系	2013年1月,倍耐力邀请中国化工对意大利米兰总部和技术研发中心进行了实地考察,中国化工与MTP财团先后在北京、米兰会面,就交易结构、价格和时间表进一步谈判 2014年11月,中国化工、MTP财团、Rosneft三方进行了多次谈判,达成共同出资收购倍耐力100%股份的意向,并对交易结构、融资安排、整合上市计划进行了深入探讨	2014年11月(3年)	2015年10月
克劳斯玛菲	2012年4月,克劳斯玛菲集团主动与中国化工装备公司联系,寻求战略合作 2012年5月,装备公司与克劳斯玛菲集团高层在北京进行了第一次会面,初步探讨装备公司与克劳斯玛菲集团在商业和资本层面建立战略合作伙伴关系的机会	2012年后,装备公司与克劳斯玛菲集团的控股股东即加拿大Onex公司就交易结构和价格进行多次会面和谈判 2015年8月,Onex公司董事总经理David Mansell一行到访装备公司,双方就潜在交易结构进行深入讨论并初步达成共识	2015年12月(3年)	2016年1月

注:签订协议栏目中的()内数字表明初次接触至协议签订的时间。

我们看到：（1）自2004年成立至2016年，中国化工有三波并购，每四年一波，每波明显分为准备与交易两个阶段。2004~2005年准备，2006~2007年交易，共3起；2008~2010年准备，2011年交易，共两起；2012~2014年准备，2015~2016年交易。（2）每起跨国并购从初次接触到签订协议之间的时间不一，除收购凯诺斯1年外，其他均为3年或5年。（3）多起跨国并购在启动交易谈判之前，双方有过技术交流和业务合作。

在长达3年或5年的交往、谈判过程中，任建新的真诚、个人魅力，以及团队成员尊重对方的态度和行为，使交往双方建立起较好的信任关系。这种信任关系是并购获得成功的关键因素，但我们无法对其进行量化与因果分析。

五 善用专业中介机构：战略远见与专业能力结合

跨国并购是最复杂、最困难、风险最大的战略行为，不仅需要收购主体具备实力，选准目标企业，做好充分准备，还需要聘请专业中介机构为顾问和助手，借助其专业知识、经验和能力，做好尽职调查和交易方案设计等工作，这已是国际通行规则。中国化工每起跨国并购都聘请了世界一流的专业中介机构，并把企业家的战略远见、企业前期调查与中介机构的专业能力结合起来。

表5 中国化工跨国并购聘请的专业中介机构

目标企业	财务顾问	法律顾问	行业/战略顾问
安迪苏	瑞士信贷第一波士顿公司	美国世达律师事务所	
凯诺斯	瑞士信贷银行 德勤会计师事务所	美国世达律师事务所 澳大利亚克斯律师事务所	澳大利亚SKM环境咨询公司
罗地亚			
埃肯	苏格兰皇家银行（RBS） 普华永道	挪威Selmer律师所 美国世达律师事务所 中伦文德律师事务所	美国光子咨询公司（Photon） 英国CRU战略有限公司
MAI	世界知名	世界知名	

续表

目标企业	财务顾问	法律顾问	行业/战略顾问
REC 太阳能	BND		美国光子咨询公司(Photon)
倍耐力	洛希尔 毕马威	意大利 Pedersoli 律师事务所	波士顿咨询公司
克劳斯玛菲	世界一流	世界一流	

任建新的战略远见主要表现在：对化工行业特性与本质的认识，对全球化工行业并购重组态势的把握，根据中国化工战略定位制定跨国并购战略并控制并购规模和节奏，组织集团公司及成员企业的力量做好并购准备工作，把握并购时机和交易全过程（尤其是交易前）的文化融合等方面。

中国化工对目标企业的选择与筛选有自己的一套程序和办法。当初步锁定某个目标企业时，中国化工并购团队会对其从 12 个维度进行调查和分析，这些维度是：文化、人才、战略、管理、财务、产品、全球区域布局、技术、生产、环保、市场、销售。

达成并购意向后，中国化工将聘请世界一流的专业中介机构担任并购顾问。任建新亲自参加每次并购团队工作会议，听取顾问的调查结论和建议，并做出自己的决定。这样一来，企业家的战略远见、企业前期调查工作成果就与中介机构的专业能力结合起来了。

六 收购时机把握到位：寻找、抓住、创造、等待

"万事俱备，只欠东风"。在跨国并购中，"万事"就是制定并购战略、选准目标企业、做好全面准备、善用专业中介机构等；"东风"就是收购时机的把握。中国化工跨国并购实践表明，任建新深谙此道。

中国化工把握收购时机主要有以下四种方式。

1. 寻找

中国化工有专门的团队，负责拟收购目标企业的调查、筛选，最后锁定目标，完成寻找工作。例如，蓝星公司自 2008 年起就对收购埃肯硅相关业

务及太阳能业务项目进行了大量的分析研究，管理层和技术专家多次参观考察埃肯工厂，三次听取埃肯管理层陈述。自确定国际化战略目标后（2008年），中国化工农化公司进行了大量的前期研究工作，对植保和农业技术相关领域（种子、肥料和生物技术）的几十家潜在并购目标进行了全面分析和筛选，确定了包括MAI在内几家重点目标企业。2012年，中国化工主动对全球的前十大轮胎企业进行调查、分析，经反复筛选，最终选择了倍耐力作为收购对象。

2. 抓住

这有两种情形：一是当寻找锁定的目标收购对象透露出售意向时，中国化工立即反应，抓住时机，开始洽谈收购事宜。例如，2012年3月，克劳斯玛菲集团提出整体出售意愿，并在全球范围内寻求意向方。4月，克劳斯玛菲集团获悉，装备公司旗下橡胶机械业务正规划国际化发展战略，拓展国际市场，主动与装备公司联系，寻求战略合作。5月，装备公司与克劳斯玛菲集团高层在北京进行了第一次会面，初步探讨装备公司与克劳斯玛菲集团在商业和资本层面建立战略合作伙伴关系的机会，装备公司提出收购克劳斯玛菲集团的意向。二是获悉某外国企业有出售意向时，中国化工马上进行分析，判断其收购价值后采取行动。2004年11月，中国化工从合作的专业中介机构获得澳大利亚凯诺斯出售的信息后，组织团队分析研究后认为，收购凯诺斯有多重价值：①基于中国能源短缺的考虑，可为中国化工发展化工新材料提供原料，符合中国化工"老化工、新材料"的战略规划。②收购凯诺斯公司具有成本低、收效快的特点，收购该公司所花费的投资比在国内建设相同规模乙烯装置节省一半以上，且没有建设期，仅需少量投资即可将乙烯规模由现有的47.5万吨/年扩大到60万吨/年。③利用凯诺斯公司的专业研究团队和设施与国内现有的科技力量合作，促进企业吸收消化引进技术和再创新，并借鉴其在公司治理、生产管理、安全环保等方面的先进理念及管理经验，帮助国内企业提高管理水平。

3. 创造

当锁定某个目标企业，但该企业暂无出售意向时，中国化工就与该企业洽谈技术交流/引进、合资合作，以此创造收购的时机。收购安迪苏、罗地亚有机硅业务和新加坡REC太阳能公司就是这样。2000年开始，蓝星集团就与安迪苏、罗地亚洽谈技术引进和合资合作，2004年中国化工与罗地亚签订战略合作协议。2005年初，获悉安迪苏有可能被出售的消息，蓝星集团主动和安迪苏母公司CVC的高管联系，探讨收购安迪苏的可能性。2010年底，REC集团新加坡工厂投产后，埃肯公司和REC新加坡太阳能工厂展开合作，通过了产品使用性能及质量认证，和REC太阳能公司建立了稳定的合作关系。这种合作关系为下一步收购创造了机会。

4. 等待

当双方洽谈过收购事项但未达成协议时，中国化工不是放弃该项收购，而是耐心等待收购时机。2003年世界各地爆发了禽流感，当时安迪苏的蛋氨酸价格正处于历史最低点，维生素业务也面临中国企业的激烈竞争，企业利润下滑，这为蓝星集团的收购提供了机会。中国化工与倍耐力的竞购谈判在2012年就开始进行，但由于价格较高和不能获得绝对控股权，中国化工一直在耐心等待时机。直到2014年底，乌克兰危机爆发，新的大股东俄罗斯石油不利于倍耐力欧洲传统品牌的形象，中国化工果断重启谈判，以较低的锁定价格实现了全面要约收购。

七 重视利益相关者的沟通：管理层、工会、政府部门

并购是收购方与目标企业股东之间的股权交易。要使收购交易顺利完成，尤其是取得收购后经营上的成功，收购方还需要与目标企业的管理层、工会组织，以及有权监管审批的各国政府部门做好沟通工作，获得其支持和批准。

与管理层及政府部门的沟通，中国企业在跨国并购时都较为重视，并且做得不错。但与工会组织的沟通，不少中国企业都有过沉痛的教训，如首钢集团、上海汽车集团等。中国化工在工会组织沟通方面，工作仔细，真诚可

信,其经验值得全面总结。在此,仅以收购安迪苏为例简要说明一下。

在收购过程中,任建新亲自与安迪苏的管理层座谈,请他们给职工代表传递一些重要信息,如,蓝星不是资本投资公司,是做实业的,会打造百年安迪苏,并购是一个双赢的结果,将带来安迪苏更好的发展;自己曾经也是一名工人,理解工人对于公司并购的关注,也一定会充分考虑在这一过程中对工人利益的保障,等等。安迪苏的劳工委员会在讨论后认为,CVC将安迪苏出售给蓝星,是可以接受和支持的。

当蓝星和安迪苏开始着手在中国南京投资建设 Adistar 项目时,安迪苏内部商议论证遭遇到了来自工会组织的阻力。怎么办?蓝星首先选择与工会组织主动对话,对工会担心的问题一一解答,仔细分析新项目的利弊。任建新特别强调,Adistar 项目的建设,将拉低安迪苏蛋氨酸产品总的平均成本,是显著提升安迪苏竞争力的举措。其次,在业务层面,管理层宣布在欧洲扩大产能,让工人看到了广阔的前景,并因此将"不裁员"的承诺落在了实处。再次,蓝星主动邀请工会组织的代表访问中国。安迪苏在欧洲的许多员工没有来过中国,对中国及其企业缺乏认知。在南京 Adistar 项目筹划和建设期间,安迪苏的工会代表应邀参观了蓝星公司总部及正在规划和建设的蛋氨酸新项目。最终,南京 Adistar 项目获得工会组织的支持。

八　全面发挥技术/市场双重协同效应

战略指导下的并购都以发挥双方的协同效应作为准则之一,中国化工也不例外。在这方面,中国化工的主要经验在于以下几方面。

1. 认识到互补性是协同效应的本质,尤其是基于技术/市场的双重互补性

中国企业作为后来者,在许多行业中缺乏核心技术,但拥有巨大的产品市场;欧美发达国家的目标公司虽然拥有核心技术,但其主要的发达国家市场已进入成熟期,增长乏力。中国化工认识到这种互补结构,以发达国家的老牌跨国公司为目标企业,它们拥有世界领先的核心技术,在发达国家市场拥有良好的品牌形象和前几位的市场份额。中国化工是中国化工行业龙头企

业，其成员企业在涉足的化工业务领域普遍缺乏核心技术，在中国市场拥有丰富的经营经验，但其产品无力进入国际市场。对跨国并购来说，基于互补性的协同才是协同效应的本质所在。

表6 中国化工与目标企业的互补协同效应

	中国化工	目标企业
核心技术	普遍缺乏	拥有世界水平
中国市场	化工行业第一 丰富经营经验	较少进入 或没有进入
外国市场	无能力开拓	品牌好、地位高

2. 针对目标企业业务及预期协同效应，选择确定适当的执行和协同主体

认识到协同重要性并选准目标企业，是发挥协同效应的第一步。接下来，必须针对目标企业业务及预期协同效应，选择确定适当的执行和协同主体，即具体落实由谁来完成协同工作。

从表3中看到，中国化工作为跨国并购的决策主体，根据目标企业与集体成员企业之间的业务相关性，选择确定不同的执行和协同主体。例如，蛋氨酸业务由蓝星集团及下属蓝星新材，硅业务由蓝星集团及其BSI公司、埃肯公司，农药业务由中国化工农化总公司，轮胎业务由中国化工橡胶总公司及风神轮胎，橡塑机械业务由中国化工装备有限公司等，担当执行和协同主体。

3. 并购后，以全面发挥协同效应为工作中心

中国化工2006年和2011年收购的蛋氨酸业务和硅业务的协同效应已经较好地实现，2011年收购的农药业务正在协同过程中，而2015~2016年收购的轮胎和橡塑机械业务的协同效应还有待实现。

蛋氨酸业务：通过新建、上市实现协同。2013年底，安迪苏在南京新建的14万吨液体蛋氨酸装置第一期工程7万吨项目顺利投产。脱瓶颈项目于2014年9月顺利完成，南京工厂产能由7万吨/年提升到8.5万吨/年，运行成本比安迪苏西班牙工厂低10%，成为新的全球成本最优工厂。安迪

苏法国反刍动物蛋氨酸斯特敏（Smartmine）扩能项目于2014年12月顺利投产，产能从3000吨/年提高到10000吨/年。南京工厂液体蛋氨酸的投产和扩能及欧洲工厂特种蛋氨酸的扩能，将进一步巩固安迪苏在动物营养领域的全球领先地位。

2014年，为进一步发挥协同效应，安迪苏与蓝星新材的资产重组启动。蓝星公司将其持有的安迪苏公司85%的普通股股权置入蓝星新材，同时将蓝星新材现有的资产置出，实现安迪苏公司在国内A股上市。2015年10月，完成了安迪苏注入蓝星新材，开创了境外资产在国内A股上市的先例。安迪苏公司的上市，为中国化工打造全球领先的营养板块业务集团奠定了基础。

硅业务：通过技术合作、再收购实现协同。江西星火化工厂当时在有机硅单体技术方面比法国罗地亚落后5年，而下游处理技术落后20年。收购后，中国化工和蓝星以罗地亚的技术对国内旗下的有机硅业务进行整合，在江西建设年产40万吨的有机硅装置。同时，整合罗地亚有机硅业务，成立BSI公司（Bluestar Silicones International S. A. R. L），由蓝星集团管理。2011年并购埃肯后，蓝星集团将旗下的全球硅业务全部纳入埃肯旗下管理，在全球硅业务企业推行EBS管理体系，取得了非常好的效果：蓝星集团全球硅业务运行成本在2年的时间里降低了15%以上，为蓝星集团硅产业进入世界前三位做出了重要贡献。2015年，鉴于埃肯冶金法太阳能级多晶硅产品和新加坡REC太阳能业务有良好的协同效应，同时蓝星公司决定进一步延伸和优化多晶硅产业链，充分发挥埃肯冶金法太阳能级多晶硅的潜在优势，因此，中国化工同意埃肯公司收购REC太阳能业务和资产。

九 全过程的文化融合

并购后的整合，尤其是文化整合，是并购成功的关键，这被认为是并购理论与实践的一项共识法则。中国化工的跨国并购则创新与延伸了这一法则，主要表现在两个方面：首先用文化融合代替了文化整合，然后将文化融

合延伸到交易的全过程，尤其是整个并购的前期阶段。

在中国化工的跨国并购文件中，我们找不到"文化整合"一词，只看到了"文化融合"，虽然仅有一字之差，却反映出完全不同的理念：融合的前提是尊重对方，整合则有强加于人的味道。文化融合突破了传统的文化整合思维，成为中国化工成功并购的重要保证。

中国化工的文化融合贯穿于并购交易的全过程，尤其是在并购交易之前，双方核心人物就开始了交流与沟通。2005年，在获悉安迪苏不打算合资合作的想法后，任建新并没有灰心，他亲自写信给安迪苏的高管，表明真诚合作的意愿，强调双方合作的共赢结果。安迪苏方面开始表现得非常谨慎，但时间一久，任建新和安迪苏的一些高管成了好朋友，任建新多次邀请对方到家中做客，热情款待，双方的多次接触与交流，奠定了日后互信的基础，这就为并购交易时机的把握以及并购后运营障碍的扫除提供了条件。

每次签完收购协议，任建新都会给海外企业的高管及员工写信，将中国化工的企业理念、创业历程以及发展愿景、收购意图与规划等清晰表达，尤其是对管理层和员工留用计划公布于众，使其增加对新股东的理解与认同，并多次召开职工座谈会，与工会组织积极沟通，主动寻求当地政府支持。中国化工还邀请工会代表和员工代表来中国参观考察，向他们展示中国文化的博大精深和中国企业的实力。通过一系列有计划、有步骤的文化融合工作，外方员工普遍能够较快地接受和认同中国文化和中国企业。

中国化工开通了中、英、法文的内外网站，便于海外员工及时登录查询各类信息；创办了双周刊《NEWSLETTER》（《新闻简报》）作为与海外员工交流的平台；每年圣诞节都向海外员工发表董事长录像致辞。蓝星集团从2009年开始启动蓝星国际夏令营活动，邀请BSI及其他海外企业员工子女共同参加，促进了企业文化在下一代中的交流与融合。

B.20
宁波市的四家企业全球化案例分析

宁波市商委对外投资合作管理处

摘　要： 本报告介绍了位于宁波市的四家企业成功"走出去"的案例。案例一，浙江泰来环保科技有限公司小吨位垃圾焚烧工程项目，不仅在国内前景广阔，国外市场需求同样迫切。其将首个集成套设备技术于一体的废物处理工程项目在伊朗落地，并以示范工程项目成功运行；案例二，吉润汽车（吉利汽车全资子公司）与白俄罗斯 BELAZ、SOYUZ 联合设立吉利白俄罗斯汽车有限公司，是宁波市汽车整车业"走出去"的先例，助力实现吉利的全球研发、全球制造、全球销售的战略目标；案例三，宁波均胜电子股份有限公司突破技术壁垒的考虑，果断实施境外并购战略并大获成功，在众多汽车配件企业的激烈竞争中脱颖而出；案例四，华翔集团借助境外并购，"短平快"地站上了国际汽配行业的大舞台。

关键词： 宁波市企业　全球化发展　境外并购

案例一　变废为宝：废物处理工程项目的成功案例
——浙江泰来环保科技有限公司

浙江泰来环保科技有限公司（以下简称泰来环保）成立于2005年，是一家集核心设备开发及制造、核心工艺研发及设计、工程总包、运营管理为一体的环保科技公司。公司员工70%具有本科及以上学历，核心技术人员毕业于清华大学、浙江大学及哈尔滨工业大学等国家重点高等院校。该公司

与国内多家高校和科研单位在新技术的引进、开发和研制方面，保持着长期、稳定的双向合作，并在美国、德国、日本、加拿大等国家设有信息窗口，能够实时、全面地了解国外垃圾焚烧领域的最新发展趋势，大大增强了泰来环保在该领域的专业优势，确保了公司技术的前瞻性、先进性和行业的领先地位。

一　瞄准伊朗市场

小吨位的垃圾焚烧市场不仅在国内前景广阔，国外市场需求同样迫切。因此，2011年起，泰来环保决心将市场版图拓展至国外，经过综合市场调查分析，公司将目标锁定在伊朗。

伊朗人口7000多万，且北部的人口密度较大，可用的土地偏少，由此产生的垃圾问题较为严重。据不完全统计，整个伊朗大概一共需要建设35座垃圾焚烧厂，且伊朗的绝大部分城市人口规模都在50万以内，因此，这些焚烧厂的处理规模基本处于200~500t/d，应用泰来环保技术最为合适可靠。正当泰来环保打算通过设计院、有关进出口贸易公司等合作伙伴寻找进入伊朗市场的突破口的时候，伊朗TTS公司（代表政府专门从事伊朗环保领域的相关贸易）也从其合作伙伴处了解到泰来环保所从事的热解气化焚烧技术，双方不谋而合。

伊朗方立即起程赴华对泰来环保及国内工程案例进行一系列的实地考察，与其先前考察过的国外其他技术相比，发现泰来环保热解气化焚烧技术在中小规模生活垃圾处理项目上具有独特的技术先进性、独创性和经济性，正好满足其国内垃圾焚烧处置的规范要求。因此，双方于2011年6月就德黑兰市2×100t/d生活垃圾焚烧发电项目签订了合同。该项目于2014年5月正式运行，标志着我国第一座自主研发的垃圾热解气化焚烧装备在国外成功应用。继德黑兰项目后，TTS公司又与泰来环保公司签订了沙丽市、诺莎市两座生活垃圾焚烧发电厂的合同，目前，这两个项目已进入施工建设阶段。

二 赢得认可

在项目执行过程中，泰来环保本着平等互利、共同发展、注重实效的原则，不断为伊朗培养本土人才和技术力量，派专家在项目的建设、生产、管理方面进行技术指导，以促进双边友好关系，互利共赢。鉴于双方良好的合作关系，2012年5月，伊朗副总统兼环境部长穆罕默迪·扎德先生在访华期间，又专题听取了泰来环保立式旋转热解气化焚烧技术的汇报，并对项目给予高度的评价，与泰来环保签订了其余15座共2.16亿美元的垃圾焚烧合作框架协议，以期在中伊合作框架下进一步与中国建立环保合作关系。

伊朗环保组织副主席接受伊通社记者采访时表示，该合作项目建成后，每天可为伊朗焚烧4000吨垃圾，同时产生5万千瓦/天的电能，不仅帮助伊朗解决了国内资源短缺和环境恶化的双重危机，促进伊朗的可持续发展，还将带来伊朗城市发展、环境和工业卫生的新机遇。

三 拓展东南亚

泰来环保在伊朗示范工程项目的成功运行，吸引了国外众多客户的眼球。目前，泰来环保正分别与泰国、越南、巴西、柬埔寨、帕劳、巴基斯坦、斯里兰卡、几内亚等多个国家和地区就医疗垃圾、生活垃圾焚烧项目进行深入洽谈，泰来环保已成为国内环保企业走出国门向国外输出技术和装备的成功企业。

四 泰来环保"走出去"的成功启示

泰来环保"走出去"的启示和经验在于以下几方面。

一是国家政策导向为成功输出环保装备谋契机。近年来，党中央和国务院密集出台了一系列推进节能环保装备产品出口的政策，如2012年国务院发布了《关于印发"十二五"节能环保产业发展规划的通知》，文件明确指出政府为完善进出口政策，鼓励节能环保装备产品出口，对外援助优先安排环境基础设施建设等节能环保项目。同时商务部对大型成套设备的出口也特别设立了五项政策优惠，如研发费用资助、更新改造贷款贴息、国际市场开拓资金、出口信贷和出口信用保险、政府优惠贷款等。因此，泰来环保的环保装备输出项目非常符合国家宏观导向和政策要求。

二是各级政府部门紧密配合为项目推广添动力。泰来环保自主技术装备的成功输出，离不开各级政府部门的大力支持和帮助。公司申报对外承包经营资格工作时受到商务局的支持和详尽指导，使得申报工作顺利进行。同时，泰来环保通过市各级部门的帮助，积极参加各类展会和产品对外推介活动，增强了企业和产品在国外市场的知名度。现在此技术装备已被列入国家科技部科技外交官行动计划、对发展中国家科技援外项目以及国家环保部东盟环境保护合作推广项目。

三是成功输出装备为泰来环保提升了综合竞争力。伊朗示范工程的成功运行为其今后与国外项目合作提供了宝贵的经验，进一步完善了商业模式；同时国内外垃圾成分、热值等参数的差异性也推动了技术、装备的完善、优化和提升，促进其技术水平达到国际领先水平，不断获得行业专家和客户的认可与青睐，使得公司的业务范围扩增，市场占有率显著提升，强化了泰来环保成为热解气化焚烧领域的龙头企业的综合竞争力。

四是找准市场切入点是企业发展的关键。公司从瞄准伊朗市场开始，着重选择了一些欠发达或发展中国家为设备、技术输出的切入点，深入进行市场研究分析，根据这些国家和地区的医疗、生活垃圾处理现状，利用公司的技术设备优势，较快地赢得了当地市场的信任，成功地实施了示范工程。

五是先进的技术设备是保障。泰来环保自主研发的目前世界上单炉处理能力最大的 $2 \times 175t/d$ 立式旋转热解气化焚烧发电系统且成功稳定运行2年；我国首座海岛生活垃圾焚烧项目将于2014年10月在舟山嵊山岛建成；

等等。依托强大的自主创新研发能力，公司技术设备不断推陈出新，为企业开拓国际市场、对外承接工程提供了强有力的支撑和保障。

案例二　吉利的全球化战略
　　——浙江吉润汽车有限公司

浙江吉润汽车有限公司（以下简称吉润汽车）系中国汽车十强生产企业之一的浙江吉利控股集团（以下简称吉利控股集团）旗下一级制造子公司，2005年在中国香港成功上市，是吉利控股集团制造基地中产能最大的基地，也是宁波市重点扶持的汽车及零部件制造龙头企业之一。

1999年8月8日，吉润汽车在宁波打下了工厂的第一根桩基。投产以来，历经10余年的成长、积淀、创新和变革，诞生了我国第一台自主研发的CVVT发动机、我国第一台自主研发的Z系列自动变速器、我国第一台自主研发的欧洲标准的整车帝豪CE7系列轿车，并拥有年产15万辆自由舰、帝豪等系列品牌轿车零部件的生产能力（两条拥有四大先进工艺生产厂的轿车生产线），已发展成为中国自主品牌汽车制造基地的典型代表。

一　初探俄罗斯，投资贸易

为加快海外市场发展，2011年吉利控股集团制定了国际化发展战略，积极实施"走出去"海外布局。俄罗斯作为全球四个可进入的百万级海外市场之一，是吉利全球化战略的必争之地。在过去几年中，通过向俄罗斯市场提供金刚、帝豪EC7等质量可靠、价格适中的产品，吉利汽车深受当地消费者的青睐，成为经济型轿车品牌中的佼佼者，截至2013年，在当地已累计销售1700辆。在此前提下，进一步扩大销量及当地的影响力显得尤为重要。但是吉利在俄罗斯的代工资源并不稳定，同时为数家中国自主品牌提供代工服务的商家，使得吉利产能受限，影响了销售。为解决产能瓶颈问

题,吉利开始考虑在当地进行投资建厂。然而,为保护本国产业,俄罗斯当局排斥中国汽车工业的进入,其新政策对外来投资设置了较高的门槛,吉利短时间内难以逾越,须另辟蹊径。

二 进入白俄罗斯,不谋而合

白俄罗斯工业基础较好,机械制造业、冶金加工业、机床及激光技术等比较发达和先进,但其汽车工业相对薄弱。于是,该国政府迫切发展本国轿车工业的希望与吉利加速海外扩张的战略规划不谋而合。2011年6月,吉利汽车开始与白俄罗斯工业部进行初步接洽。

因白俄罗斯与俄罗斯关系密切,并形成了关税同盟,又同为欧亚经济共同体伙伴。经商谈,吉利项目获白俄工业组装资格,CKD散件可零关税进入白俄,CKD散件完成组装后,亦可零关税进入俄罗斯;在工厂建设期间,SKD散件也能享受该政策,保证建厂、销售两不误;该国投资环境宽松,本项目被列为国家重点工程,且税收政策优惠;由于与中国关系良好,中国授以166亿美元融资额度。白俄罗斯政府通过提供国家担保将使项目获得中资银行贷款;此外,中白两国政府对该项目的大力支持,为其顺利实施创造了有利的政治环境。鉴于上述因素,吉利与白俄罗斯政府及项目合资方分别于2011年12月、2012年3月签署了《合资协议》《工业组装协议》和《投资协议》,成立了吉利白俄罗斯汽车有限公司(以下简称合资公司),开始实施新建吉利汽车白俄罗斯CKD工厂项目。

三 项目历程,终成硕果

2011年6月	吉利控股集团与白俄工业部初步接洽,并签署合资合作意向
2011年12月	吉利控股集团与白俄合资方签署合资协议与合资章程,合资公司成立
	吉利白俄合资公司与白俄工业部签署《工业组装协议》,获得汽车工业组装资质
2012年3月	吉润汽车、白俄工业部、合资公司及股东签署《投资协议》
2012年3月25日	吉润汽车获得宁波市外经贸局批复的企业境外投资证书

续表

2012年9月	合资公司SKD工厂技改完成,获得白俄认证证书
2012年10月	首台样车下线
2012年11月	合资公司SKD工厂获得白俄汽车原产地证书,具备SOP条件
2012年12月	吉润汽车首笔注册资本金汇出
2013年3月	合资项目产品在白俄开始销售
2013年4月	各方就CKD项目设计合同框架协议达成共识
2013年5月	项目产品通过俄罗斯认证,并获得认证证书
2013年7月	签署北京协议:在中国国家主席习近平和白俄罗斯总统卢卡申科的共同见证下,吉利与白俄政府工业部再次确认了之前的合作成果
2013年9月	合资公司开始批量生产
2013年10月	以副总理托吉克为首的白俄代表团访问吉利控股集团成都基地及沃尔沃工厂
2014年1月	白俄总理米亚尼斯科维奇到访中国,在北京与吉利控股集团董事长李书福举行会谈

白俄合资公司股东为白俄罗斯 BELAZ(占股 54.8%)、SOYUZ(占股 9.59%)和中国浙江吉润汽车(占股 35.61%)。BELAZ 为白俄罗斯央企,主营矿山运输设备;SOYUZ 为白俄罗斯国家零部件集团 BATE 与深圳申投的合资企业(各持股 50%);吉润汽车为吉利控股集团全资子公司。合资公司注册资金为 4537.5 万美元。

该项目总投资约 3.2 亿美元,为控制项目投资风险,计划分三个阶段建设:第一阶段,于 2012 年建成双班年产 2 万辆的 SKD 工厂;第二阶段,2014~2017 年建成双班年产 6 万辆的 CKD 工厂;第三阶段,年销量超过 5 万辆后,新建双班年产 6 万辆的 CKD 工厂,使产能达到双班年产 12 万辆。项目产品规划为 LC Cross,英伦 SC5、英伦 SC7、帝豪 EX7、帝豪 FE-5、帝豪 FE-7 和帝豪 NL-3(SUV 车型)。产品销售主要针对俄罗斯、白俄罗斯、哈萨克斯坦三国关税联盟市场,其中,10% 的产品在白俄罗斯当地销售,90% 向俄罗斯和哈萨克斯坦出口。

四 设立中欧技术中心,开展全球研发

2013 年 5 月 23 日,由吉利公司全资控股,首次出资 1600 万美元,2013

年10月11日，该项目增资8000万美元，投资总额为9600万美元的吉利中欧技术中心项目（CEVT）在瑞典哥德堡市正式设立。该中心由吉利集团旗下吉利汽车和沃尔沃汽车联合建立工程技术团队，依托瑞典哥德堡的研发优势，发挥沃尔沃汽车在吉利集团内部的技术领先优势，整合吉利集团旗下沃尔沃汽车和吉利汽车的资源优势，全力打造新一代中级车模块化架构（CMA）及相关部件，以满足沃尔沃汽车和吉利汽车未来的市场需求。吉利新的中级车平台与沃尔沃实现平台共享，共享零部件比例将从目前的25%~30%提升到60%~70%，兼容多种车型的同时，还可实现共线生产，此举将大幅提升生产效率，降低研发成本，对沃尔沃的国产化也极为有利。

2013年12月6日，吉利中欧技术中心获得了由瑞典哥德堡市投资署颁发的"哥德堡城市之钥"奖（Gothenburg City Key Award），该奖项由哥德堡投资署设立，于每年举行的海外投资者日颁发，专门奖励给当年度哥德堡新成立的海外投资企业中的佼佼者，旨在鼓励海外投资者在哥德堡投资创办企业。

2013年的海外投资者日，仅有两家企业获得奖项。吉利中欧技术中心项目的成功运营，标志着吉利汽车与沃尔沃汽车的协同效应进入正式的实施阶段，吉利汽车朝着实现"全球研发、全球制造、全球销售"战略目标，迈出了重要的一步。

案例三 借收购实现技术飞跃
——宁波均胜电子股份有限公司

均胜电子股份有限公司（以下简称均胜电子）成立于2004年，前身是一家以汽车功能件为主业的零部件企业。2011年，均胜电子收购了德国普瑞公司，普瑞定位于高端汽车电子市场，其产品配套宝马、奥迪等众多高端豪华品牌。同年5月，均胜电子完成对辽源得亨的重组方案，借壳上市；2012年，通过增发方式将德国普瑞注入均胜电子。

凭靠企业自身所拥有的同步开发设计能力、优异的生产制造和品质管理能力以及出众的企业文化，均胜电子成为宝马、奔驰、奥迪、大众、通用和福特等全球著名汽车制造商的 A 级供应商，长期提供深度定制服务及理想解决方案，并屡获保时捷、大众、通用等汽车制造商颁发的优秀供应商奖。此外，该公司还与佛吉亚、博世、伟世通等汽车零部件供应商开展了紧密的合作。

一 以突破技术壁垒为并购目的

2008 年前后，均胜电子的竞争对手非常多，周边的民营企业紧跟均胜的产品，而真正的核心技术则一直都控制在诸如天合、博世、大陆集团、西门子、伟世通、株式会社电装等全球 500 强企业手中。仅博世一家企业 2012 年在中国的销售额就达到了 417 亿元人民币，几乎全是汽车电子配件产品。因此，中国汽车电子配件 2000 多亿元人民币的市场，实际上都为国外汽车电子零配件公司所掌控。

外资企业用 LIN 总线、CAN 总线协议，就将中国的企业屏蔽起来。而中国的汽车配件企业没有总线协议，无法进入汽车电子领域，以致无法拿到相关零件订单。中国企业生产的产品大多为 DVD、音响等车载娱乐系统、倒车雷达等低端电子产品，真正的动力系统、车身控制系统、ECU 系统等高端车用产品，基本都是国外厂商在生产。

受到国内外竞争环境的影响，均胜电子面临转型的抉择。从长远的战略考虑，如果维持现状，公司的毛利率将越来越低。

二 以诚信赢得外方信赖

当德国普瑞这家优质的汽车零部件企业出售的消息放出来时，许多整车厂商和零部件企业都跃跃欲试，希望能够抓住这次难得的机遇。与国内外诸多的竞购对手相比，均胜电子在企业规模上显得非常小。但是，均胜电子最终凭借自身的诚信和专业化水平，赢得了这次难得的发展机会。

诚信，是许多中国企业对外发展中面临的瓶颈问题。在国际商业规则中，诚信原则备受重视，却被许多中国企业忽略。早在2007年，均胜集团便开始与德国普瑞接触，有过与之建立合资企业的尝试，但是没能成功。金融危机的突发使普瑞遇上了麻烦，经营状况急剧恶化。与此同时，在短短两年时间内，均胜电子却发生了翻天覆地的变化。2008年，普瑞的高管团队首次来访宁波时，均胜电子在一处窄小的厂房内运行，刚拿到现在均胜所在工业园内的一块土地不久。当时，均胜电子把所有工业园的图纸给普瑞的高管团队翻阅，详细地向来宾们介绍了企业将实施建设全新工业区的战略计划。当普瑞的高管于次年再访宁波时，均胜电子的新厂区已经建成，事实证明均胜电子对自身制定的计划说到做到。

当时，均胜电子的并购团队特别强调对中国市场的开发，就中国汽车部件市场现状，做了一份非常完整的调研材料呈送给德国的普瑞团队，主要内容涉及一旦成立合资企业，能够抢到哪些市场，市场如何细分，采用何种战略，整个报告所考虑的内容比普瑞团队能想到的更为详尽。做完这个报告之后，普瑞的高管团队就对均胜电子表示称赞和钦佩，认为均胜电子真的想干大事。自此，双方的高管逐步建立起非常良好的关系，这是后来对方高管层一致倾向于均胜电子的最主要原因。

三 以并购成功整合提升行业水平

均胜电子的境外成功并购有以下几点重要收获。

一是突破了海外汽车高端电子技术的壁垒，实现产品系的延伸、技术含量的提升，冲破了汽车零部件企业的技术天花板，进入全新的产品研发阶段。

二是大幅度提升了均胜电子的管理水平，许多技术和管理均来自于德国的普瑞公司，尤其是自动化生产线管理到工厂生产管理环境，至少都提前了3~5年。

三是功能件事业部抓住了新发展机遇，未来将借助普瑞的渠道、布点和工厂,到欧洲、北美设立生产销售网络。

四是均胜电子的功能件也在往汽车电子方向发展,运用普瑞的技术,诸如在传统的倒车镜装上电动芯片、门锁无线感应等,对原有的功能件进行改进升级。

均胜电子制订了企业五年发展的短期目标,即到2018年底,销售收入突破200亿元,进入全球汽车零部件企业百强榜。短期内,均胜电子计划先利用德国公司的技术优势,加快实施中国汽车电子市场发展的战略目标:第一,建立德国、中国两大技术中心,产品实现全球化同步设计;第二,部分新汽车电子产品开始向奥迪、宝马、大众供货;第三,按德国标准建立的模具车间投入使用;第四,筹建自动化生产线制造车间,为均胜和市场提供生产装备。

案例四 五味俱全的并购事件
——宁波华翔集团公司

宁波华翔集团公司(以下简称华翔集团)系宁波市重点培育的十八家大企业集团之一,列入中国民营企业500强,世界汽配行业500强和浙江省实施"走出去"战略示范企业。从一个不知名的小企业发展到跻身世界汽配企业500强,实现总资产和总产值双双突破100亿大关的华丽转身,其中的奥秘——境外并购,在华翔集团的快速发展中发挥了不可小觑的助推作用。

一 试探:出师不利

企业境外并购的初级阶段实际上就是走出国门,参与国际竞争,逐步积累经验的一个试探性阶段。2007年初,在经过前期一系列考察和谈判后,华翔集团果断出手,以协议方式一举收购了英国某汽车内饰件有限公司项目(投资总额约980万美元),旗下第一个境外并购项目自此产生。出乎意料

的是，突如其来的金融风暴和海外并购潜在风险的爆发，令华翔集团的第一个境外并购项目陷入窘境。该境外企业订单减少，员工工资福利及运转成本每月高达500万元，致使项目亏损额越来越大。

面对这样的困境，华翔集团领导层毫无退缩之举，坚信企业选择"走出去实施境外并购"是正确的。随后即着手实施"境外境内同步走"战略，千方百计帮助境外企业获取福特、通用等北美大客户的订单。同时，在象山成立宁波劳伦斯内饰件有限公司，将英国企业的劳动密集型生产车间转移到象山境内。尽管首次实施境外并购并非想象的那般完美和成功，但有关经验教训对集团开展此后一系列重大境外并购产生了非常深远的影响。

二 不弃：再接再厉

随着境外并购初级阶段经验和资本的积累，华翔集团对继续啃下境外并购这块令人向往又充满风险的"大骨头"满怀信心。2010年初，当华翔集团获知英国捷豹、路虎汽车有限公司策划出售其属下真木工厂的信息后，即赴境外展开严密的前期论证和考察。通过详尽的前期分析研究，集团领导层大胆决策实施第二个规模更大的境外并购项目。借鉴前次的经验教训，华翔集团对这次境外收购项目风险进行了全面评估之后，果断拍板决定收购。经过一系列艰苦的谈判，于2010年11月初，成功收购英国一家汽车有限公司下属真木制造中心项目（约3000万美元），并成功运行，华翔集团在该行业中的国际竞争优势自此基本确立。

三 坚持：大获全胜

成功的喜悦坚定了华翔集团境外并购的信心，境外市场开拓的速度进一步加快。最重要的是经过两次境外并购，华翔集团内部练就了一支成熟的境外并购团队，为之后三个境外并购项目的成功实施奠定了坚实的人才基础。

子公司劳伦斯、华翔电子、华众控股先后各自出色地完成了令人瞩目的境外并购项目。

华翔集团众多的车饰件产品对很多国人来说，不甚熟悉。但在国际市场上，该企业的一些产品高端、拥有专利、质量过硬、甚至品牌本身，都大受追捧和欢迎，赚足了赞誉。当然，这得益于境外并购的实施。2011年底至2012年初，华翔集团旗下的劳伦斯公司、华翔电子、华众控股分别成功收购美国某刻印公司（斥资9160万美元）、德国某企业相关项目（总投资约9000万美元）、德国某模具公司项目（455万美元）。华翔集团通过三个境外并购项目的成功实施，不仅获得了行业国际领先技术，拓展了企业自身的产品生产线，短时期内打入成熟的海外市场，还与宝马、奥迪、通用、大众等著名的高端整车客户建立起密切的联系。

四 成功的启示

华翔集团境外并购的成功示范作用得到了政府的充分肯定，2011年底，被授予浙江省实施"走出去"战略示范十大企业之一的称号。对华翔集团领导层来说，先后五次境外并购决非易事，个中滋味"甜酸苦辣"五味俱全。首次不太成功的失败教训、之后的果断决定、多次出手的成功经验，归纳起来有以下经验和体会可供借鉴。

一是充分做好境外并购前期考察和风险评估。"走出去"是对外贸易的最高形式。对外经贸企业而言，要发展，实施"走出去"是未来转型升级的必然选择。但要实施"走出去"，特别是开展境外并购绝非易事，境外并购涉及的项目资金数额巨大且伴随着相当大的投资风险。境外并购成功与否，对一家企业影响巨大。因此，充分做好境外并购的前期考察论证，全面分析了解并购项目的可行性和可操作性，才能确保并购项目对企业是有利可图的。华翔集团首次并购英国某车饰件生产项目，就是由于项目前期评估论证不足，一旦遭遇金融风暴的突然冲击等，必定陷入困境。因此，实施境外并购前必须对标的公司进行全面评估，找出其亏损点在哪里，其原有员工如

何安置,当地政局稳定与否、营商经济环境好坏、安全形势如何,特别是对境外并购项目相关政策的了解等,均是十分重要的环节,只有这样才不至于使公司陷入盲目并购的泥淖。

二是全面规划项目收购后的经营生产和长远的发展目标。我国有很多企业在开展境外并购,且很多是成功实施了境外并购之后,便找不到前进方向了。最明显的失误是在经营发展上屡陷困境,最后导致惨淡收场、债务缠身。这恰是境外并购目的不明确,盲目开展收购,没有提前做好经营生产规划所导致的不良后果。从华翔集团五个境外并购项目的经验来看,目的十分明确,契合企业产品生产、成本结构、市场拓展这些发展需求。华翔集团之所以成功,诀窍还在于实施境外并购前,全面做好并购项目今后生产和经营的布局。比如成立劳伦斯公司,将境外的劳动密集型生产车间转移到境内,就是并购之前做好的战略部署。这样的布局极大地降低了境外企业的劳动力成本,促使境外并购项目得以顺利发展。所以,一旦企业领导层有意开展境外并购,实施之前必须搞清楚并购境外项目的目的,并购后企业应该如何顺利发展,要取得怎么样的成果,这些都是企业成功实施并购项目所必备的前提条件。

三是打造一支成熟的境外并购团队和经营团队。华翔集团首闯海外,第一次实施并购项目即濒于失败,除了对项目风险估计不足外,另一个非常重要的原因是疏于境外并购的实际操作,集团内更是缺乏一支成熟的境外并购团队,以致在评估、谈判过程中处于劣势地位。之后几次大规模并购的成功实施,与这支境外并购团队的日趋锻炼成熟是密不可分的。因此,企业在开展境外并购前,应尽可能地招揽到具有海外并购经验的人才,组建强有力的并购团队,在调查项目、风险评估、谈判等过程中占据有利地位。同时,不断地在实战中磨炼这支队伍,为今后更大规模的境外并购打下人才基础。当然,境外经营团队的建立对境外项目并购后的后续发展至关重要。华翔集团在完成对某刻印公司项目的收购后,详尽分析其原有的经营团队的主要问题在于决策不当。对症下药,果断更换了其总经理的人选,在保持原有其他核心成员的基础上,派任集团旗下一位美国人作为总经理，从而顺利平稳地重组了经营团队，为之后项目的成功运营奠定了基础。

由此可见，一个企业集团在实施境外并购项目时，必须因地制宜，根据所处的环境和存在的问题，组建适合项目长远发展的经营团队，这样，才能让项目在并购后更稳定和良好地运行下去。

附 录

Appendixes

B.21 中国对外直接投资事件（2015年7月～2016年6月）

中国企业对外直接投资事件（2015 年 7 月 1 日～2016 年 7 月 31 日）

年份	月份	投资方	交易方	标的	交易金额（百万美元）	股份比例（%）	投资方所属行业（一级）	投资方所属行业（二级）	标的所属行业（一级）	标的所在国家（地区）	洲级区域
2015	7	阿里巴巴网络技术有限公司	新加坡邮政有限公司		249.00	0.1	信息传输、计算机服务和软件业	计算机服务业	交通运输、仓储及邮政业	新加坡	亚洲

续表

年份	月份	投资方	交易方	标的	交易金额（百万美元）	股份比例（%）	投资方所属行业（一级）	投资方所属行业（二级）	标的所属行业（一级）	标的所在国家（地区）	洲级区域
2015	7	洛阳栾川钼业集团股份有限公司			2150.00		采矿业	有色金属矿采选业	采矿业		
2015	7	大连万达集团	Infront Sports & Media		942.89	70.00	房地产业	房地产业	文化、体育和娱乐业	瑞士	欧洲
2015	7	阿特斯光伏电力有限公司	Recurrent		345.00	/	电力、煤气及水的生产和供应业	电力、热力的生产和供应业	电力、煤气及水的生产和供应业	美国	北美洲
2015	7	安邦保险集团股份有限公司	REAAL N.V. 保险公司			100.00	金融业	保险业	金融业	荷兰	欧洲
2015	7	鞍钢集团	/	印尼中苏拉威西省莫罗瓦利建立产能达500万吨钢厂	/	/	制造业	黑色金属冶炼及压延加工业	制造业	印度尼西亚	亚洲
2015	7	北京三快在线科技有限公司	/	Expedia 旗下酷讯	/	/	信息传输、计算机服务和软件业	计算机服务业	信息传输、计算机服务和软件业	德国	欧洲
2015	7	长江和记实业	VimpelCom Ltd.		/	/	制造业	通信设备、计算机及其他电子设备制造业	制造业	意大利	欧洲

续表

年份	月份	投资方	交易方	标的	交易金额（百万美元）	股份比例（%）	投资方所属行业（一级）	投资方所属行业（二级）	标的所属行业（一级）	标的所在国家（地区）	洲级区域
2015	7	常州天合光能有限公司	\	组件OEM采购机制	\	\	电力、煤气及水的生产和供应业	电力、热力的生产和供应业	电力、煤气及水的生产和供应业	马来西亚	亚洲
2015	7	常州天合光能有限公司	\	700MW的太阳能电池与500MW的组件产线	\	\	电力、煤气及水的生产和供应业	电力、热力的生产和供应业	电力、煤气及水的生产和供应业	泰国	亚洲
2015	7	创维数字股份有限公司	Strong Media Limited		32.89	100.00	制造业	电气机械及器材制造业	制造业	英属维尔京群岛	南美洲
2015	7	春秋航空股份有限公司	\	日本中部国际机场（爱知县常滑市）建设酒店	\	\	交通运输、仓储及邮政业	航空运输业	房地产业	日本	亚洲
2015	7	东方集团股份有限公司	Gecamines	加丹加省铜钴开采权	52.00	\	混合	混合	采矿业	刚果（金）	非洲
2015	7	复星地产	Resolution Property	共同投资设立一家合资公司	\	\	房地产业	房地产业	房地产业	英国	欧洲
2015	7	复星国际	BHF KLEINWORT BENSON GROUP SA		\	\	金融业	其他金融活动	金融业	比利时	欧洲
2015	7	复星国际	H&A		229.32	100.00	金融业	其他金融活动	金融业	德国	欧洲

续表

中国对外直接投资事件（2015年7月~2016年6月）

年份	月份	投资方	交易方	标的	交易金额（百万美元）	股份比例（%）	投资方所属行业（一级）	投资方所属行业（二级）	标的所属行业（一级）	标的所在国家（地区）	洲级区域
2015	7	复星国际	意大利裕信银行			\	金融业	其他金融活动	制造业	意大利	欧洲
2015	7	复星国际	Silver Cross		77.49	\	金融业	其他金融活动	制造业	英国	欧洲
2015	7	复星集团	KTG		\	9.00	金融业	其他金融活动	农、林、牧、渔业	德国	欧洲
2015	7	富士康科技集团	\	印度建厂	\	\	制造业	通信设备、计算机及其他电子设备制造业	制造业	印度	亚洲
2015	7	光明食品（集团）有限公司	Miquel		\	1	制造业	食品制造业	批发和零售业	西班牙	欧洲
2015	7	广西梧州中恒集团股份有限公司	Oramed Pharmaceuticals Inc.		52.00	1.00	制造业	医药制造业	制造业	以色列	亚洲
2015	7	国家电网公司	\	巴西美丽山二期项目	\	\	电力、煤气及水的生产和供应业	电力、热力的生产和供应业	电力、煤气及水的生产和供应业	巴西	南美洲
2015	7	海航集团有限公司	Swissport Group Swissport		27.30	\	交通运输、仓储及邮政业	航空运输业	交通运输、仓储及邮政业	瑞士	欧洲
2015	7	海信集团	夏普		23.70	\	制造业	电气机械及器材制造业	制造业	墨西哥	北美洲
2015	7	宏达国际电子股份有限公司			10.00	1	制造业	通信设备、计算机及其他电子设备制造业	制造业	美国	北美洲

续表

年份	月份	投资方	交易方	标的	交易金额（百万美元）	股份比例（%）	投资方所属行业（一级）	投资方所属行业（二级）	标的所属行业（一级）	标的所在国家（地区）	洲级区域
2015	7	湖北富邦科技股份有限公司	/	荷兰子公司	/	/	制造业	化学原料及化学制品制造业	制造业	荷兰	欧洲
2015	7	华邦颖泰股份有限公司	/	莱茵医院	8.75	/	科学研究、技术服务和地质勘察业	研究与试验发展	卫生、社会保障和社会福利业	德国	欧洲
2015	7	华为技术有限公司	Amartus	/	/	/	制造业	通信设备、计算机及其他电子设备制造业	制造业	爱尔兰	欧洲
2015	7	华为技术有限公司	/	在悉尼设立新的技能培训和开发中心	/	/	制造业	通信设备、计算机及其他电子设备制造业	科学研究、技术服务和地质勘察业	澳大利亚	大洋洲
2015	7	华西能源工业集团有限公司	/	泰国600t/d生活垃圾焚烧发电项目	175.00	/	制造业	电气机械及器材制造业	电力、煤气及水的生产和供应业	泰国	亚洲
2015	7	基汇资本	/	洲际酒店集团（IHG）在香港的一处全资控制资产	938.00	/	房地产业	房地产业	房地产业	中国香港	亚洲
2015	7	江南模塑科技股份有限公司	/	墨西哥子公司	/	/	制造业	塑料制造业	制造业	墨西哥	北美洲

中国对外直接投资事件（2015年7月~2016年6月）

续表

年份	月份	投资方	交易方	标的	交易金额（百万美元）	股份比例（%）	投资方所属行业（一级）	投资方所属行业（二级）	标的所属行业（一级）	标的所在国家（地区）	洲级区域
2015	7	江苏鱼跃医疗设备股份有限公司	/	辉瑞公司	/	/	制造业	医药制造业	制造业	美国	北美洲
2015	7	江西赣锋锂业股份有限公司	Neometals	RIM	61.00	49.00	制造业	有色金属冶炼及压延加工业	制造业	澳大利亚	大洋洲
2015	7	江西华伍制动器股份有限公司	/	/	1.85	/	制造业	电气机械及器材制造业	制造业	西班牙	欧洲
2015	7	力帆集团	/	在利佩茨克州建设全新整车工厂	322.20	/	制造业	交通运输设备制造业	制造业	俄罗斯	欧洲
2015	7	绿景（中国）地产投资有限公司	Vision Eye Institute Limited	/	2.20	19.99	制造业	专用设备制造业	制造业	澳大利亚	大洋洲
2015	7	南方电网	/	越南永新燃煤电厂一期BOT项目	/	/	电力、煤气及水的生产和供应业	电力、热力的生产和供应业	电力、煤气及水的生产和供应业	越南	亚洲
2015	7	南方电网	Vinacomin	/	1750.00	95.00	电力、煤气及水的生产和供应业	电力、热力的生产和供应业	采矿业	越南	亚洲

293

续表

年份	月份	投资方	交易方	标的	交易金额（百万美元）	股份比例（%）	投资方所属行业（一级）	投资方所属行业（二级）	标的所属行业（一级）	标的所在国家（地区）	洲级区域
2015	7	青岛中天石油天然气有限公司	\	加拿大阿尔伯特省 New Star Energy Ltd. 油气田项目	120.00	\	采矿业	石油和天然气采选业	采矿业	加拿大	北美洲
2015	7	青青稞酒	Napa Chiles		\	1	制造业	饮料制造业	制造业	美国	北美洲
2015	7	山东考普莱机械科技有限公司	UYT公司		43.40	\	制造业	交通运输设备制造业	制造业	英国	欧洲
2015	7	陕西汽车控股集团有限公司	\	肯尼亚合资公司	\	\	制造业	交通运输设备制造业	制造业	肯尼亚	非洲
2015	7	上海汽车集团股份有限公司	\	田纳西州的查塔努加建造一座工厂	55.00	\	制造业	交通运输设备制造业	制造业	美国	北美洲
2015	7	上海永利带业股份有限公司	\		1.00	60.00	制造业	通用设备制造业	制造业	美国	北美洲
2015	7	深圳市大疆创新科技有限公司	Accel		10.00	\	制造业	交通运输设备制造业	金融业	美国	北美洲
2015	7	深圳市新国都科技股份有限公司	\	ExaDigm, Inc.	4.70	100.00	制造业	通信设备、计算机及其他电子设备制造业	制造业	美国	北美洲

中国对外直接投资事件（2015年7月~2016年6月）

续表

年份	月份	投资方	交易方	标的	交易金额（百万美元）	股份比例（%）	投资方所属行业（一级）	投资方所属行业（二级）	标的所属行业（一级）	标的所在国家（地区）	洲级区域
2015	7	双塔食品	阿邦德公司	加拿大合资公司	9.22	60.00	制造业	食品制造业	农、林、牧、渔业	加拿大	北美洲
2015	7	腾讯	\	美克国际	136.67	25.00	信息传输、计算机服务和软件业	软件业	金融业	美国	北美洲
2015	7	天津渤海租赁股份有限公司	美国飞机租赁公司Avolon		428.63	20.00	租赁和商务服务业	租赁业	租赁和商务服务业	美国	北美洲
2015	7	网龙网络公司	英国Promethean World公司		131.55	100.00	信息传输、计算机服务和软件业	计算机服务业	信息传输、计算机服务和软件业	英国	欧洲
2015	7	维诺投资	Modern Meadow Inc		10.00	\	金融业	金融业	科学研究、技术服务和地质勘察业	美国	北美洲
2015	7	西安陕鼓动力股份有限公司	捷克蒸汽轮机制造商EKOL公司		51.22	75.00	制造业	电气机械及器材制造业	制造业	捷克	欧洲
2015	7	厦门蒙发利科技（集团）股份有限公司	REPTECH		9.00	51.00	制造业	专用设备制造业	制造业	韩国	亚洲
2015	7	新希望集团	科普利信集团		\	\	农、林、牧、渔业	农业	农、林、牧、渔业	法国	欧洲

续表

年份	月份	投资方	交易方	标的	交易金额(百万美元)	股份比例(%)	投资方所属行业(一级)	投资方所属行业(二级)	标的所属行业(一级)	标的所在国家(地区)	洲级区域
2015	7	远东国际发展有限公司	\	昆士兰赌场度假村项目	\	0.25	租赁和商务服务业	租赁业	房地产业	澳大利亚	大洋洲
2015	7	运盛(上海)医疗科技股份有限公司	JINORAN MERGERS LTD、SHL TELEMEDICINE LTD		112.67	\	制造业	医药制造业	制造业	美国	北美洲
2015	7	张家港富瑞特种装备股份有限公司	SIXTEE公司		8.20	0.51	制造业	专用设备制造业	制造业	新加坡	亚洲
2015	7	招商局轮船股份有限公司	\		448.00	\	交通运输、仓储及邮政业	水上运输业	交通运输、仓储及邮政业	巴西	南美洲
2015	7	浙江海正药业股份有限公司	\	赛诺菲	\	\	制造业	医药制造业	制造业	法国	欧洲
2015	7	华为技术有限公司	Amartus		\	\	制造业	通信设备、计算机及其他电子设备制造业	制造业	爱尔兰	欧洲
2015	7	浙江天马轴承集团股份有限公司	\	沃洛哥朗牧场	34.76	\	制造业	电气机械及器材制造业	农、林、牧、渔业	澳大利亚	大洋洲

续表

年份	月份	投资方	交易方	标的	交易金额（百万美元）	股份比例（%）	投资方所属行业（一级）	投资方所属行业（二级）	标的所属行业（一级）	标的所在国家（地区）	洲级区域
2015	7	中国华信能源有限公司	\	俄罗斯东西伯利亚地区贝加尔项目三个油田区块股权	\	\	采矿业	石油和天然气开采业	采矿业	俄罗斯	欧洲
2015	7	中国深圳长城开发科技股份有限公司	\	\	130.00	\	制造业	电气机械及器材制造业	制造业	美国	北美洲
2015	7	中国石油天然气集团公司	\	伊拉克格拉夫油田 FCP 升级项目	12.00	\	制造业	石油加工、炼焦及核燃料加工业	采矿业	伊拉克	亚洲
2015	7	中国铁建股份有限公司	\	\	\	\	交通运输、仓储及邮政业	铁路运输业	交通运输、仓储及邮政业	泰国	亚洲
2015	7	中国投资有限责任公司	\	法国和比利时10家购物中心	1430.00	\	金融业	其他金融活动	批发和零售业	法国	欧洲
2015	7	中国中车股份有限公司	\	香港市区线地铁车项目	757.94	\	制造业	交通运输设备制造业	制造业	中国香港	亚洲
2015	7	中国中信集团有限公司	罗素投资公司 Russell Investments		1800.00	\	金融业	其他金融活动	金融业	美国	北美洲
2015	7	重庆隆鑫机车有限公司	埃及 AMINOMotorcycle 公司		3.84	50.00	制造业	通用设备制造业	金融业	埃及	非洲

续表

年份	月份	投资方	交易方	标的	交易金额(百万美元)	股份比例(%)	投资方所属行业(一级)	投资方所属行业(二级)	标的所属行业(一级)	标的所在国家(地区)	洲级区域
2015	7	阿里巴巴网络技术有限公司	Glamour Sales		230.00	\	信息传输、计算机服务和软件业	计算机服务业	科技\媒体\通信(TMT)	美国	北美洲
2015	7	紫光股份有限公司	\	美光科技公司	100.00	\	制造业	通信设备、计算机及其他电子设备制造业	制造业	美国	北美洲
2015	7	紫光股份有限公司	\	Acadine			制造业	通信设备、计算机及其他电子设备制造业	信息传输、计算机服务和软件业	中国香港	亚洲
2015	7	中国民生投资股份有限公司	白山保险集团有限公司(WTM.N)	Sirius International Insurance Group Ltd	2240.00		金融业	其他金融活动	金融业	斯德哥尔摩和纽约	欧洲和北美洲
2015	7	创维数字股份有限公司	Strong Media Limited		32.83		制造业	通信设备、计算机及其他电子设备制造业	信息传输、计算机服务和软件业	英属维尔京群岛	欧洲
2015	8	双林集团股份有限公司	DSI		100.00		混合	混合	制造业	澳大利亚	大洋洲
2015	8	紫金矿业集团股份有限公司	Phoenix		\	17.90	采矿业	有色金属矿采选业	采矿业	澳大利亚	大洋洲

298

中国对外直接投资事件（2015年7月~2016年6月）

续表

年份	月份	投资方	交易方	标的	交易金额（百万美元）	股份比例（%）	投资方所属行业（一级）	投资方所属行业（二级）	标的所属行业（一级）	标的所在国家（地区）	洲级区域
2015	8	互益集团	Anterra Energy Inc		17.65	70.00	混合		科学研究、技术服务和地质勘察业	加拿大	北美洲
2015	8	阿里巴巴集团、富士康集团	Snapdeal		500.00	\	信息传输、计算机服务和软件业	计算机服务业	金融业	印度	亚洲
2015	8	华西能源工业集团有限公司			571.50	\	制造业	电气机械及器材制造业	电力、煤气及水的生产和供应业	塞内加尔	非洲
2015	8	中国核工业集团公司、中国广核集团有限公司	EDF 能源	欣克利角 C 电站	39000.00	\	电力、煤气及水的生产和供应业	电力、热力的生产和供应业	电力、煤气及水的生产和供应业	英国	欧洲
2015	8	海信集团	夏普墨西哥工厂		23.70	100.00	制造业	电气机械及器材制造业	制造业	墨西哥	北美洲
2015	8	中国国际基金有限公司	一家海外对冲基金		100.00	\	金融业	其他金融活动	金融业	未知	
2015	8	中泛建设集团有限公司			390.00	\	房地产业	房地产业	房地产业	美国	北美洲
2015	8	东方证券	SNK Playmore		63.50	81.25	金融业	其他金融活动	文化、体育和娱乐业	日本	亚洲

续表

年份	月份	投资方	交易方	标的	交易金额（百万美元）	股份比例（%）	投资方所属行业（一级）	投资方所属行业（二级）	标的所属行业（一级）	标的所在国家（地区）	洲级区域
2015	8	紫金矿业集团股份有限公司	凤凰黄金有限公司		32.13	\	采矿业	有色金属矿采选业	采矿业	澳大利亚	大洋洲
2015	8	三一重工			79.61		制造业	电气机械及器材制造业	建筑业	俄罗斯	欧洲
2015	8	楼东俊安资源集团	RockEast				采矿业	石油和天然气采选业	采矿业	加拿大	北美洲
2015	8	长江和记实业有限公司	Telecom Italia SPA		24000.00		混合		信息传输、计算机服务和软件业	意大利	欧洲
2015	8	广东深圳市瑞凌实业股份有限公司	一家美国焊接公司		15.61	100.00	制造业	专用设备制造业	制造业	美国	北美洲
2015	8	腾讯控股有限公司			90.00		信息传输、计算机服务和软件业	软件业	卫生、社会保障和社会福利业	印度	亚洲
2015	8	光明食品（集团）有限公司	Miquel Alimentació				制造业	食品制造业	批发和零售业	西班牙	欧洲
2015	8	湖南永清环保股份有限公司	Integrated Science & Technology			51.00	水利、环境和公共设施管理业	环境管理业	水利、环境和公共设施管理业	美国	北美洲

300

续表

中国对外直接投资事件（2015年7月~2016年6月）

年份	月份	投资方	交易方	标的	交易金额（百万美元）	股份比例（%）	投资方所属行业（一级）	投资方所属行业（二级）	标的所属行业（一级）	标的所在国家（地区）	洲级区域
2015	8	力帆集团		俄罗斯建立新工厂	296.59		制造业	交通运输设备制造业	制造业	俄罗斯	欧洲
2015	8	广东东方锆业科技股份有限公司	Image Resources NL				制造业	化学原料及化学制品制造业	制造业	澳大利亚	大洋洲
2015	8	永清环保股份有限公司	IST公司			51.00	居民服务和其他服务业	其他服务业	居民服务和其他服务业	美国	北美洲
2015	8	中国手游娱乐集团有限公司	Pegasus				信息传输、计算机服务和软件业	计算机服务业	信息传输、计算机服务和软件业	德国	欧洲
2015	8	中国工商银行	kalimantan 钢铁厂		20000.00		金融业	银行业	制造业	印度尼西亚	亚洲
2015	8	腾讯控股有限公司	sensewhere Ltd.				信息传输、计算机服务和软件业	软件业	信息传输、计算机服务和软件业	英国	欧洲
2015	8	顺风国际清洁能源有限公司	Suniva			63.13	电力、煤气及水的生产和供应业	电力、热力的生产和供应业	电力、煤气及水的生产和供应业	美国	北美洲
2015	8	港中旅集团			619.72		混合		房地产业	英国	欧洲
2015	8	宁波富邦控股集团有限公司	HNCHolding B.V		27.88	55.00	混合		制造业	荷兰	欧洲

续表

年份	月份	投资方	交易方	标的	交易金额（百万美元）	股份比例（%）	投资方所属行业（一级）	投资方所属行业（二级）	标的所属行业（一级）	标的所在国家（地区）	洲级区域
2015	8	江河创建集团股份有限公司			27.10	19.99	建筑业	建筑装饰业	卫生、社会保障和社会福利业	澳大利亚	大洋洲
2015	8	台湾联发科技股份有限公司	ISSI			100.00	信息传输、计算机服务和软件业	软件业	信息传输、计算机服务和软件业	美国	北美洲
2015	8	德昌电机控股有限公司	Crestview Partners		608.00		制造业	通用设备制造业	制造业	加拿大	北美洲
2015	8	山东海洋投资有限公司	Northern Offshore Ltd.			100.00	混合		采矿业	美国	北美洲
2015	8	创梦天地科技有限公司	Rumble		10.00		信息传输、计算机服务和软件业	软件业	信息传输、计算机服务和软件业	美国	北美洲
2015	8	先锋集团（香港）国际投资有限公司	Transit Freight Forwarding Proprietary		4.00		金融业	其他金融活动	建筑业	津巴布韦	非洲
2015	8	安邦保险集团股份有限公司	Novo Banco		3932.25		金融业	保险业	金融业	葡萄牙	欧洲
2015	8	富士康科技集团	Snapdeal		200.00	4.2	制造业	通信设备、计算机及其他电子设备制造业	信息传输、计算机服务和软件业	印度	亚洲

中国对外直接投资事件（2015年7月~2016年6月）

续表

年份	月份	投资方	交易方	标的	交易金额（百万美元）	股份比例（%）	投资方所属行业（一级）	投资方所属行业（二级）	标的所属行业（一级）	标的所在国家（地区）	洲级区域
2015	8	腾讯控股有限公司	Kik		50.00	\	信息传输、计算机服务和软件业	软件业	信息传输、计算机服务和软件业	加拿大	北美洲
2015	8	北京三快在线科技有限公司	Trip Advisor				信息传输、计算机服务和软件业	计算机服务业	信息传输、计算机服务和软件业	美国	北美洲
2015	8	滴滴快的、中国投资有限责任公司	Grabtaxi		350.00		信息传输、计算机服务和软件业	软件业	信息传输、计算机服务和软件业	马来西亚	亚洲
2015	8	中国中信集团公司	Russell Investments		1800.00		金融业	其他金融活动	金融业	美国	北美洲
2015	8	阿里巴巴网络技术有限公司					信息传输、计算机服务和软件业	计算机服务业	信息传输、计算机服务和软件业	新加坡	亚洲
2015	8	中弘控股股份有限公司	GLORY EMPEROR TRADING LIMITED		0.08	72.79	房地产业	房地产业	金融业	中国香港	亚洲
2015	8	河北福成五丰食品股份有限公司		澳大利亚投资控股有限公司			制造业	食品制造业	金融业	澳大利亚	大洋洲

续表

年份	月份	投资方	交易方	标的	交易金额（百万美元）	股份比例（%）	投资方所属行业（一级）	投资方所属行业（二级）	标的所属行业（一级）	标的所在国家（地区）	洲际区域
2015	8	中国石油化工集团公司	Caspian Investments Resources Ltd		1090.00	50.00	制造业	石油加工、炼焦及核燃料加工业	石油加工、炼焦及核燃料加工业	哈萨克斯坦	亚洲
2015	8	中国中信集团公司	Uber		100.00		金融业	其他金融活动	信息传输、计算机服务和软件业	美国	北美洲
2015	8	阿里巴巴网络技术有限公司		伊尔库茨克经济特区国际机场项目			信息传输、计算机服务和软件业	计算机服务业	交通运输、仓储及邮政业	俄罗斯	欧洲
2015	8	中国工商银行	Teksil Bank		25.01	92.82	金融业	银行业	金融业	土耳其	亚洲
2015	8	海润光伏科技股份有限公司	Nereus CapitalInvestments Singapore Pte Ltd		350.00		制造业	通信设备、计算机及其他电子设备制造业	金融业	印度	亚洲
2015	8	浙江京新药业股份有限公司	Pharmula Laboratories		1.02	51.00	制造业	化学原料及化学制品制造业	科学研究、技术服务和地质勘察业	美国	北美洲
2015	8	吉利汽车	米勒赛车运动公园		20.00		制造业	交通运输设备制造业	房地产业	美国	北美洲
2015	8	安邦保险集团股份有限公司	多伦多金融区一栋写字楼				金融业	保险业	房地产业	加拿大	北美洲

续表

年份	月份	投资方	交易方	标的	交易金额（百万美元）	股份比例（%）	投资方所属行业（一级）	投资方所属行业（二级）	标的所属行业（一级）	标的所在国家（地区）	洲级区域
2015	8	江苏爱康太阳能科技有限公司	日本鸟取县琴浦950KW地面电站、山口县熊毛郡961KW地面电站、兵库县加西市990KW水上电站		7.09		电力、煤气及水的生产和供应业	电力、热力的生产和供应业	电力、煤气及水的生产和供应业	日本	亚洲
2015	8	国家电网公司	Iona		720.00		电力、煤气及水的生产和供应业	电力、热力的生产和供应业	电力、煤气及水的生产和供应业	澳大利亚	大洋洲
2015	8	中国长江三峡集团公司	TPI	两个运行水电项目公司（总装机为30.8万千瓦）和一个电力交易平台公司的全部股权	/		电力、煤气及水的生产和供应业	电力、热力的生产和供应业	电力、煤气及水的生产和供应业	巴西	南美洲
2015	8	浙江少年儿童出版社	澳大利亚新前沿出版社（New Frontier Publishing）				文化\教育\娱乐\休闲	文化\教育\娱乐\休闲	文化\教育\娱乐\休闲	澳大利亚	大洋洲
2015	8	海航集团有限公司	英国路透社总部大楼（30 South Colonnade）				交通运输、仓储及邮政业	航空运输业	不动产	英国	欧洲

续表

年份	月份	投资方	交易方	标的	交易金额（百万美元）	股份比例（%）	投资方所属行业（一级）	投资方所属行业（二级）	标的所属行业（一级）	标的所在国家（地区）	洲级区域
2015	8	中国丝路基金	亚马尔项目9.9%的股权			9.90	能源\新能源\矿产	能源\新能源\矿产	能源\新能源\矿产	俄罗斯	欧洲
2015	8	中铁建东南亚公司	一条长867公里的双轨标准轨铁路,路线是从泰国东北部重要口岸廊开府,到首都曼谷及东部工业重镇罗勇府				基建\公用事业	基建\公用事业	基建\公用事业	泰国	亚洲
2015	8	中国三峡巴西公司	巴西伊利亚、朱比亚两座水电站30年特许经营权		1030.68		电力、煤气及水的生产和供应业	电力、煤气及水的生产和供应业	能源\新能源\矿产	巴西	南美洲
2015	8	江苏爱康科技	日本鸟取县琴浦950KW地面电站、山口县熊毛郡961KW地面电站、兵库县加西市990KW水上电站,合计2901KW光伏电站		7.02		能源\新能源\矿产	能源\新能源\矿产	能源\新能源\矿产	日本	亚洲
2015	8	北京汽车工业集团总公司	戴姆勒股份				制造业	交通运输设备制造业	汽车\航空\船舶	德国	欧洲

续表

年份	月份	投资方	交易方	标的	交易金额(百万美元)	股份比例(%)	投资方所属行业(一级)	投资方所属行业(二级)	标的所属行业(一级)	标的所在国家(地区)	洲级区域
2015	8	浙江吉利控股集团	米勒赛车运动公园		20.00		制造业	交通运输设备制造业	汽车\航空\船舶	美国	北美洲
2015	8	中国工商银行	Tekstil Bankasi A.S剩余流通股份		0.04	92.81	金融业	银行业	金融	美国	北美洲
2015	8	中国石油化工集团公司	Caspian Investments Resources Ltd		1090.00	50	制造业	石油加工、炼焦及核燃料加工业	能源\新能源\矿产	哈萨克斯坦	亚洲
2015	8	烟台张裕集团有限公司	爱欧集团75%的股权		23.25	75	制造业	纺织服装、鞋、帽制造业	农业\食品	西班牙	欧洲
2015	8	博爱新开源制药股份有限公司	NeoDynamicsAB		5.53		制造业	医药制造业	制造业	瑞典	欧洲
2015	8	大连万达集团	世界铁人公司		650.00	100.00	房地产业	房地产业	文化、体育和娱乐业	美国	北美洲
2015	9	中国石油化工集团公司	东西伯利亚油气公司和秋明油气公司这两家公司49%的股份			49	制造业	石油加工、炼焦及核燃料加工业	制造业	俄罗斯	欧洲
2015	9	中国铁路工程集团有限公司	别洛波罗日水电站项目		100.00		能源\新能源\矿产	能源\新能源\矿产	能源\新能源\矿产	俄罗斯	欧洲

续表

年份	月份	投资方	交易方	标的	交易金额（百万美元）	股份比例（%）	投资方所属行业（一级）	投资方所属行业（二级）	标的所属行业（一级）	标的所在国家（地区）	洲级区域
2015	9	中国石化工集团公司	Sibur			10	制造业	石油加工、炼焦及核燃料加工业	主要	俄罗斯	欧洲
2015	9	中国华信能源有限公司	布拉格斯拉维亚			60	制造业	石油加工、炼焦及核燃料加工业	文化\教育\娱乐\休闲	捷克	欧洲
2015	9	中国华信能源有限公司	Travel Service			10	制造业	石油加工、炼焦及核燃料加工业	文化\教育\娱乐\休闲	捷克	欧洲
2015	9	鹰君集团有限公司	Dexter Horton Building		124.50	100	不动产	不动产	不动产	美国	北美洲
2015	9	海通证券股份有限公司	Banco Espírito Santo de Investimento, S. A.		423.95	100	金融	金融	金融	葡萄牙	欧洲
2015	9	厦门泰和鑫影文化传播有限公司	Zapak Mobile Games Private Limited		15.00	10	文化\教育\娱乐\休闲	文化\教育\娱乐\休闲	文化\教育\娱乐\休闲	印度	亚洲
2015	9	广州鹏辉能源科技股份有限公司	耐可赛株式会社		1.42		其他制造业	其他制造业	其他制造业	日本	亚洲

308

中国对外直接投资事件（2015年7月~2016年6月）

续表

年份	月份	投资方	交易方	标的	交易金额（百万美元）	股份比例（%）	投资方所属行业（一级）	投资方所属行业（二级）	标的所属行业（一级）	标的所在国家（地区）	洲级区域
2015	9	歌力思服装实业（深圳）有限公司	东明国际投资（香港）有限公司		12.51	100	制造业	纺织服装、鞋、帽制造业	消费品	德国	欧洲
2015	9	中工国际工程股份有限公司	建设一座地下3层,地上13层的国家财政部和中央银行办公大楼及配套工程		221.73		基建\公用事业	基建\公用事业	基建\公用事业	厄瓜多尔	南美洲
2015	9	中国航空工业集团公司	Henniges Automotive Inc				汽车\航空\船舶	汽车\航空\船舶	汽车\航空\船舶	美国	北美洲
2015	9	中国建设银行香港分行	苏格兰皇家银行的企业贷款债务组合		764.53		金融业	金融	金融	英国	欧洲
2015	9	中储发展股份有限公司	Henry Bath & Son Limited		60.00	51	金融	金融	金融	英国	欧洲
2015	9	光明食品（集团）有限公司	Silver Fern Farms		600.00	50	制造业	食品制造业	农业\食品	新西兰	大洋洲
2015	9	山东钢铁集团有限公司	南澳艾尔半岛的铁矿石项目		3045.18		能源\新能源\矿产	能源\新能源\矿产	能源\新能源\矿产	澳大利亚	大洋洲

续表

年份	月份	投资方	交易方	标的	交易金额（百万美元）	股份比例（%）	投资方所属行业（一级）	投资方所属行业（二级）	标的所属行业（一级）	标的所在国家（地区）	洲级区域
2015	9	渤海华美（上海）股权投资基金管理有限公司	美国瀚德汽车轻股权有限公司		572.00	100	汽车\航空\船舶	汽车\航空\船舶	汽车\航空\船舶	美国	北美洲
2015	9	中国建筑工程总公司	哈德迹公园项目		260.00		不动产	不动产	不动产	美国	北美洲
2015	9	中弘股份	Walker Group Holdings Limited			60	文化\教育\娱乐\休闲	文化\教育\娱乐\休闲	文化\教育\娱乐\休闲	中国香港	亚洲
2015	9	山东得利斯食品股份有限公司	Yolarno Pty Ltd				制造业	食品制造业	制造业	澳大利亚	大洋洲
2015	9	中国信达资产管理股份有限公司	香港南洋商业银行		8767.61	100	金融	金融	金融	中国香港	亚洲
2015	9	中国建筑工程总公司	文莱淡布隆大桥CC4标段		330.00		基建\公用事业	基建\公用事业	基建\公用事业	文莱	亚洲
2015	9	华邦生命健康股份有限公司	Rheintal‐Klinik GmbH & Co. Porten KG（简称"莱茵医院"）		6.57	100	医疗\健康	医疗\健康	医疗\健康	德国	欧洲
2015	9	安邦保险集团股份有限公司	东洋人寿		939.24	61	金融业	保险业	金融	韩国	亚洲

310

中国对外直接投资事件（2015年7月~2016年6月）

续表

年份	月份	投资方	交易方标的	交易金额（百万美元）	股份比例（%）	投资方所属行业（一级）	投资方所属行业（二级）	标的所属行业（一级）	标的所在国家（地区）	洲级区域
2015	9	滴滴快的	Lyft	100.00		汽车\航空\船舶	汽车\航空\船舶	汽车\航空\船舶	美国	北美洲
2015	9	山河智能装备集团	Avmax Group Inc			汽车\航空\船舶	汽车\航空\船舶	汽车\航空\船舶	加拿大	北美洲
2015	9	中国远洋控股股份有限公司	Kumport 集装箱码头	900.00	65	基建\公用事业	基建\公用事业	基建\公用事业	土耳其	欧洲
2015	9	中材国际工程股份有限公司	布阿集团	600.00		能源\新能源\矿产	能源\新能源\矿产	能源\新能源\矿产	尼日利亚	非洲
2015	9	长城汽车股份有限公司	俄罗斯哈弗汽车制造有限责任公司	512.66		制造业	交通运输设备制造	汽车\航空\船舶	俄罗斯	欧洲
2015	9	长春合心机械制造有限公司	GRG 集团	1.85		其他制造业	其他制造业	其他制造业	德国	欧洲
2015	9	腾讯控股有限公司	Legendary Pictures			信息传输、计算机服务和软件业	软件业	文化\教育\娱乐\休闲	美国	北美洲
2015	9	上海锦江国际酒店发展股份有限公司	Keystone Lodging Holdings Limited	1273.04	81	不动产	不动产	不动产	美国	北美洲

续表

年份	月份	投资方	交易方	标的	交易金额（百万美元）	股份比例（%）	投资方所属行业（一级）	投资方所属行业（二级）	标的所属行业（一级）	标的所在国家（地区）	洲级区域
2015	9	中国机械工业集团有限公司	非洲地区清洁能源项目		2700.00		能源\新能源\矿产	能源\新能源\矿产	能源\新能源\矿产	肯尼亚	非洲
2015	9	香港和记黄埔有限公司	巴哈马岛集装箱码头 在巴哈马开发一个新的货运或邮轮目的地				不动产	不动产	不动产	巴哈马	南美洲
2015	9	中国铁路国际（美国）有限公司	美国西部快线		12700.00		基建\公用事业	基建\公用事业	基建\公用事业	美国	北美洲
2015	9	苏宁环球股份有限公司	韩国株式会社REDROVER公司		10.31	67	文化\教育\娱乐\休闲	文化\教育\娱乐\休闲	文化\教育\娱乐\休闲	韩国	亚洲
2015	9	中国建设银行	Bank Windu Kentjana International Tbk			30～50	金融	金融	金融	印度	亚洲
2015	9	山东玉皇化工有限公司	甲醇生产工厂		1500.00		其他制造业	其他制造业	其他制造业	美国	北美洲
2015	9	绿地集团	日本瑞穗金融集团（FG）				不动产	不动产	不动产	日本	亚洲
2015	9	杭州泰格医药科技股份有限公司	DreamCIS		27.71	98.14	其他制造业	其他制造业	其他制造业	韩国	亚洲

中国对外直接投资事件（2015年7月~2016年6月）

续表

年份	月份	投资方	交易方	标的	交易金额（百万美元）	股份比例（%）	投资方所属行业（一级）	投资方所属行业（二级）	标的所属行业（一级）	标的所在国家（地区）	洲级区域
2015	9	烟台张裕集团有限公司	爱欧集团		2625万欧元	75	制造业	消费品	消费品	西班牙	欧洲
2015	9	智度投资股份有限公司	猎鹰网络、掌汇天下、亦复信息以及Spigot		247.86	100	科技\媒体\通信（TMT）	科技\媒体\通信（TMT）	科技\媒体\通信（TMT）	美国	北美洲
2015	9	天华阳光控股有限公司	Hudson Clean Energy				能源\新能源\矿产	能源\新能源\矿产	能源\新能源\矿产	日本	亚洲
2015	9	中国交通建设股份有限公司	肯尼亚		1000.00		基建\公用事业	基建\公用事业	基建\公用事业	肯尼亚	非洲
2015	9	紫金矿业集团股份有限公司	Ivanhoe Mines Limited				能源\新能源\矿产	能源\新能源\矿产	能源\新能源\矿产	刚果（金）	非洲
2015	9	滴滴快的	Ola				科技\媒体\通信（TMT）	科技\媒体\通信（TMT）	科技\媒体\通信（TMT）	印度	亚洲
2015	9	光明食品（集团）有限公司	米盖尔公司		76.98	72	制造业	食品制造业	农业\食品	西班牙	欧洲
2015	9	澜起科技（上海）有限公司	Pericom		430.00		制造业	通信设备，计算机及其他电子设备制造业	制造业	美国	北美洲

续表

年份	月份	投资方	交易方	标的	交易金额（百万美元）	股份比例（%）	投资方所属行业（一级）	投资方所属行业（二级）	标的所属行业（一级）	标的所在国家（地区）	洲级区域
2015	10	紫光股份有限公司	西部数据公司		3800.00	15	制造业	通信设备、计算机及其他电子设备制造业	科技\媒体\通信（TMT）	美国	北美洲
2015	10	澜起科技集团有限公司	Pericom Semiconductor		430.00		科技\媒体\通信（TMT）	科技\媒体\通信（TMT）	科技\媒体\通信（TMT）	美国	北美洲
2015	10	绿地集团	澳大利亚政府	悉尼北区麦考瑞公园（Macquarie Park）	29.25		不动产	不动产	不动产	澳大利亚	大洋洲
2015	10	北京鼎商科技有限公司	列宁格勒州政府		76.00		基建\公用事业	基建\公用事业	基建\公用事业	俄罗斯	欧洲
2015	10	阿里巴巴网络技术有限公司	One97通讯有限公司		200.00	25	信息传输、计算机服务和软件业	计算机服务业	科技\媒体\通信（TMT）	印度	亚洲
2015	10	中科招商投资管理集团股份有限公司	AngelList		250.00~500.00		科技\媒体\通信（TMT）	科技\媒体\通信（TMT）	科技\媒体\通信（TMT）	美国	北美洲
2015	10	华西能源工业股份有限公司	Grange Power Limited		29.58	51	电力、燃气及水的生产和供应业	电力、热力的生产和供应业	电力、燃气及水的生产和供应业	巴基斯坦	亚洲

续表

年份	月份	投资方	交易方	标的	交易金额(百万美元)	股份比例(%)	投资方所属行业(一级)	投资方所属行业(二级)	标的所属行业(一级)	标的所在国家(地区)	洲级区域
2015	10	深圳市海普瑞药业股份有限公司	OncoQuest Inc.		13.00	41	科学研究、技术服务和地质勘察业	研究与试验发展	科学研究、技术服务和地质勘察业	美国	北美洲
2015	10	中国中钢集团有限公司	巴基斯坦政府		778.00		能源\新能源\矿产	能源\新能源\矿产	能源\新能源\矿产	巴基斯坦	亚洲
2015	10	阿里巴巴网络技术有限公司	电影《REAL》				信息传输、计算机服务和软件业	计算机服务业	文化\教育\娱乐\休闲	韩国	亚洲
2015	10	华西能源工业股份有限公司	Grange Power Limited		29.58	51	能源\新能源\矿产	能源\新能源\矿产	能源\新能源\矿产	巴基斯坦	亚洲
2015	10	中国铁道建筑总公司	黑山铁路公司				基建\公用事业	基建\公用事业	基建\公用事业	土耳其	亚洲
2015	10	山东岚桥集团	澳大利亚政府		385.21		基建\公用事业	基建\公用事业	基建\公用事业	澳大利亚	大洋洲
2015	10	丹东欣泰电气股份有限公司	TMC Italia S.P.A.		6.71		其他制造业	其他制造业	其他制造业	意大利	欧洲
2015	10	三一集团有限公司	印度		3400.00	100	制造业	电气机械及器材制造业	能源\新能源\矿产	印度	亚洲
2015	10	歌力思	东明国际投资(香港)有限公司		22.02		制造业	纺织服装、鞋、帽制造业	消费品	中国香港	亚洲

续表

年份	月份	投资方	交易方	标的	交易金额（百万美元）	股份比例（%）	投资方所属行业（一级）	投资方所属行业（二级）	标的所属行业（一级）	标的所在国家（地区）	洲级区域
2015	10	中国建筑股份有限公司	印尼万鸦老－比通高速公路项目		90.00		基建\公用事业	基建\公用事业	基建\公用事业	印度尼西亚	亚洲
2015	10	中国哈尔滨电气国际工程公司	迪拜Hassyan清洁煤电站一期2×600MW项目		1800.00		能源\新能源\矿产	能源\新能源\矿产	能源\新能源\矿产	阿拉伯联合酋长国	亚洲
2015	10	中国中化集团公司	倍耐力（Pirelli）			87	汽车\航空\船舶	汽车\航空\船舶	汽车\航空\船舶	意大利	欧洲
2015	10	三胞集团有限公司	哈姆雷斯（Hamleys）		680.83	100	消费品	消费品	消费品	英国	欧洲
2015	10	武汉钢铁集团公司	利比里亚				其他制造业	其他制造业	其他制造业	利比里亚	非洲
2015	10	华为技术有限公司	曼彻斯特大学				制造业	通信设备、计算机及其他电子设备制造业	科技\媒体\通信（TMT）	英国	欧洲
2015	10	中节能万润股份有限公司	MP Biomedicals		142.50	100	制造业	化学原料及化学制品制造业	制造业	美国	北美洲
2015	10	恒大地产集团有限公司	协华集团有限公司		350000万港元	20	租赁和商务服务业	商务服务业	租赁和商务服务业	中国香港	亚洲
2015	10	中信资本控股股份有限公司	Akakura				消费品	消费品	消费品	日本	亚洲

中国对外直接投资事件（2015年7月~2016年6月）

续表

年份	月份	投资方	交易方	标的	交易金额（百万美元）	股份比例（%）	投资方所属行业（一级）	投资方所属行业（二级）	标的所属行业（一级）	标的所在国家（地区）	洲级区域
2015	10	上海机电股份有限公司	瑞士环球清洁技术有限公司		3.76	100	其他制造业	其他制造业	其他制造业	瑞士	欧洲
2015	10	上海开创国际海洋资源股份有限公司	HIJOS DE CARLOS ALBO, S.L.		53.69	100	农业\食品	农业\食品	农业\食品	西班牙	欧洲
2015	10	中国中材国际工程股份有限公司	Ibeto Cement Company Limited		386.00		基建\公用事业	基建\公用事业	基建\公用事业	尼日利亚	非洲
2015	10	安徽中鼎动力有限公司	EcoMotors		200.00		制造业	电气机械及器材制造业	制造业	美国	北美洲
2015	10	中国东方电气股份有限公司	波斯尼亚				基建\公用事业	基建\公用事业	基建\公用事业	波斯尼亚和黑塞哥维那	欧洲
2015	10	中国石油天然气集团公司	莫桑比克国家石油工程公司				制造业	石油加工、炼焦及核燃料加工业	能源\新能源\矿产	莫桑比克	非洲
2015	10	烟台新潮实业股份有限公司	得克萨斯州		1277.98		能源\新能源\矿产	能源\新能源\矿产	能源\新能源\矿产	美国	北美洲
2015	10	中国投资有限责任公司	悉尼		1876.17		金融类	其他金融活动	不动产	澳大利亚	大洋洲

续表

年份	月份	投资方	交易方	标的	交易金额（百万美元）	股份比例（%）	投资方所属行业（一级）	投资方所属行业（二级）	标的所属行业（一级）	标的所在国家（地区）	洲级区域
2015	10	山东得利斯食品股份有限公司	Yolarmo Pty Ltd		106.58	45	农\林\牧\渔业	畜牧业	农\林\牧\渔业	澳大利亚	大洋洲
2015	10	中国平安保险（集团）股份有限公司	Blumberg Investment Partners		600.00		金融业	保险业	其他非制造业	美国	北美洲
2015	10	人人公司	Social Finance		150.00		科技\媒体\通信（TMT）	科技\媒体\通信（TMT）	科技\媒体\通信（TMT）	美国	北美洲
2015	10	工银金融租赁有限公司	英国石油航运公司（BP航运）		869.00		金融业	其他金融活动	汽车\航空\船舶	英国	欧洲
2015	10	中国交通建设股份有限公司	墨西哥				综合	综合	综合	墨西哥	南美洲
2015	10	乐视体育文化产业发展（北京）有限公司	世界体育集团			20	文化\体育\娱乐业		文化教育娱乐休闲	新加坡	亚洲
2015	10	珠海港控股集团有限公司	中海港控				基建\公用事业	基建\公用事业	基建\公用事业	巴基斯坦	亚洲
2015	10	紫光股份有限公司	力成科技股份有限公司		600.00	25	制造业	通信设备、计算机及其他电子设备制造业	科技\媒体\通信（TMT）	中国台湾	亚洲

中国对外直接投资事件（2015年7月～2016年6月）

续表

年份	月份	投资方	交易方	标的	交易金额（百万美元）	股份比例（%）	投资方所属行业（一级）	投资方所属行业（二级）	标的所属行业（一级）	标的所在国家（地区）	洲级区域
2015	11	中弘控股股份有限公司	卓高国际集团有限公司		59.18	66	其他非制造业	其他非制造业	其他非制造业	中国香港	亚洲
2015	11	中国海外工程总公司	马里		55.42		基建\公用事业	基建\公用事业	基建\公用事业	马里	非洲
2015	11	中国中钢集团公司	Norvilex Technologies Limited		134.25		能源\新能源\矿产	能源\新能源\矿产	能源\新能源\矿产	阿尔及利亚	非洲
2015	11	天津渤海租赁有限公司	Avolon Holdings Limited		2555.00	100	汽车\航空\船舶	汽车\航空\船舶	汽车\航空\船舶	爱尔兰	欧洲
2015	11	大连万达集团	Hoyts		345.83	100	房地产业	房地产业	文化、体育和娱乐业	澳大利亚	大洋洲
2015	11	上海科华生物工程股份有限公司	Altergon Italia		32.22		租赁和商务服务业	商务服务业	租赁和商务服务业	意大利	欧洲
2015	11	中通客车控股股份有限公司	Andal		223.23		汽车\航空\船舶	汽车\航空\船舶	汽车\航空\船舶	印度	亚洲
2015	11	同程网络科技股份有限公司	HIS国际旅行社				文化教育娱乐\休闲	文化教育娱乐\休闲	文化教育娱乐\休闲	日本	亚洲
2015	11	博纳影业集团有限公司	TSG Entertainment		235.00		文化、体育和娱乐业	广播、电视、电影和音像业	文化、体育和娱乐业	韩国	亚洲

319

续表

年份	月份	投资方	交易方	标的	交易金额（百万美元）	股份比例（%）	投资方所属行业（一级）	投资方所属行业（二级）	标的所属行业（一级）	标的所在国家（地区）	洲级区域
2015	11	中国人寿保险股份有限公司	仓储业			30	交通运输、仓储和邮政业		交通运输、仓储和邮政业	美国	北美洲
2015	11	云南水务投资股份有限公司	PJT Technology Co., Limited		70.00		电力、燃气及水的生产和供应业	电力、热力的生产和供应业	电力、燃气及水的生产和供应业	泰国	亚洲
2015	11	湖北华昌达智能装备股份有限公司	W&H Systems Acquisition Corp.		1.40	100	基建\公用事业	基建\公用事业	基建\公用事业	美国	北美洲
2015	11	阿里巴巴网络技术有限公司	Boxed Wholesale		80.00		信息传输、计算机服务和软件业	计算机服务业	批发和零售业	美国	北美洲
2015	11	中国民生投资股份有限公司	Emerson Pacific		155.72		不动产	不动产	不动产	韩国	亚洲
2015	11	紫光股份有限公司	美国西部数据股份有限公司（NASDAQ: WDC）		77.42		制造业	通信设备、计算机及其他电子设备制造业	信息传输、计算机服务和软件业	美国	北美洲
2015	11	中国广核集团有限公司	罗马尼亚国家核电公司		8056.85		能源\新能源\矿产	能源\新能源\矿产	能源\新能源\矿产	罗马尼亚	欧洲

续表

年份	月份	投资方	交易方	标的	交易金额（百万美元）	股份比例（%）	投资方所属行业（一级）	投资方所属行业（二级）	标的所属行业（一级）	标的所在国家（地区）	洲级区域
2015	11	百度在线网络技术（北京）有限公司	Mydala		100.00		批发和零售业	零售业	批发和零售业	印度	亚洲
2015	11	海航旅游集团有限公司	Pierre et Vacances - Center Parcss Group			60	其他非制造业	其他非制造业	其他非制造业	法国	欧洲
2015	11	焦点科技股份有限公司	Tri Holdings LLC				科技\媒体\通信（TMT）	科技\媒体\通信（TMT）	科技\媒体\通信（TMT）	美国	北美洲
2015	11	恒逸石化股份有限公司	文莱政府		3260.00		能源\新能源\矿产	能源\新能源\矿产	能源\新能源\矿产	文莱	亚洲
2015	11	上海豫园旅游商城股份有限公司	Resort Tomamu		163.36	100	文化\教育\娱乐\休闲	文化\教育\娱乐\休闲	文化\教育\娱乐\休闲	日本	亚洲
2015	11	徐根宝	赛洛尔卡足球俱乐部			100	文化\教育\娱乐\休闲	文化\教育\娱乐\休闲	文化\教育\娱乐\休闲	西班牙	欧洲
2015	11	长春百货大楼集团股份有限公司	New Star Energy Ltd.		114.72	51	能源\新能源\矿产	能源\新能源\矿产	能源\新能源\矿产	加拿大	北美洲
2015	11	恒大地产集团有限公司	美国万通大厦		1611.53	100	不动产	不动产	不动产	中国香港	亚洲

续表

年份	月份	投资方	交易方	标的	交易金额（百万美元）	股份比例（%）	投资方所属行业（一级）	投资方所属行业（二级）	标的所属行业（一级）	标的所在国家（地区）	洲级区域
2015	11	江苏恒立高压油缸股份有限公司	哈威 InLine 液压有限公司		15.32	100	其他制造业	其他制造业	其他制造业	德国	欧洲
2015	11	烟台张裕集团有限公司	卡思黛乐集团		30.00	100	农业\食品	农业\食品	农业\食品	法属波利尼西亚	欧洲
2015	11	鲁泰纺织股份有限公司	鲁泰（越南）制衣有限公司			100	制造业	纺织服装、鞋、帽制造业	其他制造业	越南	亚洲
2015	11	中国政府	老挝政府			70	基建\公用事业	基建\公用事业	基建\公用事业	老挝	亚洲
2015	11	中国人寿保险（集团）公司	会德丰地		900.62		不动产	不动产	不动产	中国香港	亚洲
2015	11	复星集团	Start SGPS, SA		2.24	86.5	文化\教育\娱乐\休闲	文化\教育\娱乐\休闲	文化\教育\娱乐\休闲	荷兰	欧洲
2015	11	广东省宜华木业股份有限公司	华达利		281.73	100	制造业	家具制造业	制造业	新加坡	亚洲
2015	11	广东金刚玻璃科技股份有限公司	Onwards Media Group PTE. LTD		166.25	100	信息传输、计算机服务和软件业	计算机服务业	信息传输、计算机服务和软件业	新加坡	亚洲
2015	11	万达文化产业集团	世界铁人公司		650.00	100	文化、体育和娱乐业	广播、电视、电影和音像业	文化\教育\娱乐\休闲	美国	北美洲

续表

年份	月份	投资方	交易方	标的	交易金额（百万美元）	股份比例（%）	投资方所属行业（一级）	投资方所属行业（二级）	标的所属行业（一级）	标的所在国家（地区）	洲级区域
2015	11	天津长荣印刷设备股份有限公司	德国海德堡印刷机械股份有限公司		3.36		其他制造业	其他制造业	其他制造业	德国	欧洲
2015	11	山东太阳纸业股份有限公司	美国阿肯色州		1360.00		其他制造业	其他制造业	其他制造业	美国	北美洲
2015	11	中国广核集团有限公司	马来西亚埃德拉全球能源公司				能源\新能源\矿产	能源\新能源\矿产	能源\新能源\矿产	马来西亚	亚洲
2015	11	浙江卧龙集团电机工业有限公司	OLI S.p.A.		60.50	80	其他制造业	其他制造业	其他制造业	意大利	欧洲
2015	11	德尔国际集团公司和中国水利水电国际工程有限公司	巴基斯坦信德省		250.00		其他制造业	其他制造业	其他制造业	巴基斯坦	亚洲
2015	11	丹东欣泰电气股份有限公司	TMC		6.36		其他制造业	其他制造业	其他制造业	意大利	欧洲
2015	11	苏宁环球股份有限公司	FNC Entertainment		41.57	22	文化\教育\娱乐\休闲	文化\教育\娱乐\休闲	文化\教育\娱乐\休闲	韩国	亚洲

续表

年份	月份	投资方	交易方	标的	交易金额（百万美元）	股份比例（%）	投资方所属行业（一级）	投资方所属行业（二级）	标的所属行业（一级）	标的所在国家（地区）	洲级区域
2015	11	海航集团有限公司	Azuk Brazilian Airlines		450.00	23.7	交通运输、仓储及邮政业	航空运输业	基建\公用事业	巴西	南美洲
2015	11	烟台张裕集团有限公司	蜜合花农业公司		311.94	90	制造业	食品制造业	制造业	法国	欧洲
2015	11	广东东棕榈园林股份有限公司	贝尔高林国际		72.20	50	其他非制造业	其他非制造业	其他非制造业	中国香港	亚洲
2015	11	东方藏山资产管理有限公司	601W集团		712.00	100	不动产	不动产	不动产	美国	北美洲
2015	11	北京中长石基信息技术股份有限公司	eFuture Information Technology Inc.		16.75	50.51	信息传输、计算机服务和软件业	其他服务业	信息传输、计算机服务和软件业	英国	欧洲
2015	11	中弘控股股份有限公司	亚洲旅游控股集团		73.17	63.49	租赁和商务服务业	商务服务业	租赁和商务服务业	新加坡	亚洲
2015	11	中国中车长客股份有限公司	俄铁快速干线公司				基建\公用事业	基建\公用事业	基建\公用事业	俄罗斯	欧洲
2015	11	青岛市佰顺众昇集团股份有限公司	宝巴开采和勘探（控股）有限公司		10.36	34	采矿业	煤炭开采和洗选业	采矿业	南非	非洲

中国对外直接投资事件(2015年7月~2016年6月)

续表

年份	月份	投资方	交易方	标的	交易金额(百万美元)	股份比例(%)	投资方所属行业(一级)	投资方所属行业(二级)	标的所属行业(一级)	标的所属国家(地区)	洲级区域
2015	11	中国长江三峡集团公司	巴西圣保罗		3856.48		电力、煤气及水的生产和供应业	电力、煤气及水的生产和供应业	能源\新能源\矿产	巴西	南美洲
2015	11	中弘控股股份有限公司	亚洲旅游		70.82	52.08	科技\媒体\通信(TMT)	科技\媒体\通信(TMT)	科技\媒体\通信(TMT)	新加坡	亚洲
2015	11	中国人寿保险股份有限公司	卡塔尔投资局和加拿大博枫资产管理公司			40	不动产	不动产	不动产	英国	欧洲
2015	12	北京海兰信数据科技股份有限公司	Rockson			51	汽车\航空\船舶	汽车\航空\船舶	汽车\航空\船舶	德国	欧洲
2015	12	北京亦庄国际投资发展有限公司	Mattson Technology		300.00	100	其他制造	其他制造	其他制造	美国	北美洲
2015	12	哈尔滨电气集团公司	沙特国际电力和水务集团				能源\新能源\矿产	能源\新能源\矿产	能源\新能源\矿产	阿拉伯联合酋长国	亚洲
2015	12	江苏亨通光电股份有限公司	Aberdare Cables Proprietary Limited 和 Aberdare Holdings Europe BV Limited		55.16	75% 100%	基建\公用事业	基建\公用事业	基建\公用事业	南非	非洲
2015	12	绿地集团	澳大利亚悉尼		744.02		不动产	不动产	不动产	澳大利亚	大洋洲

续表

年份	月份	投资方	交易方	标的	交易金额（百万美元）	股份比例（%）	投资方所属行业（一级）	投资方所属行业（二级）	标的所属行业（一级）	标的所在国家（地区）	洲级区域
2015	12	中国水利水电建设公司	俄联邦公路署		710.15		基建\公用事业	基建\公用事业	基建\公用事业	俄罗斯	欧洲
2015	12	云南铝业股份有限公司	中老铝业有限公司		28.05	51	采矿业	有色金属矿采选业	采矿业	老挝	亚洲
2015	12	中国	泰国				基建\公用事业	基建\公用事业	基建\公用事业	泰国	亚洲
2015	12	华邦生命健康股份有限公司	瑞士生物		32.33	70	医疗\健康	医疗\健康	医疗\健康	瑞士	欧洲
2015	12	北京汽车工业集团总公司	南非		722.27		汽车\航空\船舶	汽车\航空\船舶	汽车\航空\船舶	南非	非洲
2015	12	安邦保险集团股份有限公司	远洋地产控股有限公司		1006.20	20.5	金融业	保险业	房地产业	中国香港	亚洲
2015	12	中国广核集团有限公司	法国波尔多的小公司		1118.61		能源\新能源\矿产	能源\新能源\矿产	能源\新能源\矿产	法国	欧洲
2015	12	华谊兄弟传媒集团	中国9号健康产业有限公司		25.27	18.17	文化\体育和娱乐业	文化娱乐业	文化\教育\娱乐\休闲	中国香港	亚洲
2015	12	上海飞乐音响股份有限公司	Exim		11.63	80	租赁和商务服务业	商务服务业	租赁和商务服务业	中国香港	亚洲

续表

年份	月份	投资方	标的	交易金额（百万美元）	股份比例（%）	投资方所属行业（一级）	投资方所属行业（二级）	标的所属行业（一级）	标的所在国家（地区）	洲级区域
2015	12	上海飞乐音响股份有限公司	Havells Malta	15.48	80	制造业	电气机械及器材制造业	制造业	英国	欧洲
2015	12	乐视集团	Faraday Future	10.00		汽车\航空\船舶	汽车\航空\船舶	汽车\航空\船舶	美国	北美洲
2015	12	中国投资有限责任公司			65	金融业	其他金融业	基建\公用事业	土耳其	亚洲
2015	12	工银金融租赁有限公司	淡水河谷（国际）有限公司	423.00	100	汽车\航空\船舶	汽车\航空\船舶	汽车\航空\船舶	巴西	南美洲
2015	12	阿里巴巴网络技术有限公司	南华早报		100	信息传输、计算机服务和软件业	计算机服务业	文化\教育\娱乐\体闲	中国香港	亚洲
2015	12	中国石油化工股份有限公司	西伯利亚-乌拉尔石油化学和天然气公司		20	制造业	石油加工、炼焦及核燃料加工业	制造业	俄罗斯	欧洲
2015	12	紫光股份有限公司	矽品精密工业股份有限公司	1739.53	24.9	制造业	通信设备、计算机及其他电子设备制造业	制造业	中国台湾	亚洲
2015	12	中国丝路基金	亚马尔液化天然气（LNG）	135.00	9.9	能源\新能源\矿产	能源\新能源\矿产	能源\新能源\矿产	俄罗斯	欧洲
2015	12	中国华信能源有限公司	哈萨克斯坦国家石油天然气公司		51	能源\新能源\矿产	能源\新能源\矿产	能源\新能源\矿产	哈萨克斯坦	亚洲

续表

年份	月份	投资方	交易方	标的	交易金额（百万美元）	股份比例（%）	投资方所属行业（一级）	投资方所属行业（二级）	标的所属行业（一级）	标的所在国家（地区）	洲级区域
2015	12	中国广核集团有限公司	哈萨克斯坦国家原子能工业公司		172.00	49	能源\新能源\矿产	能源\新能源\矿产	能源\新能源\矿产	哈萨克斯坦	亚洲
2015	12	大连万达集团	Starplex Cinemas			100	房地产业	房地产业	文化、体育和娱乐业	美国	北美洲
2015	12	朗姿股份有限公司	L&P Cosmetic		50.80	10	制造业	化学原料及化学制品制造业	制造业	韩国	亚洲
2015	12	中国石油化工股份有限公司	俄罗斯西布尔公司			10	制造业	石油加工、炼焦及核燃料加工业	能源\新能源\矿产	俄罗斯	欧洲
2015	12	南海控股有限公司	Crabtree&Evelyn			70	批发和零售业	零售业	批发和零售业	英国	欧洲
2015	12	烟台新潮实业股份有限公司	蓝鲸能源北美		30.79	100	租赁和商务服务业	商务服务业	租赁和商务服务业	美国	北美洲
2015	12	厦门蒙发利科技（集团）股份有限公司	MEDISANA		22.09	75.31	制造业	专用设备制造业	制造业	德国	欧洲
2015	12	卧龙电气集团股份有限公司	OLI S. p. A.		63.89	80	其他制造业	其他制造业	其他制造业	意大利	欧洲

续表

年份	月份	投资方	交易方	标的	交易金额(百万美元)	股份比例(%)	投资方所属行业(一级)	投资方所属行业(二级)	标的所属行业(一级)	标的所在国家(地区)	洲级区域
2015	12	上海科华生物工程股份有限公司	TGS公司			100	医疗\健康	医疗\健康	医疗\健康	意大利	欧洲
2015	12	碧桂园集团	马来西亚第二大城市新山市		25000.00		不动产	不动产	不动产	马来西亚	亚洲
2015	12	中国广核集团有限公司	Fission Uranium			19.99	能源\新能源\矿产	能源\新能源\矿产	能源\新能源\矿产	加拿大	北美洲
2015	12	中国粮油食品(集团)有限公司	来宝集团(Noble Group)		750.00	49	农业\食品	农业\食品	农业\食品	中国香港	亚洲
2015	12	中联重科股份有限公司	LADURNER		56.96	57	基建\公用事业	基建\公用事业	基建\公用事业	意大利	欧洲
2015	12	广州汽车集团股份有限公司	Uber				制造业	交通运输设备制造业	汽车\航空\船舶	美国	北美洲
2015	12	江苏康得新复合材料股份有限公司	Dimenco Holding		12.74	91	科学研究、技术服务和地质勘察业	专业技术服务业	科学研究、技术服务和地质勘察业	美国	北美洲
2015	12	保利房地产(集团)股份有限公司	Abu Dhabi Investment Authority				房地产业	房地产业	房地产业	英国	欧洲
2015	12	绿地集团	千叶海港广场综合体				房地产业	房地产业	房地产业	日本	亚洲

续表

年份	月份	投资方	交易方	标的	交易金额（百万美元）	股份比例（%）	投资方所属行业（一级）	投资方所属行业（二级）	标的所属行业（一级）	标的所在国家（地区）	洲级区域
2015	12	中弘控股股份有限公司	Chanco International GroupLimited			66.1	其他制造业	其他制造业	其他制造业	中国香港	亚洲
2015	12	中国铁建国际集团有限公司	塞内加尔国家铁路局		1257.00		基建\公用事业	基建\公用事业	基建\公用事业	塞内加尔	非洲
2015	12	杭州联络互动信息科技股份有限公司	eSmart		18.00	40	信息传输、计算机服务和软件业	软件业	信息传输、计算机服务和软件业	美国	北美洲
2015	12	金圆控股集团有限公司	ITD			49	其他非制造业	其他非制造业	其他非制造业	泰国	亚洲
2015	12	中国华信能源有限公司	中国台湾中油股份有限公司			35	能源\新能源\矿产	能源\新能源\矿产	能源\新能源\矿产	中国台湾	亚洲
2015	12	花样年集团（中国）有限公司	香港星辰旅游（Morning Star Group Limited）			100	文化\教育\娱乐\休闲	文化\教育\娱乐\休闲	文化\教育\娱乐\休闲	中国香港	亚洲
2015	12	新华联不动产股份有限公司	AMP Life Limited		12.03	100	不动产	不动产	不动产	澳大利亚	大洋洲
2015	12	浙江银轮机械股份有限公司	TDX HoldinGS, LLC		566.50	100	其他制造业	其他制造业	其他制造业	美国	北美洲

续表

年份	月份	投资方	交易方	标的	交易金额（百万美元）	股份比例（%）	投资方所属行业（一级）	投资方所属行业（二级）	标的所属行业（一级）	标的所在国家（地区）	洲级区域
2015	12	神华集团有限责任公司	印尼国家电力公司		1884.00		能源\新能源\矿产	能源\新能源\矿产	能源\新能源\矿产	印度尼西亚	亚洲
2015	12	中铁建设集团有限公司	马来西亚国家投资基金1MDB		3081.65	60	不动产	不动产	不动产	马来西亚	亚洲
2015	12	北京耐威科技股份有限公司	Silex Microsystems		11.60	98	制造业	电气机械及器材制造业	制造业	中国香港	亚洲
G2016	1	沈阳联立铜业有限公司	中亚黄金集团		480.00	60	能源\新能源\矿产	能源\新能源\矿产	能源\新能源\矿产	哈萨克斯坦	亚洲
2016	1	中储发展股份有限公司	Mercuria Energy Group Limited		60.00	51	金融	金融	金融	英国	欧洲
2016	1	中国联合网络通信集团有限公司	西班牙电信			55	科技\媒体\通信（TMT）	科技\媒体\通信（TMT）	科技\媒体\通信（TMT）	西班牙	欧洲
2016	1	中国长江三峡集团公司	巴西		3700.00		电力、煤气及水的生产和供应业	电力、煤气及水的生产和供应业	基建\公用事业	巴西	南美洲
2016	1	文华东方酒店集团	CWB Hotel Limited Partnership		140.00		建筑业	其他建筑业	建筑业	美国	北美洲
2016	1	携程旅行网	Make My Trip		180.00		科技\媒体\通信（TMT）	科技\媒体\通信（TMT）	科技\媒体\通信（TMT）	印度	亚洲

续表

年份	月份	投资方	交易方	标的	交易金额（百万美元）	股份比例（%）	投资方所属行业（一级）	投资方所属行业（二级）	标的所属行业（一级）	标的所在国家（地区）	洲级区域
2016	1	山东东方海洋科技股份有限公司	Avioq		66.20	100	医疗\健康	医疗\健康	医疗\健康	美国	北美洲
2016	1	南京新百	金卫医疗BVI		877.53	65.4	医疗\健康	医疗\健康	医疗\健康	美国	北美洲
2016	1	中国化工集团公司	Onex Corporation		1034.71	100	制造业	专用设备制造业	制造业	德国	欧洲
2016	1	浙江海亮股份有限公司	JMF Company		30.00	100	批发和零售业	批发业	批发和零售业	美国	北美洲
2016	1	昆仑万维	New Grindr, LLC		93.00	60	科技\媒体\通信（TMT）	科技\媒体\通信（TMT）	科技\媒体\通信（TMT）	美国	北美洲
2016	1	山东恒源石油化工股份有限公司	壳牌马来西亚炼油有限		130.00	100	制造业	石油加工、炼焦及核燃料加工业	能源\新能源\矿产	马来西亚	亚洲
2016	1	华信天然气（上海）有限公司	Petroleum LLP		10.03	50	电力、煤气及水的生产和供应业	电力、煤气及水的生产和供应业	其他非制造业	哈萨克斯坦	亚洲
2016	1	海信集团有限公司	欧洲杯				文化\教育\娱乐\休闲	文化\教育\娱乐\休闲	文化\教育\娱乐\休闲	法国	欧洲
2016	1	航天科技控股集团股份有限公司	Hiwinglux S. A.		28.78	100	租赁和商务服务业	商务服务业	租赁和商务服务业	美国	北美洲

中国对外直接投资事件（2015年7月~2016年6月）

续表

年份	月份	投资方	交易方	标的	交易金额（百万美元）	股份比例（%）	投资方所属行业（一级）	投资方所属行业（二级）	标的所属行业（一级）	标的所属行业（二级）	标的所在国家（地区）	洲级区域
2016	1	航天科技控股集团股份有限公司	Naviligh		21.10	100	租赁和商务服务业	商务服务业	租赁和商务服务业	商务服务业	美国	北美洲
2016	1	航天科技控股集团股份有限公司	IEE International Electronics & Engineering		2.20	97	制造业	通信设备、计算机及其他电子设备制造业	制造业	通信设备、计算机及其他电子设备制造业	美国	北美洲
2016	1	欢乐传媒集团	MUBI		10.00	8	文化、体育和娱乐业	娱乐业	文化、体育和娱乐业	娱乐业	英国	欧洲
2016	1	海尔集团	General Electric		5400.00		消费品	消费品	消费品	消费品	美国	北美洲
2016	1	两家中资公司	阿尔及利亚政府		3300.00		基建\公用事业	基建\公用事业	基建\公用事业	基建\公用事业	阿尔及利亚	非洲
2016	1	中国化工集团公司	Mercuria			12	能源\新能源\矿产	能源\新能源\矿产	能源\新能源\矿产	能源\新能源\矿产	瑞士	欧洲
2016	1	Global Medical REIT, Inc	Marina Towers LLC		15.45		制造业	医疗制造业	制造业	医疗制造业	美国	北美洲
2016	1	中国航天科技集团公司	Hiwinglux IEE NaVilight		269.26	100% 97% 100%	汽车\航空\船舶	汽车\航空\船舶	汽车\航空\船舶	汽车\航空\船舶	卢森堡	欧洲
2016	1	广州珠江钢琴集团股份有限公司	Schimmel-Verwaltungs GmbH		268.31	90	其他制造业	其他制造业	其他制造业	其他制造业	德国	欧洲

续表

年份	月份	投资方	交易方	标的	交易金额（百万美元）	股份比例（%）	投资方所属行业（一级）	投资方所属行业（二级）	标的所属行业（一级）	标的所在国家（地区）	洲级区域
2016	1	浪潮集团有限公司	Diebold		205.50	51	其他制造业	其他制造业	其他制造业	美国	北美洲
2016	1	保利房地产（集团）股份有限公司	British Land		450.00	100	不动产	不动产	不动产	英国	欧洲
2016	1	中国中钢集团公司	玻利维亚		100.00		能源\新能源\矿产	能源\新能源\矿产	能源\新能源\矿产	玻利维亚	南美洲
2016	1	华信国际控股集团有限公司	Petroleum LLP		117.03	50	其他非制造业	其他非制造业	其他非制造业	哈萨克斯坦	亚洲
2016	1	元大金控集团	Hanshin Savings Bank		60.73	100	金融业	银行业	金融业	韩国	亚洲
2016	1	中国海外集团有限公司	澳大利亚		15.45		不动产	不动产	不动产	澳大利亚	大洋洲
2016	1	正恒国际控股有限公司	Marina Towers LLC		41.22	67	房地产业	房地产业	房地产业	美国	北美洲
2016	1	中国远洋运输（集团）总公司	希腊				基建\公用事业	基建\公用事业	基建\公用事业	希腊	欧洲
2016	1	中国电力公司	三井物产			50	电力、煤气及水的生产和供应业	电力、煤气及水的生产和供应业	能源\新能源\矿产	马来西亚	亚洲

续表

年份	月份	投资方	交易方	标的	交易金额（百万美元）	股份比例（%）	投资方所属行业（一级）	投资方所属行业（二级）	标的所属行业（一级）	标的所在国家（地区）	洲级区域
2016	1	中国建筑股份有限公司	埃及		2700.00		基建\公用事业	基建\公用事业	基建\公用事业	埃及	非洲
2016	1	大连万达集团	印度哈里亚纳邦		10000.00		房地产业	房地产业	不动产	印度	亚洲
2016	1	中国东方电气集团公司	埃及电力控股公司		2000.00		能源\新能源\矿产	能源\新能源\矿产	能源\新能源\矿产	埃及	非洲
2016	1	华夏幸福基业股份有限公司	印度哈里亚纳邦				基建\公用事业	基建\公用事业	基建\公用事业	印度	亚洲
2016	1	丝路基金	沙特国际电力和水务公司(ACWA)				能源\新能源\矿产	能源\新能源\矿产	能源\新能源\矿产	阿拉伯联合酋长国	亚洲
2016	1	视觉（中国）文化发展股份有限公司	Corbis Images		100.00		科技\媒体\通信（TMT）	科技\媒体\通信（TMT）	科技\媒体\通信（TMT）	美国	北美洲
2016	1	北京华谊嘉信整合营销顾问股份有限公司	韩国株式会社SIGNAL Entertainment Group		18.50	12.62	文化\教育\娱乐\休闲	文化\教育\娱乐\休闲	文化\教育\娱乐\休闲	韩国	亚洲
2016	1	浙江鼎力机械股份有限公司	Magni		16.08	20	其他制造业	其他制造业	其他制造业	意大利、罗马尼亚	欧洲

续表

年份	月份	投资方	交易方	标的	交易金额（百万美元）	股份比例（%）	投资方所属行业（一级）	投资方所属行业（二级）	标的所属行业（一级）	标的所在国家（地区）	洲级区域
2016	1	北京昆仑万维科技股份有限公司	Curacloud Group Limited		2.50	25	制造业	医疗制造业	医疗制造业	开曼群岛	北美洲
2016	1	一家中国矿企	澳大利亚凯利维尔		331.77	100	不动产	不动产	不动产	澳大利亚	大洋洲
2016	1	吴班尼（Benny Wu）	澳大利亚				不动产	不动产	不动产	澳大利亚	大洋洲
2016	1	辽宁旺裕和投资有限公司	俄罗斯萨哈林州政府				其他制造业	其他制造业	其他制造业	俄罗斯	欧洲
2016	1	中国长江三峡集团公司	几内亚		1380.00		基建\公用事业	基建\公用事业	基建\公用事业	几内亚	非洲
2016	1	中联重科股份有限公司	特雷克斯公司（NYSE:TEX）		3300.00		制造业	通信设备、计算机及其他电子设备制造业	制造业	美国	北美洲
2016	1	鸿海科技集团	安华高（Avago）				制造业	通信设备、计算机及其他电子设备制造业	制造业	美国	北美洲
2016	1	中国	英国		255.11		能源\新能源\矿产	能源\新能源\矿产	能源\新能源\矿产	英国	欧洲
2016	1	中国东方电气集团有限公司	土耳其Hema电力公司		662.00		能源\新能源\矿产	能源\新能源\矿产	能源\新能源\矿产	土耳其	亚洲

中国对外直接投资事件（2015年7月~2016年6月）

续表

年份	月份	投资方	交易方	标的	交易金额（百万美元）	股份比例（%）	投资方所属行业（一级）	投资方所属行业（二级）	标的所属行业（一级）	标的所在国家（地区）	洲级区域
2016	1	中国交通建设股份有限公司	马尔代夫FALHU G环礁湖度假村酒店		13.45	100	文化\教育\娱乐\休闲	文化\教育\娱乐\休闲	文化\教育\娱乐\休闲	马尔代夫	亚洲
2016	1	中国投资有限责任公司	Qube Holdings		6756.90		金融业	其他金融业	基建\公用事业	澳大利亚	大洋洲
2016	1	中国五矿集团公司	GRABAT ENERGY, S.L.		201.35	10	采矿业	有色金属矿采选业	科技\媒体\通信（TMT）	西班牙	欧洲
2016	1	上海汽车集团股份有限公司	美国通用汽车公司（GM）				制造业	交通运输设备制造业	汽车\航空\船舶	印度	亚洲
2016	1	健康元药业集团股份有限公司	Apricot Forest		30.00	14.88	信息传输、计算机服务和软件业	软件业	信息传输、计算机服务和软件业	美国	北美洲
2016	1	天津凯发电气股份有限公司	Rail Power Systems GmbH		14.71	100	信息传输、计算机服务和软件业	计算机服务业	信息传输、计算机服务和软件业	德国	欧洲
2016	1	紫光股份有限公司	南茂科技股份有限公司			25	制造业	通信设备、计算机及其他电子设备制造业	信息传输、计算机服务和软件业	中国台湾	亚洲
2016	1	宁波均胜电子股份有限公司	KSS Holdings, Inc.		920.00	100	制造业	交通运输设备制造业	制造业	美国	北美洲

续表

年份	月份	投资方	交易方	标的	交易金额（百万美元）	股份比例（%）	投资方所属行业（一级）	投资方所属行业（二级）	标的所属行业（一级）	标的所属国家（地区）	洲区域
2016	1	宁波均胜电子股份有限公司	TechniSat Digital GmbH, Daun		201.35	100	制造业	通信设备、计算机及其他电子设备制造业	制造业	德国	欧洲
2016	1	歌力思	香港唐利国际控股有限公司		37.03	65	制造业	纺织服装、服饰制造业	消费品	中国香港	亚洲
2016	1	北京捷成世纪科技股份有限公司	NV AURO HOLDING		28.00	20	制造业	通信设备、计算机及其他电子设备制造业	制造业	比利时	欧洲
2016	1	广东明家科技股份有限公司	TAPJOY, INC.		5.00	18.1	制造业	通信设备、计算机及其他电子设备制造业	消费品	美国	北美洲
2016	2	新华联集团	黑石度假村株式会社		33.20	7.5	文化\教育\娱乐\休闲	文化\教育\娱乐\休闲	文化\教育\娱乐\休闲	韩国	亚洲
2016	2	阿特斯太阳能光电（苏州）有限公司	越南		70.00		电力、煤气及水的生产和供应业	电力、煤气及水的生产和供应业	电力、煤气及水的生产和供应业	越南	亚洲
2016	2	新丝路文旅有限公司	黑石度假村株式会社		36.75	59	金融业	其他金融活动	服务业	日本	亚洲
2016	2	中国中信集团公司	豪威科技(OVTI.F)		1900.00	100	科技\媒体\通信（TMT）	科技\媒体\通信（TMT）	科技\媒体\通信（TMT）	美国	北美洲

续表

中国对外直接投资事件（2015年7月~2016年6月）

年份	月份	投资方	标的	交易金额（百万美元）	股份比例（％）	投资方所属行业（一级）	投资方所属行业（二级）	标的所属行业（一级）	标的所在国家（地区）	洲级区域
2016	2	大连万达集团	传奇影业	3500.00	百分之五十以上	房地产业	房地产业	文化、体育和娱乐业	美国	北美洲
2016	2	阿里巴巴网络技术有限公司	Magic Leap			信息传输、计算机服务和软件业	计算机服务业	信息传输、计算机服务和软件业	美国	北美洲
2016	2	中国化工集团	Syngenta	43000.00	100	农业\食品	农业\食品	农业\食品	瑞士	欧洲
2016	2	浙江吉利控股集团有限公司	GB汽车公司（Ghabbour Auto S.A.E）	400.00		其他制造业	其他制造业	其他制造业	阿拉伯联合酋长国	亚洲
2016	2	江西赣锋锂业股份有限公司	Reed工业矿产有限公司（RIM）	27.15	18.1	能源\新能源\矿产	能源\新能源\矿产	能源\新能源\矿产	澳大利亚	大洋洲
2016	2	中弘控股股份有限公司	Aina Nui Corporation	98.51		不动产	不动产	不动产	美国	北美洲
2016	2	中安消技术有限公司	Guardforce Security Service Company Limited Guardforce Aviation Security Services Limited, Guardforce Aviation Services Limited			其他非制造业	其他非制造业	其他非制造业	泰国	亚洲

续表

年份	月份	投资方	交易方	标的	交易金额（百万美元）	股份比例（%）	投资方所属行业（一级）	投资方所属行业（二级）	标的所属行业（一级）	标的所在国家（地区）	洲级区域
2016	2	海南航空股份有限公司	Azul航空		450.00		交通运输、仓储及邮政业	航空运输业	汽车\航空\船舶	巴西	南美洲
2016	2	苏州东山精密制造股份有限公	Multi-Fineline Electronix Inc.		610.00	100	其他制造业	其他制造业	其他制造业	美国	北美洲
2016	2	海航投资控股股份有限公司	HNA Holdings 438-444 EleVenth Avenue LP LLC		156.00		不动产	不动产	不动产	美国	北美洲
2016	2	上海锦江国际酒店集团	ACCOR HOTELS			6.03	不动产	不动产	不动产	法国	欧洲
2016	2	海航投资控股股份有限公司	美国曼哈顿		338.00		不动产	不动产	不动产	美国	北美洲
2016	2	成都天翔环境股份有限公司	Bilfinger Water Technologies GmbH		229.31	100	基建\公用事业	基建\公用事业	基建\公用事业	德国	欧洲
2016	2	重庆财信集团	Chicago Stock Exchange				金融	金融	金融	美国	北美洲
2016	2	江西赣锋锂业股份有限公司	Reed工业矿产有限公司（RIM）		27.15	18.1	能源\新能源\矿产	能源\新能源\矿产	能源\新能源\矿产	澳大利亚	大洋洲
2016	2	上海鹏欣（集团）有限公司	S. Kidman & Co.		227.76		不动产	不动产	不动产	澳大利亚	大洋洲

中国对外直接投资事件（2015年7月~2016年6月）

续表

年份	月份	投资方	交易方	标的	交易金额（百万美元）	股份比例（%）	投资方所属行业（一级）	投资方所属行业（二级）	标的所属行业（一级）	标的所在国家（地区）	洲级区域
2016	2	北京桓昑股集团有限公司	拉玖能源公司（EEW）		1566.05		基建\公用事业	基建\公用事业	基建\公用事业	德国	欧洲
2016	2	上海鹏欣矿业投资有限公司	商杰拉德集团（Gerald Group）				能源\新能源\矿产	能源\新能源\矿产	能源\新能源\矿产	德国	欧洲
2016	2	苏州微科天成生物技术有限公司	WTS（World Trade System PLC）				金融业	其他金融活动	金融业	英国	欧洲
2016	2	阿里巴巴网络技术有限公司	Groupon		100.00		信息传输、计算机服务和软件业	计算机服务业	批发和零售业	美国	北美洲
2016	2	阿里巴巴网络技术有限公司	S. M. ENTERTAINMENT		30.61	4	信息传输、计算机服务和软件业	计算机服务业	文化\教育\娱乐\休闲	韩国	亚洲
2016	2	阿里巴巴网络技术有限公司	Groupon Inc.			5.6	信息传输、计算机服务和软件业	计算机服务业	科技\媒体\通信（TMT）	美国	北美洲
2016	2	熙颐影业	Insiders				文化\教育\娱乐\休闲	文化\教育\娱乐\休闲	文化\教育\娱乐\休闲	美国	北美洲
2016	2	大连万达集团	衣恋集团				房地产业	房地产业	文化、体育和娱乐业	韩国	亚洲

341

续表

年份	月份	投资方	交易方	标的	交易金额（百万美元）	股份比例（%）	投资方所属行业（一级）	投资方所属行业（二级）	标的所属行业（一级）	标的所在国家（地区）	洲级区域
2016	2	信达资产管理股份有限公司	香港南洋商业银行		8767.61	100	金融	金融	金融	中国香港	亚洲
2016	2	江苏微科天成集团	WTS（World Trade System PLC）						金融	英国	欧洲
2016	2	广东东方锆业科技股份有限公司	Image				采矿业	有色金属矿采选业	采矿业	澳大利亚	大洋洲
2016	2	山东东方海洋科技股份有限公司	Avioq		662.00	100	医疗\健康	医疗\健康	医疗\健康	美国	北美洲
2016	2	东旭光电科技股份有限公司	友化学株式会社、住友化学全资子公司东友精细化学株式会社友拓米国际有限公司		48.45	30	制造业	专用设备制造业	制造业	日本	亚洲
2016	2	中联重科股份有限公司	Terex Corp		3300.00	100	其他制造业	其他制造业	其他制造业	美国	北美洲
2016	2	好未来	Knewton		52.00		文化\教育\娱乐\休闲	文化\教育\娱乐\休闲	文化\教育\娱乐\休闲	美国	北美洲
2016	2	乐视集团	阿斯顿·马丁			50	汽车\航空\船舶	汽车\航空\船舶	汽车\航空\船舶	德国	欧洲

中国对外直接投资事件（2015年7月~2016年6月）

续表

年份	月份	投资方	交易方	标的	交易金额（百万美元）	股份比例（%）	投资方所属行业（一级）	投资方所属行业（二级）	标的所属行业（一级）	标的所在国家（地区）	洲级区域
2016	2	安邦保险集团股份有限公司	加拿大温哥华		763.48	67	金融业	保险业	不动产	加拿大	北美洲
2016	2	中国铁建股份有限公司	阿尔及利亚国有铁路工程公司 INFRAFER		3183.02		基建\公用事业	基建\公用事业	基建\公用事业	阿尔及利亚	非洲
2016	2	海航集团有限公司	Ingram Micro		6000.00		交通运输、仓储及邮政业	航空运输业	信息传输、计算机服务和软件业	美国	北美洲
2016	2	绿地集团	英国		100.00		房地产业	房地产业	房地产业	英国	欧洲
2016	2	视觉（中国）文化发展股份有限公司	Getty Images		272.00		文化、体育和娱乐业	娱乐业	文化、体育和娱乐业	美国	北美洲
2016	2	中国石油天然气集团公司	马来西亚国家石油公司		613.35		制造业	石油加工、炼焦及核燃料加工业	能源\新能源\矿产	伊拉克	亚洲
2016	2	苏州东山精密制造股份有限公司	MFLX公司		75.00	100	科技\媒体\通信（TMT）	科技\媒体\通信（TMT）	科技\媒体\通信（TMT）	美国	北美洲
2016	2	杭州联络互动信息科技股份有限公司	雷蛇				制造业	通信设备、计算机及其他电子设备制造业	制造业	美国	北美洲

343

续表

年份	月份	投资方	交易方	标的	交易金额（百万美元）	股份比例（%）	投资方所属行业（一级）	投资方所属行业（二级）	标的所属行业（一级）	标的所在国家（地区）	洲级区域
2016	2	哈尔滨誉衡药业股份有限公司	Proteus Digital Health, Inc		40.00		制造业	专用设备制造业	制造业	英国	欧洲
2016	2	国投电力控股股份有限公司	Repsol Nuevas Energias S. A.		262.77		电力、燃气及水的生产和供应业	电力、热力的生产和供应业	电力、燃气及水的生产和供应业	英国	欧洲
2016	2	广州汇量网络科技股份有限公司	NativeX		25.00	100	租赁和商务服务业	商务服务业	租赁和商务服务业	美国	北美洲
2016	2	中钢集团公司	俄罗斯马格尼托哥尔斯克钢铁公司		90.06	100	能源\新能源\矿产	能源\新能源\矿产	能源\新能源\矿产	俄罗斯	欧洲
2016	2	中国光大集团	爪哇集团		1539.53		不动产	不动产	不动产	中国香港	亚洲
2016	2	大连万达集团	法国欧尚集团		3355.82		房地产业	房地产业	文化、体育和娱乐业	法国	欧洲
2016	2	君宝（音译）公司	萨尔斯城堡（le Château de Sours）酒庄		2.95		农、林、牧、渔业	农业	制造业	法国	欧洲
2016	2	新龙国际集团有限公司	Kenedix Development		53.00		信息传输、计算机服务和软件业	软件业	房地产业	中国香港	亚洲

中国对外直接投资事件（2015年7月~2016年6月）

续表

年份	月份	投资方	交易方	标的	交易金额（百万美元）	股份比例（%）	投资方所属行业（一级）	投资方所属行业（二级）	标的所属行业（一级）	标的所在国家（地区）	洲级区域
2016	2	北方国际合作股份有限公司	An Energy（PVT）Limited		51.57	90	电力、燃气及水的生产和供应业	电力、燃气及水的生产和供应业	电力、燃气及水的生产和供应业	巴基斯坦	亚洲
2016	2	同方国芯电子股份有限公司	力成科技南茂科技		946.96	25 25	其他制造业	其他制造业	其他制造业	中国台湾	亚洲
2016	2	上海电气集团股份有限公司	Manz AG		103.95	29.9	其他制造业	其他制造业	其他制造业	德国	欧洲
2016	3	万科企业股份有限公司	美国		116.00		不动产	不动产	不动产	美国	北美洲
2016	3	北京掌趣科技股份有限公司	NHN Entertainment Corporation.	19.24%	196.57		信息传输、计算机服务和软件业	软件业	信息传输、计算机服务和软件业	韩国	亚洲
2016	3	葵花药业集团有限公司	sunflower forest inc		0.00	100	其他非制造业	其他非制造业	其他非制造业	美国	北美洲
2016	3	中国保利集团公司	澳大利亚		60.74		不动产	不动产	不动产	澳大利亚	大洋洲
2016	3	江西江特电气集团有限公司	德国蔚尔驱动及能源技术有限公司		3.07		其他制造业	其他制造业	其他制造业	德国	欧洲
2016	3	银亿集团	ARC集团		508.04		制造业	交通运输设备制造业	制造业	美国	北美洲

345

续表

年份	月份	投资方	交易方	标的	交易金额（百万美元）	股份比例（%）	投资方所属行业（一级）	投资方所属行业（二级）	标的所属行业（一级）	标的所在国家（地区）	洲级区域
2016	3	天津长荣印刷设备股份有限公司	天津长荣印刷设备股份有限公司		2.89	100	其他制造业	其他制造业	其他制造业	斯洛伐克	欧洲
2016	3	云顶香港有限公司			262.70		制造业	水上运输业	制造业	德国	欧洲
2016	3	华润雪花啤酒（中国）有限公司	SABMiller		1600.00	49	制造业	饮料制造业	制造业	英国	欧洲
2016	3	西安隆基硅材料股份有限公司	SunEdison Kuching		63.00		其他制造业	其他制造业	其他制造业	马来西亚	亚洲
2016	3	长江三峡集团公司	缅甸		748.00	49	电力、煤气及水的生产和供应业	电力、煤气及水的生产和供应业	基建\公用事业	缅甸	亚洲
2016	3	中国粮油食品（集团）有限公司	来宝农业有限公司				农业\食品	农业\食品	农业\食品	新加坡	亚洲
2016	3	协鑫（集团）控股有限公司	吉布提		2500.00		电力、煤气及水的生产和供应业	电力、煤气及水的生产和供应业	电力、煤气及水的生产和供应业	吉布提	非洲
2016	3	阿里巴巴网络技术有限公司	亚博科技		307.89	59.45	信息传输、计算机服务和软件业	计算机服务业	文化\教育\娱乐\休闲	中国香港	亚洲

中国对外直接投资事件（2015年7月~2016年6月）

续表

年份	月份	投资方	交易方	标的	交易金额（百万美元）	股份比例（％）	投资方所属行业（一级）	投资方所属行业（二级）	标的所属行业（一级）	标的所属行业（二级）	标的所在国家（地区）	洲级区域
2016	3	江苏康得新复合材料股份有限公司	Ostendo		35.00		制造业	通信设备、计算机及其他	制造业	通信设备、计算机及其他	美国	北美洲
2016	3	三七互娱（上海）科技有限公司	Archiact Interactive Ltd.		3.17	10	科技\媒体\通信（TMT）	科技\媒体\通信（TMT）	科技\媒体\通信（TMT）	科技\媒体\通信（TMT）	加拿大	北美洲
2016	3	西藏诺迪康药业股份有限公司	ASTRAZENECA AB		190.00		医疗\健康	医疗\健康	医疗\健康	医疗\健康	美国	北美洲
2016	3	长江基建集团有限公司	英国 Arriva Rail North Limited 及西班牙 Construccionesy Auxiliarde de Ferrocarriles（CAF）		709.27		不动产	不动产	不动产	不动产	英国 西班牙	欧洲
2016	3	腾讯控股有限公司	Radiant				信息传输、计算机服务和软件业	软件业	信息传输、计算机服务和软件业	软件业	美国	北美洲
2016	3	三安光电股份有限公司	环宇通讯半导体控股股份有限公司		22.60		制造业	通信设备、计算机及其他电子设备制造业	制造业	通信设备、计算机及其他电子设备制造业	英国	欧洲
2016	3	神州长城国际工程有限公司	PT. Cipta Karya Bersama Lestari		48.34		不动产	不动产	不动产	不动产	印度尼西亚	亚洲

续表

年份	月份	投资方	交易方	标的	交易金额（百万美元）	股份比例（%）	投资方所属行业（一级）	投资方所属行业（二级）	标的所属行业（一级）	标的所在国家（地区）	洲级区域
2016	3	成都中德天翔投资有限公司	Mertus 244. GmbH		12.86	100	租赁和商务服务业	商务服务业	租赁和商务服务业	德国	欧洲
2016	3	联想控股股份有限公司	WeWork		430.00		混合	混合	混合	美国	北美洲
2016	3	大连大杨创世股份有限公司	INDOCHINO		32.92	100	制造业	纺织服装、鞋、帽制造业	制造业	加拿大	北美洲
2016	3	东莞宜安科技股份有限公司	Liquidmetal Technologies, Inc.			18	其他制造业	其他制造业	其他制造业	美国	北美洲
2016	3	第一东方投资集团	亚洲投资公司（JAIC）			11.5	金融业	其他金融活动	金融业	日本	亚洲
2016	3	山东宏达矿业股份有限公司	Jagex		300.00	100	文化\教育\娱乐\休闲	文化\教育\娱乐\休闲	文化\教育\娱乐\休闲	英国	欧洲
2016	3	广东汤臣倍健生物科技股份有限公司	NBTY Cayman Corporation			60	制造业	医药制造业	制造业	美国	北美洲
2016	3	西陇科学股份有限公司	Fulgent		22.56	15	医疗\健康	医疗\健康	医疗\健康	美国	北美洲

续表

年份	月份	投资方	交易方	标的	交易金额（百万美元）	股份比例（%）	投资方所属行业（一级）	投资方所属行业（二级）	标的所属行业（一级）	标的所在国家（地区）	洲级区域
2016	3	中国海洋石油总公司	Petrobras		227.76		制造业	石油加工、炼焦及核燃料加工业	能源\新能源\矿产	巴西	南美洲
2016	3	中国国家电力投资集团公司	Taralga Wind Farm Pty Ltd		10.00	100	电力、煤气及水的生产和供应业	电力、煤气及水的生产和供应业	能源\新能源\矿产	澳大利亚	大洋洲
2016	3	平安保险（集团）股份有限公司	Prenetics		1400.00	9.9	金融类	医疗\健康	医疗\健康	中国香港	亚洲
2016	3	丝路基金	诺瓦泰克		300.00	100	金融业	其他金融活动	能源\新能源\矿产	俄罗斯	欧洲
2016	3	山东宏达矿业股份有限公司	Jagex Limited		117.04		采矿业	其他采矿业	文化、体育和娱乐业	英国	欧洲
2016	3	三一集团有限公司	埃塞俄比亚			100	制造业	电气机械及器材制造业	其他制造业	埃塞俄比亚	非洲
2016	3	元大金控集团	Hanshin Savings Bank		20.01	26.5	金融业	其他金融活动	金融业	韩国	亚洲
2016	3	华谊兄弟传媒集团	SIM 公司				文化、体育和娱乐业	娱乐业	文化\教育\娱乐\休闲	韩国	亚洲
2016	3	山河智能装备集团	AVmax Group Inc.		<311.61	100	汽车\航空\船舶	汽车\航空\船舶	汽车\航空\船舶	加拿大	北美洲

续表

年份	月份	投资方	交易方	标的	交易金额（百万美元）	股份比例（%）	投资方所属行业（一级）	投资方所属行业（二级）	标的所属行业（一级）	标的所在国家（地区）	洲级区域
2016	3	协鑫集成科技股份有限公司	ONE STOP WAREHOUSE PTY LTD		7.43	51	电力、煤气及水的生产和供应业	电力、煤气及水的生产和供应业	电力、煤气及水的生产和供应业	澳大利亚	大洋洲
2016	3	福建亚通新材料科技股份有限公司	Ncell				科技\媒体\通信（TMT）	科技\媒体\通信（TMT）	科技\媒体\通信（TMT）	尼泊尔	亚洲
2016	3	中泛控股有限公司	80 South, LLC 及 Seaport Development Holdings, LLC				房地产业	房地产业	房地产业	美国	北美洲
2016	3	中国中钢集团公司	穆通钢铁公司（ESM）				能源\新能源\矿产	能源\新能源\矿产	能源\新能源\矿产	玻利维亚	南美洲
2016	3	江河创建集团股份有限公司	Primary Health Care Limited			11.17	医疗\健康	医疗\健康	医疗\健康	澳大利亚	大洋洲
2016	3	中节能万润股份有限公司	MP Biomedicals, LLC		158.57	100	医疗\健康	医疗\健康	医疗\健康	美国	北美洲
2016	3	中国邮政集团公司	苏格兰皇家银行（RBS）				金融	金融	金融	英国	欧洲
2016	3	亿帆鑫富药业股份有限公司				53.8	医疗\健康	医疗\健康	医疗\健康		

中国对外直接投资事件（2015年7月~2016年6月）

续表

年份	月份	投资方	交易方	标的	交易金额（百万美元）	股份比例（%）	投资方所属行业（一级）	投资方所属行业（二级）	标的所属行业（一级）	标的所在国家（地区）	洲级区域
2016	3	北京华清飞扬通信技术有限公司	Cowon Systems		18.32	34.7	制造业	仪器仪表及文化、办公用机械制造业	制造业	韩国	亚洲
2016	3	江河创建集团股份有限公司	Vision Eye Institute Limited		14.00	50	信息传输、计算机服务和软件业	软件业	信息传输、计算机服务和软件业	美国	北美洲
2016	3	美的集团	东芝株式会社（Toshiba Corporation）		1000.00		制造业	制造业	制造业	日本	亚洲
2016	3	汇源集团	杨协成有限公司			50	制造业	饮料制造业	制造业	马来西亚	亚洲
2016	3	鹏欣环球资源股份有限公司	Gerald HoldingsLLC			15.63	采矿业	有色金属矿采选业	采矿业	美国	北美洲
2016	3	美的集团	KUKA			5.43	制造业	电气机械及器材制造业	制造业	德国	欧洲
2016	3	洲际油气股份有限公司	Bankers Petroleum		442.34		电力、煤气及水的生产和供应业	石油和天然气采选业	电力、煤气及水的生产和供应业	加拿大	北美洲
2016	3	上海仪电飞乐音响集团	法国默兹省凡尔登市		111.58		制造业	其他制造业	制造业	法国	欧洲
2016	3	上海硅产业投资有限公司	Soitec			14.5	制造业	科技\媒体\通信（TMT）	科技\媒体\通信（TMT）	法国	欧洲

续表

年份	月份	投资方	交易方	标的	交易金额（百万美元）	股份比例（%）	投资方所属行业（一级）	投资方所属行业（二级）	标的所属行业（一级）	标的所在国家（地区）	洲级区域
2016	3	游族网络股份有限公司	Bigpoint HoldCo GmbH		80.00		信息传输、计算机服务和软件业	计算机服务业	信息传输、计算机服务和软件业	德国	欧洲
2016	3	华人文化控股集团	索福德体育		400.00		文化、体育和娱乐业	体育		英国	欧洲
2016	3	昆仑万维奇虎360科技有限公司	Opera		1200.00	100	信息传输、计算机服务和软件业	计算机服务业	信息传输、计算机服务和软件业	挪威	欧洲
2016	3	复星国际有限公司			426.40		金融业	其他金融活动		英国	欧洲
2016	3	中鼎控股（集团）股份有限公司	Green Motion		12.30	42.87	制造业	电气机械及器材制造业	汽车\航空\船舶	瑞士	欧洲
2016	3	华谊兄弟传媒集团	HB Entertainment Co., Ltd.		35.29	30	文化、体育和娱乐业	娱乐业	文化、体育和娱乐业	韩国	亚洲
2016	3	南京新百	A. S. Nursing & WelfareLtd				批发和零售业	零售业	医疗\健康	以色列	亚洲
2016	3	中国广核集团有限公司	马来西亚国家投资基金 1MDB（1Malaysia Development Berhad）		2300.00		电力、煤气及水的生存生产和供应业	电力、热力的生产和供应业	能源\新能源\矿产	马来西亚	亚洲

中国对外直接投资事件（2015年7月~2016年6月）

续表

年份	月份	投资方	交易方	标的	交易金额（百万美元）	股份比例（%）	投资方所属行业（一级）	投资方所属行业（二级）	标的所属行业（一级）	标的所在国家（地区）	洲级区域
2016	3	百丽国际集团有限公司	ashion Box SPA			29	制造业	纺织服装、鞋、帽制造业	制造业	意大利	欧洲
2016	3	新奥集团股份有限公司	Santos Ltd.		750.00	11.7	电力、煤气及水的生产和供应业	电力、热力的生产和供应业	能源\新能源\矿产	澳大利亚	大洋洲
2016	3	弘毅投资	Santos Ltd.		378.89		金融业	金融业	能源\新能源\矿产	澳大利亚	大洋洲
2016	3	中国铁建股份有限公司	马来西亚		2000.00		建筑业	房屋与土木工程建筑业	不动产	马来西亚	亚洲
2016	3	中邮创业基金管理股份有限公司	苏格兰皇家银行（RBS.L）		258.51		金融业	其他金融活动	金融业	英国	欧洲
2016	3	华人置业集团有限公司	英国				房地产业	房地产业	房地产业	英国	欧洲
2016	3	新奥集团股份有限公司	桑托斯公司（Santos Ltd.）		750.00	11.7	电力、煤气及水的生产和供应业	电力、煤气及水的生产和供应业	电力、煤气及水的生产和供应	澳大利亚	大洋洲
2016	3	中化国际（控股）股份有限公司	Halcyon AgriCoration Limited		178.81	60	租赁和商务服务业	装卸搬运和其他运输服务业	其他制造业	新加坡	亚洲
2016	3	中国华信能源有限公司	J&T		15.68		能源\新能源\矿产	能源\新能源\矿产	能源\新能源\矿产、金融、其他制造业	捷克	欧洲

续表

年份	月份	投资方	交易方	标的	交易金额（百万美元）	股份比例（%）	投资方所属行业（一级）	投资方所属行业（二级）	标的所属行业（一级）	标的所在国家（地区）	洲级区域
2016	3	健一集团	美国		40.00		房地产业	房地产业	不动产	美国	北美洲
2016	3	中国交通建设集团有限公司	肯尼亚		5300.00		建筑业	房屋与土木工程建筑业	基建\公用事业	肯尼亚	非洲
2016	3	中国轻工业长沙工程有限公司	埃塞俄比亚		210.00		建筑业	房屋与土木工程建筑业	其他制造业	埃塞俄比亚	非洲
2016	3	春秋集团	财马科斯株式会社				交通运输、仓储及邮政业	航空运输业	不动产	日本	亚洲
2016	3	中远太平洋有限公司	新加坡港务集团（PSA）				混合	混合	基建\公用事业	新加坡	亚洲
2016	3	山东如意科技集团	SMCP		1470.82		制造业	纺织服装、鞋、帽制造业	制造业	法国	欧洲
2016	3	Humanwell Healthcare USA,LLC	Epic Pharma, LLC		529.00	100	制造业	医疗制造业	制造业	美国	北美洲
2016	3	Humanwell Healthcare USA,LLC	Epic RE Holdco, LLC		21.00	100	制造业	医疗制造业	制造业	美国	北美洲
2016	3	中国3D数码娱乐有限公司	AID Partners Visual Entertainment	13.62	0.04		文化、体育和娱乐业	娱乐业	文化、体育和娱乐业	印度	亚洲

续表

中国对外直接投资事件（2015年7月~2016年6月）

年份	月份	投资方	交易方	标的	交易金额（百万美元）	股份比例（%）	投资方所属行业（一级）	投资方所属行业（二级）	标的所属行业（一级）	标的所在国家（地区）	洲级区域
2016	3	福建泰禾投资有限公司	Alliance Healthcare Services, Inc.			51.5	制造业	医疗制造业	制造业	美国	北美洲
2016	3	中国能源建设集团公司东北电力一公司和中国能源工程股份有限公司	孟中电力有限公司		1560.00		电力、煤气及水的生产和供应业	电力、煤气及水的生产和供应业	电力、煤气及水的生产和供应业	孟加拉国	亚洲
2016	3	分享通信集团	GiCell		200.00	80	信息传输、计算机服务和软件业	电信和其他信息传输服务业	信息传输、计算机服务和软件业	尼日利亚	非洲
2016	3	嘉视年华影视制作有限公司	Walt Disney studio		500.00		文化、体育和娱乐业	娱乐业	文化、体育和娱乐业	美国	北美洲
2016	3	鸿海集团	夏普公司		3465.29	66	制造业	通信设备、计算机及其他电子设备制造业	制造业	日本	亚洲
2016	3	中国信托金融控股股份有限公司	LH Financial Group Public Company Limited		472.75	35.6	金融业	其他金融活动	金融业	泰国	亚洲

续表

年份	月份	投资方	交易方	标的	交易金额（百万美元）	股份比例(%)	投资方所属行业（一级）	投资方所属行业（二级）	标的所属行业（一级）	标的所在国家（地区）	洲级区域
2016	3	中国广核能源集团有限公司	捷克能源集团				电力、煤气及水的生产和供应业	电力、煤气及水的生产和供应业	电力、煤气及水的生产和供应业	捷克	欧洲
2016	3	浙江双箭橡胶股份有限公司	International Conveyor Products Pty Limited		1.88	60	农、林、牧、渔业	橡胶制品业	农、林、牧、渔业	澳大利亚	大洋洲
2016	3	人福医药集团股份公司	Pharma		529.00	100	制造业	医疗制造业	制造业	美国	北美洲
2016	3	人福医药集团股份公司	RE Holdco		21.00	100	制造业	医疗制造业	制造业	美国	北美洲
2016	4	山东如意科技集团	SMCP				制造业	纺织服装、鞋、帽制造业	制造业	法国	欧洲
2016	4	冠城大通股份有限公司	HL Le Mirador International SA		46.98	100	房地产业	房地产业	房地产业	瑞士	欧洲
2016	4	杭州永盛集团有限公司	德赛耶				制造业	纺织服装、鞋、帽制造业	制造业	法国	欧洲
2016	4	北京小米科技有限责任公司	Hungama		25.00		制造业	通信设备、计算机及其他电子设备制造业	制造业	印度	亚洲
2016	4	鹏博士电信传媒集团	Giggle Fiber, LLC		15.00	100	信息传输、计算机服务和软件业	互联网服务业	信息传输、计算机服务和软件业	美国	北美洲

中国对外直接投资事件（2015年7月~2016年6月）

续表

年份	月份	投资方	交易方	标的	交易金额（百万美元）	股份比例（%）	投资方所属行业（一级）	投资方所属行业（二级）	标的所属行业（一级）	标的所在国家（地区）	洲级区域
2016	4	智度投资股份有限公司	Spigot				金融业	其他金融业	信息传输、计算机服务和软件业	美国	北美洲
2016	4	中国民航信息集团	OpenJaw Technologies				汽车\航空\船舶	汽车\航空\船舶	信息传输、计算机服务和软件业	爱尔兰	欧洲
2016	4	巨轮智能装备股份有限公司	欧吉索控股有限公司（OPS Holding）			21.32	制造业	通用设备制造业	制造业	德国	欧洲
2016	4	海航资本集团有限公司	Shorenstein Realty Service		463.00		混合	混合	房地产业	美国	北美洲
2016	4	伟易达集团	LeapFrog Enterprises, Inc.				制造业	通用设备制造业	制造业	美国	北美洲
2016	4	深圳市远望谷信息技术股份有限公司	RFID		6.82		制造业	其他制造业	制造业		欧洲
2016	4	安邦保险集团股份有限公司	安联人寿（Allianz Life）韩国子公司		216.22		金融业	保险业	金融业	韩国	亚洲
2016	4	深圳市新纶科技股份有限公司	T&T Enertechno		84.93	100	制造业	通信设备、计算机及其他电子设备制造业	制造业	日本	亚洲

续表

年份	月份	投资方	交易方	标的	交易金额（百万美元）	股份比例（%）	投资方所属行业（一级）	投资方所属行业（二级）	标的所属行业（一级）	标的所在国家（地区）	洲级区域
2016	4	联想控股股份有限公司	Kailis		722.13	90	混合	混合	农、林、牧、渔业	澳大利亚	大洋洲
2016	4	中国建设银行	Metdist Trading Limited			75	金融业	银行业	金融业	英国	欧洲
2016	4	江河创建集团股份有限公司	Primary Health Care Limited		201.78	15.93	制造业	通用设备制造业	服务业	澳大利亚	大洋洲
2016	4	亿帆鑫富药业股份有限公司	DHY&Co.,Ltd		154.40	53.8	制造业	医药制造业	制造业	英国	欧洲
2016	4	赛轮金宇集团股份有限公司	Yeslas				制造业	橡胶制品业	服务业	土耳其	亚洲
2016	4	阿里巴巴影业集团	Skydance Media				文化、体育和娱乐业	娱乐业	文化、体育和娱乐业	美国	北美洲
2016	4	国家电力投资集团	吉尔吉斯斯坦				电力、煤气及水的生产和供应业	电力、煤气及水的生产和供应业	电力、煤气及水的生产和供应业	吉尔吉斯斯坦	亚洲
2016	4	海航集团有限公司	泰升集团控股有限公司		337.14	66	交通运输、仓储及邮政业	航空运输业	房地产业	中国香港	亚洲
2016	4	浙江海亮股份有限公司	JMF Company		30.00	100	制造业	有色金属冶炼及压延加工业	制造业	美国	北美洲

中国对外直接投资事件（2015年7月~2016年6月）

续表

年份	月份	投资方	交易方	标的	交易金额（百万美元）	股份比例（%）	投资方所属行业（一级）	投资方所属行业（二级）	标的所属行业（一级）	标的所在国家（地区）	洲级区域
2016	4	金正大集团	Compo AcquiCo S.à.r.l.		113.76	100	制造业	化学原料及化学制品制造业	制造业	卢森堡、德国、法国	欧洲
2016	4	新疆北新路桥建设股份有限公司	蒙古		42.20		建筑业	道路运输业	建筑业	蒙古	亚洲
2016	4	宁业集团控股有限公司	La Clinique De Paris		12.78	60	制造业	化学原料及化学制品制造业	制造业	法国	欧洲
2016	4	香港协盛协丰有限公司	Enoki Films Kuma			100 100	文化、体育和娱乐业	文化娱乐业	文化、体育和娱乐业	日本	亚洲
2016	4	中国远洋海运集团有限公司	希腊共和国发展基金		419.43	67	交通运输、仓储及邮政业	水上运输业	基建\公用事业	希腊	欧洲
2016	4	启迪控股股份有限公司	瑞士国家创新园				居民服务和其他服务业	其他服务业	基建\公用事业	瑞士	欧洲
2016	4	复星国际有限公司	AHAVA Dead Sea Laboratories Ltd.		74.12	100	金融业	其他金融活动	制造业	以色列	亚洲
2016	4	复星国际有限公司	Lexon Surety Group, LLC			80	金融业	其他金融活动	金融业	美国	北美洲
2016	4	南京奥特佳新能源科技有限公司	空调国际			100	电力、煤气及水的生产和供应业	电力、煤气及水的生产和供应业	制造业	澳大利亚	大洋洲

续表

年份	月份	投资方	交易方	标的	交易金额（百万美元）	股份比例（%）	投资方所属行业（一级）	投资方所属行业（二级）	标的所属行业（一级）	标的所在国家（地区）	洲级区域
2016	4	广东振戎能源有限公司	缅甸		3000.00		电力、煤气及水的生产和供应业	电力、煤气及水的生产和供应业	电力、煤气及水的生产和供应业	缅甸	亚洲
2016	4	海航集团有限公司	佳美集团		1462.46		交通运输、仓储及邮政业	航空运输业	交通运输、仓储及邮政业	瑞士	欧洲
2016	4	浙江开山压缩机股份有限公司	OTP Geothermal Pte., Ltd		60.00	100	制造业	通用设备制造业	制造业	新加坡	亚洲
2016	4	华泰证券股份有限公司	AssetMark Financial Holdings, Inc.		780.00	100	金融业	其他金融活动	金融业	美国	北美洲
2016	4	海航云商控股有限公司	Mazaya				金融业	其他金融活动	金融业	沙特阿拉伯	亚洲
2016	4	阿里巴巴网络技术有限公司	Lazada Group SA		1000.00	66.7	信息传输、计算机服务和软件业	计算机服务业	信息传输、计算机服务和软件业	新加坡	亚洲
2016	4	青岛森麒麟集团股份有限公司	立盛橡胶工业园				农、林、牧、渔业	橡胶制品业	农、林、牧、渔业	泰国	亚洲
2016	4	网龙网络有限公司	ARHT		3.74	19.99	信息传输、计算机服务和软件业	计算机服务业	信息传输、计算机服务和软件业	加拿大	北美洲

续表

中国对外直接投资事件（2015年7月~2016年6月）

年份	月份	投资方	交易方	标的	交易金额（百万美元）	股份比例（%）	投资方所属行业（一级）	投资方所属行业（二级）	标的所属行业（一级）	标的所在国家（地区）	洲级区域
2016	4	上海盛大网络发展有限公司	特里安基金管理	Strategic Hotels & Resorts Inc	340.00	9.9	信息传输、计算机服务和软件业	计算机服务业	金融业	美国	北美洲
2016	4	上海开创国际海洋资源股份有限公司	卡洛斯路阿尔博的孩子们股份有限公司			100	农、林、牧、渔业	渔业	制造业	西班牙	欧洲
2016	4	安邦保险集团股份有限公司	Strategic Hotels & Resorts Inc		6500.00		金融业	保险业	房地产业	美国	北美洲
2016	4	中国能建中电工程中南电力设计院	印度尼西亚	雅加达-万隆高铁			交通运输、仓储及邮政业	铁路运输业		印度尼西亚	亚洲
2016	4	浙江哈尔斯真空器皿股份有限公司	SIGG Switzerland Bottles AG				制造业	通用设备制造业	制造业	瑞士	欧洲
2016	4	浙江世宝股份有限公司	Steering Systems Beteiligun GSGEsellschaftmbH	tedriVe Steering Systems GmbH		51	制造业	交通运输制造业	制造业	德国	欧洲
2016	4	新界泵业集团股份有限公司	WITA Wilhelm Taake GmbH		6.21		制造业	通用设备制造业	制造业	德国	欧洲

续表

年份	月份	投资方	交易方	标的	交易金额（百万美元）	股份比例（%）	投资方所属行业（一级）	投资方所属行业（二级）	标的所属行业（一级）	标的所在国家（地区）	洲级区域
2016	4	新界泵业集团股份有限公司	HEL-WITA Sp. z o.o.		6.55		制造业	通用设备制造业	制造业	波兰	欧洲
2016	4	新界泵业集团股份有限公司		位于Bad Oeynhausen的地产	2.48		制造业	通用设备制造业	房地产业	德国	欧洲
2016	4	中国平安保险（集团）股份有限公司	澳大利亚电信	汽车之家	1600.00	47.7	金融业	保险业	电力、煤气及水的生产和供应业	澳大利亚	大洋洲
2016	4	星辉互动娱乐股份有限公司	物业以及度假村业务		18.63		文化、体育和娱乐业	娱乐业	房地产业	澳大利亚	大洋洲
2016	4	海航集团有限公司	International Currency Exchange		1500.00		交通运输、仓储及邮政业	航空运输业	金融业	英国	欧洲
2016	4	永盛集团有限公司	Desseilles		0.34		房地产业	房地产业	制造业	法国	欧洲
2016	4	佰信移动商务股份有限公司	Virtual Reality Company		22.70		信息传输、计算机服务和软件业	电信及其他信息传输服务业	文化、体育和娱乐业	美国	北美洲
2016	4	山东玲珑轮胎股份有限公司	泰国罗勇工业园区		700.00		制造业	橡胶制品业	农、林、牧、渔业	泰国	亚洲

续表

中国对外直接投资事件（2015年7月~2016年6月）

年份	月份	投资方	交易方	标的	交易金额（百万美元）	股份比例（%）	投资方所属行业（一级）	投资方所属行业（二级）	标的所属行业（一级）	标的所在国家（地区）	洲级区域
2016	4	中国民生投资股份有限公司	Sirius International Insurance Group		2500.00		金融业	其他金融活动	金融业	英国	欧洲
2016	4	中信产业投资基金管理有限公司	Biosensors International Group Limited		1050.00		金融业	其他金融活动	制造业	新加坡	亚洲
2016	4	紫光股份有限公司	Lattice Semiconductor, LSCC			6	制造业	通信设备、计算机及其他电子设备制造业	制造业	美国	北美洲
2016	4	海航集团有限公司	泰升集团		337.07		交通运输、仓储及邮政业	航空运输业	房地产业	中国香港	亚洲
2016	4	无锡先导智能装备股份有限公司	芬兰JOT自动化公司		84.06	100	制造业	通信设备、计算机及其他电子设备制造业	制造业	芬兰	欧洲
2016	4	中弘控股股份有限公司	KEE公司		90.25	75	房地产业	房地产业	制造业	中国香港	亚洲
2016	4	中国航空技术国际控股有限公司	Ariex Cading, S.A				交通运输、仓储及邮政业	航空运输业	制造业	西班牙	欧洲
2016	4	时嘉国际贸易有限公司	俄罗斯科米共和国		100.00		制造业	专用设备制造业		俄罗斯	欧洲

363

续表

年份	月份	投资方	交易方	标的	交易金额（百万美元）	股份比例（%）	投资方所属行业（一级）	投资方所属行业（二级）	标的所属行业（一级）	标的所在国家（地区）	洲级区域
2016	4	中国人寿保险股份有限公司		Aldgate Tower	506.61		金融业	保险业	房地产业	英国	欧洲
2016	4	广东猛狮电源科技股份有限公司		Durion Energy AG		55	电力、煤气及水的生产和供应业	电力、热力的生产和供应业	电力、煤气及水的生产和供应业	瑞士	欧洲
2016	4	海航旅业控股（集团）有限公司		Carlson Hotels		100	房地产业	房地产业	房地产业	美国	北美洲
2016	4	中国人寿保险股份有限公司	Aldgate Tower				金融业	保险业	房地产业	英国	欧洲
2016	4	深圳歌力思服饰股份有限公司	唐利国际		36.92	65	制造业	纺织服装、服饰业	制造业	中国香港	亚洲
2016	4	乐升科技（xpec）		AltPlus Inc	7.95	19.9	信息传输、计算机服务和软件业	软件业	信息传输、计算机服务和软件业	日本	亚洲
2016	4	安徽蓝鼎控股集团有限公司		利升赌场	206.24		房地产业	房地产业	房地产业	英国	欧洲

中国对外直接投资事件（2015年7月~2016年6月）

续表

年份	月份	投资方	交易方	标的	交易金额（百万美元）	股份比例（%）	投资方所属行业（一级）	投资方所属行业（二级）	标的所属行业（一级）	标的所在国家（地区）	洲级区域
2016	4	中国平安保险（集团）股份有限公司		Mayborn Group	1.85		金融业	保险业	制造业	英国	欧洲
2016	4	博彦科技股份有限公司		Strategy	220.08	70	信息传输、计算机服务和软件业	计算机服务业	信息传输、计算机服务和软件业	美国	北美洲
2016	4	内蒙古蒙牛乳业（集团）股份有限公司		Burra Foods	4.66		农、林、牧、渔业	畜牧业	农、林、牧、渔业	澳大利亚	大洋洲
2016	4	一位持重大投资签证的中国富豪	墨尔本市		11.00	100	制造业	医疗制造业	房地产业	澳大利亚	大洋洲
2016	4	三诺生物传感股份有限公司	Polymer Technology Systems, Inc.		290.00	57	农、林、牧、渔业	农业\食品	制造业	美国	北美洲
2016	4	湖南大康牧业股份有限公司	Fiagril Participaes SA						农、林、牧、渔业	巴西	拉丁美洲
2016	5	宁波均胜电子股份有限公司	EVANA		19.50		制造业	通用设备制造业	制造业	美国	北美洲

续表

年份	月份	投资方	交易方	标的	交易金额（百万美元）	股份比例（%）	投资方所属行业（一级）	投资方所属行业（二级）	标的所属行业（一级）	标的所在国家（地区）	洲级区域
2016	5	远景能源		BazeField		100	电力、煤气及水的生产和供应业	电力、煤气及水的生产和供应业	电力、煤气及水的生产和供应业	挪威	欧洲
2016	5	海南华信国际控股有限公司		J&T 金融集团	1585.98	50	金融业	其他金融活动	金融业	捷克	欧洲
2016	5	联想控股股份有限公司		Pension Insurance Corporation, PIC			金融业	其他金融活动	金融业	英国	欧洲
2016	5	北京暴风科技股份有限公司		MP & Silva			信息传输、计算机服务和软件业	互联网服务业	文化、体育和娱乐业	英国	欧洲
2016	5	奥飞娱乐股份有限公司		角川游戏	0.10		文化、体育、娱乐业	娱乐业	文化、体育和娱乐业	日本	亚洲
2016	5	中国民航信息网络股份有限公司		OpenJaw Technologies Inc.	39.40	100	服务业	其他服务业	服务业	爱尔兰	欧洲
2016	5	紫光股份有限公司		Imagination Technologies		3	制造业	通信设备、计算机及其他电子设备制造业	制造业	英国	欧洲
2016	5	康宁		光通讯元件厂 AFOP	305.00	100	制造业	通信设备、计算机及其他电子设备制造业	制造业	美国	北美洲

中国对外直接投资事件（2015年7月~2016年6月）

续表

年份	月份	投资方	交易方	标的	交易金额（百万美元）	股份比例（%）	投资方所属行业（一级）	投资方所属行业（二级）	标的所属行业（一级）	标的所在国家（地区）	洲级区域
2016	5	洛阳栾川钼业集团股份有限公司	Tenke Fungurume		2650.00	56	采矿业	有色金属矿采选业	采矿业	刚果	非洲
2016	5	宁波弘讯科技股份有限公司	EQUIPAGGIAMENTI ELETTRONICI INDUSTRIALI S.p.A		6.97	51	制造业	通用设备制造业	制造业	意大利	欧洲
2016	5	中国建银投资有限责任公司	美国橡树资本管理基金	SGD			金融业	其他金融活动	制造业	法国	欧洲
2016	5	中远太平洋有限公司	ECT Participations	Euromax	95.95	35	交通运输、仓储及邮政业	水上运输业	交通运输、仓储及邮政业	荷兰	欧洲
2016	5	蓝天集团（Bluesky Hotels & Resorts Inc.）	InnVest Real Estate Investment Trust		1639.01		住宿和餐饮业	住宿业	住宿和餐饮业	加拿大	北美洲
2016	5	大连万达集团	Odeon&UCI Cinemas Group		1300.00		房地产业	房地产业	文化、体育和娱乐业	英国	欧洲
2016	5	华人文化产业投资基金	Cityneon Holdings Limited				金融业	其他金融活动	文化、体育和娱乐业	新加坡	亚洲
2016	5	海航旅业控股（集团）有限公司	CWT Ltd.				交通运输、仓储及邮政业	航空运输业	交通运输、仓储及邮政业	新加坡	亚洲

续表

年份	月份	投资方	交易方	标的	交易金额(百万美元)	股份比例(%)	投资方所属行业(一级)	投资方所属行业(二级)	标的所属行业(一级)	标的所在国家(地区)	洲级区域
2016	5	大连万达集团	Propaganda GEM				房地产业	房地产业	文化、体育和娱乐业	美国	北美洲
2016	5	清华控股有限公司	Marvell Technology Group Ltd				混合	混合	制造业	美国	北美洲
2016	5	金地商置集团有限公司	Hines				房地产业	房地产业	房地产业	美国	北美洲
2016	5	中国工银标准银行	巴克莱(BARC. L)				金融业	银行业	金融业	英国	欧洲
2016	5	木林森股份有限公司	欧司朗(OSRAM)				制造业	通用设备制造业	制造业	德国	欧洲
2016	5	泰凌医药(集团)有限公司	诺华	145.00			制造业	医药制造业	制造业	瑞士	欧洲
2016	5	万科企业股份有限公司	Laconia Development				房地产业	房地产业	房地产业	美国	北美洲
2016	5	长春中天能源股份有限公司	Long Run	601.24			电力、煤气及水的生产和供应业	电力、煤气及水的生产和供应业	电力、煤气及水的生产和供应业	加拿大	北美洲
2016	5	中国信贷控股有限公司	Amigo Technologies Joint Stock Company			51	金融类	其他金融活动	金融类	越南	亚洲

续表

年份	月份	投资方	交易方	标的	交易金额（百万美元）	股份比例（%）	投资方所属行业（一级）	投资方所属行业（二级）	标的所属行业（一级）	标的所在国家（地区）	洲级区域
2016	5	广东东方精工科技股份有限公司	EDF EUROPE S.R.L.		10.61	100	制造业	造纸及纸制品业	制造业	意大利	欧洲
2016	5	广州珠江钢琴集团股份有限公司	舒密尔		29.93	90	制造业	专业设备制造业	制造业	德国	欧洲
2016	5	道和投资产业集团	法拉利伊索拉尼车队				混合	混合	文化、体育和娱乐业	意大利	欧洲
2016	5	台湾中美矽晶制品股份有限公司	Topsil Semiconductor Materials		48.52		制造业	通信设备、计算机及其他电子设备制造业	制造业	丹麦	欧洲
2016	5	杭州海康威视数字技术股份有限公司	Secure Holdings Limited				制造业	通信设备、计算机及其他电子设备制造业	制造业	英国	欧洲
2016	5	浙江华业控股集团有限公司	伦敦市	110 High Holborn			房地产业	房地产业	房地产业	英国	欧洲
2016	5	浙江银轮机械股份有限公司	YLSQ HOLDINGS INC.			100	制造业	道路运输业	制造业	美国	北美洲

续表

年份	月份	投资方	交易方	标的	交易金额（百万美元）	股份比例（%）	投资方所属行业（一级）	投资方所属行业（二级）	标的所属行业（一级）	标的所在国家（地区）	洲级区域
2016	5	青建集团股份公司			462.93		建筑业	房屋与土木工程建筑业	建筑业	新加坡	亚洲
2016	5	深圳市腾讯计算机系统有限公司	Supercell		8600.00	84.3	信息传输、计算机服务和软件业	软件业	文化、体育、娱乐业	芬兰	欧洲
2016	5	Fujian Grand Chip Investment Fund LP	Aixtron SE, AIXG		752.00	51	金融业	其他金融活动	制造业	德国	欧洲
2016	5	上海盛大网络发展有限公司	Lending Club			4.7	信息传输、计算机服务和软件业	软件业	金融业	美国	北美洲
2016	5	北京暴风科技股份有限公司	MP & Silva			60	信息传输、计算机服务和软件业	软件业	文化、体育、娱乐业	英国	欧洲
2016	5	浙江济民制药股份有限公司	LINEAR CHEMICALS S.L.		5.59	100	制造业	医疗制造业	制造业	西班牙	欧洲
2016	5	中鼎控股（集团）公司		欧洲一家主要从事电机电池控制系统、驾驶辅助和底盘电子控制系统企业	144.79	100	制造业	通用设备制造业	制造业		欧洲

370

续表

年份	月份	投资方	交易方	标的	交易金额（百万美元）	股份比例（%）	投资方所属行业（一级）	投资方所属行业（二级）	标的所属行业（一级）	标的所在国家（地区）	洲级区域
2016	5	先导智能机器有限公司	JOT公司		58.00	100	制造业	专业设备制造业	制造业	芬兰	欧洲
2016	5	人福医药集团股份有限公司	Pharma公司和RE Holdco公司		550.00	100	制造业	医药制造业	制造业	美国	北美洲
2016	5	山东岚桥集团	玛格丽特岛港口				混合	混合	基建\公用事业	巴拿马	南美洲
2016	5	美的集团	库卡集团		4455.92	30以上	制造业	通用设备制造业	制造业	德国	欧洲
2016	5	宁波先锋新材料股份有限公司	四明投资			100	制造业	通用设备制造业	农、林、牧、渔业	澳大利亚	大洋洲
2016	5	安邦保险集团股份有限公司	Bentall Centre	GWL Realty Advisors Inc.	1602.30	33	金融业	保险业	房地产业	加拿大	北美洲
2016	5	中茵集团	EyeSight		15.00		混合	混合	信息传输、计算机服务和软件业	以色列	亚洲
2016	5	国投电力控股股份有限公司	WFEUK(Wind Farm Energy UK Limited, 又称Repsol Nuevas Energias UK Limited)		268.40		电力、煤气及水的生产和供应业	电力、煤气及水的生产和供应业	电力、煤气及水的生产和供应业	英国	欧洲

续表

年份	月份	投资方	交易方	标的	交易金额（百万美元）	股份比例（%）	投资方所属行业（一级）	投资方所属行业（二级）	标的所属行业（一级）	标的所在国家（地区）	洲级区域
2016	5	青建集团股份公司	New Chic International Limited		73.26	100	建筑业	房屋与土木工程建筑业	建筑业	新加坡	亚洲
2016	5	台湾鸿海塑胶企业有限公司	SMART Technologies Inc.		0.67	100	制造业	塑料制造业	信息传输、计算机服务和软件业	加拿大	北美洲
2016	5	深圳市海王生物工程股份有限公司	Provision Healthcare		25.00	10	制造业	医药制造业	制造业	美国	北美洲
2016	5	海航旅业控股（集团）有限公司	葡萄牙航空公司		1650.00	20	交通运输、仓储及邮政业	航空运输业	交通运输、仓储及邮政业	葡萄牙	欧洲
2016	5	中国人寿保险（集团）公司	曼哈顿美国大道1285标志性写字楼		45.00	8.2	金融业	保险业	房地产业	美国	北美洲
2016	5	北京微影时代科技有限公司	YG娱乐				文化、体育和娱乐业	娱乐业	文化、体育和娱乐业	韩国	亚洲
2016	5	海航旅业控股（集团）有限公司	Air France			49.99	交通运输、仓储及邮政业	航空运输业	交通运输、仓储及邮政业	法国	欧洲

续表

年份	月份	投资方	交易方	标的	交易金额（百万美元）	股份比例（%）	投资方所属行业（一级）	投资方所属行业（二级）	标的所属行业（一级）	标的所在国家（地区）	洲级区域
2016	5	海航旅业控股（集团）有限公司	Virgin Australia Holdings Ltd.		115.51	13	交通运输、仓储及邮政业	航空运输业	交通运输、仓储及邮政业	澳大利亚	大洋洲
2016	5	科瑞集团	Bain Capital LLC 和 UK Department of Health	BPL Holdings Limited	1197.00		综合	综合	综合	英国	欧洲
2016	5	Desport	波佐家族	格拉纳达足球俱乐部（Granada Club de Fútbol）	41.45	100			文化\教育\娱乐\休闲	西班牙	欧洲
2016	5	昆仑万维、奇虎金砖	挪威软件公司 Opera Software		1240.00	100	文化、体育和娱乐业	科技\媒体\通信（TMT）	文化、体育和娱乐业	挪威	欧洲
2016	5	人福医药集团股份公司	美国 Pharma 公司和 RE Holdco 公司		550.00	100	卫生、社会保障和社会福利业	卫生	医疗\健康	美国	北美洲
2016	5	无锡先导智能装备股份有限公司	芬兰 JOT 公司	JOT Automation Oy	58.31	100	制造业	其他制造业	其他制造业	芬兰	欧洲
2016	5	盛大集团	LendingClub			11.7	科技\媒体\通信（TMT）	科技\媒体\通信（TMT）	科技\媒体\通信（TMT）	美国	北美洲
2016	5	青建国际控股份有限公司	新加坡公司 New Chic International Limited	新加坡公司 New Chic International Limited	73.52	100	不动产		不动产	新加坡	亚洲

续表

年份	月份	投资方	交易方	标的	交易金额（百万美元）	股份比例（%）	投资方所属行业（一级）	投资方所属行业（二级）	标的所属行业（一级）	标的所在国家（地区）	洲级区域
2016	5	盛大集团	苏富比拍卖行			8	文化\教育\娱乐\休闲		文化\教育\娱乐\休闲	英国	欧洲
2016	5	上海豫园旅游商城股份有限公司	日本星野Resort Tomamu公司		142.62	100	文化\教育\娱乐\休闲		文化\教育\娱乐\休闲	日本	亚洲
2016	5	安邦保险集团	GWL Realty Advisors Inc.	Bentall Centre		33	不动产		不动产	加拿大	北美洲
2016	5	国投电力	英国海上风电项目公司—WFEUK（Wind Farm Energy UK Limited，又称 Repsol Nuevas Energias UK Limited）		265.00	100	能源\新能源\矿产		能源\新能源\矿产	英国	欧洲
2016	5	宁波先锋新材料股份有限公司	塔斯马尼亚州VDL公司		202.00	100	农业\食品		农业\食品	澳大利亚	跨太平洋伙伴关系协议
2016	5	美的集团	库卡集团		4397.00	30	制造业	其他制造业	其他制造业	德国	欧洲
2016	5	中信金属有限公司	Freeport–McMoRan Inc (FCX.N)		2000.00	20	能源\新能源\矿产		能源\新能源\矿产	北美洲	北美洲

中国对外直接投资事件（2015年7月~2016年6月）

续表

年份	月份	投资方	交易方	标的	交易金额（百万美元）	股份比例（%）	投资方所属行业（一级）	投资方所属行业（二级）	标的所属行业（一级）	标的所在国家（地区）	洲级区域
2016	5	中国化工集团	德国西格里集团（SGL CARBON SE）				制造业	其他制造业	制造业	德国	欧洲
2016	5	海王生物	Provision Healthcare 公司		25.00	10	医疗\健康	医疗\健康	医疗\健康	美国	北美洲
2016	5	海航集团有限公司	Virgin Australia Holdings Ltd.（VAH.AU）		112.95	13	汽车\航空\船舶	汽车\航空\船舶	汽车\航空\船舶	澳大利亚	跨太平洋伙伴关系协议
2016	5	腾讯与微影时代	韩国YG娱乐		85.00	12.7	信息传输、计算机服务和软件业	软件业	文化\教育\娱乐\休闲	韩国	亚洲
2016	5	中国信达资产管理公司	南洋商业银行			100	金融	金融	金融	中国香港	亚洲
2016	5	江苏德威新材料股份有限公司	香港德威新国际贸易有限公司		20.00	100	制造业	其他制造业	其他制造业	中国香港	亚洲
2016	5	香港嘉里物流	美国Apex Maritime及其关联公司				基建\公用事业	基建\公用事业	基建\公用事业	美国	北美洲
2016	6	富士康	夏普		3540.00	63.64	制造业	其他制造业	其他制造业	日本	亚洲
2016	6	西王集团有限公司	加拿大 Iovate Health Sciences International Inc		700.00		医疗\健康	医疗\健康	医疗\健康	加拿大	北美洲

续表

年份	月份	投资方	交易方	标的	交易金额(百万美元)	股份比例(%)	投资方所属行业（一级）	投资方所属行业（二级）	标的所属行业（一级）	标的所在国家（地区）	洲级区域
2016	6	北京小米科技有限责任公司	微软	1500余项专利			科技\媒体\通信（TMT）	科技\媒体\通信（TMT）	科技\媒体\通信（TMT）	美国	北美洲
2016	6	利亚德（香港）有限公司	AR科技公司 Magic Leap, INC.	PV ML LLC	200.00		科技\媒体\通信（TMT）	科技\媒体\通信（TMT）	科技\媒体\通信（TMT）	美国	北美洲
2016	6	阿里巴巴	Twiggle				科技\媒体\通信（TMT）	科技\媒体\通信（TMT）	科技\媒体\通信（TMT）	以色列	亚洲
2016	6	平安不动产（Ping An Real Estate）	Mirvac集团（ASX：MGR）	悉尼St Leonards广场公寓项目			不动产	不动产	不动产	澳大利亚	大洋洲
2016	6	福建泰禾投资有限公司	大新金融集团有限公司	大新寿险	1366.00		金融	金融	金融	中国香港	亚洲
2016	6	中国安邦保险集团	美国信保人寿（Fidelity & Guaranty Life)(FGL.N)			14	金融	金融	金融	美国	北美洲
2016	6	中国国家电网公司	比利时伊安蒂斯公司				能源\新能源\矿产	能源\新能源\矿产	能源\新能源\矿产	比利时	欧洲
2016	6	中国国际海运集装箱（集团）股份有限公司	Briggs	Briggs	33.25	100	农业\食品	农业\食品	农业\食品	英国	欧洲

续表

中国对外直接投资事件（2015年7月~2016年6月）

年份	月份	投资方	交易方	标的	交易金额（百万美元）	股份比例（%）	投资方所属行业（一级）	投资方所属行业（二级）	标的所属行业（一级）	标的所在国家（地区）	洲级区域
2016	6	Shanghai Yiqian Trading Company	德国哈恩机场（Hahn）			82.5	汽车\航空\船舶	汽车\航空\船舶	汽车\航空\船舶	德国	欧洲
2016	6	浙江万安科技股份有限公司	Protean Holdings Corp.		20.00	10.36	汽车\航空\船舶	汽车\航空\船舶	汽车\航空\船舶	美国	北美洲
2016	6	复星集团	法国阿尔卑斯游集团公司（LA COMPAGNIE DES ALPES）				其他非制造业	其他非制造业	其他非制造业	法国	欧洲
2016	6	中国葛洲坝集团有限公司	巴西可再生能源企业 Renova Energia SA			16	能源\新能源\矿产	能源\新能源\矿产	能源\新能源\矿产	巴西	南美洲
2016	6	广东星河生物科技股份有限公司	香港公司 GLOBAL SYSTEM LIMITED（国谊有限公司）		11.00	43	其他制造业	其他制造业	其他制造业	中国香港	亚洲
2016	6	中国航空技术国际控股有限公司	英国 AIM Altitude 公司				汽车\航空\船舶	汽车\航空\船舶	汽车\航空\船舶	英国	欧洲

续表

年份	月份	投资方	交易方	标的	交易金额（百万美元）	股份比例（%）	投资方所属行业（一级）	投资方所属行业（二级）	标的所属行业（一级）	标的所在国家（地区）	洲级区域
2016	6	长江和记实业有限公司	英国第二大移动电话运营商O2				科技\媒体\通信（TMT）	科技\媒体\通信（TMT）	科技\媒体\通信（TMT）	意大利	欧洲
2016	6	中鼎股份	AMK Holding GmbH & Co. KG		145.68	100	汽车\航空\船舶	汽车\航空\船舶	汽车\航空\船舶	德国	欧洲
2016	6	上海鹏欣集团	巴西中型银行 Banco Indusval & Partners SA (BI&P)		3000.00		金融	金融	金融	巴西	南美洲
2016	6	江苏通光有限公司	印度阿德维特备技术私有公司	通光阿德维特线缆私有公司	3.35	74	其他制造业	其他制造业	其他制造业	印度	亚洲
2016	6	北京中长石基信息技术股份有限公司	eFuture Holding Inc.		20.00		金融	金融	金融	美国	北美洲
2016	6	苏州东山精密制造股份有限公司	Multi - Fineline Electronix, Inc.		610.00	100	科技\媒体\通信（TMT）	科技\媒体\通信（TMT）	科技\媒体\通信（TMT）	美国	北美洲
2016	6	中国长江三峡集团	德国海上风电场Meerwind		1805.76		能源\新能源\矿产	能源\新能源\矿产	能源\新能源\矿产	德国	欧洲
2016	6	中国南山集团	新西兰航空（NZX：AIR）		145.00	19.98	汽车\航空\船舶	汽车\航空\船舶	汽车\航空\船舶	澳大利亚	大洋洲

中国对外直接投资事件（2015年7月~2016年6月）

续表

年份	月份	投资方	交易方	标的	交易金额（百万美元）	股份比例（%）	投资方所属行业（一级）	投资方所属行业（二级）	标的所属行业（一级）	标的所在国家（地区）	洲级区域
2016	6	锦江集团	雅高（Accor）			26.1	不动产	不动产	不动产	法国	欧洲
2016	6	北京华谊嘉信整合营销顾问股份有限公司	Smaato		148.00	100	科技\媒体\通信（TMT）	科技\媒体\通信（TMT）	科技\媒体\通信（TMT）	美国	北美洲
2016	6	中国化工集团	瑞士农化及种子公司先正达		43000.00	100	农业\食品	农业\食品	农业\食品	瑞士	欧洲
2016	6	亚洲创新集团	MimiCam				科技\媒体\通信（TMT）	科技\媒体\通信（TMT）	科技\媒体\通信（TMT）	中国台湾	亚洲
2016	6	中国葛洲坝集团有限公司	哈萨克斯坦达纳克有限公司	葛洲坝西里水泥有限责任公司	178.00	70	能源\新能源\矿产	能源\新能源\矿产	能源\新能源\矿产	哈萨克斯坦	亚洲
2016	6	长江基建	澳洲电网投资公司 Spark Infrastructure		187.41	50.4	科技\媒体\通信（TMT）	科技\媒体\通信（TMT）	科技\媒体\通信（TMT）	澳大利亚	大西洋
2016	6	东方藏山资产管理有限公司	美国波特曼集团	美国圣地亚哥酒店开发项目	217.00		不动产	不动产	不动产	美国	北美洲
2016	6	中国建投旗下的建广资产	恩智浦半导体（NXP Semiconductors, NXPI, NASDAQ）	Standard Products	2750.00		科技\媒体\通信（TMT）	科技\媒体\通信（TMT）	科技\媒体\通信（TMT）	荷兰	欧洲

续表

年份	月份	投资方	标的	交易金额（百万美元）	股份比例（%）	投资方所属行业（一级）	投资方所属行业（二级）	标的所属行业（一级）	标的所在国家（地区）	洲级区域
2016	6	汉德资本	Gimatic			其他制造业	其他制造业	其他制造业	意大利	欧洲
2016	6	复星集团	雅典老机场			基建\公用事业	基建\公用事业	基建\公用事业	希腊	欧洲
2016	6	德泰新能源集团	Emission Particle Solution Sweden AB			其他制造业	其他制造业	其他制造业	瑞士	欧洲
2016	6	腾讯、华谊兄弟集团	好莱坞制片公司IM Global			文化\教育\娱乐\休闲	文化\教育\娱乐\休闲	文化\教育\娱乐\休闲	美国	北美洲
2016	6	中国化工集团和新希望集团	麦当劳			农业\食品	农业\食品	农业\食品	美国	北美洲
2016	6	双刃剑（上海）体育文化传播有限公司	西甲格拉纳达足球俱乐部（Granada Club de Fútbol）		98.13	文化\教育\娱乐\休闲	文化\教育\娱乐\休闲	文化\教育\娱乐\休闲	西班牙	北美洲、欧洲
2016	6	南极电商	Cartelo Crocodile Pte Ltd	89.60	95	其他制造业	其他制造业	其他制造业	新加坡	亚洲
2016	6	木林森	香港超时代光源	47.53	80	其他制造业	其他制造业	其他制造业	中国香港	亚洲
2016	6	阿里巴巴	维亚康姆（Viacom）			科技\媒体\通信（TMT）	科技\媒体\通信（TMT）	科技\媒体\通信（TMT）	美国	北美洲

续表

年份	月份	投资方	交易方	标的	交易金额（百万美元）	股份比例（%）	投资方所属行业（一级）	投资方所属行业（二级）	标的所属行业（一级）	标的所在国家（地区）	洲区域
2016	6	上海拉夏贝尔服饰股份有限公司	意大利咖啡店Segafredo	TNPI	3.75	20.75	消费品	消费品	消费品	中国香港	亚洲
2016	6	新龙国际集团有限公司	大阪—物业信托权益		16.03		不动产	不动产	不动产	日本	亚洲
2016	6	海航国际投资集团有限公司	伦敦金丝雀码头商业楼		174.28		不动产	不动产	不动产	英国	欧洲
2016	6	深圳市海普瑞药业股份有限公司	TPG Biotechnology Partners V, L.P.		60.00		医疗\健康	医疗\健康	医疗\健康	美国	北美洲
2016	6	中钢设备有限公司	印尼BOSOWA集团	印尼苏拉威西省南部的2×55MW燃煤电站EPC总承包合同	138.00		能源\新能源\矿产	能源\新能源\矿产	能源\新能源\矿产	印度尼西亚	亚洲
2016	6	盛大集团和浙江水晶光电公司	Lumus		15.00		科技\媒体\通信（TMT）	科技\媒体\通信（TMT）	科技\媒体\通信（TMT）	以色列	亚洲
2016	6	上海鹏欣集团旗下的大康农业	Fiagril		200.00	57.57	农业\食品	农业\食品	农业\食品	巴西	南美洲

续表

年份	月份	投资方	交易方	标的	交易金额（百万美元）	股份比例（%）	投资方所属行业（一级）	投资方所属行业（二级）	标的所属行业（一级）	标的所在国家（地区）	洲级区域
2016	6	万达集团	国际篮联				文化\教育\娱乐\休闲	文化\教育\娱乐\休闲	文化\教育\娱乐\休闲	瑞士	欧洲
2016	6	Hejing Culture	英国传媒业巨头 Ingenious Media		200.00		文化\教育\娱乐\休闲	文化\教育\娱乐\休闲	文化\教育\娱乐\休闲	英国	欧洲
2016	6	盛大集团	美国P2P贷款公司 LendingClub			3.43	金融	金融	金融	美国	北美洲
2016	6	上海润达医疗科技股份有限公司	加拿大诊断仪器商 Response Biomedical Corp.		6.00	43.1	医疗\健康	医疗\健康	医疗\健康	加拿大	北美洲
2016	6	乐视	雅虎		250.00		不动产	不动产	不动产	美国	北美洲
2016	6	上海润达医疗科技股份有限公司	加拿大诊断仪器商 Response Biomedical Corp.		6.00	43.1	医疗\健康	医疗\健康	医疗\健康	加拿大	北美洲
2016	6	阿里巴巴集团金融关联公司蚂蚁金服	泰国电子支付和小额贷款公司 Ascend Money			20	金融	金融	金融	泰国	亚洲
2016	6	华润创业有限公司全资附属公司	新世界发展有限公司和其控股子公司新创建集团有限公司	葵涌物流中心	483.38		其他非制造业	其他非制造业	其他非制造业	中国香港	亚洲

中国对外直接投资事件（2015年7月~2016年6月）

续表

年份	月份	投资方	交易方	标的	交易金额（百万美元）	股份比例（%）	投资方所属行业（一级）	投资方所属行业（二级）	标的所属行业（一级）	标的所在国家（地区）	洲级区域
2016	6	安邦保险集团	韩国友利银行			10	金融	金融	金融	韩国	亚洲
2016	6	复星国际有限公司	俄罗斯中央军事百货商场	莫斯科沃兹德维任卡商务中心		96	不动产	不动产	不动产	俄罗斯	欧洲
2016	6	苏文科集团股份有限公司	TestAmerica ENVIRONMENTAL SERVICES LLC			100	基建\公用事业	基建\公用事业	基建\公用事业	美国	北美洲
2016	6	天津凯发电气股份有限公司	Keyvia GErmany GmbH, BAlfour Beatty Rail GmbH, BICC HoldinGS GmbH	Keyvia GErmany GmbH, Rail Power Systems GmbH, Balfour Beatty Rail Signal GmbH	14.85	100	基建\公用事业	基建\公用事业	基建\公用事业	德国	欧洲
2016	6	浙富控股	印度尼西亚 PT. DHARMA HYDRO NUSANTARA		57.74	96.55	能源\新能源\矿产	能源\新能源\矿产	能源\新能源\矿产	印度尼西亚	亚洲
2016	6	百度	比特币创业公司 Circle Internet Financial				科技\媒体\通信（TMT）	科技\媒体\通信（TMT）	科技\媒体\通信（TMT）	美国	北美洲

383

续表

年份	月份	投资方	交易方	标的	交易金额（百万美元）	股份比例（%）	投资方所属行业（一级）	投资方所属行业（二级）	标的所属行业（一级）	标的所属行业（二级）	标的所在国家（地区）	洲级区域
2016	6	中国平安	澳洲电讯	汽车之家	1600.00	47	科技\媒体\通信（TMT）	科技\媒体\通信（TMT）	科技\媒体\通信（TMT）	科技\媒体\通信（TMT）	澳大利亚	大洋洲
2016	6	海尔集团	印度马哈拉施特拉邦浦那市的工业园								印度	亚洲
2016	6	中信资源控股有限公司	伊藤忠商事				其他制造业	其他制造业	其他制造业	其他制造业	日本	亚洲
2016	6	复星控股	美国时尚公司GUESS				能源\新能源\矿产	能源\新能源\矿产	能源\新能源\矿产	能源\新能源\矿产	法国	欧洲
2016	6	宁波美康生物	美国Atherotech Inc	IRO公司	19.60	25	其他制造业	其他制造业	其他制造业	其他制造业	美国	北美洲
2016	6	中文在线	JOINGEAR LIMITED		8.60	11.66	医疗\健康	医疗\健康	医疗\健康	医疗\健康	英国	欧洲
2016	6	支付宝	德国银行软件公司Wirecard			25	文化\教育\娱乐\休闲	文化\教育\娱乐\休闲	文化\教育\娱乐\休闲	文化\教育\娱乐\休闲	德国	欧洲
2016	6	中船重工	俄罗斯石油公司（Rosneft）				金融	金融	金融	金融	俄罗斯	欧洲
2016	6	中芯国际集成电路制造有限公司	LFE以及MI控股的意大利集成电路晶圆代工厂LFoundry		49.00	70	汽车\航空\船舶	汽车\航空\船舶	汽车\航空\船舶	汽车\航空\船舶	意大利	欧洲

384

中国对外直接投资事件（2015年7月~2016年6月）

续表

年份	月份	投资方	交易方	标的	交易金额（百万美元）	股份比例（%）	投资方所属行业（一级）	投资方所属行业（二级）	标的所属行业（一级）	标的所在国家（地区）	洲级区域
2016	6	美的集团	意大利中央空调企业 Clivet		4990.00	80	消费品	消费品	消费品	意大利	欧洲
2016	6	中国光明食品	澳洲阿尔切资本（Archer Capital）	布朗乳业（Brownes Dairy）			农业\食品	农业\食品	农业\食品	澳大利亚	大洋洲
2016	6	骆驼股份	乌兹别克斯坦汽车工业公司（下称"乌汽车集团"SC Uzavtosnoat）	吉扎克蓄电池股份有限公司		51	其他制造业	其他制造业	其他制造业	乌兹别克斯坦	亚洲
2016	6	中国国家电网公司	巴西圣保罗工业集团（Camargo CorreaSA）	圣保罗 CPFL 股份			基建\公用事业	基建\公用事业	基建\公用事业	巴西	南美洲
2016	6	双刃剑（上海）体育文化传播有限公司	NBA	明尼苏达森林狼队		5	文化\教育\娱乐\休闲	文化\教育\娱乐\休闲	文化\教育\娱乐\休闲	美国	北美洲
2016	6	通源石油	Rush Wellsite Services, Inc.		22.50	90	能源\新能源\矿产	能源\新能源\矿产	能源\新能源\矿产	美国	北美洲
2016	6	中国建材集团	俄罗斯欧洲水泥集团				其他制造业	其他制造业	其他制造业	俄罗斯	欧洲
2016	6	中国化工集团公司	俄罗斯石油公司				能源\新能源\矿产	能源\新能源\矿产	能源\新能源\矿产	俄罗斯	欧洲

续表

年份	月份	投资方	交易方	标的	交易金额（百万美元）	股份比例（%）	投资方所属行业（一级）	投资方所属行业（二级）	标的所属行业（一级）	标的所在国家（地区）	洲级区域
2016	6	中国国家电网公司	俄罗斯电网公司	CPFL 股份			基建\公用事业	基建\公用事业	基建\公用事业	俄罗斯	欧洲
2016	6	安邦保险集团	Neiman Marcus 尼曼				其他非制造业	其他非制造业	其他非制造业	美国	北美洲
2016	6	光大国际	波兰固废处理公司 NOVAGO		137.83		基建\公用事业	基建\公用事业	基建\公用事业	波兰	欧洲
2016	6	北京控股集团	俄罗斯石油公司（Rosneft）			19.5	能源\新能源\矿产	能源\新能源\矿产	能源\新能源\矿产	俄罗斯	欧洲
2016	6	亿翔控股	美国儿童成长方式品牌金宝贝集团（The Gymboree Corporation）	早期儿童发展部门 Gymboree Play & Music（即早教课程）	127.50		文化\教育\娱乐\休闲	文化\教育\娱乐\休闲	文化\教育\娱乐\休闲	美国	北美洲
2016	6	北方重工集团	美国罗宾斯公司				其他制造业	其他制造业	其他制造业	美国	北美洲
2016	6	绿叶集团	Lifecode Inc.				医疗\健康	医疗\健康	医疗\健康	美国	北美洲
2016	6	盛和资源	越南稀土有限公司			90	能源\新能源\矿产	能源\新能源\矿产	能源\新能源\矿产	越南	亚洲
2016	6	中集集团	Retlan 集团		121.99		其他制造业	其他制造业	其他制造业	英国	欧洲
2016	6	九安医疗	法国移动医疗公司 eDevice		105.20	100	医疗\健康	医疗\健康	医疗\健康	法国	欧洲

中国对外直接投资事件（2015年7月~2016年6月）

续表

年份	月份	投资方	交易方	标的	交易金额（百万美元）	股份比例（%）	投资方所属行业（一级）	投资方所属行业（二级）	标的所属行业（一级）	标的所在国家（地区）	洲级区域
2016	7	上海梅林	新西兰最大肉类加工企业"银蕨牧场"		187.00	50	农业\食品	农业\食品	农业\食品	新西兰	大洋洲
2016	7	中信国安	虚拟现实（VR）直播业务公司 NextVR Inc	CPFL 股份	20.00	2.27	科技\媒体\通信（TMT）	科技\媒体\通信（TMT）	科技\媒体\通信（TMT）	美国	北美洲
2016	7	绿地集团、金马集团	悉尼内城尼斯内威尔区（Erskineville）	地标型建筑综合项目	1600.00		房地产业	房地产业	不动产	澳大利亚	大洋洲
2016	7	南京新百	Wells Spring Pte Ltd、Providence Investment Pte Ltd 和 Coop International Pte Ltd	康盛人生集团（Cordlife Group Limited）的股权	64.64	20	医疗\健康	医疗\健康	医疗\健康	新加坡	亚洲
2016	7	美的集团	东芝家电业务子公司 Toshiba Lifestyle Products & Services Corporation		502.50	80.1	其他制造业	其他制造业	其他制造业	日本	亚洲
2016	7	山河智能	加拿大飞机租赁公司 Avmax Group Inc.		116.00	49	其他非制造业	其他非制造业	其他非制造业	加拿大	北美洲

续表

年份	月份	投资方	交易方	标的	交易金额（百万美元）	股份比例（%）	投资方所属行业（一级）	投资方所属行业（二级）	标的所属行业（一级）	标的所在国家（地区）	洲级区域
2016	7	天海投资	美国IT供应链综合服务商 Ingram Micro Inc (IMI)		6009.00		科技\媒体\通信（TMT）	科技\媒体\通信（TMT）	科技\媒体\通信（TMT）	美国	北美洲
2016	7	中国远洋运输（集团）总公司	希腊比雷埃夫斯港		368.50	67	基建\公用事业	基建\公用事业	基建\公用事业	希腊	欧洲
2016	7	联想控股股份有限公司	日本电气股份有限公司（NEC Corporation）	PC合资公司中的多数股份	195.00		科技\媒体\通信（TMT）	科技\媒体\通信（TMT）	科技\媒体\通信（TMT）	日本	亚洲
2016	7	香港移动游戏开发公司 Animoca Brands	芬兰游戏公司 TicBits		3.70		文化\教育\娱乐\休闲	文化\教育\娱乐\休闲	文化\教育\娱乐\休闲	芬兰	欧洲
2016	7	宏达矿业	英国 JagexLimited 公司			25	文化\教育\娱乐\休闲	文化\教育\娱乐\休闲	文化\教育\娱乐\休闲	英国	欧洲
2016	7	易商红木	神奈川县川崎市 Higashi Ogijima				不动产	不动产	不动产	日本	亚洲
2016	7	新疆华凌集团	格鲁吉亚共和银行				金融	金融	金融	格鲁吉亚	亚洲
2016	7	腾讯	软银	游戏公司 Supercell	8600.00	84.3	文化\教育\娱乐\休闲	文化\教育\娱乐\休闲	文化\教育\娱乐\休闲	芬兰	欧洲

中国对外直接投资事件（2015年7月~2016年6月）

续表

年份	月份	投资方	交易方	标的	交易金额（百万美元）	股份比例（%）	投资方所属行业（一级）	投资方所属行业（二级）	标的所属行业（一级）	标的所在国家（地区）	洲级区域
2016	7	开山股份	匈牙利 Turawell 地热公司		2.24	51	能源\新能源\矿产	能源\新能源\矿产	能源\新能源\矿产	匈牙利	欧洲
2016	7	浙富控股	巴丹图鲁510MW水电站项目		1668.00	96.55	能源\新能源\矿产	能源\新能源\矿产	能源\新能源\矿产	印度尼西亚	亚洲
2016	7	渤海金控	GECAS飞机租赁资产		1970.00		汽车\航空\船舶	汽车\航空\船舶	汽车\航空\船舶	美国	北美洲
2016	7	雷曼集团	旅纽卡斯尔喷气机足球俱乐部			100	文化\教育\娱乐\休闲	文化\教育\娱乐\休闲	文化\教育\娱乐\休闲	澳大利亚	大洋洲
2016	7	天翔环境	中德天翔		1700.00	100	其他制造业	其他制造业	其他制造业	德国	欧洲
2016	7	中国卧龙电气集团	艾默生（Emerson）电气公司	发电机业务 Leroy – Somer（利莱森玛）	1120.60	100	其他制造业	其他制造业	其他制造业	法国	欧洲
2016	7	国锐地产	Picton（GP）		36.96		不动产	不动产	不动产	英国	欧洲
2016	7	宁波美康生物	京都生命科学株式会社		0.20	80	医疗\健康	医疗\健康	医疗\健康	日本	亚洲
2016	7	东方精工	意大利 EDF EUROPE S. R. L.		10.59	100	其他制造业	其他制造业	其他制造业	意大利	欧洲
2016	7	华海药业	Vivo Panda Fund, L P 基金		10.00	9.97	金融	金融	金融	美国	北美洲
2016	7	乐游	Splash Damage		115.00		文化\教育\娱乐\休闲	文化\教育\娱乐\休闲	文化\教育\娱乐\休闲	美国	欧洲

续表

年份	月份	投资方	交易方	标的	交易金额（百万美元）	股份比例（%）	投资方所属行业（一级）	投资方所属行业（二级）	标的所属行业（一级）	标的所在国家（地区）	洲级区域
2016	7	新界泵业	德国 WITA Wilhelm Taake GmbH 公司		15.13	100	其他制造业	其他制造业	其他制造业	德国	欧洲
2016	7	大康农业	Fiagril Ltda.		200.00	57.57	农业\食品	农业\食品	农业\食品	巴西	南美洲
2016	7	福成股份	澳大利亚格林布瑞（Glenbrae）、鲁敏（Leumeah）两个农场		5.37		不动产	不动产	不动产	澳大利亚	大洋洲
2016	7	开创国际	西班牙 HIJOS DE CARLOS ALBO, S. L.		68.36	100	农业\食品	农业\食品	农业\食品	西班牙	欧洲
2016	7	威龙股份		澳洲子公司			农业\食品	农业\食品	农业\食品	澳大利亚	大洋洲
2016	7	新纶科技	凸版印刷株式会社、东洋制罐株式会社及株式会社 T&T Enertechno		93.98	100	其他制造业	其他制造业	其他制造业	日本	亚洲
2016	7	美年健康	新新健康控股有限公司		27.19	100	医疗\健康	医疗\健康	医疗\健康	中国台湾	亚洲
2016	7	万达集团	维亚康姆（Viacom）				文化\教育\娱乐\休闲	文化\教育\娱乐\休闲	文化\教育\娱乐\休闲	美国	北美洲

续表

年份	月份	投资方	交易方	标的	交易金额（百万美元）	股份比例（%）	投资方所属行业（一级）	投资方所属行业（二级）	标的所属行业（一级）	标的所在国家（地区）	洲级区域
2016	7	金正大	卢森堡康朴公司		129.99	100	农业\食品	农业\食品	农业\食品	卢森堡	欧洲
2016	7	汇量科技	欧洲移动游戏数据分析公司 GameAnalytics		11.72	90.01	科技\媒体\通信（TMT）	科技\媒体\通信（TMT）	科技\媒体\通信（TMT）	丹麦	欧洲
2016	7	海航集团	穆巴达拉发展公司	瑞航技术		80	汽车\航空\船舶	汽车\航空\船舶	汽车\航空\船舶	瑞士	欧洲
2016	7	中国铁建股份集团	印度公路项目		290.00	57	基建\公用事业	基建\公用事业	基建\公用事业	印度	亚洲
2016	7	湖南大康牧业股份有限公司	Fiagril Participaes SA		309.29	9.09	农、林、牧、渔业	农业\食品	农、林、牧、渔业	巴西	南美洲
2016	7	潍柴动力	凯傲公司		2.68	31.92	制造业	交通运输设备制造业	制造业	德国	欧洲
2016	7	新开源	瑞典癌症诊断企业 Navigation Dynamics AB				医疗\健康	医疗\健康	医疗\健康	瑞典	欧洲
2016	7	百度	美国金融科技公司 ZestFinance				金融\科技\媒体\通信	金融\科技\媒体\通信	金融\科技\媒体\通信	美国	北美洲
2016	7	新大洲	乌拉圭 Lorsinal S. A.		16.65	50	农业\食品	农业\食品	农业\食品	乌拉圭	南美洲
2016	7	潮汕资本	AC米兰		560.30	100	文化教育娱乐\休闲	文化教育娱乐\休闲	文化教育娱乐\休闲	意大利	欧洲

续表

年份	月份	投资方	交易方	标的	交易金额（百万美元）	股份比例（%）	投资方所属行业（一级）	投资方所属行业（二级）	标的所属行业（一级）	标的所在国家（地区）	洲级区域
2016	7	渝太地产	伦敦物业		56.32		不动产	不动产	不动产	英国	欧洲
2016	7	联合睿康	阿斯顿维拉俱乐部		79.82	100	文化\教育\娱乐\休闲	文化\教育\娱乐\休闲	文化\教育\娱乐\休闲	英国	欧洲
2016	7	酒泉钢铁	俄罗斯铝业公司（Rusal）	牙买加的铝土矿加工厂	299.00		能源\新能源\矿产	能源\新能源\矿产	能源\新能源\矿产	牙买加	南美洲
2016	7	深圳祥祺		红磡甲厦 One HarbourGate 东座全幢	688.05		不动产	不动产	不动产	中国香港	亚洲
2016	7	中国华润集团	GenesisCare		1293.70	45	医疗\健康	医疗\健康	医疗\健康	澳大利亚	大洋洲
2016	7	海航集团	Azul S. A.		33.62		汽车\航空\船舶	汽车\航空\船舶	汽车\航空\船舶	巴西	南美洲
2016	7	华胜天成	美国投资基金 BGV III, L. P.		3.00	100	金融	金融	金融	美国	北美洲
2016	7	飞凯材料	台湾电子材料企业大瑞科技股份有限公司		54.91	70	科技\媒体\通信（TMT）	科技\媒体\通信（TMT）	科技\媒体\通信（TMT）	中国台湾	亚洲
2016	7	中芯国际集成电路制造有限公司	LFoundry Europe 以及 Marsica	意大利集成电路晶圆代工厂		72.18	其他制造业	其他制造业	其他制造业	意大利	欧洲
2016	7	美的集团	库卡集团				其他制造业	其他制造业	其他制造业	德国	欧洲

中国对外直接投资事件（2015年7月~2016年6月）

续表

年份	月份	投资方	交易方	标的	交易金额（百万美元）	股份比例（%）	投资方所属行业（一级）	投资方所属行业（二级）	标的所属行业（一级）	标的所在国家（地区）	洲级区域
2016	7	艺康集团	阿奎特国际集团		110.00		基建\公用事业	基建\公用事业	基建\公用事业	美国	北美洲
2016	7	三诺生物	PTS公司			100	医疗\健康	医疗\健康	医疗\健康	美国	北美洲
2016	7	中国投资财团	俄罗斯"诺里尔斯克镍业"矿冶公司	贝斯特林斯基矿厂项目		13.3	能源\新能源\矿产	能源\新能源\矿产	能源\新能源\矿产	俄罗斯	欧洲
2016	7	中国万科	黑石商业地产		586.85	96.55	不动产	不动产	不动产	美国	北美洲
2016	7	紫鑫药业	Nabsys 2.0		42.00	67	医疗\健康	医疗\健康	医疗\健康	美国	北美洲
2016	7	复星国际	英冠球队狼队		59.87	100	文化\教育\娱乐\休闲	文化\教育\娱乐\休闲	文化\教育\娱乐\休闲	英国	欧洲
2016	7	营养保健国际	电商服务公司 TouchCommerce		215.00		科技\媒体\通信（TMT）	科技\媒体\通信（TMT）	科技\媒体\通信（TMT）	美国	北美洲
2016	7	国际娱乐	Maxprofit		146.69	49	文化\教育\娱乐\休闲	文化\教育\娱乐\休闲	文化\教育\娱乐\休闲	中国香港	亚洲
2016	7	国浩集团	博彩公司 William Hill				文化\教育\娱乐\休闲	文化\教育\娱乐\休闲	文化\教育\娱乐\休闲	英国	欧洲
2016	7	绿叶集团	Acino AG 及 Acino Supply AG		274.55	100	医疗\健康	医疗\健康	医疗\健康	瑞士	欧洲
2016	7	大连万达集团	卡麦克影业（Carmike Cinemas）		1200.00	100	房地产业	房地产业	文化、体育和娱乐业	美国	北美洲

续表

年份	月份	投资方	交易方	标的	交易金额（百万美元）	股份比例（%）	投资方所属行业（一级）	投资方所属行业（二级）	标的所属行业（一级）	标的所在国家（地区）	洲级区域
2016	7	阿里巴巴	新加坡Fintech初创公司	M-DAQ	88.05		金融	金融	金融	新加坡	亚洲
2016	7	歌力思	法国轻奢品牌IRO				消费品	消费品	消费品	法国	欧洲
2016	7	中钢国际	阿尔及利亚卡塔尔公司		162.00		基建\公用事业	基建\公用事业	基建\公用事业	阿尔及利亚	非洲
2016	7	复星医药	印度药企Gland Pharma		1260.00	86.08	医疗\健康	医疗\健康	医疗\健康	印度	亚洲
2016	7	渤海金控	GECAS飞机租赁资产				汽车\航空\船舶	汽车\航空\船舶	汽车\航空\船舶	美国	北美洲
2016	7	枫叶教育	新加坡房地产公司Lucrum Development		50374.00		不动产	不动产	不动产	新加坡	亚洲
2016	7	美美证券	美股券商Whitewood Group				金融	金融	金融	美国	北美洲
2016	7	乐视	美国顶级智能电视生产商Vizio公司		2000.00	100	其他制造业	其他制造业	其他制造业	美国	北美洲
2016	7	泰康人寿	苏富比（Sotheby's）		230.00	13.52	其他非制造业	其他非制造业	其他非制造业	英国	欧洲
2016	7	复星集团		伦敦金融城的"蝴蝶"大楼项			不动产	不动产	不动产	英国	欧洲

中国对外直接投资事件（2015年7月~2016年6月）

续表

年份	月份	投资方	交易方标的	标的	交易金额（百万美元）	股份比例（%）	投资方所属行业（一级）	投资方所属行业（二级）	标的所属行业（一级）	标的所在国家（地区）	洲级区域
2016	7	海航集团	瑞士航空服务商佳美集团（Gategroup）（GATE.S）		1470.00	96.1	汽车\航空\船舶	汽车\航空\船舶	汽车\航空\船舶	瑞士	欧洲
2016	7	东山精密	Multi-Fineline Electronix, Inc.		610.00	100	其他制造业	其他制造业	其他制造业	美国	北美洲
2016	7	复星国际	巴西基金公司 Rio Bravo Investimentos Ltda				金融	金融	金融	巴西	南美洲
2016	7	东吴证券	天顺证券集团有限公司			51	金融	金融	金融	中国香港	亚洲
2016	7	云南水务	Galaxy NewSpring		100.00	50	电力、燃气及水的生产和供应业	电力、热力的生产和供应业	基建\公用事业	新加坡	亚洲
2016	7	中化国际（控股）股份有限公司	Atotech 公司				租赁和商务服务业	装卸搬运和其他运输服务业	其他制造业	德国	欧洲
2016	7	上海巨人	以色列社交移动游戏公司 Playtika Ltd.		4400.00	100	科技\媒体\通信（TMT）	科技\媒体\通信（TMT）	科技\媒体\通信（TMT）	以色列	亚洲

B.22 后 记

中国与全球化智库（CCG）连续两年在社会科学文献出版社出版《中国企业全球化报告》蓝皮书和发布"中国企业全球化50强""中国企业全球化新锐50强"等榜单，在社会上引起广泛反响。

CCG作为中国企业全球化发展的观察者、研究者和推动者，持续跟进中国企业全球化发展进程。2016年，CCG联合商务部中国国际经济合作学会，组织国内外在跨国投资领域有深入研究与丰富实践经验的专家、学者和企业家组成企业全球化研究课题组，成员逾五十人，在调研访谈的基础上，结合2000年~2016年7月的近3000个中国企业海外投资案例研究，编写了《中国企业全球化报告（2016）》。

自2014年开始CCG每年在海南三亚举办"中国企业全球化论坛"。在过去两年的论坛中，我们邀请了来自国内外企业界、学术界及政府部门等600余位精英人士参加，围绕"中国企业全球化发展"这一主题，多维度展开精彩的讨论。各界人士对中国企业全球化发展进行了深入务实的讨论，共谋中国企业海外发展之道。在两次论坛中，CCG企业全球化研究课题组对与会专家、学者和"走出去"企业代表进行访谈调研，收集了宝贵的一手资料。CCG还将两次论坛的专家观点总结至企业国际化蓝皮书的调查篇中。

在本报告的编写过程中，我们得到多方面的支持、帮助与指导，在此要对商务部中国国际经济合作学会表示感谢，对担任本报告编委会主任并为报告作序的CCG咨询委员会主席、原国家外经贸部副部长、博鳌亚洲论坛原秘书长、中国复关及入世谈判首席代表龙永图先生与河仁慈善基金会创办人、捐赠人曹德旺先生表示感谢。

同时，我们也要感谢河仁慈善基金会对中国企业全球化研究给予的赞助

后 记

支持,感谢商务部国际贸易经济合作研究院、二十国集团研究中心、美国企业公共政策研究所、亚洲协会与传统基金会等机构有关同仁的支持。

在本书编写过程中,中国国际经济合作学会和CCG有关研究人员参与了相关章节的研究、撰写或数据收集、分析工作。书稿的具体组织和撰写分工如下:主编、总思路和总体框架(王辉耀、苗绿);总报告(王辉耀、苗绿);榜单篇(王辉耀、曹佳洁、CCG企业全球化研究课题组全体成员);调查篇(王辉耀、苗绿、曹佳洁、赵婧如、常亚南);专题篇、案例篇等部分章节的约稿(王辉耀、苗绿、柯银斌)。杨晓琳对报告中的英文部分进行了译校;任月园对书稿进行了审读加工,使之齐、清、定地交付社会科学文献出版社。另外,方挺、于蔚蔚、侯少丽、张高凡、张若帆也为本报告的编写提供了帮助;郑金连对报告的出版提供了协调支持。

本书专题篇、调查篇、对策篇和案例篇等部分得到中国国际经济合作学会会长崔明谟,CCG兼职高级研究员、商务部前驻旧金山、纽约总领馆经济商务参赞何伟文,对外经济贸易大学国际经济贸易学院教授、博导卢进勇,CCG世界华商研究所所长康荣平,CCG副主任柯银斌,中国国际经济交流中心经济研究部部长徐洪才,国防大学国防经济研究中心副主任刘群,国浩律师事务所合伙人余承志,金茂凯德律师事务所创始合伙人李志强等学者及专家的大力支持与帮助,在此特别感谢。

借此机会,还要感谢社会科学文献出版社谢寿光社长、邓泳红主任、陈晴钰编辑对本书的出版提供的积极支持。此外,还要感谢国内外参与中国企业"走出去"问卷调查的众多企业分享自身的国际化发展经验。

由于编写时间匆促,书中难免出现纰漏,欢迎社会各界批评指正。

王辉耀　苗绿
2016年9月于北京

社会科学文献出版社　　皮书系列

✤ 皮书起源 ✤

"皮书"起源于十七、十八世纪的英国,主要指官方或社会组织正式发表的重要文件或报告,多以"白皮书"命名。在中国,"皮书"这一概念被社会广泛接受,并被成功运作、发展成为一种全新的出版形态,则源于中国社会科学院社会科学文献出版社。

✤ 皮书定义 ✤

皮书是对中国与世界发展状况和热点问题进行年度监测,以专业的角度、专家的视野和实证研究方法,针对某一领域或区域现状与发展态势展开分析和预测,具备原创性、实证性、专业性、连续性、前沿性、时效性等特点的公开出版物,由一系列权威研究报告组成。

✤ 皮书作者 ✤

皮书系列的作者以中国社会科学院、著名高校、地方社会科学院的研究人员为主,多为国内一流研究机构的权威专家学者,他们的看法和观点代表了学界对中国与世界的现实和未来最高水平的解读与分析。

✤ 皮书荣誉 ✤

皮书系列已成为社会科学文献出版社的著名图书品牌和中国社会科学院的知名学术品牌。2011年,皮书系列正式列入"十二五"国家重点出版规划项目;2012~2015年,重点皮书列入中国社会科学院承担的国家哲学社会科学创新工程项目;2016年,46种院外皮书使用"中国社会科学院创新工程学术出版项目"标识。

中国皮书网

www.pishu.cn

发布皮书研创资讯，传播皮书精彩内容
引领皮书出版潮流，打造皮书服务平台

栏目设置：

- □ 资讯：皮书动态、皮书观点、皮书数据、皮书报道、皮书发布、电子期刊
- □ 标准：皮书评价、皮书研究、皮书规范
- □ 服务：最新皮书、皮书书目、重点推荐、在线购书
- □ 链接：皮书数据库、皮书博客、皮书微博、在线书城
- □ 搜索：资讯、图书、研究动态、皮书专家、研创团队

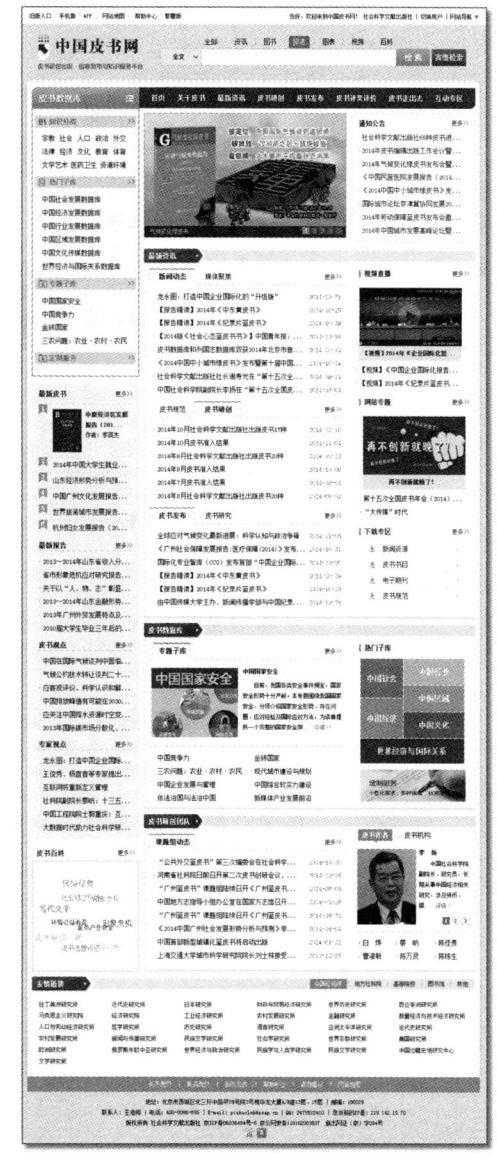

中国皮书网依托皮书系列"权威、前沿、原创"的优质内容资源，通过文字、图片、音频、视频等多种元素，在皮书研创者、使用者之间搭建了一个成果展示、资源共享的互动平台。

自 2005 年 12 月正式上线以来，中国皮书网的 IP 访问量、PV 浏览量与日俱增，受到海内外研究者、公务人员、商务人士以及专业读者的广泛关注。

2008 年、2011 年中国皮书网均在全国新闻出版业网站荣誉评选中获得"最具商业价值网站"称号；2012 年，获得"出版业网站百强"称号。

2014 年，中国皮书网与皮书数据库实现资源共享，端口合一，将提供更丰富的内容，更全面的服务。

法律声明

"皮书系列"(含蓝皮书、绿皮书、黄皮书)之品牌由社会科学文献出版社最早使用并持续至今,现已被中国图书市场所熟知。"皮书系列"的LOGO( )与"经济蓝皮书""社会蓝皮书"均已在中华人民共和国国家工商行政管理总局商标局登记注册。"皮书系列"图书的注册商标专用权及封面设计、版式设计的著作权均为社会科学文献出版社所有。未经社会科学文献出版社书面授权许可,任何使用与"皮书系列"图书注册商标、封面设计、版式设计相同或者近似的文字、图形或其组合的行为均系侵权行为。

经作者授权,本书的专有出版权及信息网络传播权为社会科学文献出版社享有。未经社会科学文献出版社书面授权许可,任何就本书内容的复制、发行或以数字形式进行网络传播的行为均系侵权行为。

社会科学文献出版社将通过法律途径追究上述侵权行为的法律责任,维护自身合法权益。

欢迎社会各界人士对侵犯社会科学文献出版社上述权利的侵权行为进行举报。电话:010-59367121,电子邮箱:fawubu@ssap.cn。

社会科学文献出版社

权威报告・热点资讯・特色资源

皮书数据库
ANNUAL REPORT(YEARBOOK) DATABASE

当代中国与世界发展高端智库平台

WWW.PISHU.COM.CN

皮书俱乐部会员服务指南

1. 谁能成为皮书俱乐部成员？
- 皮书作者自动成为俱乐部会员
- 购买了皮书产品（纸质书/电子书）的个人用户

2. 会员可以享受的增值服务
- 免费获赠皮书数据库100元充值卡
- 加入皮书俱乐部，免费获赠该纸质图书的电子书
- 免费定期获赠皮书电子期刊
- 优先参与各类皮书学术活动
- 优先享受皮书产品的最新优惠

3. 如何享受增值服务？

（1）免费获赠100元皮书数据库体验卡

第1步 刮开附赠充值的涂层（右下）；
第2步 登录皮书数据库网站（www.pishu.com.cn），注册账号；
第3步 登录并进入"会员中心"—"在线充值"—"充值卡充值"，充值成功后即可使用。

（2）加入皮书俱乐部，凭数据库体验卡获赠该书的电子书

第1步 登录社会科学文献出版社官网（www.ssap.com.cn），注册账号；
第2步 登录并进入"会员中心"—"皮书俱乐部"，提交加入皮书俱乐部申请；
第3步 审核通过后，再次进入皮书俱乐部，填写页面所需图书、体验卡信息即可自动兑换相应电子书。

4. 声明

解释权归社会科学文献出版社所有

皮书俱乐部会员可享受社会科学文献出版社其他相关免费增值服务，有任何疑问，均可与我们联系。

图书销售热线：010-59367070/7028
图书服务QQ：800045692
图书服务邮箱：duzhe@ssap.cn

数据库服务热线：400-008-6695
数据库服务QQ：2475522410
数据库服务邮箱：database@ssap.cn

欢迎登录社会科学文献出版社官网
（www.ssap.com.cn）
和中国皮书网（www.pishu.cn）
了解更多信息

社会科学文献出版社 皮书系列
SOCIAL SCIENCES ACADEMIC PRESS (CHINA)

卡号：037575997 1658359
密码：

S 子库介绍
ub-Database Introduction

中国经济发展数据库

涵盖宏观经济、农业经济、工业经济、产业经济、财政金融、交通旅游、商业贸易、劳动经济、企业经济、房地产经济、城市经济、区域经济等领域，为用户实时了解经济运行态势、把握经济发展规律、洞察经济形势、做出经济决策提供参考和依据。

中国社会发展数据库

全面整合国内外有关中国社会发展的统计数据、深度分析报告、专家解读和热点资讯构建而成的专业学术数据库。涉及宗教、社会、人口、政治、外交、法律、文化、教育、体育、文学艺术、医药卫生、资源环境等多个领域。

中国行业发展数据库

以中国国民经济行业分类为依据，跟踪分析国民经济各行业市场运行状况和政策导向，提供行业发展最前沿的资讯，为用户投资、从业及各种经济决策提供理论基础和实践指导。内容涵盖农业，能源与矿产业，交通运输业，制造业，金融业，房地产业，租赁和商务服务业，科学研究，环境和公共设施管理，居民服务业，教育，卫生和社会保障，文化、体育和娱乐业等 100 余个行业。

中国区域发展数据库

以特定区域内的经济、社会、文化、法治、资源环境等领域的现状与发展情况进行分析和预测。涵盖中部、西部、东北、西北等地区，长三角、珠三角、黄三角、京津冀、环渤海、合肥经济圈、长株潭城市群、关中—天水经济区、海峡经济区等区域经济体和城市圈，北京、上海、浙江、河南、陕西等 34 个省份及中国台湾地区。

中国文化传媒数据库

包括文化事业、文化产业、宗教、群众文化、图书馆事业、博物馆事业、档案事业、语言文字、文学、历史地理、新闻传播、广播电视、出版事业、艺术、电影、娱乐等多个子库。

世界经济与国际政治数据库

以皮书系列中涉及世界经济与国际政治的研究成果为基础，全面整合国内外有关世界经济与国际政治的统计数据、深度分析报告、专家解读和热点资讯构建而成的专业学术数据库。包括世界经济、世界政治、世界文化、国际社会、国际关系、国际组织、区域发展、国别发展等多个子库。